MÁS
QUE UN
RABINO

MÁS QUE UN RABINO

LA VIDA Y ENSEÑANZAS DE JESÚS EL JUDÍO

CÉSAR VIDAL

B&H
ESPAÑOL
NASHVILLE, TENNESSEE

Más que un rabino: La vida y enseñanzas de Jesús el judío

B&H Publishing Group
Nashville, TN 37234

Clasificación Decimal Dewey: 232.9
Clasifíquese: RELIGIÓN / JESÚS / LA VIDA DE JESÚS

Toda dirección de Internet contenida en este libro se ofrece solo como un recurso. No intentan condonar ni implican un respaldo por parte de B&H Publishing Group. Además, B&H no respalda el contenido de estos sitios.

A menos que se indique lo contario, todas las citas bíblicas han sido traducidas por el autor a partir de las lenguas originales.

ISBN: 978-1-5359-8360-0

Impreso en EE.UU.
1 2 3 4 5 * 23 22 21 20

A mis alumnos de los cursos de griego del
Nuevo Testamento, quienes no han dejado de
esforzarse por poder acercarse todavía más
a Aquel que es más que un rabino.

ÍNDICE

ÍNDICE ONOMÁSTICO

ÍNDICE DE ABREVIATURAS

AB	Anchor Bible
ABQ	American Baptist Quarterly
AGJU	Arbeiten zur Geschichte des antiken Judentums und des Urchristentums
AGSU	Arbeiten zur Geschichte des Spatjudentums und Urchristentums
AJBI	Annual of Japanese Biblical Institute
AJSL	American Journal of Semitic Languages and Literatures
AJT	American Journal of Theology
ALBO	Analecta lovaniensia biblica et orientalia
ALGHJ	Arbeiten zur Literatur und Geschichte des hellenistischen Judentums
ALUOS	Annual of Leeds University Oriental Society
An Bib	Analecta Biblica
AnGreg	Analecta Gregoriana
AnOr	Analecta Orientalia
ANRW	Aufstieg und Niedergang der romischen Welt,W. Haase y H. Temporini (eds.), Berlín, 1979-84.
ASNU	Acta seminarii neotestamentici upsaliensis
ASTI	Annual of the Swedish Theological Institute
AT	Antiguo Testamento
ATANT	Abhandlugen zur Theologie des Alten und Neuen Testaments
ATR	Anglican Theological Review
BA	Biblical Archaeologist
BAC	Biblioteca de Autores cristianos
BAR	Biblical Archaeologist Reader
BARev	Biblical Archaeologist Review

BASOR	Bulletin of the American Schools of Oriental Research
BeO	Bibbia e Oriente
Bib	Biblica
BibO	Biblica et Orientalia
BibRes	Biblical Research
BIOSCS	Bulletin of the International Organization for Septuagint and Cognate Studies
BIZ	Biblische Zeitschrift
BJRL	Bulletin of the John Rylands University Library of Manchester
BO	Bibliotheca Orientalis
B Rev	Bible Review
BSac	Bibliotheca Sacra
BTB	Biblical Theology Bulletin
BZ	Biblische Zeitschrift
BZNW	Beihefte zur Zeitschrift für die Neutestament liche Wissenschaft
CBQ	Catholic Biblical Quarterly
CCWJCW	Cambridge Commentaries on Writings of the Jewish and Christian World 200 B. C. to A. D. 200
CGTC	Cambridge Greek Testament Commentary
CII	Corpus inscriptionum iudaicarum (1936-52).
CQR	Church Quarterly Review
CRINT	Compendia rerum iudaicarum ad novum testamentum
CSCO	Corpus scriptorum christianorum orientalium
DAL	Dictionnaire d'Archéologie Chrétienne et de Liturgie, E. Cabrol y H. Leclercq (eds.), París, 1907-1953.
DJG	Dictionary of Jesus and the Gospels, J. B.Green, S. McKnight e I. H. Marshall (eds.), Downers Grove y Leicester, 1992.
DRev	Downside Review
DSP	Dictionnaire de la Spiritualité, M. Viller (ed.), París, 1932 ss.
DTR	Diccionario de las tres religiones, César Vidal Manzanares, Madrid, 1993.
EB	Ètudes Bibliques
EBT	Encyclopedia of Biblical Theology
EDNT	Exegetical Dictionary of the New Testament
EGT	Expositor's Greek Testament

EHPR	Ètudes d'Histoire et de Philosophie Religieuse
EKK	Evangelisch-katholischer Kommentar zum Neuen Testament
EncB	Encyclopedia Biblica
EncJud	Encyclopedia Judaica
EvQ	Evangelical Quarterly
ENTT	E. Kasemann, Essays on New Testament Themes, Londres, 1964.
Eph Ma	Ephemerides Mariologicae
Ephem Théolo	Ephemerides Theologicae
ExpT	Expository Times
Greg	Gregorianum
GTJ	Grace Theological Journal
Herm	Hermeneia
HeyJ	Heythrop Journal
HNT	Handbuch zum Neuen Testament
HSS	Harvard Semitic Studies
HUCA	Hebrew Union College Annual
HZ	Historische Zeitschrift
IBC	Interpretation Bible Commentary
IBS	Irish Biblical Studies
IEJ	Israel Exploration Journal
Int	Interpretation
IRT	Issues in Religion and Theology
JAOS	Journal of the American Oriental Society
JBL	Journal of Biblical Literature
JBR	Journal of Bible and Religion
JCSR	Journal of Comparative Sociology and Religion
JETS	Journal of the Evangelical Theological Society
JJS	Journal of Jewish Studies
JNES	Journal of Near Eastern Studies
JPOS	Journal of the Palestine Oriental Society
JQR	Jewish Quarterly Review
JR	Journal of Religion
JRE	Journal of Religious Ethics
JRS	Journal of Roman Studies
JSJ	Journal for the Study of Judaism in the Persian, Hellenistic and Roman Period

JSNT	Journal for the Study of the New Testament
JSP	Journal for the Study of the Pseudepigrapha and Related Literature
JSS	Journal of Semitic Studies
JTS	Journal of Theological Studies
LB	Liber Annuus
LTS	La Terra Santa
MGWJ	Monatschrift für Geschichte und Wissenschaft des Judentums
MBTh	Münsterische Beitrage zur Theologie
NCB	New Clarendon Bible
NJCB	New Jerome Biblical Commentary, Englewood Cliffs, 1992.
NovT	Novum Testamentum
NRT	Nouvelle Révue Théologique
NT	Nuevo Testamento
NTOA	Novum Testamentum et Orbis Antiquus
NTS	New Testament Studies
PBSR	Papers of the British School at Rome
PCB	Peake's Commentary on the Bible, Londres, 1962.
PEQ	Palestine Exploration Quarterly
PTR	Princeton Theological Review
RACh	Reallexikon für Antike und Christentum
RB	Revue Biblique
RE	Real Encyklopadie der Klassischen Altertumswissenschaft
RevQ	Revue de Qumrán
Rev. Sc. Ph. Th.	Révue des Sciences Philosophiques et Théologiques.
RGG	Religion in Geschichte und Gegenwart
RHPR	Revue d'histoire et de philosophie reliegieuse
RHR	Revue d'Histoire des Religions
RSR	Recherches de Science Religieuse
RST	Regensburger Studien zur Theologie
SAJ	Studies in Ancient Judaism
SANT	Studiem zum Alten und Neuen Testament
SBEC	Studies in the Bible and Early Christianity
SBLASP	Society of Biblical Literature Abstracts and Seminar Papers

SBT	Studies in Biblical Theology
ScrHier	Scripta hierosylimitana
SCJ	Studies in Christianity and Judaism
SE	Studia Evangelica
SJ	Studia Judaica
SJLA	Studies in Judaism in Late Antiquity
SNTSMS	Society for New Testament Studies Monograph Series
SJT	Scottish Journal of Theology
StudLit	Studia Liturgica
Th St Kr	Theologische Studien und Kritiken
THR	Theologische Rundschau
TI	Theological Inquiries
TJ	Trinity Journal
TLZ	Theologische Literaturzeitung
TR	Theologische Rundschau
TS	Theological Studies
TSFBul	Theological Students Fellowship Bulletin
TU	Texte und Untersuchungen
TynB	Tyndale Bulletin
TZ	Theologische Zeitschrift
ZNW	Zeitschrift für die neutestamentliche Wissens chaft
ZRG	Zeitschrift für Religionsund Geistesgeschichte
ZTK	Zeitschrift für Theologie und Kirche
ZWT	Zeitschrift für wissenschaftliche Theologie

INTRODUCCIÓN

F ue mérito del Dr. Albert Schweitzer[1] el elaborar una historia de las biografías de Jesús anteriores a su época y dejar claramente de manifiesto que en ellas no se encontraba al Jesús histórico sino, fundamentalmente, las meras proyecciones de la personalidad de los diversos biógrafos. Al final, tras leer todo el elenco de textos analizados por Schweitzer, poca duda podía quedar de que el lector no se encontraría en ellos con Jesús sino con el escéptico, el descreído, el liberal o el antiguo clérigo que los habían redactado. El mismo Schweitzer había rechazado a esas alturas la tesis —muy popular a la sazón— de que Jesús era un enfermo mental. Ciertamente, también él abordaría el mismo tema, y aunque no puede dudarse de que su aporte implicó un cierto avance historiográfico, no resulta menos cierto que se vio lastrado no poco por su propia teología liberal.[2] Desde entonces a acá —y ha pasado más de un siglo— la situación no ha variado sustancialmente, aunque los resultados sean diferentes.

Un caso extremo, por ejemplo, fue el de Morton Smith, que pretendió equiparar a Jesús con un mago[3] y obtuvo cierto éxito público; luego, poco después, sostuvo que Jesús era un sodomita que sometía a sus discípulos más cercanos a una iniciación homosexual.[4] El libro fue publicado con un prólogo de Elaine Pagels y pretendía basarse en un documento primitivo. La realidad es que Morton Smith —él mismo un homosexual— había falsificado el documento

---

1. Albert Schweitzer, The Quest for the Historical Jesus. A Critical Study of its Progress from Reimarus to Wrede, 1906.

2. Albert Schweitzer, The Mystery of the Kingdom of God: The Secret of Jesus' Messiahship and Passion (TI), Nueva York, 1914.

3. M. Smith, Jesus the Magician, Nueva York, 1978.

4. M. Smith, The Secret Gospel, Middletown, 2005.

y falleció en medio del mayor descrédito.[5] Hoy en día, se ha tejido un espeso manto de silencio sobre Smith al que han contribuido especialmente los eruditos asociados con él. Lamentablemente, no todas las imposturas son descubiertas con tanta claridad.

Otras ocasiones, también han surgido voces que han pretendido reducir a Jesús a un simple revolucionario que habría sido ejecutado como un zelote, el partido religioso violento que desempeñó un papel fundamental en la guerra del 66-73 d.C. contra Roma. Los autores defensores de semejante tesis han solido presentarla incluso como un hallazgo propio y original cuando, en realidad, todos ellos —lo sepan o no— son tributarios de R. Eisler,[6] quien la expuso en el primer tercio del siglo XX. A decir verdad, los que han abundado después en esa dirección —S. G. F. Brandon,[7] Hyam Maccoby,[8] Joel Carmichael, más recientemente el musulmán Reza Aslan—[9] no suelen mencionar a Eisler y tampoco han logrado fundamentar su posición de una manera medianamente sólida. De hecho, Hernando Guevara, en un libro magistral y lamentablemente poco conocido, ha demolido totalmente la tesis no solo de que Jesús fuera un zelote sino también de que los zelotes hubieran existido en su época.[10]

Con todo, debe reconocerse que este punto de vista no solo es marginal sino incluso despreciado, y más bien los retratos interesados sobre Jesús han seguido sucediendo casi con una meta común: dejar de manifiesto que no pasó de ser un rabino, un maestro de moral, incluso un fariseo aunque de corte liberal. Los ejemplos, al respecto, son múltiples. Es el caso, desde luego, de la primera biografía de Jesús escrita por un judío en la que el retrato no era trazado con tintes negros sino buscando asimilar al personaje en

---

5. Un estudio sobre el tema en S. C. Carlson, The Gospel Hoax. Morton Smith´s Invention of Secret Mark, Waco, 2005.

6. R. Eisler, «Iesous Basileus ou basileusas», 2 vols, Heidelberg, 1929-30.

7. S. G. F. Brandon, Jesus and the Zealots, Manchester, 1967 e Idem, The Trial of Jesus, Londres, 1968.

8. H. Maccoby, Revolution in Judaea. Jesus and the Jewish Resistance, Nueva York, 1973.

9. R. Aslan, Zealot. The Life and Times of Jesus of Nazareth, 2013.

10. Hernando Guevara, Ambiente político del pueblo judío en tiempos de Jesús, Madrid, 1985.

el seno de la historia judía. La obra en cuestión, debida a Joseph Klausner,[11] fue agriamente criticada por otros autores judíos ya que pretendía aceptar como propio a alguien que durante siglos había sido contemplado como un blasfemo y fuente de inmenso sufrimiento para el pueblo judío. Sin embargo, iba a marcar un rumbo que, con mayor o menor fortuna, iban a seguir otros autores en no pocos casos también judíos. Fue, desde luego, el caso del rabino alemán Leo Baeck,[12] dispuesto a ver en Jesús a un judío, e incluso a un rabino, pero jamás al Mesías. Fue también lo que aconteció con el también judío Hugh J. Schonfield, casi olvidado en la actualidad, pero que en los años setenta del siglo XX obtuvo una extraordinaria popularidad con su libro *The Passover Plot* (El complot de Pascua), donde pretendía haber descubierto la clave para comprender la vida de Jesús.[13] Volvemos a encontrarlo, de manera semejante, en Schalom Ben-Chorin[14] e incluso en David Flusser,[15] posiblemente el autor judío más destacado de los que ha escrito sobre el tema. Jesús ha pasado de constituir un personaje odioso a convertirse en alguien aceptable, pero solo a condición de que no fuera más allá de ser un rabino o un maestro de moral.

Con todos los matices que se desee, una posición no muy distinta fue la seguida por Rudolf Bultmann y los post-bultmanianos. Para Ernst Käsemann —el iniciador de la denominada Nueva Búsqueda de Jesús—, Günther Bornkamm o Norman Perrin, Jesús fue, sustancialmente, un maestro de moral con tintes carismáticos o taumatúrgicos. Algo similar —aunque más crítico con las fuentes históricas— encontramos en el *Jesus Seminar*, un grupo que, por primera vez en la historia, decidió someter a voto la fiabilidad de las fuentes, y optó por posiciones de rechazo masivo a buena parte de lo contenido en las mismas. Las posiciones del *Jesus Seminar* han sido

11. J. Klausner, *Jesus of Nazareth* (TI), Londres, 1929.
12. L. Baeck, *Judaism and Christianity* (TI), Filadelfia, 1958.
13. H. J. Schonfield, *The Passover Plot*, Nueva York, 1965. Una refutación de las tesis de Schonfield en Clifford Wilson, *The Passover Plot Exposed*, San Diego, 1977.
14. S. Ben-Chorin, Brother Jesus. *The Nazarene through Jewish Eyes* (TI), Athens, 2001.
15. D. Flusser, *The Sage from Galilee. Rediscovering Jesus' Genius* (TI), Grand Rapids, 2007.

ásperamente criticadas por los especialistas, cuestionando incluso la integridad de sus componentes principales.[16] A decir verdad, si su peculiar metodología se aplicara a la Historia Antigua impediría totalmente ahondar en la investigación.

Esa visión del Jesús rabínico aparece igualmente en algunos de los libros de más éxito de las últimas décadas. La encontramos en J. P. Sanders[17] —aunque reconoce que, implícitamente, Jesús se proclamó rey—, John P. Meier o Gerd Theissen.[18]

En algún caso, incluso el rabino deja de serlo —la formación de Jesús, según esta interpretación, habría sido deficiente— para convertirse en un personaje carismático semejante a Honi el trazador de círculos, un ser legendario que, supuestamente, obligaba a Dios a escucharlo mediante el expediente de dibujar un círculo, entrar en su interior y amenazar con no salir hasta que el Altísimo lo escuchara. Tal fue, por ejemplo, la posición del difunto académico judío Geza Vermes.[19] Dicho sea de paso, esta visión ruralizante de Jesús es la que encontramos también en el antiguo sacerdote católico-romano John Dominic Crossan,[20] que ha decidido convertir a Jesús —¡de nuevo!— en un maestro de moral, pero limitado por su enfoque campesino hasta el punto de ser un equivalente de los filósofos cínicos de la Antigua Grecia. Como tendremos ocasión de ver en la presente obra, ni Galilea era una zona pesadamente rural ni Jesús se movió única y exclusivamente en ese trasfondo. A decir verdad, existe un cosmopolitismo en la enseñanza y en los lugares por donde Jesús se movió que resulta indispensable tener en cuenta. De manera bien significativa,

---

16. Un estudio de especial interés en Luke Timothy Johnson, *The Real Jesus: The Misguided Quest for the Historical Jesus and the Truth of the Traditional Gospels*, Nueva York, 1996.

17. E. P. Sanders, *The Historical Figure of Jesus*, Londres, 1993 e *Idem*, *Jesus and Judaism*, Filadelfia, 1985.

18. Theissen, de manera reveladora, utilizó la ficción para relatar su tesis en *The Shadow of the Galilean: The Quest for the Historical Jesus in Narrative Form* (TI), Filadelfia, 1987.

19. G. Vermes, *Jesús el judío* (TE), Barcelona, 1977.

20. John Dominic Crossan, *The Historical Jesus. The Life of a Mediterranean Jewish Peasant*, Nueva York, 1992.

Crossan ha llegado incluso a especular con la idea de que el cuerpo de Jesús nunca apareció... porque se lo comieron los perros.[21] En estas visiones, en todos y cada uno de los casos, a pesar de la diferencia de matices, existe una coincidencia fundamental y es el peso del entorno cultural donde el gurú, el maestro de espiritualidad y el predicador son elementos aceptados porque pueden proporcionar, en apariencia, consuelo sin exigir ningún cambio real en las distintas existencias humanas.[22] Ciertamente, la figura de Jesús no puede ser arrojada a los márgenes de la historia y, por supuesto, resulta imposible presentarla en los términos denigratorios que aparece en escritos judíos como el Talmud o el Toledot Yesu. Sin embargo, tampoco resulta de recibo aceptar lo que sobre Él muestra el contenido de las fuentes históricas. Por el contrario, estas se ven sometidas a recortes y despieces debidos simplemente a los prejuicios, más o menos evidentes, de los autores. Así, partiendo, por ejemplo, de la base inicial de que no pudo haber responsabilidad de judío alguno en la condena de Jesús, se descartan todos los datos de las fuentes que van en contra de esa posición y se llega al resultado deseado: toda la responsabilidad está del lado romano.[23]

En términos propagandísticos, apologéticos, incluso políticos, ese acercamiento a la figura y la enseñanza de Jesús resulta comprensible. Sin embargo, desde la perspectiva de la labor científica del historiador solo puede calificarse como inaceptable en la medida en que resulta obligado examinar de manera crítica todas las fuentes y extraer de ellas resultados y no, por el contrario, volcar en las fuentes los puntos de vista ya previamente asumidos. Ese enfoque propio de la ciencia histórica es el utilizado por el autor de esta obra. A decir verdad, es el único válido para la realización de una investigación de carácter histórico. Precisamente a partir de esa metodología se puede afirmar que Jesús fue más, muchísimo más, que un rabino o un maestro de moral.

21. John Dominic Crossan, *The Historical Jesus: The Life of a Mediterranean Jewish Peasant*, San Francisco, 1991, págs. 127, 154.
22. Con todo, hay autores que rechazan de plano, aunque cortésmente, a Jesús incluso como maestro. Es el caso de la obra del rabino Jacob Neusner, *A Rabbi Talks with Jesus, Montreal*, 2001. Curiosamente, la obra de Neusner ha tenido cierta influencia en la trilogía sobre Jesús escrita por Benedicto XVI.
23. Es el caso evidente de Paul Winter, *On the Trial of Jesus*,(TI) Berlín, 1961.

En buena medida, el presente libro es la culminación de una trayectoria de más de tres décadas dedicada al estudio y la investigación de la historia del pueblo judío y de la figura de Jesús y de sus primeros discípulos, especialmente aquellos que eran judíos. Semejante trabajo ha ocupado un lugar privilegiado en el trabajo profesional del autor tanto en calidad de historiador como de escritor de obras de ficción. No resulta extraño, pues, que, de manera muy cercana en el tiempo, apareciera publicado su estudio sobre los primeros discípulos de Jesús en el período previo a la ruptura entre la nueva fe y el judaísmo,[24] —un texto que constituyó su tesis doctoral en Historia y que no solo obtuvo la máxima calificación académica, sino que también fue objeto del Premio extraordinario de fin de carrera— y su primera novela que abordaba la cuestión de los orígenes históricos de Israel a su salida de Egipto.[25]

En el curso de los siguientes años, junto con otros estudios sobre el judaísmo del segundo Templo, fueron apareciendo obras dedicadas al estudio de la historia judía que intentaban, a título de ejemplo y sin pretender ser exhaustivos, compendiarla,[26] y que se centraban en aspectos concretos como el Holocausto[27] o que pretendían acercar su pensamiento religioso al gran público.[28] En paralelo, tenían lugar acercamientos novelísticos a la andadura histórica del pueblo judío, tomando como punto de referencia personajes históricos como Maimónides[29] y Gabirol[30] o legendarios como el famoso judío errante.[31]

Algo semejante ha sucedido con los inicios del cristianismo, como puede desprenderse de sus obras sobre los orígenes de los

24. C. Vidal, *El judeo-cristianismo palestino del s. I: de Pentecostés a Jamnia*, Madrid, 1995.

25. C. Vidal, *El escriba del faraón*, Madrid, 2007 (reedición).

26. C. Vidal, *Textos para la Historia del pueblo judío*, Madrid,.

27. C. Vidal, *La revisión del Holocausto*, Madrid, 1994; *Idem*, El Holocausto, Madrid, 1995 e *Idem*, *Los incubadores de la serpiente*, Madrid, 1996.

28. C. Vidal, *El Talmud*, Madrid, 2019.

29. C. Vidal, *El médico de Sefarad*, Barcelona, 2004 e *Idem*, El médico del sultán, Barcelona, 2005.

30. C. Vidal, *El poeta que huyó de Al-Andalus*, Madrid, 2002.

31. C. Vidal, *El judío errante*, Barcelona, 2008.

Evangelios,[32] su contenido,[33] la relación con fenómenos de la época como los sectarios de Qumrán,[34] la figura de Judas,[35] o la vida de Pablo de Tarso.[36] A ellos hay que añadir un acercamiento a la judeidad de Jesús que constituye un precedente de este libro, si bien con una extensión de menos de la mitad de páginas.[37] También esos temas han sido abordados desde una óptica de ficción tanto en referencia a los orígenes del Evangelio de Marcos[38] o a la investigación llevada a cabo por Lucas para redactar su Evangelio.[39]

Considerada desde esa perspectiva, la presente obra implica un jalón más que relevante en el curso de una trayectoria de investigación que se ha prolongado a lo largo de varias décadas. *Más que un rabino* constituye la culminación, desde una perspectiva rigurosamente histórica, de años de trabajo dedicados a abordar quién fue Jesús, qué enseñó y cómo se vio a sí mismo. Este libro no es una obra de teología ni un comentario de los Evangelios —aunque las referencias a ambas áreas resulten ineludibles—, sino de historia. Su metodología es la histórica y, de manera muy especial, la utilizada por la investigación científica en el terreno de la Historia Antigua. Con todo, a pesar de su carácter histórico, estas páginas, con seguridad, pueden servir de instrumento auxiliar para las personas que se dedican a esa disciplina. He decidido por eso que determinadas cuestiones de carácter dogmático, especialmente alguna que solo muy lejanamente puede considerarse cristológica, sean abordadas en el cuerpo del texto. También he desarrollado en excursus y apéndices aspectos de interés que, intercalados en el discurrir de los capítulos, habrían dificultado su lectura. Finalmente, hay una serie de cuestiones que he desplazado a la *Guía de estudio* del presente libro. En esa ubicación, pueden ayudar a comprender con más cabalidad el texto y, a la vez, no distraer de la lectura.

---

32. C. Vidal, *El primer evangelio*, Barcelona, 1991 e *Idem*, *El Documento Q*, Barcelona, 2005.
33. C. Vidal, *Diccionario de Jesús y los Evangelios*, Estella, 1995.
34. C. Vidal, *Jesús y los documentos del mar Muerto*, Barcelona, 2006.
35. C. Vidal, *Jesús y Judas*, Barcelona, 2007.
36. C. Vidal, *Pablo, el judío de Tarso*, Madrid, 2006.
37. C. Vidal, *Jesús el judío*, Barcelona, 2010.
38. C. Vidal, *El testamento del pescador*, Barcelona, 2004.
39. C. Vidal, *El Hijo del Hombre*, Madrid, 2007.

El lector puede acercarse a esta obra de distintas maneras. Por supuesto, la puede leer de seguido desde la primera hasta la última página y, de hecho, la redacción ayuda a seguir ese rumbo. Sin embargo, también es posible detenerse en algunos de los aspectos proporcionados por los excursus y apéndices, que están colocados fuera del texto principal precisamente para no obstaculizar una lectura que podríamos denominar biográfica. Piensa el autor que, en estas páginas y en la *Guía de estudio*, han quedado cubiertas no solo la descripción ordenada de la vida de Jesús y de su enseñanza sino también sustancialmente todo lo relacionado con el contexto histórico, las instituciones religiosas y civiles y las discusiones y controversias sobre los más diversos aspectos relacionados con las fuentes y su contenido.

Como todas las obras humanas sin excepción, el autor es consciente de que este libro es, con toda seguridad, perfectible y, por eso mismo, agradece por adelantado las críticas formuladas a partir de posiciones documentadas y científicas y carentes de prejuicios o dogmatismos ya asumidos.

No deseo entretener más al lector. La historia de Jesús, alguien que, definitivamente, fue más que un rabino, lo está esperando.

Miami, FL. 2019

CAPÍTULO I

«VINO UN HOMBRE LLAMADO JUAN...»

En el año décimoquinto de Tiberio César

En el año 25 d.C., hizo irrupción en la vida de Israel un personaje que ha pasado a la historia con el nombre de Juan el Bautista. Sus coordenadas espacio-temporales —paralelas a las de Jesús hasta esa fecha— aparecen recogidas por la fuente lucana en un texto que afirma mucho más de lo que parece a primera vista y que dice así:

> En el año decimoquinto del imperio de Tiberio César, siendo gobernador de Judea Poncio Pilato, y Herodes, tetrarca de Galilea, y su hermano Felipe, tetrarca de Iturea y de la provincia de Traconite, y Lisanias tetrarca de Abilinia, y siendo sumos sacerdotes Anás y Caifás, vino palabra de Dios a Juan, hijo de Zacarías, en el desierto (Lucas 3:1,2).

Lejos de tratarse de una mera nota histórica, Lucas estaba trazando todo un panorama del mundo en que se desarrollaría el ministerio público del Bautista y, aproximadamente, medio año después, el de Jesús. En la pirámide de ese mundo se encontraba Tiberio César, el emperador de Roma, la primera potencia de la época. En el año 14 d.C., Tiberio se había convertido en emperador —lo sería hasta el año 37— tras una larga peripecia personal. Hijo de Tiberio Claudio Nerón y de Livia Drusila, Tiberio vivió el divorcio de su madre y su ulterior matrimonio con el emperador Octaviano. De esa manera, Tiberio se convirtió, primero, en hijastro del emperador, se casaría después con su hija Julia y, finalmente, sería adoptado por

Octaviano. Tiberio dio muestras de una notable competencia militar conquistando regiones de Europa como Panonia, Dalmacia, Retia e incluso partes de Germania, y acabó sucediendo a Octaviano como emperador tras la oportuna desaparición de otros pretendientes al trono. Igualmente estaba dotado de una notable capacidad militar y administrativa y no le faltó habilidad para tratar con el senado o para conseguir que la tranquilidad reinara en calles y caminos. Sin embargo, esos logros innegables no constituían el cuadro completo de su personalidad. Por ejemplo, aborrecía las religiones orientales y, en especial, la egipcia y la judía[1] y, por encima de todo, albergaba un temperamento depresivo y una mentalidad pervertida. En el año 26 d.C., decidió abandonar Roma y, tras dejar el poder en manos de los prefectos pretorianos Elio Sejano y Quinto Nevio Sutorio Macrón, se marchó a Capri. Allí se entregó a una verdadera cascada de lujuria. A la vez que recopilaba una colección extraordinaria de libros ilustrados con imágenes pornográficas, disfrutaba reuniendo a jóvenes para que se entregaran ante su mirada a la fornicación.[2] Por añadidura, mantenía todo tipo de relaciones sexuales —incluida violación— con mujeres y hombres[3] y, no satisfecho con esa conducta, se entregó a prácticas que el mismo Suetonio relata con repugnancia:

> Incluso se cubrió con una infamia tan grande y vergonzosa que apenas se puede narrar o escuchar —mucho menos creerse— como que acostumbraba a niños de muy corta edad, a los que llamaba sus «pececillos» a que, mientras él nadaba, se colocaran entre sus muslos y, jugando, lo excitaran con la lengua y con mordiscos, e incluso, siendo ya mayores, pero sin dejar de ser niños, se los acercaba a la ingle como si fuera una teta.[4]

Como en tantas épocas de la historia, una potencia concreta, en este caso imperial, ostentaba la hegemonía y, al frente de la misma se hallaba un amo absoluto. En el caso de Roma, durante los ministerios de Juan, primero, y de Jesús, después, la cúspide de la pirámide

---

1. Suetonio, Tiberio, XXXVI.
2. *Idem*, XLIII
3. *Idem*, XLV, XLII y XLIV.
4. *Idem*, XLIV.

la ocupaba un pervertido sexual que no tenía el menor escrúpulo a la hora de violar a hombres y a mujeres o de abusar de niños.

La presencia del poder romano derivado del emperador Tiberio en la parte del mundo donde estaba Juan se hallaba encarnada en Poncio Pilato, el segundo personaje de la lista que encontramos en la fuente lucana. A decir verdad, las vidas de Juan y de Jesús fueron transcurriendo en paralelo a un peso creciente de la presencia romana en Judea. Coponio fue el primer prefecto romano de la provincia de Judea —que, en este período, solo comprendía el territorio que había sido regido previamente por Arquelao— y, según Josefo, durante su gobierno, se produjo la rebelión de Judas el galileo en oposición al pago del impuesto a Roma, aunque existen poderosos indicios que hacen pensar en que el mismo fue anterior.[5] Se ha insistido en identificar a Judas el galileo como el fundador del grupo de los zelotes, pero tal afirmación resulta insostenible. Judas fue un resistente violento contra Roma, pero no el fundador de una secta que alcanzaría su zénit siete décadas después.[6] Si es más verosímil que, efectivamente, durante su administración, los samaritanos profanaran los patios del Templo de Jerusalén esparciendo en ellos huesos humanos. Semejante tropelía no provocó una reacción violenta de los judíos (ese tipo de acciones se sitúan, con la excepción del levantamiento de Judas el galileo, generalmente en el periodo posterior a la muerte de Herodes Agripa). Sin embargo, se redoblaron las medidas de seguridad para que el hecho no volviera a repetirse.

Del año 9 al 26 d.C. —la etapa de infancia, adolescencia y juventud de Jesús— se sucedieron tres prefectos romanos: Ambíbulo (9-12 d.C.), Rufo (12 al 15 d.C.) y Grato (15 al 26 d.C.). Grato llevó una política arbitraria en relación con los sumos sacerdotes, impulsado posiblemente por la codicia. Así, destituyó al sumo sacerdote Anano y nombró a Ismael, hijo de Fabo. Con posterioridad, destituiría a Eleazar y nombraría a Simón, hijo de Camit. Menos de un año después, este fue sustituido por José Caifás.[7] Sin embargo, de manera bien reveladora, no parece que la situación

5. Una discusión sobre el tema en H. Guevara, Ambiente político del pueblo judío en tiempos de Jesús, Madrid, 1985, p. 56 ss. y 85.
6. En el mismo sentido, H. Guevara, Oc, p. 72 ss.
7. Ant. XVII, 34-5.

fuera especialmente intranquila en lo que al conjunto de la población se refiere.

A Grato le sucedió Pilato (26-36 d.C.). Su gobierno fue de enorme tensión,[8] y Josefo como Filón nos lo presentan bajo una luz desfavorable[9] que, seguramente, se correspondió con la realidad. Desde luego, se vio enfrentado con los judíos en diversas ocasiones. Josefo narra[10] cómo en uno de esos episodios introdujo, en contra del precepto del Decálogo que no solo prohíbe hacer imágenes sino también rendirles culto (Éxodo 20:4,5), unas estatuas en Jerusalén aprovechando la noche. No está muy claro en qué consistió el episodio en sí (¿fueron quizá los estandartes militares los que entraron en la ciudad?) pero, fuera como fuese, la reacción de los judíos resultó rápida y unánime. De manera reveladoramente pacífica, marcharon hacia Cesarea, donde se encontraba a la sazón Pilato, y le suplicaron que retirara las efigies de la ciudad santa. Pilato se negó a ceder ante aquella petición, y entonces los judíos permanecieron durante cinco días postrados ante la residencia del prefecto. Cuando este, irritado por aquella conducta, los amenazó con la muerte, los judíos mostraron sus cuellos indicando que preferían morir a quebrantar la ley de Dios. Finalmente, Pilato optó por retirar las imágenes. El episodio resulta de enorme relevancia porque de él se desprende que los judíos optaron por llevar a cabo una acción que podríamos denominar no-violenta y que les permitió alcanzar su objetivo.

Una respuesta similar, en lo que a la ausencia de violencia se refiere, fue la que dieron también los judíos con ocasión de otro de los desaires de Pilato. Nos estamos refiriendo a la utilización de dinero sagrado de los judíos por parte del romano con la finalidad de construir un acueducto.[11] Para los judíos resultaba obvio que el aspecto religioso primaba sobre la consideración práctica de que Pilato hubiera traído el agua desde una distancia de doscientos estadios. Sin embargo, aún así, optaron por una conducta pacífica que excluía cualquier forma de violencia. Pilato resolvió entonces

---

8. En el mismo sentido, M. Smallwood, *The Jews under the Roman Rule*, Leiden, 1976, p. 172.

9. Una crítica de diversas opiniones en los especialistas en M. Stern, *The Jewish People*, I, Assen, 1974, p. 350.

10. Guerra 2, 169-174; Ant. 18, 55-59.

11. Guerra 2, 175-77; Ant. 18, 60-62.

disfrazar a parte de sus tropas y darles la orden de que golpearan a los que vociferaban, pero no con la espada, sino con garrotes. El número de heridos fue considerable (entre ellos, los pisoteados por sus compatriotas en el momento en que huyeron en desbandada), pero allí terminó todo el tumulto.[12] El representante de Roma en la zona del mundo donde vivieron Juan y Jesús era, por lo tanto, un hombre sin escrúpulos morales, que despreciaba a los judíos, que no tenía problema alguno en recurrir a la violencia para alcanzar sus objetivos y que era sensible a las presiones que pudieran poner en peligro su posición. Como tendremos ocasión de ver, esas características se revelarían dramáticamente presentes en la vida de Jesús.

En tercer lugar, la fuente lucana menciona a tres personajes que representaban el poder local, a saber, Herodes, tetrarca de Galilea, y su hermano Felipe, tetrarca de Iturea y de la provincia de Traconite, y Lisanias tetrarca de Abilinia. Tan peculiar reparto estaba conectado con la desintegración del reino de Herodes el Grande a manos de Roma.[13] Para entender ese episodio, debemos remontarnos varias décadas atrás. Durante el convulso período de las guerras civiles que acabaron con la república de Roma y abrieron paso al imperio, un idumeo llamado Herodes se había convertido en rey de los judíos. Muestra de su talento excepcional es que, por regla general, al iniciarse las guerras se encontraba en el bando que resultaría perdedor, pero siempre lograba al final del conflicto hacerse perdonar y beneficiarse del triunfo de los vencedores. Comenzar un conflicto bélico en el bando perdedor y concluirlo siempre en el ganador dice no poco de Herodes.

Herodes el Grande reinó desde el año 37 a.C. al 4 a.C. dando muestras repetidas de un talento político eficaz y despiadado. Durante su primera década en el trono (37-27 a.C.), exterminó

---

12. Pilato, como tendremos ocasión de ver, representó un papel esencial en los últimos días de la vida de Jesús. En el año 36 d.C., como consecuencia de unas protestas presentadas ante Vitelio, gobernador de Siria, por los samaritanos, a los que Pilato había reprimido duramente con las armas, fue destituido.
13. Acerca del período, véase: M. Grant, *Herod the Great*, Londres, 1971; S. Perowne, *The Life and Times of Herod the Great*, Londres, 1957; P. Richardson, *Herod, King of the Jews and Friend of the Romans*, Minneapolis, 1999; A. Schalit, *König Herodes: der Mann und sein Werk*, Berlín, 1969.

literalmente a los miembros de la familia de los hasmoneos y a buena parte de sus partidarios, y, sobre todo, supo navegar por el proceloso mar de las guerras civiles romanas pasando de la alianza con Marco Antonio a la sumisión a Octavio. Este supo captar a la perfección el valor que para Roma tenía un personaje como Herodes y no solo pasó por alto sus relaciones previas con su enemigo Marco Antonio, sino que incluso amplió las posesiones de Herodes en la franja costera y Transjordania.

Durante la siguiente década y media, Herodes, ya consolidado en el poder, dio muestras de un talento político notable. Por un lado, intentó satisfacer a sus súbditos judíos comenzando las obras de ampliación del Templo de Jerusalén y celebrando con toda pompa las festividades judías.[14] En paralelo, se caracterizó por una capacidad constructora que se reflejó en la fortaleza Antonia de Jerusalén, el palacio-fortaleza de Masada o el Herodium entre otras edificaciones. Era, sin duda, un monarca judío que, a la vez, se preocupaba por incorporar los avances de la cultura helenística —acueductos, nudos de comunicación, etc.— con auténtica pasión. No deja de ser significativo que, a pesar de su acusada falta de moralidad, se ganara la reputación de *euerguetes* (bienhechor) gracias a sus muestras de generosidad hacia poblaciones no judías situadas en Fenicia, Siria, Asia Menor e incluso Grecia. De entre los grupos religiosos judíos, los saduceos,[15] ciertamente, no pasaron de ser un dócil instrumento entre sus manos, pero los fariseos lo fueron contemplando con una hostilidad creciente y no parece que fuera amado por un pueblo que quizá lo respetaba, pero que, por encima de todo, lo temía.

La última década de gobierno de Herodes (13-4 a.C.) estuvo envenenada por confrontaciones de carácter doméstico provocadas por el miedo de Herodes a verse desplazado del trono por sus hijos. De Mariamne la hasmonea —a la que hizo ejecutar en el 29 a.C., en medio del proceso de liquidación de la anterior dinastía—, Herodes tuvo a Alejandro y a Aristóbulo que serían enviados a Roma para recibir una educación refinada; y de Doris, una primera mujer posiblemente Idumea, tuvo a Herodes Antípatro. En el 7 a.C., con el consentimiento de Roma, Herodes ordenó estrangular a Alejandro

---

14. Sobre el Templo y las festividades, véase la *Guía de estudio*.
15. Sobre los saduceos, véase la *Guía de estudio*.

y Aristóbulo. La misma suerte —y también con el permiso de Roma— correría Herodes Antípatro acusado de conspirar contra su padre. La ejecución tuvo lugar tan solo cinco días antes de que el propio Herodes exhalara el último aliento en Jericó (4 a.C.). El legado de Herodes fue realmente extraordinario y nada tuvo que envidiar, en términos territoriales, al del propio rey David. Al llegar al poder en el 37 a.c., Herodes solo contaba con la Judea de Antígono. A su muerte, su reino abarcaba toda Palestina a excepción de Ascalón; territorios en Transjordania; y un amplio terreno en el noroeste que incluía Batanea, Traconítide y Auranítide, pero excluía la Decápolis. Por otro lado, la absorción de los beneficios de la helenización eran indudables y, de hecho, los súbditos de Herodes eran, como mínimo, gentes bilingües que, pensaran lo que pensaran de la cultura griega, se aprovechaban, sin embargo, de no pocos de sus logros. Pero, toda aquella herencia no tardó en verse profundamente erosionada.

A la muerte de Herodes, estallaron los disturbios contra Roma y contra su sucesor, Arquelao. En la Pascua del año 4 a.c. se produjo una sublevación de los judíos porque Arquelao se negó a destituir a Joazar, el nuevo sumo sacerdote de dudosa legitimidad. Pese a que el disturbio quedó sofocado con la muerte de tres mil judíos, apenas unas semanas después, durante la festividad de Pentecostés, el romano Sabino tuvo que hacer frente a un nuevo levantamiento judío que solo pudo conjurar tras recibir ayuda de Varo, el gobernador romano de Siria.[16] Para colmo, el problema no concluyó.

En poco tiempo, la rebelión se extendió, como una mancha de aceite, por todo el país. Un rebelde llamado Judas se apoderó de Séforis. Otro, de nombre Simón, se sublevó en Perea. Atrongues y sus cuatro hermanos comenzaron a campear por Judea. Sin embargo, la descoordinación era obvia ya que lo único que los unía era el odio contra Roma y el deseo de ser reyes.[17] La respuesta de Roma fue rápida y contundente. Séforis fue arrasada y sus habitantes vendidos como esclavos. Safo y Emaús fueron destruidas. Jerusalén fue respetada; aunque se llevó a cabo la crucifixión de dos mil rebeldes.

---

16. Guerra II, 39-54; Ant. XVII, 250-268.
17. Guerra II, 55-65; Ant. XVII, 269-285.

Aquella sucesión de revueltas había dejado de manifiesto que Arquelao había demostrado su incapacidad para gobernar y semejante circunstancia no podía ser tolerada por Roma. De manera fulminante, el antiguo reino de Herodes fue dividido entre tres de sus hijos: Arquelao recibió Judea, Samaria e Idumea; Herodes Antipas, Galilea y Perea, con el título de tetrarca; y Filipo, la Batanea, la Traconítide, la Auranítide y parte del territorio que había pertenecido a Zenodoro. Por su parte, Salomé, la hermana de Herodes, recibió Jamnia, Azoto y Fáselis, mientras que algunas ciudades griegas fueron declaradas libres.

Los distintos gobiernos, en que había quedado fragmentado el antiguo reino de Herodes, sufrieron destinos bien diversos. De Filipo apenas debemos hacer mención, porque su relación con la historia que nos interesa, la de Jesús, fue mínima. Su reinado, del que Schürer señaló que había sido «dulce, justo y pacífico», no se entrecruza realmente con nuestro objeto de interés.

Cuestión distinta es Arquelao. Su incapacidad como gobernante siguió siendo tan acentuada que el año 6 d.C. Roma decidió privarle de su reino —aunque, en puridad, ya no era rey, sino etnarca— y absorber los territorios que lo componían.

El panorama derivado de este desarrollo histórico no podía ser más elocuente. Los sucesores de Herodes no eran, ni de lejos, mejores moralmente que el monarca idumeo, pero sí eran más torpes, más incompetentes, más necios. Su ausencia de poder no se tradujo, por lo tanto, en mayor libertad o en mejor gobierno para sus súbditos sino en una tiranía semejante desprovista por añadidura de los logros del fundador de la dinastía. En el terreno de la política, ya fuera nacional o extranjera, los contemporáneos de Juan el Bautista y de Jesús, ciertamente, tenían pocas razones para estar satisfechos.

Este cuadro —sin duda, sobrecogedor— transmitido por Lucas quedaba completado por la mención de las autoridades espirituales de Israel, el último recurso al que, supuestamente, podían acudir los habitantes de aquella castigada tierra. Una vez más, la fuente lucana deja de manifiesto una especial agudeza ya que menciona como sumos sacerdotes no a un personaje sino a dos, en concreto, Anás y Caifás. Con esa afirmación —que un observador descuidado habría tomado por un error histórico—, Lucas señalaba una realidad que marcó durante décadas la política religiosa en el seno de Israel.

El sumo sacerdote siempre fue, *de facto*, Anás, dando lo mismo si ostentaba o no oficialmente el título. En otras palabras, en no pocas ocasiones, hubo un sumo sacerdote oficial —como Caifás— y otro que era el real y que se llamaba Anás.

Anás fue designado como sumo sacerdote en la provincia romana de Judea por el legado romano Quirinio en el año 6 d.c. Se trató de un paso de extraordinaria relevancia porque tuvo lugar justo después de que Roma hubiera procedido a la destitución de Arquelao y hubiera colocado Judea bajo su gobierno directo. Anás se convertía así en la primera autoridad judía precisamente en el lugar donde se asentaban Jerusalén y su templo. Durante una década que fue del 6 al 15 d.C. Anás fue sumo sacerdote. Finalmente, el procurador Grato lo destituyó, aunque no consiguió acabar con su influencia. De hecho, durante las siguientes décadas, Anás mantuvo las riendas del poder religioso en sus manos a través de alguno de sus cinco hijos o de su yerno Caifás, todos ellos sucesores suyos como sumos sacerdotes aunque, en realidad, no pasarían de ser sus subordinados. Josefo dejó al respecto un testimonio bien revelador:

> Se dice que el anciano Anás fue extremadamente afortunado. Tuvo cinco hijos y todos ellos, después de que él mismo disfrutó previamente el oficio durante un periodo muy prolongado, se convirtieron en sumos sacerdotes de Dios —algo que nunca había sucedido con ningún otro de nuestros sumos sacerdotes.[18]

Anás y sus sumos sacerdotes subrogados mantuvieron su poder hasta el final del período del segundo Templo y lo hicieron convirtiendo el sistema religioso en una inmensa trama de corrupción. Como acabaría diciendo Jesús, convertirían el Templo en una cueva de ladrones (Mateo 21:13). Es un juicio moderado si se compara con lo que el mismo Talmud dice de los sumos sacerdotes de la época a los que se acusa de golpear con bastones, dar puñetazos o, en el caso de la casa de Anás, silbar como las víboras, es decir, susurrar con un peligro letal.[19]

---

18. *Antigüedades*, XX, 9.1.
19. Pesajim 57ª.

Suele ser un hábito común el hablar pésimamente de la época que le toca vivir a cada uno e incluso referirse a un pasado supuestamente ideal y perdido. Sin embargo, se mire como se mire, las coordenadas cronológicas expuestas por Lucas en pocas frases resultan dignas de reflexión. El mundo en que Juan —tras él, Jesús— iba a comenzar su ministerio era un cosmos en cuya cúspide un degenerado moral renunciaba al ejercicio del poder para entregarse al abuso sexual de hombres, mujeres y niños; donde su representante era un hombre que carecía de escrúpulos morales, pero también tenía una veta oculta de cobardía; donde Israel seguía estando en manos de gobernantes malvados y corruptos, pero, a la vez, desprovistos del talento político de Herodes el grande; y donde la esperanza espiritual quedaba encarnada en una jerarquía religiosa pervertida en la que el nepotismo y la codicia resultaban más importantes que la oración y el temor de Dios. En tan poco atractivo contexto, Juan el Bautista comenzó a predicar en el desierto, siendo precedente al Mesías y, aproximadamente, medio año antes de que Jesús hiciera acto de presencia.

Juan el Bautista

A pesar de la escasa duración del ministerio público de Juan el Bautista, lo cierto es que iba a tener una repercusión extraordinaria. El mensaje de Juan enlazaba ciertamente con una tradición propia de la historia religiosa de Israel y de ahí la sencillez y la contundencia que lo caracterizaron. Sustancialmente, se centraba en un llamamiento a volverse a Dios porque la esperada consumación de los tiempos se hallaba cerca. El anuncio, por utilizar los propios términos de Juan, era: «Arrepentíos porque el reino de los cielos se ha acercado» (Mateo 3:1,2). En otras palabras, Dios iba a irrumpir en la historia de una manera extraordinariamente trascendental —posiblemente la más trascendental que podía pensarse— y la única salida coherente era la de la *teshuvah*, es decir, el arrepentimiento, el volverse a Dios, el convertirse.

Semejante anuncio —el llamamiento a la *teshuvah*— contaba con claros paralelos en los *neviim* (profetas) que habían aparecido con anterioridad en la historia de Israel. A decir verdad, casi puede decirse que esa había sido la nota más característica de la predicación de los *neviim* durante siglos y, muy posiblemente, fue determinante para que el pueblo viera en Juan a uno de ellos. Sin embargo, en Juan se daba un aspecto especialmente llamativo que carecía de precedentes en los profetas. Nos referimos a la práctica de un rito hasta cierto punto original: el bautismo.

La referencia al bautismo despertaría hoy en no pocas personas imágenes de niños que reciben un hilo de agua sobre la cabeza en el contexto de un rito que implica la entrada en la iglesia. El significado y el ritual en Juan era notablemente distinto a esa visión. De entrada, el bautismo se identificaba con una inmersión total en agua que es, dicho sea de paso, lo que la palabra significa literalmente en griego. En contra de lo que hemos visto en algunas películas en que un Juan de aspecto anglosajón deja caer unas gotas sobre un arrepentido barbudo, los que habían escuchado las palabras del Bautista eran sumergidos totalmente en el agua —lo que explica que el predicador hubiera elegido como escenario de su proclama el río Jordán—, simbolizando de esa manera que Dios les había otorgado el perdón de sus pecados y que se había producido un cambio en su vida.

El hecho de que Juan predicara en el desierto y recurriera al bautismo como rito de iniciación ha sido relacionado ocasionalmente con los esenios del mar Muerto, pero semejante conexión resulta más que dudosa siquiera porque los esenios repetían los bautismos en reiteradas ocasiones, algo que no sucedía con Juan. En realidad, el origen del rito seguramente debe localizarse en la ceremonia que los judíos seguían para admitir a los conversos en el seno de Israel. En el caso de las mujeres, eran sometidas a una inmersión total (bautismo); en el caso de los varones, también se daba ese bautismo, aunque precedido, como ordena la Torah, por la circuncisión. El hecho de que Juan aplicara ese ritual no a gentiles que entraban en la religión de Israel sino a judíos que ya pertenecían a ella, estaba cargado de un profundo y dramático significado.

El *Pirke Avot*, uno de los escritos esenciales de la literatura rabínica, redactado al menos siglo y medio después de la vida de Jesús, comienza afirmando que todo Israel tiene una parte en el mundo venidero, una máxima que encontramos también en el Talmud.[20]

---

20. Sanedrín 90a.

En otras palabras, todo judío, por el hecho de ser judío, puede esperar participar de la salvación. Sin embargo, tal y como se desprende de las fuentes, Juan sostenía un punto de vista radicalmente distinto. De manera clara, insistía en rechazar lo que podríamos denominar un nacionalismo espiritual que encontramos en escritos de la época y que garantizaba la salvación a cualquier judío por el simple hecho de serlo. Por el contrario, Juan afirmaba, de manera desagradable pero inequívoca, que solo podían contar con ser salvados aquellos que se volvieran a Dios. Las fuentes, al respecto, no dejan lugar a dudas:

> Y decía a las multitudes que acudían para ser bautizadas por él: ¡Oh generación de víboras! ¿Quién os enseñó a huir de la ira venidera? Llevad a cabo frutos propios de la conversión y no empecéis a decir en vuestro interior: Tenemos como padre a Abraham; porque os digo que Dios puede levantar hijos a Abraham aun de estas piedras. Además el hacha ya está colocada sobre la raíz de los árboles; y todo árbol que no da buen fruto se corta y se arroja al fuego (Lucas 3:7-9; comp. Mateo 3:7-10).

Desde la perspectiva de Juan, lo que establecía la diferencia entre los salvos y los réprobos, entre aquellos cuyos pecados recibían o no perdón, no era el hecho de pertenecer o no al pueblo de Israel, sino de volverse hacia Dios con el anhelo de cambiar de vida, un cambio que resultaba simbolizado públicamente por el bautismo. En ese sentido, el paralelo con profetas anteriores resultaba muy acusado. Amós había proferido invectivas contra distintos pueblos paganos para, al fin y a la postre, coronar su mensaje de juicio con terribles alegatos dirigidos contra Judá (Amós 2:4,5) e Israel (2:6 ss.). Isaías había comparado a la sociedad judía de su tiempo con las ciudades de Sodoma y Gomorra, borradas de la faz de la tierra por el juicio de Dios (Isaías 1:10 ss.). Ezequiel había calificado de abominación la práctica religiosa de los judíos de su época y se atrevió a anunciar la destrucción del Templo de Jerusalén (Ezequiel 8 y 10). Frente a la idea de que todo Israel tendría lugar en el mundo por venir, la tesis de los profetas era que solo un resto, un residuo de Israel, obtendría la salvación (Isaías 10:22,23). Juan, sustancialmente, mantenía esa misma línea. La religión —no digamos ya la pertenencia a un grupo nacional— no proporcionaba la salvación y, por el contrario, la conversión a Dios permitía no ganarla, pero sí recibirla.

También como en el caso de los profetas, la predicación de Juan, por añadidura, estaba teñida de una notable tensión escatológica. El suyo no era únicamente un mensaje de catástrofe espiritual, sino que añadía un elemento de clara esperanza. Si resultaba urgente adoptar una decisión que desembocara en la conversión era porque se acercaba la consumación de los tiempos. Al respecto, Juan asociaba su labor con la profecía contenida en el capítulo 40 del profeta Isaías, la que afirma:

Voz del que clama en el desierto: preparad el camino del Señor;
Enderezad sus sendas.
Todo valle se rellenará,
Y se bajará todo monte y collado;
Los caminos torcidos serán enderezados,
Y los caminos ásperos allanados;
Y verá toda carne la salvación de Dios.

Dios iba a manifestarse de manera especialmente clara. Resultaba, pues, totalmente lógico que la gente se preparara y que también, tras el bautismo, cambiara de forma de vivir. La enseñanza de Juan, al respecto, pretendía, sobre todo, evitar los abusos de poder, la corrupción, la mentira o la falta de compasión. El testimonio lucano es claro en ese sentido:

Y la gente le preguntaba: Entonces, ¿qué debemos hacer? Y les respondió: El que tiene dos túnicas, dé al que no tiene; y el que tiene de comer, que haga lo mismo. Acudieron también unos recaudadores de impuestos para ser bautizados, y le dijeron: Maestro, ¿qué debemos hacer? El les dijo: No exijáis más de lo que os ha sido prescrito. También le preguntaron unos soldados: Y nosotros, ¿qué debemos hacer? Y les dijo: No extorsionéis a nadie, ni calumniéis; y contentaos con vuestro salario (Lucas 3:10-14).

Resulta obvio que el mensaje de Juan distaba mucho de ser lo que ahora entenderíamos como revolucionario. No esperaba que cambiaran las estructuras sociales ni que se produjera alteración alguna en la división de clases que a la sazón existía. No condenó, desde luego, a los recaudadores de impuestos —los odiados publicanos al servicio de Roma— ni a los alguaciles o soldados que los acompañaban. Sí consideró, por el contrario, que, como todos, debían convertirse y que, tras su conversión, su vida debía experimentar cambios, como el comportarse de forma honrada y el descartar conductas como la mentira, la violencia, la corrupción o la codicia.

Por añadidura, Juan esperaba que, muy pronto, se produciría un cambio radical, un cambio que no vendría por obra del esfuerzo humano, sino en virtud de la intervención directa de Dios que actuaría a través de su Mesías. Este se manifestaría pronto y entonces las promesas pronunciadas durante siglos por los profetas se harían realidad. Los que hubieran experimentado la conversión serían preservados cuando se ejecutara el juicio de Dios, mientras que los que no la hubieran abrazado, resultarían aniquilados. La alternativa sería verse inmersos en la acción del Espíritu Santo o en el fuego:

> Y el pueblo estaba pendiente de un hilo, preguntándose todos en su corazón si Juan sería el mesías. Juan les respondió: Yo ciertamente os sumerjo en agua; pero está en camino uno más poderoso que yo, de quien no soy digno de desatar la correa de su calzado; él os sumergirá en Espíritu Santo y fuego. Lleva el aventador en la mano, y limpiará su era, y recogerá el trigo en su granero, y quemará la paja en un fuego que no se extinguirá nunca (Lucas 3:15-17).

Las fuentes coinciden en señalar que la predicación de Juan el Bautista duró poco. Como cualquier predicador que no busca su propio ensalzamiento, sino cumplir con su cometido de manera digna y decente, Juan no estaba dispuesto a suavizar o restringir su acerado mensaje por razones de conveniencia personal o por servilismo hacia los poderosos. Al reprender el pecado de sus contemporáneos, no se detuvo ni siquiera ante el propio Herodes el tetrarca. De manera bien significativa, el pecado que le echó en cara tenía que ver con la ética sexual contenida en la Torah. Herodes se había casado con Herodías, la mujer de su hermano Felipe, y Juan le instó al arrepentimiento señalando que esa conducta no era lícita. El resultado de su predicación fue que el tetrarca lo detuviera y ordenara su confinamiento en la fortaleza de Maqueronte (Lucas 3:19,20).

Sin embargo, para cuando esos hechos tuvieron lugar se habían producido acontecimientos de enorme trascendencia relacionados con la vida de Jesús.

Antes del Jordán

El contexto de la vida de Jesús transcurrió en medio del entrelazamiento de cuatro aspectos que, en parte, ya hemos examinado. El primero fue el de una Judea capitidisminuida y en no escasa medida helenizada. El reino de Herodes era, al fin y a la postre, una potencia menor sometida a Roma que no dudó en dividirla a su muerte. Se trataba además de un reino de población mezclada en el que lo mismo se encontraban los judíos fieles a la Torah que los helenizados, sin descontar a sirios muy influidos por la cultura helénica e incluso a griegos. Aparte de la presencia romana, los judíos que deseaban seguir fielmente los preceptos de la Torah no dejaban de moverse en medio de un cosmos donde resultaba innegable la presencia de manifestaciones más o menos acentuadas de helenización. A la lengua griega conocida seguramente por la práctica totalidad de los súbditos de Herodes y empleada en multitud de circunstancias, se sumaba una presencia cultural helénica fácil de contemplar en no pocas ciudades y, peor aún, innegables manifestaciones de paganismo como podía ser el culto a las imágenes. Este resultaba, desde luego, impensable en la Ciudad Santa de Jerusalén. No lo era, desde luego, en otros lugares del reino. Responder ante esa presencia helénica en un sentido u otro resultaba inevitable.

En segundo lugar, no menos clara era la presencia de Roma. Ciertamente, con Herodes se había vivido la ficción formal de una independencia de Judea. Sin embargo, tras su muerte, resultaba obvio que se trataba de un estado sometido a Roma y esa realidad aún se manifestó más evidente cuando, tras la muerte del idumeo, Octavio dividió el reino. Esa presencia de Roma como potencia dominadora dejaba aún más a la luz la fragilidad de las instituciones judías y la dolorosa situación a la que se hallaba sometido el pueblo. En tercer y cuarto lugar, hay que señalar la persistencia de las instituciones religiosas judías y las diversas respuestas de carácter espiritual dadas a la situación de Israel.

Aunque los Evangelios apócrifos han gustado de presentarnos a un niño Jesús entregado a obras maravillosas, como la de convertir unos pajaritos de barro en aves reales que remontaban el vuelo, y a pesar de que no pocas de esas imágenes fueron entrando en la religiosidad popular católica durante la Edad Media, lo cierto es que los primeros años de Jesús transcurrieron en la normalidad total de un niño judío. Como era de esperar, Jesús, hijo de una familia judía, fue circuncidado al octavo día (Lucas 2:21), entrando así en el pueblo de Israel de manera formal. Por su parte, sus padres cumplieron con el precepto de purificación contenido en la Torah y ofrecieron dos tórtolas o dos palominos (Levítico 12:6 ss.), lo que indica, primero, que su posición económica era humilde y no acomodada y, segundo, que se trataba de judíos piadosos. A decir verdad, aquel inicio de la vida de Jesús —un inicio que compartió con millones de judíos que nacieron antes y después de Él— deja de manifiesto los canales espirituales por los que transcurriría su vida y que, al fin y a la postre, lo acabarían llevando hasta la muerte más vergonzosa de la época.

Jesús había nacido como judío, en medio del pueblo de Israel y, mediante el mandamiento de la circuncisión, había pasado formalmente a constituir parte del mismo. En ese sentido, su vida se hallaría estrechamente vinculada a las instituciones religiosas de Israel y a la articulación de una respuesta espiritual frente al mundo en que se desenvolvió su vida. Así, de Él sabemos que acudía con sus padres[21] a Jerusalén con ocasión de las fiestas religiosas, en especial la Pascua (Lucas 2:41). Existen también razones para pensar que sintió un temprano interés por cuestiones de carácter espiritual (Lucas 2:46 ss.) y, con seguridad, aprendió el hebreo, la lengua sagrada, puesto que podía leer el rollo de Isaías en la sinagoga (Lucas 4:16-20).

Es bastante posible que aprendiera el oficio del hombre al que todos consideraban su padre, el artesano José, e incluso se ha especulado con la posibilidad de que viviendo la familia en Nazaret trabajara en la construcción de Séforis.[22] Sin embargo, ese último aspecto no pasa de la mera conjetura. Como señalaría Lucas en un magnífico resumen, durante los primeros años, «el niño crecía y se

---

21. Sobre la familia de Jesús y la época de su nacimiento, véase Apéndice I.
22. En ese sentido, véase: R. A. Batey, *Jesus and the Forgotten City. New Light on Sepphoris and the Urban World of Jesus*, Grand Rapids, 1991.

fortalecía, y se llenaba de sabiduría, y la gracia de Dios estaba sobre él» (Lucas 2:40). En otras palabras, Jesús era un judío normal en el seno de una familia judía piadosa. Por supuesto, todas las referencias a viajes a la India o al Tibet carecen del menor valor histórico y siempre han estado vinculadas a movimientos religiosos muy tardíos y, en cualquier caso, no anteriores al siglo XIX.

En ese contexto de reducido peso político de los descendientes de Herodes el Grande, de odiosa presencia romana y de convicciones judías profundas y, a la vez, ocasionalmente heridas por las acciones de Pilato, fue cuando apareció Juan el Bautista, un nuevo profeta de Israel tras cuatro siglos de silencio, un profeta que tendría un enorme peso en la vida de Jesús hasta el punto de que Marcos da inicio con él a su Evangelio y, salvado el prólogo inicial, lo mismo sucede con el autor del cuarto Evangelio.

Del desierto a Galilea

La detención de Juan por orden de Herodes cuando, posiblemente, no llevaba más de medio año predicando y bautizando, debió resultar un severo golpe para sus discípulos. A decir verdad, tuvo que ser el inicio de una crisis lógica. Durante meses, habían esperado que el gran drama espiritual se desarrollara enseguida, pero ahora todo indicaba que su predicación no tenía visos de convertirse en realidad estando confinado en una mazmorra. ¿Qué iba a suceder en el futuro? Algunos de sus discípulos siguieron esperando su liberación, continuaron predicando y bautizando. Incluso, algunos autores han sugerido que pudieron llegar a identificarlo con el Profeta que había de venir o el Mesías.[23] En cualquier caso, se mantuvieron como tal grupo durante años. Sin embargo, esa postura no fue generalizada. De hecho, no faltaron los que consideraron que el ministerio de Juan había concluido con su detención y que se iniciaba una nueva etapa.

Según las fuentes evangélicas, Juan había señalado previamente como el Mesías esperado a un primo suyo al que había bautizado, e incluso antes de su detención algunos de sus discípulos ya se habían unido a él. El pariente de Juan no era otro que Jesús. La

---

23. Sobre el debate al respecto, véase: O. Cullmann, *Christology of the New Testament* (TI), Filadelfia, 1959, p. 26 ss.

fuente lucana y la joanea han conservado datos de enorme interés al respecto. Si gracias a Lucas conocemos que Juan era algo mayor que Jesús, y que era hijo de Elisabet (Isabel), una prima de María, la madre de Jesús (Lucas 1:57 ss), Juan nos ha proporcionado otros datos de singular relevancia.

Resulta indiscutible que Juan bautizó a Jesús en algún momento del año 26 d.C. Sin embargo, en contra de lo que se ha afirmado,[24] no parece que Jesús llegara a formar parte de su grupo de seguidores. A decir verdad, Juan tuvo que señalarlo de manera precisa porque estos no lo conocían cuando se encontraron con Él tiempo después (Juan 1:35-51). Tampoco tenemos el menor dato, más bien todo lo contrario, de que se identificara como uno de los pecadores que acudían a orillas del Jordán para ser bautizados. Naturalmente, es inevitable que surja la pregunta acerca del por qué acudió Jesús a ser bautizado por Juan. Se ha señalado que lo que Jesús pretendía era identificarse con los pecadores que acudían hasta Juan. Semejante motivación, sin embargo, dista mucho de resultar del todo convincente y, en cualquier caso, no exigía el bautismo para ponerse de manifiesto.

Parece mucho más verosímil que Jesús estuviera buscando en Juan el reconocimiento formal de un profeta, es decir, la legitimación que cualquier rey de Israel necesitaba para ser reconocido como tal. Así, había sucedido, por ejemplo, con David, reconocido como rey legítimo por el profeta Samuel (1 Samuel 16). A fin de cuentas, Juan era un profeta que además procedía, por añadidura, de la clase sacerdotal (Lucas 1:5-25). Si alguien podía reconocer al verdadero Mesías —o rechazarlo— tenía que ser él. El mismo Juan —que había negado ser el Mesías— opinaba lo mismo (Juan 1:29-34).

Las fuentes refieren que en el curso del bautismo, Jesús atravesó una experiencia que le confirmó en su autoconciencia de ser el Mesías y el Hijo de Dios (Mateo 3:13-17; Lucas 3:21-23). Este tipo de experiencias carismáticas estuvieron presentes en las vocaciones religiosas de algunos de los personajes más relevantes de la historia judía que incluso llegaron a relatarlas, como fue el caso de Isaías (Isaías 6:1 ss.), Ezequiel (Ezequiel 2:1 ss.) o Zacarías (Zacarías 1:1 ss.). Jesús había recibido una clara confirmación que —no podía ser menos— se había

---

24. En ese sentido, John A. T. Robinson, *The Priority of John*, Eugene, s.d, a partir de la primera edición de 1985, p. 169 ss.

producido en términos estrictamente escriturales. Un profeta de Dios lo había reconocido como el Ungido. Además, había pasado por una experiencia personal que corroboraba ese testimonio.[25] Por añadidura, la confirmación de la vocación mesiánica de Jesús no quedó empero limitada a Él. De hecho, también Juan quedó convencido de la veracidad de las pretensiones del judío de Nazaret (Juan 1:19-28). Incluso se lo indicó así a algunos de sus discípulos (Juan 1:29-42). Esta circunstancia explica cómo el llamamiento y seguimiento de los discípulos —que puede dar la sensación en Mateo y Marcos de haber sido un tanto brusco y repentino—, en realidad se desarrolló a lo largo de un tiempo. En otras palabras, algunos de los que decidieron seguir a Jesús habían escuchado las indicaciones de Juan, habían conocido a Jesús, habían contado con la oportunidad de escucharlo, y solo entonces dejaron todo para seguirlo (Juan 1:35-51). Lo que no podían sospechar entonces —y encontrarían notables resistencias en los años siguientes— era el tipo exacto de Mesías que iba a ser Jesús.

Excursus: ¿Cuándo debería llegar el Mesías?

La espera del Mesías por parte del pueblo judío estuvo animada durante siglos por la convicción, más o menos acentuada, de que su llegada estaría relacionada con acontecimientos concretos. En otras palabras, la aparición del Mesías no resultaría del todo inesperada, sino que tendría relación directa con hechos constatables. El primero aparece recogido en Génesis 49:10, donde Jacob señala claramente que un personaje llamado Shiloh llegaría en un momento en que existiría un cetro real en Israel, pero no lo detentaría alguien de la tribu de Judá. La identificación de Shiloh como uno de los nombres del Mesías está ampliamente documentada. Por ejemplo, en el Talmud[26] se afirma:

> La escuela de R. Shila dijo: el nombre del mesías es Shiloh, como está establecido: Hasta que venga Shiloh[27] (Génesis 49:10), donde la palabra es deletreada Shlh.

---

25. En el mismo sentido de aceptar la historicidad de la experiencia, véase D. Flusser, *The Sage...*, p. 21 ss.

26. Sanedrín 98b.

27. El significado de la palabra Shiloh es oscuro, pero podría significar Aquel del que es. En otras palabras, aquel al que pertenece el reino, es decir, el Mesías.

Ese Mesías debería aparecer precisamente cuando existiera un cetro real en Israel, pero ya no estuviera en manos de alguien perteneciente a la tribu de Judá. Semejante situación encaja a la perfección con el nacimiento de Jesús, que tuvo lugar precisamente cuando había un rey en Israel —Herodes el Grande—, que no era judío, sino idumeo. De manera bien significativa, la idea de que el Mesías podía haber aparecido en el reinado del idumel Herodes fue, muy posiblemente, percibida por los esenios de Qumrán. Fue precisamente durante los días de Herodes, como hemos mostrado en otro lugar,[28] cuando los esenios abandonaron su morada a orillas del mar Muerto y se reintegraron a vivir en medio de los demás judíos. La situación se extendió por unos años, pero, de forma bien significativa, los esenios regresaron a su enclave original cuando Herodes murió. Es más que posible que, al no haber encontrado al Mesías que andaban esperando, durante la época en que quien tenía el cetro no era de la tribu de Judá, decidieron abandonar la cercanía con otros judíos y continuar aguardándolo en el desierto.

Más claro sí cabe que el texto del oráculo de Jacob es la denominada profecía de las setenta semanas contenida en el libro del profeta Daniel. En un porcentaje muy elevado de casos, este pasaje es desechado como un escrito pseudoepigráfico redactado en el siglo II a.C., y por ello sin valor profético alguno o, por el contrario, es sometido a esquemas de interpretación que no existían antes del siglo XVI y que, sobre todo, a partir de finales del siglo XX han adquirido una coloración que podríamos denominar como novelesca. Sin embargo, cuando el análisis del texto se despoja de esos puntos de vista predeterminados y se conoce la historia de la época, las conclusiones son claras e iluminadoras.

El capítulo 9 de Daniel comienza con su protagonista percatándose (9:1,2) de que los setenta años de desolación profetizados por Jeremías (Jeremías 25:11; 29:10) están a punto de concluir. No se trataba, obviamente, de un tema baladí, porque la destrucción de Judá y del Templo de Jerusalén había sido el mayor desastre de la historia de Israel. La cuestión que ahora se planteaba era doble. En primer lugar, ¿había aprendido el pueblo judío la lección espiritual derivada de aquel anunciado y cumplido castigo de Dios? En

---

28. César Vidal, *Los esenios y los rollos del mar Muerto*, Barcelona, 1993.

segundo lugar, ¿aquel desastre sería un episodio irrepetible o cabía la posibilidad de que volviera a acontecer un episodio semejante en el futuro? De entrada, debe señalarse que en el libro de Daniel aparece un punto de vista que es todo menos victimista. En la oración que Daniel le dirige a Dios, no contemplamos reflexiones sobre la crueldad de los babilonios o llamamientos a un «nunca más», o referencias a un nacionalismo que ve todo el mal en los otros y solo el bien en los propios. Tampoco se le ocurrió al profeta alegar que Israel se merecía un trato privilegiado de benevolencia en relación con sus iniquidades porque era el pueblo de Dios. En realidad, en Daniel nos encontramos con una visión radicalmente distinta. Si los habitantes de Judá llevaban décadas sufriendo un amargo destierro era porque «todo Israel traspasó Tu ley apartándose para no obedecer Tu voz; por lo que ha recaído sobre nosotros la maldición y el juramento que aparece escrito en la ley de Moisés, siervo de Dios, porque contra Él pecamos» (9:11).

El texto difícilmente podría ser más evidente. Todo lo que había sucedido se debía no a circunstancias políticas, geoestratégicas o militares. A decir verdad, esos aspectos, aunque reales, resultaban, en el fondo, secundarios. La cuestión esencial era que Judá había violado el pacto que tenía con Dios y, tal y como contemplaba la Torah, Dios había actuado en consecuencia. No había culpas que arrojar sobre otros sino pecados propios que reconocer, responsabilidades nacionales e individuales que asumir, desobediencias que aceptar. Dios, en realidad, había cumplido con Su Palabra (9:12). Era Israel el que no lo había hecho y los pecados de varias generaciones habían tenido el resultado que era de esperar para cualquiera que no se cegara por el orgullo espiritual o nacional (9:16). Partiendo de esa base, Daniel suplicaba a Dios que revirtiera la situación que Israel padecía desde hacía setenta años e incluso asumía su parte de responsabilidad colectiva en la misma (9:19).

En medio de su oración, en la que confesaba su pecado, pero también, solidariamente el de su pueblo (9:20), el texto indica que Daniel recibió la visita de Gabriel (9:20,21). Gabriel pronunció entonces una profecía que tendría que ver con finalidades muy concretas (9:24) que se verían realizadas en un lapsus de tiempo de, literalmente, siete setenas.

Durante las primeras sesenta y nueve semanas se producirían acontecimientos muy importantes, como la orden para salir y reconstruir el Templo y la ciudad de Jerusalén; la realización de esa construcción en medio de la dificultad y la aparición del Mesías. Esta parte de la profecía resulta muy fácil de identificar en términos históricos. El punto de partida es el denominado edicto de Esdras del 457 a.c., el séptimo año de Artajerjes (Esdras 7:1-28), que permitió la reconstrucción de Jerusalén y del Templo sobre una base legal. Esdras y los judíos que lo acompañaban llegaron a Jerusalén el quinto mes del séptimo año (457 a.c.) y comenzaron, en medio de circunstancias bien difíciles, una reconstrucción que, como se indica que señaló Gabriel a Daniel, concluyó con éxito. Desde ese punto de partida hay que contar 69 semanas a razón de día por año, lo que nos da un total de 483 años. Si los contamos desde el 457 a.c. llegamos al año 26 d.C. ¿Qué sucedió en el 26 d.C.? Como hemos tenido ocasión de ver, aconteció algo enormemente relevante. Era el año 15 del emperador romano Tiberio —que había reinado dos años con Augusto más trece en solitario—, y comenzó su predicación un profeta judío conocido como Juan el Bautista (Lucas 3:1-3). Ese mismo año, Jesús apareció públicamente y quedó de manifiesto como Mesías al ser bautizado por Juan, que lo reconoció como tal (Lucas 3:21,22; Juan 1:32-34). El pasaje presenta una enorme relevancia porque el Mesías, de acuerdo a la profecía de las setenta semanas, debía manifestarse en el año 26 d.C., y no en un futuro lejano de esta fecha. O el Mesías apareció entonces o, sinceramente, no debería esperarse que apareciera. Con la terminación de la semana sesenta y nueve en el año 26 d.C., nada indica que se produjera una detención del reloj profético, como pretende alguna escuela de interpretación escatológica. Tampoco la semana setenta aparece proyectada a más de dos mil años de distancia. En realidad —y es lógico— a la semana sesenta y nueve le sigue inmediatamente la setenta. Justo entonces, ya en la setenta, el Mesías sería asesinado (9:26). En algún tiempo después del asesinato del Mesías vendría un príncipe que destruiría Jerusalén y el santuario. De hecho, el versículo 27 es una repetición de este mismo *leit-motiv*. El pacto con muchos sería confirmado —una referencia expresa al sacrificio de Jesús que inauguraría el nuevo pacto con muchos (Mateo 26:25-29)—, pero la ciudad de Jerusalén sería desolada (9:27).

Una vez más, resulta fácil contemplar el cumplimiento de la profecía global. La muerte del Mesías sería tres años y medio más tarde de su manifestación, a mediados de la semana setenta. Más en concreto tendría lugar el viernes 7 de abril del año 30, justo a la hora en que se sacrificaban los corderos lo que, espiritualmente, significaba el final del sistema sacrificial de la Torah y su sustitución por una ofrenda no de animales sino perfecta. Como tendremos ocasión de ver, esos datos coinciden dramáticamente con lo vivido por Jesús.

Con todo, la muerte del Mesías no significaría el final de los pesares del pueblo judío. Por el contrario, después de ella un príncipe arrasaría la ciudad de Jerusalén y su Templo. Es sabido que así sucedió cuando, en el año 70 d.C., las legiones romanas de Tito entraron en la ciudad y arrasaron el santuario. De manera bien significativa, esta parte de la profecía la identificaría Jesús con su anuncio de la destrucción del Templo y lo señalado por Daniel en esta profecía de las setenta semanas (Mateo 24:15; Marcos 13:14).

De hecho, si se reflexiona con cuidado y no se entra en una lectura prejuiciada, la muerte expiatoria del Mesías debería cumplir el contenido de la profecía expresado en 9:24: «para terminar la prevaricación, y poner fin al pecado, y expiar la iniquidad, para traer la justicia perdurable, y sellar la visión y la profecía, y ungir al Santo de los santos». El sacrificio del Mesías-Siervo sufriente significaría la expiación una vez y por todas de la iniquidad (Hebreos 9:21-28); la satisfacción de la justicia de Dios que no es por obras humanas sino por la propiciación realizada por el Mesías (Romanos 3:22-28); la posibilidad de perdón de todos los pecados (Isaías 53:4-7); la entrada en el Lugar santísimo no solo de Él sino también de los que creyeran en Él como Mesías (Hebreos 10:19) y el sello de la visión y de la profecía porque Dios, que en el pasado habló de muchas maneras, en ese final de los tiempos hablaría «en Hijo» (Hebreos 1:1,2). Sí, cierto, el Templo de Jerusalén y la ciudad volverían a ser destruidos de manera aún más dramática que en la época de Nabucodonosor; sí, sería un juicio como el sufrido en la época de Nabucodonosor; pero esa terrible realidad no debería abrumar a Daniel como si el destino de Israel fuera el de una noria de desgracias espirituales que siempre vuelve al mismo desastre. No debería ser así porque, junto al juicio de Dios —reconocido incluso en el Talmud o en historiadores como Josefo con relación a la destrucción del templo en el 70 d.C.— se habría producido con anterioridad, justo a la mitad de la semana setenta, algo que cambiaría la historia de manera radical: la muerte del Mesías. En el siglo VI a.C., la destrucción de Jerusalén y del Templo había sido un drama con resonancias de pavoroso vacío. En el siglo I d.c., la tragedia habría sido precedida, a la mitad de la semana setenta, por la acción más importante de Dios en la historia, una acción que cumplía las expectativas de milenios, que convertía ya en inútiles los sacrificios de animales que desaparecerían, que sellaba el Nuevo Pacto, que expiaba los pecados de muchos, que abría el camino para recibir la justicia a través de la fe. Desaparecía un viejo sistema para ser sustituido por otro perfecto. Como bien supo ver antes del 70 d.C. el autor de la carta a los Hebreos (8:13), el sacrificio del Mesías anunciaba que pronto desaparecería el sistema sacrificial del Templo de Jerusalén.

Naturalmente, la realidad de la profecía —que señalaba con nitidez hasta la fecha de la manifestación del Mesías y de su asesinato— puede opacarse pensando en otro tipo de eventos, pero el texto de Daniel resulta muy claro y así puede verse al contemplar profecías ya cumplidas. Esa trascendente realidad habría ya quedado de manifiesto cuando el templo desapareciera por segunda vez por razones nada diferentes a las que habían causado su primera destrucción. Por lo tanto, partiendo del propio texto bíblico, resultaba evidente que el Mesías debía nacer en algún momento del reinado de Herodes el Grande y que su manifestación y muerte deberían tener lugar justo a mitad de la semana setenta de Daniel, anticipando el final del sistema sacrificial judío del año 70 d.C.

Semejante circunstancia explica el profundo malestar de algunos rabinos. En el Talmud, por ejemplo,[29] Rav Quetina afirma que el Mesías tendría que haber ya llegado de acuerdo a los datos de las Escrituras. Sin embargo, «a causa de nuestros pecados, que son muchos, varios de estos (años mesiánicos) ya han pasado». En otras palabras, el Mesías ya tenía que haber aparecido al tenor de lo señalado en la profecía, pero habían pasado años sin que hiciera acto de presencia.

Tan incómoda situación intentó ser explicada, como hemos visto, achacándola a los pecados de Israel que, supuestamente,

---

29. B. Sanhedrin 97ᵃ-b.

habrían bloqueado la venida del Mesías. Por lo tanto, según algunos rabinos, cabía esperar el desbloqueo de una tan dolorosa circunstancia mediante actos meritorios. Así Rav, en un testimonio recogido también en el Talmud,[30] afirmó:

> Todos los plazos (para la venida del Mesías) ya han expirado y el asunto ahora depende solo del arrepentimiento y de las buenas obras.

En otras palabras, existió un término para la manifestación del Mesías y ese término se había cumplido sin que, supuestamente, apareciera.

Puede perfectamente comprenderse la frustración de unos dirigentes espirituales que se aferraban a la idea de que el Mesías no había hecho acto de presencia y, por lo tanto, sus esperanzas no se habían cumplido. Tampoco puede sorprender que semejante amargura llevara a prohibir los cálculos sobre la venida de un mesías que ya tenía que haber llegado. Una vez más en el Talmud[31] encontramos el testimonio airado de R. Sh´muel bar Nahmani que en nombre de R. Yohanan dijo:

> ¡Que los huesos de aquellos que calculan el fin (del Mesías) sean destruidos! Tan pronto como el tiempo llega y el Mesías no viene, dicen: Ya no vendrá en absoluto. Por el contrario, esperarlo, porque se ha dicho: Aunque tarde, esperádlo (Habacuc 2:3).

La cuestión que se plantea para el historiador es, por lo tanto, si, efectivamente, el plazo marcado en distintos pasajes de las Escrituras pasó sin que llegara el Mesías o si, por el contrario, en ese período concreto de tiempo hizo acto de presencia algún personaje que, efectivamente, reunía las señales del Mesías.

---

30. B. Sanedrín 97b.
31. B. Sanedrín 97b.

CAPÍTULO II

EL PRIMER RECHAZO DEL PODER Y LOS PRIMEROS DISCÍPULOS

Ante Satanás

Inmediatamente después de ser bautizado por Juan, Jesús se retiró al desierto. Una acción semejante contaba con notables paralelos en la historia del pueblo judío. Moisés había recibido la revelación directa de YHVH, el Dios de Abraham, de Isaac y de Jacob en el desierto del Sinaí (Éxodo 3). Lo mismo podía decirse de Elías el profeta (1 Reyes 19). Más recientemente, los seguidores del Maestro de Justicia habían establecido su comunidad en el desierto, cerca de Qumrán, y el propio Juan el Bautista había actuado de manera semejante (Mateo 1:1-8; Marcos 3:1-12; Lucas 3:1-9, 15-17; Juan 1:19-28). Al marcharse al desierto —insistamos en ello— Jesús se alineaba con la experiencia histórica del pueblo de Israel.

La intención de Jesús al dirigirse al desierto era «para ser tentado por el diablo» (Marcos 1:12,13; Mateo 4:1-11; Lucas 4:1-13). Aunque se han producido varios intentos de negar la historicidad de ese episodio, los relatos que nos han llegado rebosan las marcas de la autenticidad. En ellos nos encontramos con un Jesús que vio desplegadas ante Él diversas maneras de cumplir con su vocación mesiánica. Sin embargo, de manera bien reveladora, la concepción propia de Jesús —a la que nos referiremos con más extensión más adelante— ya estaba trazada en sus líneas maestras antes de dar inicio a su ministerio público, y así quedaría de manifiesto en el episodio de las tentaciones en el desierto.

A juzgar por lo recogido en las fuentes —unas fuentes cuyo contenido muy posiblemente deriva de relatos narrados por Jesús a sus discípulos con posterioridad—, las opciones eran diversas. En primer lugar, Jesús podía optar por lo que denominaríamos la «vía social», la de pensar que la gente necesita fundamentalmente pan, es decir, la cobertura de sus necesidades materiales más primarias (Lucas 4:4). Jesús no negó que todos necesitan comer —de hecho, mostraría su compasión al respecto a lo largo de su ministerio—, pero sí insistió en que la vida humana no depende únicamente de la satisfacción de esas necesidades. Su ministerio mesiánico no sería una obra social, y no lo sería porque era consciente de que, como afirmaba la Torah, el hombre debe vivir también de toda palabra que brota de la boca de Dios (Deuteronomio 8:3).

La segunda tentación de Jesús fue la de conquistar el poder político (Lucas 4:6-8). En contra de lo que algunos piensan, el Nuevo Testamento dista mucho de tener una visión romántica o rosada digna de una película. A decir verdad, describe la realidad no pocas veces en términos inquietantes. Tanto la fuente lucana como la mateana insisten en indicar que fue el propio diablo el que afirmó poseer el control de los reinos del mundo —afirmación que Jesús no negó— y el que le mostró que podría entregarle todo el poder y la gloria de los mismos en virtud de una genuflexión. Podría creerse por una lectura superficial que lo que el diablo ofrecía a Jesús era entregarle todo el poder político a cambio de alguna ceremonia parecida a una misa negra. No es lo que dice el texto. Por el contrario, el griego apunta a que estaba invitando a Jesús a comportarse como un político, doblando la rodilla —inclinando la cabeza diríamos hoy— a cambio de recibir poderes que, en realidad, están bajo dominio diabólico. Bien mirado, el diablo hubiera sido un magnífico asesor de campaña electoral. Señalaba la meta de alcanzar el poder e indicaba que todo dependía de transar, de aceptar los métodos políticos, de... doblar la rodilla. Jesús captó a la perfección lo que envolvía aquella oferta y, desde luego, no se dejó enredar por el razonamiento habitual de que no es tan malo ceder un poco en algunos aspectos para alcanzar un poder desde el que se podrá hacer mucho y bueno. Por el contrario, debió vislumbrar cómo las palabras del diablo constituían un blasfemo paralelo a la promesa pronunciada por Dios al Mesías en el Salmo 2:7-9. No solo eso. Dejó claro en su negativa que aceptar caminos que no son los de Dios implica no cumplir con el precepto de la Torah de adorar y servir solo al Señor (Deuteronomio 6:13). El Mesías no sería jamás un Mesías nacionalista, un Mesías sionista, un Mesías ocupado fundamentalmente de obtener el poder político. Sería, por el contrario, un Mesías entregado a servir a Dios aunque eso implicara tener en su contra a los poderes de este mundo con toda su potestad y su gloria.

La tercera tentación (Lucas 4:9-11) resulta no menos reveladora que las anteriores. Jesús podía rechazar ser un Mesías «social» y un Mesías «político», pero ¿por qué no ser un Mesías «religioso»? Posiblemente, sea esta la tentación más sutil y perversa de todas y no deja de ser significativo que el diablo aparezca en ella citando incluso de las Escrituras y, más concretamente, el Salmo 91:11,12. El Mesías podía rechazar las tentaciones social y política, pero ¿qué tal si se mantenía en los límites estrictos de la religión? ¿Qué tal si aparecía en el centro de la vida religiosa, el mismo Templo de Jerusalén, y allí realizaba un acto espectacular que, en apariencia, contara con un apoyo directo en la Biblia? A lo largo de la historia, no han faltado ejemplos de personajes que han recurrido al espectáculo religioso para obtener un dominio espiritual. En ocasiones, han disfrutado de un éxito notable porque actuaban de manera espectacular e incluso se permitían intentar apoyar su conducta en las Escrituras. En realidad, su acción estaba impregnada de lo diabólico, y Jesús lo supo captar a la perfección. Tentar a Dios para obligarlo a hacer lo que deseamos y justificar esa conducta con argumentos religiosos aparentemente extraídos de la Biblia constituye un horrible pecado (Deuteronomio 6:16). Jesús no sería jamás ese tipo de Mesías. Nunca utilizaría la religión de manera espectacular para dominar a las masas y servirse de ellas.

Esas tres tentaciones «mesiánicas» se han repetido vez tras vez a lo largo de la historia —incluso siguen presentes entre nosotros a día de hoy— y, desde luego, no son pocos los que han caído en ellas guiados incluso por las mejores intenciones. Sin embargo, Jesús vio detrás de cada una de las mismas la acción del mismo Satanás y llegó a esa conclusión partiendo del conocimiento que tenía de las Escrituras, un conocimiento esencial para poder rechazarlas. Porque, verdaderamente, era el Mesías, el Hijo de Dios, no podía ceder a ninguna de esas tentaciones que reducían su misión al activismo social, a la espectacularidad religiosa o al poder político. Difícilmente, podía resultar el mensaje de Jesús más actual.

Frente a esas tres opciones, el mensaje de Jesús, como Mesías, como el Hijo de Dios, sería semejante al que había proclamado durante cerca de medio año Juan el Bautista (Marcos 1:14,15). Se trataba de un mensaje de *Evangelio*, es decir, de *buenas noticias*, que es lo que la palabra significa en griego. Este consistía esencialmente en anunciar que había llegado la hora de la *teshuvah*, de la conversión. Ya se había producido el momento en que todos debían volverse hacia Dios y la razón era verdaderamente imperiosa: Su Reino estaba cerca. Había llegado el momento de anunciar aquella Buena Nueva y el primer escenario de su predicación sería, como siglos antes había señalado el profeta Isaías, la región de Galilea (Isaías 9:1,2).

Jesús en conversación privada (I): el maestro de la Torah

Entre los últimos meses del año 26. d.C., y los primeros del año 27 d.C., Jesús fue reuniendo en torno suyo a un pequeño número de *talmidim*, de discípulos. Es precisamente la fuente joanea la que nos ha proporcionado algunos de los datos más interesantes al respecto. Por ella sabemos que algunos de los discípulos de Juan —Andrés, Simón, Felipe y Natanael— se adhirieron a Jesús en Betania, al otro lado del Jordán (Juan 1:35-51) y es muy posible que fueran estos mismos cuatro los que lo acompañaron junto a su madre a unas bodas celebradas en Caná de Galilea, donde tuvo lugar la primera señal de Jesús, una señal relacionada de manera no poco llamativa con la alegría de unos novios en su fiesta de bodas y con el consumo de un vino que se había terminado en el curso del banquete nupcial (Juan 2:1-11). Durante la Edad Media se querría ver en el relato una prueba de que María podía interceder ante Jesús, pero la realidad es que el pasaje y la expresión concreta —mujer, no madre— con que Jesús se dirigió a ella excluyen de manera total cualquier papel mediador de esta.[1] David Flusser[2] incluso ha llegado a señalar que el

---

1. Puede verse una discusión del tema con bibliografía en Leon Morris, *The Gospel According to John*, Grand Rapids, 1995, p. 158 ss. En términos generales, se rechaza la tesis de la mediación de María y se discute si el término de «mujer» utilizado por Jesús fue cortés o incluso desconsiderado.

2. D. Flusser, *The Sage...*, p. 14.

pasaje podría indicar una cierta tensión entre Jesús y sus familiares. Semejante posición parece excesiva. Sí hay que señalar que, como en tantas ocasiones, la interpretación teológica posterior no solo no coincide con lo que aparece en las fuentes bíblicas sino que incluso pretende lo contrario de lo que estas señalan con claridad.

Con su grupo de discípulos, aún reducido, descendió Jesús a Jerusalén en la Pascua del año 27 d.c. La vida espiritual de todo Israel —entendiendo como tal no solo el que vivía en Erets Israel, sino los más de dos tercios de sus hijos cuyo hogar material se encontraba en el exterior, en lo que, convencionalmente, recibía el nombre griego de «Diáspora» y los hebreos de «gola» y «galut»— giraba en torno a tres instituciones muy concretas que, de manera totalmente lógica, tuvieron también un enorme peso sobre la vida de Jesús. Nos referimos al único Templo del judaísmo, el asentado en Jerusalén; al Sanhedrín y a la sinagoga.[3] De las tres instituciones, la más relevante hasta el año 70 d.C. fue, sin duda, el Templo.

Dada la enorme importancia del lugar, puede imaginarse la inmensa osadía manifestada por Jesús al señalar que el Templo —al que denominó la casa del Padre (Juan 2:16)— había sido convertido en un mercado, pervirtiendo su finalidad. Los historiadores se dividen a la hora de señalar si hubo una o dos purificaciones del Templo. Una posibilidad es indicar que solo hubo una y que Juan la coloca al inicio de su Evangelio, o bien por error o bien porque estaría utilizando una técnica literaria muy similar a la de nuestro *flashback*. Con todo, la hipótesis histórica más plausible, desde nuestro punto de vista, es la de que Jesús llevó a cabo dos purificaciones del Templo. La primera, narrada solo por Juan, aparece perfectamente localizada en el tiempo. Así, los interlocutores de Jesús le indican que las obras del Templo llevan ya prolongándose cuarenta y seis años. Teniendo en cuenta que Herodes comenzó su construcción —más bien ampliación— en el año 19-20 a.C., este episodio habría sucedido a inicios del año 27 d.C., justo al principio del ministerio de Jesús, como indica Juan. Que —independientemente de una purificación al final de su vida— se produjera esta tenía toda su lógica, en la medida en que inauguraba el ministerio mesiánico

---

3. Sobre estas instituciones, véase *Guía de estudio*.

en la ciudad de Jerusalén con un acto cargado de simbolismo. El hecho de que se produjera en una zona restringida del Templo, aquella en la que se comerciaba con animales destinados al sacrificio, debió provocar sensación, pero no una tan grande como para derivar en la detención de Jesús. Sí fue, sin embargo, lo suficientemente relevante como para que un hombre como Nicodemo sintiera curiosidad y, a la vez, temor de que se le viera con Jesús. En este caso, como en otros episodios, las piezas narrativas expuestas por la fuente joanea encajan a la perfección y nos proporcionan datos que solo conocemos por ella.

Como ya hemos indicado, fue precisamente en esta primera visita de Jesús a Jerusalén acompañado de algunos discípulos cuando tuvo lugar un encuentro con un maestro fariseo llamado Nicodemo (Juan 2:23-3:21). De Nicodemo tenemos más datos gracias al Talmud que lo llama Naqdemón. Este Naqdemón, hijo de Gorión (o Gurión) era senador en Jerusalén y uno de los tres nobles más acaudalados de la ciudad. Con todo, buena parte de su riqueza se hallaba situada en Ruma, en la Galilea inferior.[4] Sus relaciones con la administración romana eran muy buenas,[5] quizá porque su buena posición económica lo inclinaba a mantener una posición favorable a evitar turbulencias sociales y a mantener el *statu quo*.

Durante la guerra judía contra Roma (66-73 d.C.), los zelotes quemaron los graneros de Nicodemo[6] en un episodio terrible de lucha civil de clases, como se han dado en otras ocasiones en la historia judía, sin excluir los acontecidos durante la gran tragedia del Holocausto. Sabemos también que su hija pasó una terrible necesidad y que su *ketubá* o contrato de matrimonio fue firmado por el rabino Yohanán ben Zakkai, un discípulo del famoso Hillel.[7] Un hijo de Nicodemo participó en las negociaciones con los romanos, al principio de la guerra del año 66 d.C., encaminada a rendir la ciudad de Jerusalén.[8] No sabemos, sin embargo, a ciencia cierta cómo se desarrolló la vida de Nicodemo con posterioridad.

---

4. T. Eruv, 3 (4): 17.
5. B. Ta´an 19b.
6. Gittin 56ª.
7. B. Ketubot 66b, T. Ketub 5, 9-10, Mek. R. Ishmael (Ravin y Horovitz ed), 203-204.
8. Josefo, Guerra, II, 451.

Precisamente, el episodio del encuentro de Jesús con Nicodemo, narrado por la fuente joanea, constituye un ejemplo claro de lo que implicaba la predicación de Jesús y hasta qué punto se hallaba profundamente imbricada en el judaísmo aunque muchos no necesariamente se percataran de ello. Señala el relato:

> Y había un hombre de los fariseos que se llamaba Nicodemo, príncipe de los judíos. Este vino a Jesús de noche, y le dijo: Rabbí, sabemos que has venido como maestro procedente de Dios porque nadie puede realizar estas señales que tú haces, si Dios no está con él. Respondió Jesús, y le dijo: De cierto, de cierto te digo, que el que no nazca de nuevo, no puede ver el reino de Dios. Le dijo Nicodemo: ¿Cómo puede el hombre nacer siendo viejo? ¿Puede entrar de nuevo en el vientre de su madre, y nacer? Respondió Jesús: De cierto, de cierto te digo, que el que no nazca de agua y del Espíritu, no puede entrar en el reino de Dios. Lo que es nacido de la carne, es carne y lo que es nacido del Espíritu, es espíritu. No te maravilles de que te haya dicho: Es necesario que nazcais de nuevo. El viento sopla donde quiere y oyes su sonido, pero no sabes de dónde viene, ni a dónde va. Así es todo aquel que ha nacido del Espíritu. Respondió Nicodemo, y le dijo: ¿Cómo puede llegar a ser eso? Respondió Jesús, y le dijo: ¿Tú eres el maestro de Israel y no lo sabes? De cierto, de cierto te digo, que lo que sabemos hablamos, y de lo que hemos visto, damos testimonio y no recibís nuestro testimonio. Si os he dicho cosas terrenales, y no las creéis, ¿cómo podríais creer si os dijera las celestiales? (Juan 3:1-12).

El texto precedente —referido a nacer del agua y del Espíritu— ha sido señalado en repetidas ocasiones como una referencia de Jesús al bautismo como sacramento regenerador. Semejante interpretación resulta absolutamente imposible y denota fundamentalmente la triste ignorancia de algunos exégetas con relación al trasfondo judío de Jesús y, muy especialmente, la deplorable tendencia a proyectar dogmas posteriores sobre un texto bíblico que nada tiene que ver. Resulta absolutamente imposible que Jesús hubiera podido señalar que era sorprendente que el maestro de la Torah, Nicodemo, no entendiera unas palabras supuestamente referidas a un dogma católico posterior. Por el contrario, sí resulta totalmente lógico que pudiera subrayar que Nicodemo estaba obligado a identificar el origen de las palabras de Jesús ya que no iban referidas a un sacramento como el bautismo —desconocido para los judíos—, sino al cumplimiento de una de las profecías contenidas en el libro del profeta Ezequiel. El texto resulta enormemente interesante porque, en primer lugar, describe por qué el juicio de Dios se había desencadenado sobre Israel enviándolo al destierro de Babilonia. La razón había sido, sustancialmente, que los judíos habían derramado sangre y que además habían procedido a rendir culto a las imágenes, extremos ambos que chocaban con la Torah y que implicaban una profanación del nombre de Dios:

> Y vino a mí palabra de YHVH, diciendo: Hijo del Hombre, mientras moraba en su tierra la casa de Israel, la contaminaron con sus caminos y con sus obras. Como inmundicia de mujer que tiene la menstruación resultó su camino delante de mí. Y derramé mi ira sobre ellos por las sangres que derramaron sobre la tierra; porque con sus imágenes la contaminaron. Y los esparcí entre los gentiles, y fueron aventados por las tierras. Los juzgué de acuerdo con sus caminos y sus obras. Y cuando se encontraban entre los gentiles, profanaron mi santo nombre, diciéndose de ellos: Estos son pueblo de YHVH, y de la tierra de Él han salido. Y he tenido compasión en atención a mi santo nombre, que profanó la casa de Israel entre los gentiles a donde fueron. Por tanto, di a la casa de Israel: Así ha dicho el Señor YHVH: No lo hago a causa de vosotros, oh casa de Israel, sino a causa de mi santo nombre, que profanasteis entre los gentiles a donde habéis llegado. Y santificaré mi gran nombre profanado entre los gentiles, que profanasteis vosotros en medio de ellos; y sabrán los gentiles que yo soy YHVH, dice el Señor YHVH, cuando fuere santificado en vosotros delante de sus ojos. Y yo os tomaré de las gentes, y os juntaré de todas las tierras, y os traeré á vuestro país (Ezequiel 36:16-24).

Sin embargo, a pesar del castigo del destierro procedente de manera directa de Dios, Ezequiel también había señalado que Dios traería de nuevo a Israel a su tierra —algo que sucedió al cabo de setenta años de cautiverio en Babilonia— y que entonces, cuando de nuevo se encontraran en su suelo patrio, Dios realizaría una nueva obra entre los judíos, precisamente la que Jesús estaba anunciando a Nicodemo:

Y derramaré sobre vosotros agua limpia, y seréis limpiados de todas vuestras inmundicias; y de todas vuestras imágenes os limpiaré. Y os daré corazón nuevo, y pondré espíritu nuevo dentro de vosotros; y quitaré de vuestra carne el corazón de piedra, y os daré corazón de carne. Y pondré dentro de vosotros mi Espíritu, y haré que caminéis en mis mandamientos, y guardéis mis mandatos y los pongáis en práctica (Ezequiel 36:25-7).

El texto difícilmente puede arrojar más luz sobre la referencia de Jesús. Dios iba a dar lugar a un acto prodigioso desde una perspectiva espiritual. Iba a limpiar los corazones en una obra de redención nueva que incluiría de manera bien acentuada la exclusión del pecado de rendir culto a las imágenes que había causado el castigo divino descargado sobre Israel. Por añadidura, introduciría un nuevo elemento desconocido hasta entonces en el trato entre Dios e Israel. Sería la dádiva de un nuevo corazón sumado al regalo del Espíritu que capacitaría a los hijos de Israel a vivir de acuerdo a los caminos del Señor. Eso —y no la referencia a una práctica sacramental muy posterior— era lo que tenía que haber conocido un maestro de la Torah como Nicodemo. Naturalmente, la pregunta que surgía al escuchar las palabras de Jesús era la de cómo iba a tener lugar todo aquello. Jesús se lo señaló a Nicodemo a continuación:

Y de la misma manera que Moisés levantó la serpiente en el desierto, así es necesario que el Hijo del Hombre sea levantado; para que todo aquel que crea en él, no se pierda, sino que tenga vida eterna. Porque de tal manera amó Dios al mundo, que ha dado a su Hijo unigénito, para que todo aquel que en él cree, no se pierda, sino que tenga vida eterna. Porque no envió Dios a su Hijo al mundo, para que condene al mundo, sino para que el mundo sea salvado por él. El que en él cree, no es condenado, pero el que no cree, ya ha sido condenado, porque no creyó en el nombre del unigénito Hijo de Dios (Juan 3:13-18).

No cabe duda de que la descripción proporcionada por Jesús a Nicodemo resulta sobrecogedora. Fuera o no consciente aquel maestro

de la Torah, la historia había llegado a un punto culminante. En el
pasado, Dios había impulsado a Moisés para que levantara la serpiente de bronce en el desierto y así diera salvación a un pueblo de
Israel desobediente y justamente sometido al dolor (Números 21:9).
Ahora ese Dios, el que había formulado las promesas a Ezequiel
para que se las entregara a Israel, había enviado por puro amor a
Su Hijo con una misión salvadora. De hecho, todo el que creyera
en Él no se perdería sino que tendría vida eterna.

Que un mensaje tan claro de cumplimiento de las Escrituras de
Israel haya podido ser convertido con el paso de los siglos en una
catequesis bautismal es una seña evidente —y triste— de hasta qué
punto algunos de los que se consideran seguidores de Jesús han
perdido el contacto con la realidad del personaje y de su enseñanza.

Jesús en conversación privada (II): la samaritana

La fuente joanea nos informa que también por esa época, Juan
el Bautista todavía no había sido detenido y aquellos de sus discípulos que se habían unido a Jesús practicaban aún el rito del
bautismo aunque él —resulta bien revelador el dato— no lo hacía
(Juan 3:22-24 y 4:1-4). Fue precisamente de regreso de aquel viaje
a Jerusalén en que conversó con Nicodemo cuando tuvo lugar otro
encuentro aún más llamativo, porque el interlocutor de Jesús fue una
mujer, hereje, y, por añadidura, de vida desordenada. Nos referimos,
claro está, a la conversación con la samaritana (Juan 4:5-42). El episodio constituye otro ejemplo de materiales relacionados con la vida
de Jesús que solo nos han llegado a través de la fuente joanea y que
recogen no predicaciones ante auditorios grandes, sino encuentros
con personajes particulares. En ese sentido, estas piezas de información histórica nos permiten acceder a un Jesús más privado, inserto
en situaciones que un narrador interesado nunca hubiera consignado
precisamente por lo comprometido de su contenido.

Desprovisto de los prejuicios religiosos de otros judíos que nunca
hubieran pasado por Samaria en su regreso desde Jerusalén a sus
hogares, Jesús se detuvo en Sicar, «junto a la heredad que Jacob
dió a José su hijo» y, cansado del camino, se sentó al lado del pozo
(Juan 4:5,6). Fue precisamente entonces cuando apareció una mujer
que aprovechaba la hora en que la gente descansaba para acudir a

sacar agua. Muy posiblemente, la razón era poder evitar los comentarios maliciosos que sobre ella pudieran realizar los que despreciaban su conducta. El hecho de que Jesús le pidiera de beber provocó una reacción de sorpresa en la mujer que no entendió que un judío solicitara algo así, sabiendo que los judíos no se tratan con los samaritanos (Juan 4:9). Incluso le planteó la causa secular de contencioso entre ambos, es decir, la identidad del lugar donde debía adorarse a Dios (Juan 4:20). La respuesta —bien significativa— de Jesús fue que «la salvación viene de los judíos» (Juan 4:22). Sin embargo, se había acercado la hora en que los adoradores de Dios seguirían una adoración más profunda, «en espíritu y en verdad» (Juan 4:23,24), una adoración que superaría a la del Templo en Jerusalén (¡el verdadero Templo!), una adoración en que el agua que calmaría la sed sería el propio Jesús. El pasaje debería ser recordado por tantos que han convertido la construcción de un Templo en la meta privilegiada de la actividad espiritual —los ejemplos son más que numerosos a lo largo de los siglos—, porque su conducta no encaja con la visión de Dios. Lo que Dios busca de aquellos que verdaderamente desean adorarlo no es que conviertan un lugar en un sitio especialmente sagrado, ni tampoco que proporcionen una acentuada sacralidad a este u otro templo. Dios desea una adoración que sea espiritual y verdadera, y es lógico que así suceda porque es Espíritu y porque además es Verdad. En otras palabras, la única adoración digna de Dios es aquella que reproduce el carácter de Dios y no la que, simplemente, se amolda a los gustos de los hombres casi siempre arrastrados por la idea de una falsa grandeza más material que espiritual. Que Jesús excluyera de esa adoración en espíritu y verdad a lo que sucedía en el templo de Jerusalén, construido de acuerdo con las instrucciones de Dios, lejos de ser revolucionario e innovador implicaba sacar las plenas consecuencias de las enseñanzas contenidas en las Escrituras. El mismo Salomón, constructor del primer Templo de Jerusalén, había manifestado su escepticismo ante la idea de que el Dios al que no podían contener los cielos de los cielos pudiera verse contenido en la casa que acababa de construir (1 Reyes 8:27; 2 Crónicas 2:6 y 6:18). El profeta Isaías había transmitido el mensaje de YHVH que indicaba que nadie puede edificar una casa a un ser que tiene como trono el cielo y la tierra como escabel de Sus pies (Isaías 66:1). Jesús profundizaba en esas enseñanzas yendo mucho más lejos. ¿Cómo hubiera podido ser de otra manera si Dios es, por definición, Espíritu y Verdad? En esa indescriptible realidad se encerraba además un mensaje de enorme trascendencia. Dios no era nacionalista. No se consideraba limitado por su pacto con Israel. Por el contrario, sus adoradores verdaderos vendrían incluso de trasfondos heréticos como el samaritano.

No puede sorprender que la mujer se quedara abrumada no solo por la enseñanza de Jesús, sino por la manera en que manifestó conocer su vida íntima nada ejemplar (Juan 4:16-18), y por el autorreconocimiento de que Él era el Redentor ansiado por los herejes samaritanos. Estos andaban esperando a un personaje al que llamaban el *taheb* (el que regresa o el restaurador)[9] al que identificaban con una especie de Moisés redivivo. Partiendo de la cita contenida en Deuteronomio 18:15 ss., se afirmaba entre los samaritanos que el *taheb* realizaría milagros, restauraría la ley y la adoración verdadera, y llevaría el conocimiento de Dios a otras naciones. Esta visión es precisamente la que subyace en el encuentro de Jesús con la samaritana narrado en Juan 4:19 y 25. La esperanza de los samaritanos tendría su cumplimiento en Jesús y así quedaba indicado que entrar en el grupo de los verdaderos adoradores sería una circunstancia que quedaría abierta incluso a los pueblos odiados por Israel —como era el caso de los samaritanos.

Resulta totalmente lógico que la fuente joanea situe ambos relatos —el referido a Nicodemo y a la samaritana— en sucesión. Ambos eran descripciones de conversaciones privadas de Jesús; ambos mostraban a Jesús como el agua; ambos se referían a la situación actual de Israel; ambos apuntaban a una realidad más profunda que no negaba sino que consumaba la presente; ambos insistían en una adoración en espíritu y verdad diferente a la que había llevado a Israel a su ruina en el pasado y ambos apuntaban a que esa corriente de bendiciones Dios la derramaría sobre Israel y sobre las naciones a través de Jesús, el Mesías esperado. Ante ese anuncio, la única conducta lógica, sensata, cabal, era responder de manera afirmativa.

---

9. A. Merx, *Der Messias oder Ta'eb der Samaritaner*, Tubinga, 1909; J. MacDonald, *The Theology of the Samaritans*, Londres, 1964, págs. 81 ss.; 280, 351, 362-71 y 394.

CAPÍTULO III

EL GRAN MINISTERIO GALILEO

El principio

La fuente joanea nos ha aportado unos episodios que no solo están verdaderamente cargados de contenido para la comprensión de Jesús y de sus enseñanzas, sino que además constituyeron una especie de prólogo de su gran ministerio en Galilea, un período de su vida que duró aproximadamente desde el otoño del 27 d.C., hasta la primavera del 29 d.c. y que estuvo entreverado de visitas a la ciudad de Jerusalén en el curso de diversas fiestas.

Durante mucho tiempo, se ha extendido una visión de Galilea que, supuestamente, permitiría explicar cabalmente la figura de Jesús y sus enseñanzas. De acuerdo con ese punto de vista, Galilea habría sido un reducto judío, aislado, arameo-parlante y rural. De esa manera, Jesús no habría pasado de ser un maestro campesino y limitado en cuanto a sus perspectivas. Esa fue la posición, por ejemplo, de Geza Vermes, que procuró reducir la persona de Jesús a la figura de un maestro de corte carismático procedente de un medio rural enraizado en una tradición muy restringida.[1] Lo cierto, sin embargo, es que esa posición es, históricamente, insostenible. Ha sido Martin Hengel quien ha dejado más de manifiesto que el judaísmo del segundo Templo estaba más que impregnado de cultura griega[2] como, por otra parte, ha sucedido siempre con el judaísmo en cualquier lugar donde haya arraigado. Si los judíos españoles de la Edad Media se expresaron y escribieron en árabe y español —¡conservan ese español medieval a día de hoy!— o existió

---

1. G. Vermes, *Jesús el judío*, Barcelona, 1977, p. 47 ss.
2. M. Hengel, *Judaism and Hellenism*, Filadelfia, 1974. También de especial interés es M. Hengel, *The «Hellenization» of Judaea in the First Century after Christ*, Filadelfia, 1989.

en los siglos XIX y XX una extraordinaria cultura judía en alemán, algo semejante sucedió en la Palestina del siglo I d.C. Los judíos podían hablar en arameo e incluso conocer el hebreo, pero la lengua utilizada comúnmente era el griego y en ella escribieron Josefo o Filón al igual que los autores del Nuevo Testamento, ese mismo patrón es el que se dio en Galilea.

Tanto Josefo como la literatura rabínica diferencian claramente dos regiones dentro de Galilea: la superior y la inferior. Los cuatro Evangelios indican que Jesús y sus discípulos se movieron fundamentalmente por la Galilea inferior y la zona alrededor del mar de Galilea, pero también se desplazaron con notable familiaridad por la Decápolis, la costa cercana a Tiro y Sidón e incluso, en el extremo norte, por lugares como Cesarea de Filipo. Lejos de ser un medio rural, la Galilea inferior experimentó un desarrollo urbano y unas relaciones comerciales muy notables durante las décadas anteriores al comienzo del ministerio de Jesús. Así pues, Jesús no se limitó a zonas rurales perdidas sino que se desplazó por una zona con una densidad de población que, realmente, no se superó hasta el siglo XX. A decir verdad, la Galilea inferior fue una de las zonas más pobladas del imperio romano.[3] Por lo tanto, Jesús no fue un limitado predicador rural, una especie de limitado rabino campesino, por el contrario, un personaje que se movió por una zona del país densamente poblada, con importantes centros urbanos y con un número considerable de núcleos habitados.[4] De hecho, basta leer los relatos consignados en los evangelios para comprobar que Jesús no solo se desplazó por medios rurales —aunque, ciertamente, los conocía muy bien—, sino también por mercados, puertos y oficinas de funcionarios (Marcos 2:13-15; 6:53-56; Mateo 11:16; Lucas 7:32). De manera semejante, Jesús distó mucho de limitarse solo a la tierra judía. Ya hemos tenido ocasión de hablar de su paso por Samaria. También lo haría por la Decápolis y tendría contacto con gente

---

3. M. Broshi, «The Role of the Temple in the Herodian Economy», JJS 38, 1987, p. 32 señala que en el conjunto de Palestina vivía en torno al medio millón de personas.

4. En ese mismo sentido, Douglas Edwards, «The Socio-Economic and Cultural Ethos of the Lower Galilee in the First Century: Implications for the Nascent Jesus Movement» en Lee I. Levine (ed), *The Galilee in Late Antiquity*, Nueva York y Jerusalén, 1992.

de Tiro y Sidón. En la Galilea inferior o Baja Galilea, Jesús tuvo también oportunidad de toparse con la presencia romana y con la gente de Herodes, con fariseos y con el pueblo llano, con judíos como Él y con gentiles, con gente que se expresaba en arameo y con helenoparlantes. Lejos de tener una experiencia limitada al ámbito campesino la de Jesús iba a ser rural y urbana, pagana y judía, políglota y multicultural. A decir verdad, no hubiera podido ser de otra manera.[5]

Para Mateo —el evangelista más preocupado, pero no el único, por mostrar a sus compatriotas judíos que en Jesús se habían realizado las profecías mesiánicas— aquel ministerio resultaba un cumplimiento claro del anuncio contenido en Isaías, que afirma:

> La tierra de Zabulón y la tierra de Neftalí, camino del mar, de la otra parte del Jordán, Galilea de los gentiles. El pueblo asentado en tinieblas vio una gran luz y los establecidos en región y sombra de muerte fueron iluminados (Isaías 8:22).

El texto resultaba especialmente veraz y sugestivo para los judíos del siglo I. Galilea no era un reducto nacionalista. A decir verdad, lo era menos que Judea.[6] Sí era, sin duda, una tierra de población mixta. Por un lado, se hallaban los judíos que se esforzaban en vivir de acuerdo con la Torah —que no eran pocos— pero, por otro, se encontraban también los considerados am-ha-arets (gente del pueblo) y no faltaban los goyim o gentiles infectados de paganismo. Se mirara como se mirara, aquella era una tierra sumida en las tinieblas, pero sobre ella se iba a alzar —de hecho, ya había comenzado a levantarse— una gran luz, aquella que anunciaba que había que volverse al Dios de Israel porque su Reino, el anunciado durante siglos por los profetas, estaba próximo.

Aunque no cabe duda de que la predicación de Jesús despertó desde el principio enormes expectativas, no resulta menos cierto que chocó también con muestras tempranas de incomprensión y desagrado. Lucas nos ha transmitido la primera reacción de los propios

---

5. En el mismo sentido, véase también C. Thiede, *The Cosmopolitan World of Jesus*, 2004.
6. En el mismo sentido, Uriel Rappaport, «How Anti-Roman Was the Galilee» en Lee I. Levine, *Oc*, p. 95 ss.

paisanos de Jesús en Nazaret. El enclave era una aldea que discurría a lo largo de una colina.[7] Al ser la piedra blanda, las viviendas, junto con almacenes y despensas, estaban excavadas en ella. Durante el día, los talleres y comercios eran sacados fuera de la casa y, por la noche, todos los aperos, junto con los animales y la familia, se juntaban en el interior en una situación no distante del hacinamiento. La parábola recogida en Lucas 11:5-8 donde, por la noche, se cierra la puerta y un padre comparte el lecho con los hijos y no se puede ya mover, muestra bastante acertadamente lo que podía ser la vida cotidiana en aquel lugar que algunos consideraban el lugar de nacimiento de Jesús. En ese enclave de la tierra de Galilea, Jesús realizaría una presentación pública en el ámbito de la sinagoga.

En la época de Jesús, la sinagoga[8] tenía una enorme importancia espiritual.[9] Como tendremos ocasión de ver, la vida espiritual de Jesús estuvo profundamente conectada con la sinagoga. A ella asistía rigurosamente los sábados y en ella enseñaba su mensaje. A decir verdad, parece haber sido un escenario privilegiado para sus actividades, un escenario con el que se sentía identificado, un escenario que formaba parte de su existencia igual que sucedía con otros judíos piadosos de la época.

En la sinagoga de Nazaret, Jesús realizaría una exposición de las Escrituras, ciertamente en clave judía, pero que no encajaría con las expectativas de sus paisanos. La fuente lucana lo ha recogido de la siguiente manera:

> Vino a Nazaret, donde se había criado; y el sábado entró en la sinagoga, como era su costumbre, y se puso en pie para leer. Y le dieron el rollo del profeta Isaías; y, tras abrir el libro, halló el lugar donde estaba escrito: *El Espíritu del Señor está sobre mí, porque me ha ungido para comunicar buenas nuevas a los pobres; me ha enviado a curar a los quebrantados de corazón; a anunciar libertad a los presos,*

---

7. Una exposición sobre el Nazaret de la época de Jesús y de sus discípulos de los años siguientes en este enclave puede encontrarse en Jean Briand, *L'Eglise Judéo-Chrétienne de Nazareth*, Jerusalén, 1981.

8. Sobre la sinagoga, véase: C. Vidal, *Diccionario de Jesús y los Evangelios*, Estella, 1995; I. Levy, *The Synagogue*, Londres, 1963; A. Edersheim, *Sketches...*, págs. 249-280; J. Pelaez del Rosal, *La sinagoga*, Córdoba, 1988.

9. Sobre la sinagoga, véase la *Guía de estudio*.

*y vista a los ciegos; a dar libertad a los oprimidos; a predicar el año
agradable del Señor.* Y enrollando el libro, se lo dio al asistente, y
se sentó; y los ojos de todos en la sinagoga estaban fijos en él. Y
comenzó a decirles: Hoy se ha cumplido esta escritura delante de
vosotros. Y todos asintieron y estaban sorprendidos de las palabras de gracia que salían de su boca, y decían: ¿No es éste el hijo
de José? El les dijo: Sin duda, me citareis el proverbio que dice:
Médico, cúrate a ti mismo; las cosas que hemos oído que se han
hecho en Capernaum, hazlas también aquí en tu tierra. Y añadió:
De cierto os digo, que ningún profeta es aceptado en su propia
tierra. Y en verdad os digo que había muchas viudas en Israel en
los días de Elías, cuando el cielo fue cerrado por tres años y seis
meses, y se produjo una gran hambre en toda la tierra; pero a
ninguna de ellas fue enviado Elías, sino a una viuda en Sarepta de
Sidón. Y había muchos leprosos en Israel en la época del profeta
Eliseo; pero ninguno de ellos fue curado, salvo Naamán el sirio.
Al escuchar estas cosas, todos los que estaban en la sinagoga se
encolerizaron, y levantándose, lo echaron de la ciudad, y lo llevaron hasta la cumbre del monte sobre el que estaba edificada su
ciudad con la intención de despeñarlo. Pero él pasó por en medio
de ellos, y se marchó (Lucas 4:16-30).

La vivencia y la esperanza multiseculares del pueblo de Israel se nos
muestran con toda claridad en el relato lucano. Jesús aparece como
un judío que, como era habitual en los judíos piadosos, acudió a
la sinagoga en el día del *shabbat*. Dotado de una instrucción por
encima de la media, tomó el rollo de Isaías —un texto de cuyo valor
para la vida cotidiana estaba más que convencido—, lo leyó en lengua hebrea e incluso lo interpretó. El punto de fricción se produjo
al hacerlo de una manera peculiarmente original. Sin embargo, también esa circunstancia fue medularmente judía. De hecho, no fue
distinta la reacción de sus correligionarios hacia personajes tan relevantes como Isaías, Amós o Jeremías, cuando su predicación resultó
diferente de lo que esperaban —y, sobre todo, deseaban— sus contemporáneos. Si los compatriotas de Jeremías habían reaccionado
con extrema aspereza ante sus anuncios de destrucción del Templo
(Jeremías 18:18-23; 26:1-24,37,38), y si Amós fue objeto de las ame-
nazas del sacerdote Amasías (Amós 7:10-17), no puede sorprender
que se creara tensión al advertirse el contraste entre las intenciones

de Jesús y las expectativas de sus paisanos. Poco puede dudarse
de que las ansias de muchos de ellos eran celosamente nacionalistas. Por supuesto, descartaban la participación de los gentiles en el
Reino —más bien esperaban que este quedara establecido sobre su
vergonzosa derrota y total aniquilación— e insistían en aspectos
que consideraríamos de carácter material. Frente a esa actitud, la
predicación de Jesús se había centrado en señalar al cumplimiento
de las profecías mesiánicas. Había proclamado que existía remedio
para las necesidades espirituales y había indicado —de manera muy
provocativa— que había gente de Israel que podía perder sus bendiciones y ver cómo iban a parar a los *goyim* —esos mismos *goyim*
que poblaban Galilea y que no eran vistos con buenos ojos— si no
escuchaba la predicación del Reino como, por ejemplo, había pasado
en la época de los profetas.

Ciertamente, no puede sorprender que los habitantes de Nazaret
se sintieran airados ante aquel mensaje. Las palabras de Jesús eran
«de gracia» y no de cólera ni de retribución o venganza. Anunciaban
perdón y restauración y no un mensaje de glorioso triunfo militar
sobre los aborrecidos gentiles. Para colmo, advertían de una posible
pérdida espiritual de los judíos que, por añadidura, podía derivar
en beneficio de los no precisamente apreciados *goyim*. No puede
extrañar la áspera reacción de los habitantes de Nazaret. Habrían
deseado que Jesús no solo anunciara el día de la redención sino
también que ese día se perfilara a su gusto, que colmara sus ansias
nacionalistas, que se hubiera dibujado en una clave que hoy podríamos denominar sionista. Sin embargo, Jesús había tenido la insoportable pretensión de señalar que el que no aceptara el mensaje se
vería relegado… ¡¡¡para favorecer a unos paganos!!! Y, para colmo,
se había atrevido a mencionar precedentes históricos. Sin duda, que
no acabaran despeñándolo desde la única colina de Nazaret rayó
con lo milagroso, un milagro derivado de la resolución y el temple
de Jesús (Lucas 4:28-30).

Es muy posible que ese rechazo en Nazaret impulsara a Jesús
a establecerse en una ciudad costera llamada Kfar Nahum y cuyo
nombre se ha vertido al castellano como Capernaum y Cafarnaum
(Mateo 4:13-16). Fue, precisamente, en Cafarnaum donde Jesús
comenzó a convertir su difuso y, seguramente, muy escaso grupo
de seguidores en otro más compacto.

El grupo en torno a Jesús se consolida

Los pasos iniciales dados por Jesús para formar el conjunto de discípulos nos han sido transmitidos por distintas fuentes. Como ya tuvimos ocasión de señalar, los primeros seguidores fueron algunos de los que habían pertenecido al grupo de Juan y a los que Jesús conocía desde hacía varios meses. Ese fue el caso de Pedro y su hermano Andrés, así como Santiago y Juan, los hijos de Zebedeo (Marcos 1:16-20; Mateo 4:18-22; Lucas 5:1-11). No deja de ser significativo que de estos primeros cuatro, surgieran los tres —Pedro, Santiago y Juan— que tendrían una posición especial y que estarían más cerca de Jesús durante su ministerio.

Con todo, Jesús no se limitó a personas que, en mayor o menor medida, pudieran presentar un perfil piadoso. Precisamente en esa época, llamó también a un publicano de nombre Mateo Leví para que se incorporara al grupo de sus seguidores (Marcos 2:13-17; Mateo 9:9-13; Lucas 5:27-32), un paso que provocó reacciones muy negativas entre las gentes que no podían aceptar que una persona que extorsionaba al prójimo cobrando impuestos pudiera entrar en el Reino. La objeción no carecía de base porque los publicanos no solo oprimían en una clara muestra de explotación a sus paisanos, sino que además solían ser corruptos y codiciosos. Ciertamente, el personaje no podía ser visto como aceptable a diferencia de otros como Pedro o Andrés que, a fin de cuentas, eran sencillos trabajadores o pequeños emprendedores invadidos por la inquietud espiritual. Sin embargo, para Jesús la vía de la conversión no estaba cerrada para nadie. Marcos —que ha transmitido el testimonio ocular de Pedro—[10] ha recogido su respuesta de manera especialmente detallada:

Después volvió a salir al mar; y toda la gente acudía a él, y les enseñaba. Y, mientras caminaba, vio a Leví hijo de Alfeo, sentado al banco de los tributos públicos, y le dijo: Sígueme. Y levantándose, le siguió. Sucedió que mientras estaba Jesús a la mesa en casa de él, muchos publicanos y pecadores estaban también a la mesa al lado de Jesús y de sus discípulos; porque había muchos que

---

10. He desarrollado esta tesis en mi novela *El testamento del pescador*, Madrid, 2004 que recibió el Premio de Espiritualidad.

le habían seguido. Y los escribas y los fariseos, al ver que comía
con los publicanos y con los pecadores, dijeron a los discípulos:
¿Qué es esto de que come y bebe con los publicanos y pecadores?
Al escucharlo Jesús, les dijo: Los sanos no tienen necesidad de
médico, sino los enfermos. No he venido a llamar a justos, sino
a pecadores (Marcos 2:13-17).

La contestación que dio Jesús a las objeciones sobre la presencia
de publicanos entre sus seguidores dejaba de manifiesto uno de
los puntos esenciales de su mensaje, la afirmación de que todo el
género humano —sin excepción— es equiparable a un enfermo o,
como indicaría posteriormente, a una oveja que se ha perdido, a una
moneda extraviada o a un muchacho que dilapida estúpidamente su
herencia (Lucas 15). Jesús no dividía el mundo en buenos (los judíos
piadosos) y malos (los gentiles y los judíos impíos). Esa cosmovisión
hubiera sido similar a la de los esenios o los fariseos aunque entre
ellos no hubieran coincidido a la hora de señalar quiénes eran los
judíos piadosos. Sin embargo, Jesús veía todo de una manera radicalmente diferente que recordaba a la de Juan el Bautista, pero que,
a la vez, iba mucho más allá. Dios llamaba a todos a la conversión,
a volverse a Él, a reconciliarse con Él y, de manera bien significativa, el hecho de pertenecer a la estirpe de Abraham no cambiaba
esa circunstancia. La Mishnah[11] afirmaría que «todos los judíos
tienen una parte en el mundo futuro». Sin embargo, el mensaje de
Jesús, como antes el de los profetas y Juan el Bautista, afirmaba que
incluso los descendientes de Abraham también tenían que volverse
a Dios porque la simple estirpe no era, en absoluto, garantía de
salvación. Ese mensaje, claro, incómodo, pero rezumante de amor
y esperanza, sería repetido por Jesús una y otra vez.

---

11. Sanedrín 10, 1.

CAPÍTULO IV

EL MAYOR MAESTRO DE PARÁBOLAS

Los *meshalim* de Jesús[1]

Joseph Klausner, en la conclusión del libro que dedicó al estudio de Jesús, insistió en negar que pudiera ser Dios o el Hijo de Dios. Rehusó igualmente encuadrarlo en categorías como las de Mesías, profeta, legislador, fundador de una religión e incluso rabino, pero, no pudo dejar de aceptar que era «un gran maestro de moralidad y un artista de la parábola».[2] Ciertamente, raya con lo imposible el negar ambas afirmaciones. Jesús fue medularmente judío en su acercamiento a la Torah y su formulación de la *halajah* —mucho más que sus adversarios teológicos—, pero no lo fue menos en el empleo de un género didáctico judío conocido como *mashal* (plural, *meshalim*). A decir verdad, nadie lo superó antes y nadie consiguió superarlo después.

Aunque, de manera convencional, suele traducirse *mashal* como parábola, lo cierto es que el término *mashal* cubre una pluralidad de géneros que irían de nuestro apotegma a parábolas que, en algunos casos, pueden resultar literariamente muy elaboradas. El origen de los *meshalim* se encuentra ya en el Antiguo Testamento. De hecho, en sus páginas hallamos ya en el siglo X a.C. el relato del rico despiadado que se aprovechó de la única oveja de su vecino pobre (2 Samuel 12:1-4),

---

1. Sobre las parábolas de Jesús, véase: C. L. Blomberg, *Interpreting the Parables*, Downers Grove, 1990; C. H. Dodd, *The Parables of the Kingdom*, Glasgow, 1961; G. V. Jones, *The Art and Truth of the Parables*, Londres, 1964; A. B. Bruce, *The Parabolic Teaching of our Lord*, Nueva York, 1908; A. Jülicher, *Die Gleichnisreden Jesu*, Darmstadt, 1969; J. Jereminas, *The Parables of Jesus*, (TI), Londres, 1972; W. S. Kissinger, *The Parables of Jesus, a History of Interpretation and Bibliography*, Metuchen, 1979; B. H. Young, *Jesus and His Jewish Parables*, Nueva York, 1989 e *Idem, The Parables*, Peabody, 1998.

2. Joseph Klausner, *Jesus of Nazareth*, (TI) Londres, 1929, págs. 413-4.

el de los dos hermanos enfrentados (2 Samuel 14:6-8), el de la viña
que no aprovechaba el cuidado de su dueño (Isaías 5:1-6) o el del
labrador que preparaba su campo (Isaías 28:24-28). Podríamos también añadir uno de los relatos más sagaz y extraordinariamente críticos que se han pronunciado sobre el poder político, la historia de los
árboles que buscaron rey (Jueces 9:8 ss.).

En todos los casos citados, encontramos ya configurados los
elementos del *mashal* como una historia generalmente cotidiana —el
labrador que siembra, el viñador que coloca una cerca en torno a su
vina, la necesidad de elegir a un rey, dos hermanos que discuten...—
que, sin embargo, encierra un mensaje de carácter espiritual.

En el seno del judaísmo, el género experimentó un auge notable
con la aparición del rabinismo, pero, curiosamente, todos los grandes maestros son posteriores —e inferiores— a Jesús. Yohanan ben
Zakkai había estudiado *meshalim* junto con la *halajah* (B. B. 134a;
Suk. 28a) y el Talmud relata como R. Meïr predicaba *halajah*, *hag-
gadah* y parábolas. Al respecto, los ejemplos de parábolas en el
Talmud y en el Midrash son muy numerosos.

Los Evangelios nos han conservado cincuenta y dos *meshalim*
de Jesús que pueden encuadrarse en las diferentes variables de este
género y, a la vez, mostrar una notable originalidad. Como tantos
otros aspectos relacionados con la enseñanza de Jesús, sus parábolas
han sido objeto de diversas interpretaciones que han tenido muy
poco en cuenta su trasfondo judío y que se han dejado arrastrar por
las corrientes de pensamiento occidental de moda. C. H. Dodd, por
ejemplo, a pesar de sus aportes, se empeñó en acuñar el concepto
de «escatología realizada» que nada tiene que ver con el judaísmo
ni con Jesús.[3] Por su parte, Joachim Jeremias[4] intentó dar con el
contexto judío, pero estaba demasiado influido por Dodd y aceptó
algunas de sus presuposiciones como, por ejemplo, que el texto de
las parábolas contenía reelaboraciones posteriores.

Un aporte notable fue el que significó David Flusser.[5] El erudito
judío era un gran conocedor de las fuentes del segundo Templo y

---

3. C. H. Dodd, *The Parables of the Kingdom*, Glasgow, 1961
4. J. Jeremias, *The Parables of Jesus*, (TI), Nueva York, 1972, p. 97 ss.
5. D. Flusser, *Die Rabbinischen Gleichnisse und der Gleichniserzähler Jesus*,
Berna, 1981.

supo por ello señalar que las parábolas de Jesús que nos han llegado, lejos de haber sido deformadas por manos ajenas, coincidían en su metodología con los relatos rabínicos posteriores. Así, lo que otros autores habían confundido con alteraciones posteriores constituían, en realidad, una prueba de que los relatos eran exactamente los enseñados por Jesús. En una línea similar ha ido Brad H. Young,[6] heredero de Flusser, en la interpretación de parábolas. El enfoque es notable e incluso necesario. Sin embargo, no ha evitado que las interpretaciones disten mucho de captar el significado real de las enseñanzas de Jesús. De hecho, un texto reciente de Amy-Jill Levine,[7] una profesora judía, debe mucho más a la discutible metodología de la Crítica de las formas que a los aportes de eruditos como David Flusser.

En otros casos, los autores, como James Montgomery Boice, han optado por dividir las parábolas de acuerdo a su supuesta temática.[8] Boice clasificó así veintidós parábolas —menos de la mitad— en bloques relacionados como el Reino, la salvación, la sabiduría y la necedad, la vida cristiana y el juicio.

Finalmente, deben señalarse estudios que no han entrado en un análisis que podríamos denominar técnico, pero que dejan de manifiesto un profundo conocimiento del texto griego y, sobre todo, una más que notable percepción de la agudeza espiritual encerrada en esos textos brotados de la boca de Jesús. Quizá el ejemplo paradigmático de esa aproximación a los textos de las parábolas sea el proporcionado por Clarence Jordan.[9] El análisis de Jordan —si se quiere menos técnico, pero no menos profundo— permite adentrarnos en las razones por las que Jesús utilizó de manera privilegiada este método de enseñanza.

La realidad es que la parábola captaba el deseo humano natural por escuchar historias, un impulso que aparece en la más temprana infancia, y que no desaparece ni siquiera con la llegada de la ancianidad. Aquellas historias atraían la atención, pero no pretendían solo entretener, aunque también cumplieran esa función. Su finalidad

6. B. H. Young, *Jesus and His Jewish Parables*, Nueva York, 1989.
7. Amy – Jill Levine, *Short Stories by Jesus. The Enigmatic Parables of a Controversial Rabbi*, Nueva York, 2014.
8. J. M. Boice, *The Parables of Jesus*, Chicago, 1983.
9. Clarence Jordan, *Cotton Patch Parables of Liberation*, Eugene, 2009.

obvia era llevar a la gente a pensar, a reflexionar, a interrogarse. Más aún. Aquellos relatos, a la vez sencillos y profundos, estaban encaminados a que los oyentes descubrieran el paralelo entre el relato y su realidad cotidiana. No bastaba, sin embargo, con aprender. También había que tomar una decisión. En ese sentido, las parábolas de Jesús implicaban una forma superior de enseñanza. Por supuesto, era bueno entretenerse y aprender, pero la meta iba mucho más allá. Consistía, a decir verdad, en tomar una resolución que cambiaría radicalmente la vida de los que escuchaban.

A lo largo del presente libro, iremos acercándonos a las parábolas de Jesús. Nuestro análisis comenzará con el análisis de las relacionadas con el Reino de Dios que fueron pronunciadas al inicio de su ministerio.

Las parábolas del Reino

La primera gran serie de parábolas de Jesús está relacionada con la predicación del Reino y con la decisión imperiosa que hay que tomar para entrar en él. Precisamente porque el final de la historia está ya escrito por Dios —aunque los hombres no alcancen a verlo—, tomar la decisión de entrar en el Reino resulta, en la predicación de Jesús, de una importancia trascendental. El que escuchara esa predicación tenía la misma suerte extraordinaria que un hombre que, de manera accidental, descubría un tesoro enterrado en un campo o era tan afortunado como el comerciante que se encontraba con la perla más valiosa de toda su carrera:

> Además, el reino de los cielos es semejante al tesoro escondido en el campo, que cuando es descubierto por un hombre, éste lo oculta, y lleno de alegría, va, y vende todo lo que tiene, y compra aquel campo. También el reino de los cielos es semejante al comerciante que va a la busca de buenas perlas y, tras encontrar, una perla de valor extraordinario, fue y vendió todo lo que tenía, y la compró (Mateo 13:44-46).

Sí, si utilizáramos símiles semejantes a los usados por Jesús, diríamos que el Reino de Dios es un hallazgo no menos maravilloso que el de aquel que pasea por un parque y, de repente, tropieza con una cartera en cuyo interior hay un millón de dólares. O como aquel que se ha pasado toda su vida trabajando sin recibir una satisfacción y, de repente, de la manera más inesperada, se encuentra con el negocio de su vida, uno que le permitirá retirarse a disfrutar de una existencia más grata que nunca. ¿Quién no se aferraría a una ocasión semejante? ¿Quién no recogería la cartera o asumiría la oportunidad de ese negocio? ¿Quién dejaría de reaccionar ante una fortuna semejante?

Jesús supo enfatizar magistralmente que el Reino de Dios es un bien tan extraordinario que merece la pena dejar todo para entrar en él. Resulta inesperado para muchos, sin duda, pero responde a los sueños y deseos acariciados tantas veces y, por ello, la ocasión debe ser aprovechada. De la misma manera que sería una necedad dejar escapar la oportunidad de poder comprar el campo del tesoro o la perla de valor extraordinario, constituye un comportamiento profundamente estúpido el no apartarse de todos los obstáculos que puedan impedir abrazar el evangelio. Cualquiera que aceptara ese regalo inmerecido que, de repente, aparecía en su vida, se encontraría en el lugar ideal cuando Dios, al final de la historia, separara a los salvos de los condenados de la misma manera que un pescador selecciona las capturas de su red (Mateo 13:47-50).

Sin embargo, a pesar de lo maravilloso, de lo extraordinario, de lo incomparable del Reino, resulta absolutamente innegable que hay gente que lo rechaza. Semejante eventualidad debió provocar no pocas preguntas —y de problemas— en los seguidores de Jesús. ¿Por qué, por ejemplo, no todo el mundo estaba dispuesto a escuchar la predicación de buenas noticias que proclamaba Jesús? ¿Por qué algunos que parecían escuchar inicialmente de buena gana luego se apartaban? ¿Existía, en realidad, una esperanza sólida de que todo aquel esfuerzo germinara? Las respuestas ofrecidas por Jesús en sus *meshalim* resultan, a la vez, positivas y realistas. Ciertamente, el Reino de Dios es una ocasión de gozo y alegría semejante a una boda o un banquete. Se trata de algo tan maravilloso que impulsaría a cualquiera a celebrarlo con una fiesta tal y como hizo Mateo Leví, el publicano que dejó todo para seguir a Jesús (Lucas 5:27-32). Sin embargo, no podía negarse que algunos rechazaban esa posibilidad:

Y oyendo esto uno de los que estaban reclinados con él a la mesa, le dijo: Bienaventurado el que comerá pan en el reino de los cielos. Él (Jesús) entonces le dijo: Un hombre hizo una grande cena, e invitó a muchos. Y cuando llegó el momento de la cena envió a su siervo a decir a los invitados: «Venid, que ya está todo preparado». Y comenzaron todos a una a excusarse. El primero le dijo: «He comprado una hacienda, y necesito salir y verla; te ruego que me des por disculpado». Y otro dijo: «He comprado cinco yuntas de bueyes, y voy a probarlas. Te ruego que me des por disculpado». Y otro dijo: «Acabo de casarme, y por tanto no puedo ir». Y, cuando regresó el siervo, hizo saber estas cosas a su señor. Entonces enojado el padre de la familia, dijo a su siervo: «Ve inmediatamente por las plazas y por las calles de la ciudad, y mete aquí a los pobres, a los mancos, y a cojos, y a ciegos». Y dijo el siervo: «Señor, se ha hecho como mandaste, y aun hay sitio». Y dijo el señor al siervo: «Ve por los caminos y por los vallados, y haz que entren para que se llene mi casa. Porque os digo que ninguno de aquellos a los que se llamó, probará mi cena» (Lucas 14:15-24).

La respuesta de Jesús era clara. Desgraciadamente, habría muchos de aquellos a los que, originalmente, estaba destinado el Reino que lo rechazarían. Sin embargo, incluso en esa circunstancia resultaría imposible dejar de contemplar el amor de Dios y así sería porque gente que nadie habría pensado que podría entrar en el Reino, disfrutaría de él.

Otra realidad paradójica que se vería repetida a lo largo de los siglos es la de que no todos están dispuestos a escuchar el mensaje del Reino. Es lógico que así sea porque, a fin de cuentas, la predicación del Reino es semejante a un sembrador que arroja la semilla a la espera de obtener fruto. Resulta especialmente notable la manera en que la fuente lucana nos ha transmitido esta enseñanza de Jesús, porque la precede con una información más que relevante:

Sucedió después que Jesús iba por todas las ciudades y aldeas, predicando y anunciando el evangelio del Reino de Dios y con él iban los doce y algunas mujeres que habían sido sanadas de espíritus malos y de enfermedades: María, la llamada Magdalena, de la que habían salido siete demonios, Juana, mujer de Chuza intendente de Herodes y Susana y otras muchas que le servían de sus bienes. Habiéndose juntado una gran muchedumbre formada por los que acudían a él procedentes de cada ciudad, les habló en parábola: El sembrador salió a sembrar su semilla y mientras sembraba, una parte cayó junto al camino, y fue pisoteada y las aves del cielo se la comieron. Otra parte cayó sobre la roca, y al nacer, se secó porque no tenía humedad. Otra parte cayó entre espinos y los espinos que fueron creciendo junto con ella, la ahogaron. Y otra parte cayó en buena tierra y creció y dio fruto a ciento por uno. Al hablar esto, decía a gran voz: El que tiene oídos para oír, oiga. Y sus discípulos le preguntaron: ¿Qué significa esta parábola? Y él dijo: A vosotros os es dado conocer los misterios del reino de Dios, pero a los otros me dirijo con parábolas, para que viendo no vean, y oyendo no entiendan. Esta es, pues, la parábola: La semilla es la palabra de Dios. Y los situados al lado del camino son los que oyen y después viene el Diablo y quita de su corazón la palabra para que no crean y se salven. Los de encima de la piedra son los que, tras escuchar, reciben la palabra con alegría, pero carecen de raíces, creen por algún tiempo y cuando llega el tiempo de la prueba se apartan. La que cayó entre espinos son los que oyen, pero cuando se van, son ahogados por las ansiedades y las riquezas y los placeres de la vida y no dan fruto. Sin embargo, la que cayó en buena tierra son los que con corazón bueno y recto retienen la palabra que han escuchado y dan fruto de manera perseverante (Lucas 8:1-15, paralelos en Marcos 4:3-25 y Mateo 13:3-23).

El relato, tal y como lo describe la fuente lucana, resulta llamativamente significativo. El Reino era proclamado a todos y buena prueba de ello era que incluso mujeres de todo tipo —antiguas enfermas y endemoniadas, de relevancia y pertenecientes al común, solteras y casadas— habían decidido entrar en él y seguían a Jesús sirviendolo. Y es que, a fin de cuentas, cuando el sembrador siembra la Palabra pueden acontecer resultados bien distintos. Una parte se pierde por la acción del diablo que arranca la predicación de los corazones; otra se malogra a consecuencia de la oposición que encuentra en su entorno; aún otra porción se echa a perder como resultado de la ansiedad causada por los afanes y las preocupaciones de este mundo, pero aún así siempre queda un resto que la alberga en su corazón y acaba dando fruto, un fruto semejante al que podía verse en aquellas mujeres de todo tipo que seguían a Jesús.

Sí, ciertamente, el Diablo se las arregla para intentar anular la labor de la siembra de la misma manera que el enemigo de un agricultor introducía cizaña en los sembrados de éste (Mateo 13:24-30). Sin embargo, el resultado final de aquel enfrentamiento será el triunfo del Reino de Dios. Al final de los tiempos, cuando se manifieste el Hijo del Hombre, la cizaña —una cizaña que muchas veces es imposible de distinguir del trigo— será apartada y arrojada al fuego y se podrá ver que el Reino se ha ido extendiendo de manera prodigiosa, tan prodigiosa como la diminuta semilla de mostaza que se convierte en un árbol (Mateo 13:3-32; Marcos 4:30-32) o como el pellizco de levadura que termina por fermentar toda la masa (Marcos 4:33-34; Mateo 13:33-35).

Al fin y a la postre, de una manera que solo Dios entiende a cabalidad, la semilla crece por sí sola (Marcos 4:26-29) y el triunfo final del Reino está más que asegurado no por los esfuerzos humanos que nunca pueden traerlo, sino por la acción directa, oculta y no pocas veces incomprensible del mismo Dios.

Las parábolas del perdón

En contra de lo que pensaban no pocos fariseos, la venida del Reino no podía ser acelerada por el esfuerzo o por las obras humanas. Su llegada es fruto exclusivo del amor y de la gracia inmerecida del Padre. Precisamente por ello, para entrar en el Reino —y aquí entraríamos en un tercer tipo de parábolas— se requiere, fundamentalmente, la humildad de reconocer cuál es la verdadera situación espiritual del ser humano y también asumir la rapidez con que hay que responder ante esa realidad negativa e innegable. El género humano, en general, y cada persona, en particular, es semejante a una oveja perdida que no es capaz de regresar al redil (Lucas 15:1-7), a una moneda que se ha caído del bolsillo de su dueña (Lucas 15:8-10) y, por supuesto, no puede volver a ella o a un hijo insolente e incapaz que despilfarra la fortuna recibida de su padre para verse reducido a una suerte tan odiosa para un judío como la de verse obligado a dar de comer a un animal impuro como los cerdos (Lucas 15:11-32). Muy posiblemente, la manera en que esta visión peculiar del mundo quedó expresada con mayor claridad fue en la parábola más hermosa y conmovedora de Jesús, la mal llamada parábola del hijo pródigo porque, en realidad, debería ser conocida como la parábola del buen padre o, más apropiadamente, de los dos hijos:

Un hombre tenía dos hijos; y el menor de ellos dijo a su padre: Padre, dame la parte de los bienes que me corresponde; así que les repartió los bienes. No muchos días después, juntándolo todo el hijo menor, se marchó lejos a una provincia apartada; y allí dilapidó sus bienes viviendo perdidamente. Y cuando hubo derrochado todo, sobrevino una gran hambre en aquella provincia, y comenzó a pasar necesidad. Y fue y se arrimó a uno de los habitantes de aquella tierra, que lo envió a su hacienda para que apacentase cerdos. Y deseaba llenar su vientre de las algarrobas que comían los cerdos, pero nadie se las daba. Y volviendo en sí, dijo: ¡Cuántos jornaleros en casa de mi padre tienen pan de sobra, y yo aquí perezco de hambre! Me levantaré e iré a mi padre, y le diré: Padre, he pecado contra el cielo y contra ti. Ya no soy digno de ser llamado hijo tuyo; trátame como a uno de tus jornaleros. Y levantándose, vino a su padre. Y cuando aún estaba lejos, lo vio su padre, y se conmovió, y echó a correr, y se le echó al cuello, y le besó. Y el hijo le dijo: «Padre, he pecado contra el cielo y contra ti, y ya no soy digno de ser llamado hijo tuyo». Pero el padre dijo a sus siervos: «Traed el mejor vestido, y vestidle; y ponedle un anillo en la mano, y calzado en los pies. Y traed el becerro cebado y matadlo, y comamos y hagamos una fiesta; porque este hijo mío estaba muerto, y ha vuelto a la vida; se había perdido, y ha sido hallado». Y comenzaron a entregarse a la alegría. Y su hijo mayor estaba en el campo; y cuando vino, y estaba cerca de la casa, escuchó la música y las danzas; y llamando a uno de los criados, le preguntó qué era aquello. Él le dijo: «Tu hermano ha venido; y tu padre ha ordenado sacrificar el becerro cebado, por haberlo recobrado sano y salvo». Entonces se encolerizó, y no quería entrar. Salió, por tanto, su padre, y empezó a suplicarle que entrara, pero él le respondió: «Así que llevo sirviéndote tantos años y nunca te he desobedecido y jamás me has dado ni un cabrito para divertirme con mis amigos. Pero cuando apareció este hijo tuyo, que ha consumido tus bienes con rameras, has ordenado que sacrifiquen en su honor el becerro cebado. Pero él le dijo: «Hijo, tú siempre estás conmigo, y todo lo mío es tuyo, pero era necesario celebrar un banquete y alegrarnos, porque tu hermano estaba muerto, y ha vuelto a la vida; se había perdido, y ha sido hallado (Lucas 15:11-32).

La enseñanza de Jesús difícilmente hubiera podido ser más clara. Nadie es capaz de salvarse por sus propios méritos, como dejan de manifiesto las situaciones desesperadas e impotentes reflejadas en las parábolas de la oveja perdida, de la moneda extraviada o de los dos hijos. Sin embargo, Dios ha enviado a Su Hijo para encontrar a toda esa gente perdida y extraviada. Fuera de la posibilidad de salvación están no los malvados —a los que también se ofrece el perdón—, sino aquellos que se consideran tan buenos, tan justos, tan religiosos que se niegan a estar al lado de los pecadores sin percatarse de que sus propios pecados pueden ser mucho peores. A fin de cuentas, si el hijo mayor no entra en el banquete celebrado por el padre no es porque se le cierren las puertas sino porque él, en su soberbia autojustificación, se las cierra. Se considera tan superior moralmente que no soporta la idea de verse al lado de un pecador confeso. Es precisamente su actitud —que no otra circunstancia— la que le impide disfrutar de una celebración rezumante de alegría.

La respuesta a esa llamada ha de ser tan rápida como la de un administrador ladrón que, al saber que lo van a despedir, se apresura a buscarse nuevos amigos y no quedarse a la intemperie (Lucas 16:1-8) y, sobre todo, tan humilde como la de aquel que reconoce que su salvación no puede venir nunca de sus propios méritos —esa, en realidad, es la garantía de no obtener nunca salvación— sino de la misericordia amorosa de Dios. A ese respecto, una de las parábolas de Jesús resulta de especial claridad:

> Dijo también a unos que confiaban en que eran justos, y menospreciaban a los demás, esta parábola: «Dos hombres subieron al templo a orar. Uno era fariseo y el otro, publicano. El fariseo, en pie, oraba consigo mismo de esta manera: «Dios, te doy gracias, por que no soy como los otros hombres, ladrones, injustos, adúlteros, ni tampoco como este publicano. Ayuno dos veces a la semana, doy diezmos de todo lo que poseo». Sin embargo, el publicano, situado lejos, no quería ni siquiera alzar los ojos al cielo, sino que se golpeaba el pecho, diciendo: «Dios, sé propicio a mí pecador». Os digo que éste descendió a su casa justificado mientras que el otro, no; porque cualquiera que se ensalza, será humillado; y el que se humilla, será ensalzado (Lucas 18:9-14).

El perdón de Dios es posible para aquellos que reconocen que no tienen el menor merecimiento para recibirlo —como es el caso del pecador publicano—, pero resulta inaccesible para los que piensan que serán justificados por sus obras. Ni siquiera esa circunstancia tiene lugar cuando las obras superan lo exigido por la Torah. Que el fariseo se considerara superior a los pecadores o que diera el diezmo de todo —en lugar de seguir el diezmo trienal recogido en la Torah (Deuteronomio 26:13,14)—, o que ayunara mucho más allá del ayuno prescrito para el día de la Expiación o Yom Kippur, no significa realmente nada a los ojos de Dios. El fariseo no puede obtener la justificación por obras porque la justificación solo es otorgada por Dios a aquel que se confía a Él reconociendo su carencia de medios para salvarse.

No sorprende que a continuación de esta parábola, el autor del tercer Evangelio incluyera el relato de Jesús ordenando a sus discípulos que permitan a los niños acercarse a Él porque el Reino ha de ser recibido con el corazón —sencillo, alegre, confiado y consciente de que todo es un regalo maravilloso— propio de un niño (Lucas 18:15-17).

La enseñanza de Jesús, expresada en parábolas, difícilmente hubiera podido ser más clara. El género humano, sin excepción, está perdido de manera tan irremisible que nada puede hacer para salir por sus propios medios de esa condenación. Sin embargo, ahora Dios había enviado a Jesús para sacarlo de esa situación y estaba abriendo la posibilidad de entrar en el Reino. Se trataba de una oportunidad extraordinaria como la del pobre y agobiado campesino que un día descubría un tesoro en el terreno que arrendaba o como la de un comerciante que, al fin y a la postre, da con la oportunidad de su vida. Ante ella, lo único sensato era moverse con rapidez y aceptar humildemente un ofrecimiento no merecido, pero lleno de bendiciones.

CAPÍTULO V

LA COMPASIÓN DEL MESÍAS

Se le removieron las entrañas

En el curso de aquellos primeros meses de ministerio en Galilea, la actividad de Jesús debió parecer una curiosa combinación de predicación gozosa del evangelio del Reino y de enormes expectativas del pueblo, pero también de una oposición que fue convirtiéndose en creciente a medida que el renombre de Jesús se extendía. Para un espectador circunstancial habría resultado innegable que Jesús no solo resultaba un predicador que anunciaba la cercanía del ansiado Reino de Dios, sino que además confirmaba su autoridad, una autoridad tan diferente de los escribas (Mateo 7:29), con hechos taumatúrgicos. Las distintas fuentes nos hablan de numerosos casos de curaciones colectivas y se detienen también en descripciones más detalladas referidas a la suegra de Pedro (Marcos 1:29-34; Mateo 8:14-17; Lucas 4:38-41), a un leproso (Marcos 1:40-45; Mateo 8:2-4; Lucas 5:12-16) o a un paralítico (Marcos 2:1-12; Mateo 9:1-8; Lucas 5:17-26).

De manera bien significativa, los contemporáneos de Jesús no cuestionaron nunca el origen sobrenatural de los hechos e incluso el Talmud —a pesar de su posición claramente contraria a Jesús y a sus discípulos— también los acepta como ciertos (Sanh 107b; Sotah 47b). Esa posición es la misma que mantiene hoy en día incluso la mayoría de los críticos no-cristianos.[1] No debería sorprender que así sea porque, desde luego, resulta difícil negar que los relatos contienen la impronta del testigo ocular y, precisamente por ello, suelen provocarnos una especial emoción que nos permite imaginarnos,

---

1. Sobre el tema, sigue siendo esencial la lectura de L. Cl. Fillon, *Los milagros de Jesús* (TE), Barcelona, 2006.

aunque sea lejanamente, el impacto que Jesús causó en sus contemporáneos. Aquel predicador procedente de un pueblecito de
Galilea no se limitaba a anunciar la cercanía del Reino o a insistir
en la necesidad de volverse a Dios. Además subrayaba la autoridad
de sus palabras con un inusitado poder sobre la enfermedad y las
fuerzas demoníacas.

La motivación existente tras esos actos aparece expresada en
las fuentes con un término bien llamativo. Nos referimos al verbo
griego *splagjnidseszai*, que suele traducir en español como compade-
cerse. Como en otras ocasiones, la traducción es un reflejo limitado
del original. Si en español la idea es que se padece con alguien —
com-padecer—, en el griego original nos encontramos un término
que deriva de la palabra para entrañas. Sería adecuado traducirlo
como el hecho de que a alguien se le remueven las entrañas al contemplar una situación. Este verbo —que es el que define los sentimientos del buen padre en la parábola de los dos hijos (Lucas 15:20)
o los que impulsaron a actuar al buen samaritano (Lucas 10:33)— es,
precisamente, el que define los sentimientos de Jesús. Lo que le
impulsaba a atender la necesidad de la gente es que se le removían
las entrañas ante la visión de sus necesidades. No deja de ser significativo también que a Jesús se le removían las entrañas ante todo
tipo de necesidades lo mismo fueran espirituales (Mateo 9:37,38),
que materiales (Mateo 15:32) o de salud (Mateo 14:4). El Jesús que
podemos ver una y otra vez en las fuentes no realizaba acciones
milagrosas para aumentar su reputación o provocar la expansión de
sus predicaciones. Semejante conducta habría equivalido a caer en
la tentación diabólica de la espectacularidad religiosa que rechazó
en el desierto (Lucas 4:9-12) y, de hecho, son varias las ocasiones
en que ordenó a los que se beneficiaron de sus acciones que no lo
contaran (Marcos 1:44,45). De forma bien significativa, Jesús no
instrumentalizó el dolor ajeno ni se valió de esas situaciones de
necesidad para el engrandecimiento personal o la extensión de sus
prédicas. Actuó siempre —tendremos ocasión de verlo— movido
únicamente por un sentimiento de inmensa piedad y amor hacia
aquellos que acudían a Él o se cruzaban en su camino.

La nobleza de acción y de intenciones no provoca siempre adhe-
siones positivas y, de hecho, no todos acogieron aquellos hechos
relacionados con Jesús con la misma alegría. Tampoco debería

sorprendernos. No se trataba solo de que insistiera en que todos debían convertirse; ni tampoco de que afirmara que esa necesidad no era menor en los judíos que en los impíos gentiles. Además, Jesús cuestionaba con sus acciones la interpretación, la *halaja*, que de la Torah enseñaban escribas y fariseos. Los ejemplos son, al respecto, bien significativos. Jesús comía con publicanos y pecadores violando las interpretaciones que consideraban que la santidad de una mesa quedaba comprometida por la catadura moral de los comensales. De hecho, para muchos, aquellas malas compañías —mujeres que vendían sexo por dinero y hombres que colaboraban con las autoridades a la hora de expoliar a la gente del común— no eran dignas de alguien que pretendía tener autoridad espiritual (Marcos 2:13-17). Por añadidura, Jesús no estaba dispuesto a someterse a las normas rigoristas sobre el ayuno impulsadas por escribas y fariseos (Marcos 2:18-22; Mateo 9:14-17; Lucas 5:33-39). Sin embargo, la controversia más áspera giraría en torno a otro tema, tema en el que Jesús, como siempre, atendió más a la sensación de compasión que removía sus entrañas que a granjearse la voluntad de los poderosos o la complacencia de las masas.

El cumplimiento del *shabbat*

Se ha escrito mucho sobre el tema del *shabbat* y el tratamiento que Jesús le dio al mismo. Desde una perspectiva cristiana, se ha insistido no pocas veces en que Jesús decidió suprimir el día de descanso mientras que, desde la judía, se ha aceptado esa visión y, por lo tanto, se ha considerado que resulta legítimo rechazar a Jesús como alguien que quebrantaba conscientemente la Torah. O bien se ha señalado que, en realidad, no cuestionó el *shabbat* sino la manera en que lo aplicaban determinados sectores del judaísmo y, en especial, los fariseos. Tanto en uno como en otro caso, es obvio el reconocimiento de la historicidad de las fuentes históricas que relatan distintos episodios de la vida de Jesús. Ambas perspectivas tienen un grano de verdad, pero suelen pasar por alto un aspecto esencial del ministerio y de la enseñanza de Jesús que no fue el de romper con la revelación contenida en el Antiguo Testamento sino, por el contrario, el de darle pleno cumplimiento. Ese cumplimiento fiel implicaba chocar con todas las innovaciones meramente humanas que derivaban, por ejemplo, de las enseñanzas de los fariseos. Jesús no era, pues, un libertino ni un antinomiano partidario de pasar por alto los mandatos derivados de Dios. Todo lo contrario. Era un defensor de la revelación contenidas en las Escrituras y un adversario contundente de las tradiciones humanas que la desvirtuaban. La cuestión del cumplimiento del *shabbat* fue uno de los ejemplos más claros de esa conducta, aunque no el único.

Históricamente, resulta más que establecido que Jesús no tenía la menor intención de aceptar la interpretación sobre el *shabbat* extraordinariamente rigorista que propugnaban los escribas y fariseos. En ello coinciden tanto las fuentes rabínicas como las cristianas, por lo que no existe motivo para tener dudas al respecto. A decir verdad, este tema se convirtió en verdadero campo de batalla y, una vez más, los datos históricos de que disponemos presentan toda la impronta del relato que solo puede proceder de un testigo ocular.

Jesús no cuestionaba el mandamiento del *shabbat*, pero, a la vez, no estaba dispuesto a que la interpretación farisaica sobre las normas relativas al *shabbat* prevalecieran sobre la necesidad de la gente (Marcos 2:23-28; Mateo 12:1-8; Lucas 6:1-5) o sobre el ejercicio de la compasión (Marcos 3:1-6; Mateo 12:9-14; Lucas 6:6-11). Esa interpretación era escandalosa para otros, pero esencial para Él. No se trataba, sin embargo, de una relativización de la Torah, sino que arrancaba precisamente de su estudio. La fuente lucana lo describe así:

> Y aconteció que pasando él (Jesús) por los sembrados en shabbat, sus discípulos arrancaban espigas, y, tras restregarlas con las manos, se las comían. Y algunos de los fariseos les dijeron: «¿Por qué hacéis lo que no es lícito hacer en shabbat?» Y respondiendo Jesús les dijo: «¿Ni siquiera habéis leído, lo que hizo David cuando tuvo hambre, él, y los que con él estaban, cómo entró en la casa de Dios, y tomó los panes de la proposición, y comió, y dio también a los que estaban con él, los cuales no era lícito comer, sino tan sólo a los sacerdotes?» (Lucas 6:1-4).

De manera bien significativa, una bajada de Jesús a Jerusalén en esa época —muy posiblemente durante la Pascua— también provocó una discusión sobre la última cuestión citada (Juan 5:1-47).

Que el debate no constituía meramente el enfrentamiento de unos planteamientos teológicos, sino el choque de dos cosmovisiones, queda de manifiesto cuando se examina el resultado de la última de esas controversias en Galilea. Tanto Marcos (3:6) como Mateo (12:14) coinciden en que los fariseos decidieron a partir de ese momento acabar con Jesús. Marcos incluso señala que para conseguirlo pensaron en el concurso del partido de los herodianos.

Algunos autores han intentado minimizar la cuestión indicando que, a fin de cuentas, tanto Jesús como los fariseos creían en el mandamiento del *shabbat*, solo que el primero seguía las normas de cumplimiento propias de Galilea y que, por ello, menos estrictas. El argumento es interesante, pero carece de consistencia. De entrada, las controversias de Jesús sobre ese tema se produjeron precisamente en Galilea. Si de verdad en esta región eran menos rígidos a la hora de cumplir con el mandamiento del *shabbat* —lo que es discutible—, lo cierto es que, de todas formas, el punto de vista de los fariseos seguía siendo también mucho más estricto que el de Jesús. Pero además la cuestión de fondo resultaba mucho más profunda que la mera delimitación de las prohibiciones concernientes al *shabbat*.

La razón de la ruptura era, en contra de lo que piensan algunos, de enorme relevancia para ambas partes. Para los fariseos, el cumplimiento del *shabbat* —tal y como ellos lo entendían, por supuesto— resultaba absolutamente esencial si Israel esperaba obtener la redención que procedía de Dios. El cumplimiento estricto de la Torah podía traducirse en que Dios se apiadara de su pueblo y acudiera a salvarlo, y, de manera semejante, un desprecio por la obediencia a sus normas solo podía tener consecuencias negativas. Al actuar —y enseñar— de la manera que lo hacía, Jesús estaba obstaculizando un discurrir positivo de la historia y se estaba interponiendo en la consumación de un plan salvífico que sería de bendición para Israel. Quizá eso no habría tenido una excesiva importancia si se hubiera tratado de un simple individuo aislado, pero Jesús ya no lo era. La gente lo escuchaba y lo seguía. Incluso llevaba tiempo reuniendo en torno de sí un grupo de discípulos como sí se tratara de un rabino. Para colmo, ese cuestionamiento de la autoridad religiosa semioficial podía verse también como un deseo de enfrentarse con el orden social. ¿Puede extrañar acaso que lo vieran como a un sujeto peligroso al que había que eliminar?

Obviamente, desde la perspectiva de Jesús, la situación se planteaba en términos muy diferentes. La fuente mateana ha recogido ese planteamiento concreto en relación con uno de los episodios a los que ya nos hemos referido:

> Pasando de allí, fue a su sinagoga. Y había allí un hombre que tenía seca una mano; y preguntaron a Jesús, para poder acusarle: ¿Es lícito curar en *shabbat*? Él les dijo: ¿Quién de vosotros, si tiene una oveja, y se cae en un hoyo en *shabbat*, no la agarra y la saca? Ahora bien, ¿qué vale más? ¿Un hombre o una oveja? Por lo tanto, resulta lícito hacer el bien en *shabbat*. Entonces le dijo al hombre: Extiende la mano. Y él la extendió, y le quedó tan sana como la otra. Y marchándose los fariseos, planearon como destruir a Jesús (Mateo 12:9-14).

Tal y como Jesús veía la situación, todos los hombres eran pecadores —enfermos por usar sus propias palabras (Lucas 5:31,32)— y necesitaban redención, con independencia de si se esforzaban o no por cumplir la Torah y de la manera en que acometían semejante meta. La única salida consistía en volverse hacia Dios para ser perdonados. Por añadidura, una persona que atravesaba esa experiencia de reconciliación con Dios debía vivir en adelante siguiendo un comportamiento basado en esa compasión que siente cómo se remueven las entrañas ante el sufrimiento y la necesidad ajenos. Visto desde esa perspectiva, ¿qué compasión podía tener alguien que no dejaría que uno de sus animales pasara necesidad en *shabbat*, pero que estaba dispuesto a volver la mirada hacia otro lado si ese dolor acontecido en *shabbat* era el de uno de sus semejantes? La compasión para Jesús estaba por encima de una mera interpretación peculiar siquiera, porque la finalidad de la Torah era asemejar a los hombres a Dios (Levítico 11:44) y Dios es, por definición, compasivo.

A todo lo anterior, se sumaba una circunstancia de enorme relevancia. Jesús no solo cuestionaba el nacionalismo espiritual judío y no solo se enfrentaba frontalmente con las interpretaciones fariseicas. Además se atribuía una autoridad que solamente tenía Dios, la de perdonar pecados. Esta circunstancia nos ha sido transmitida por distintas fuentes[2] que coinciden en mostrar el profundo desa-

---

2. Mateo 9:1-3; Marcos 2:1-12; Lucas 5:17-26.

grado —cuando no abierta irritación— que sintieron los escribas y fariseos al contemplar el comportamiento de Jesús:

Entró Jesús de nuevo en Capernaum al cabo de algunos días; y se oyó que estaba en casa. E inmediatamente se juntaron muchos, de manera que ya no cabían ni siquiera en la puerta; y les predicaba la palabra. Entonces vinieron a él unos que llevaban a un paralítico, que era cargado por cuatro. Y puesto que no podían acercarse a él a causa de la multitud, deshicieron el techo del lugar donde se encontraba, y abriendo un boquete, bajaron el lecho en el que yacía el paralítico. Cuando Jesús vio su fe, dijo al paralítico: Hijo, tus pecados te son perdonados. Estaban allí sentados algunos de los escribas, que cavilaban en sus corazones: ¿Por qué habla éste de manera semejante? Blasfema. ¿Quién puede perdonar pecados, sino únicamente Dios? Y conociendo Jesús en su espíritu que cavilaban de esta manera en su interior, les dijo: ¿Por qué caviláis así en vuestros corazones? ¿Qué es más fácil, decir al paralítico: Tus pecados te son perdonados, o decirle: Levántate, toma tu lecho y anda? Pues para que sepáis que el Hijo del Hombre tiene potestad en la tierra para perdonar pecados (dijo al paralítico): A ti te lo digo: Levántate, toma tu lecho, y vete a tu casa. Entonces él se levantó de inmediato, y tomando su lecho, salió a la vista de todos, de manera que todos se asombraron, y glorificaron a Dios, diciendo: Nunca hemos visto cosa semejante (Marcos 2:1-12).

El *shabbat* —nadie lo habría discutido— es un mandato importante de la Torah. Dios otorgaba al hombre dentro de cada semana la posibilidad de descansar tras unos días de trabajo no pocas veces muy duro. También le concedía la oportunidad de adorar a Dios durante esa jornada especial. A todo ello se unía la posibilidad de gozarse en ese disfrute en compañía de su familia y del resto del pueblo. Incluso desde una perspectiva meramente humana, pocos avances habrán mejorado la vida de los hombres de una manera más positiva que el día del descanso semanal.

Jesús reconocía el origen divino del *shabbat*. Sin embargo, dejó de manifiesto que Dios lo había instituido para bien del hombre y no para que el hombre subordinara a él su existencia (Marcos 2:27,28). Precisamente por ello, por encima del cumplimiento del *shabbat* estaba la compasión hacia los demás, el cuidado de los desvalidos o la satisfacción de necesidades tan humanas e indispensables como saciar el hambre. A esa conclusión se llegaba no mediante la relativización de la Torah, si no a través de su profundización a la luz de las Escrituras y no de tradiciones religiosas. Jesús podía apelar al ejemplo de David saciando su hambre con panes que solo podían ser comidos por los sacerdotes, pero, sobre todo, podía recordar las palabras que Dios había dicho al profeta Oseas:

¿Qué voy a hacer contigo, Efraín? ¿Qué voy a hacer contigo, Judá? Vuestra piedad es como nube de la mañana y como el rocío de la madrugada, que se evapora. Por esa razón, los corté por medio de los profetas, con las palabras de Mi boca los maté, y tus juicios serán como la luz cuando sale. Porque misericordia quiero y no sacrificio, y conocimiento de Dios antes que holocaustos (Oseas 6:4-6).

Una vez más, Jesús confirmaba la Torah en su plenitud y, como los *neviim* de antaño, indicaba que, según fuera la actitud de Israel, la cosecha sería de bendición o de juicio. Así, lo afirmaban con claridad meridiana las Escrituras (Deuteronomio 30).

La madre y los hermanos de Jesús

Cuando se tiene en cuenta este contexto, un contexto de hostilidad creciente a pesar de la repercusión del ministerio de Jesús, no sorprende la actitud de su madre y de sus hermanos que intentaron disuadirlo de que continuara con un ministerio que ya comenzaba a perfilarse como peligroso. La noticia, indudablemente histórica, plantea serios problemas en relación con el desarrollo dogmático de algunas confesiones que han ido dotando a la figura de la madre de Jesús de un significado muy diferente al que encontramos en las Escrituras. Sin embargo, precisamente por ello, resulta obligado detenerse en este aspecto de la vida de Jesús. La fuente marcana lo ha descrito de la siguiente manera:

Después vienen sus hermanos y su madre, y quedándose afuera, enviaron a que lo llamaran. Y la gente que se encontraba sentada en torno a él le dijo: Tu madre y tus hermanos están afuera y te buscan. Él (Jesús) les respondió: ¿Quién es mi madre y mis hermanos? Y mirando a los que estaban sentados en torno a él, dijo: He aquí mi madre y mis hermanos. Porque todo aquel que hace la voluntad de Dios, ése es mi hermano, y mi hermana, y mi madre (Marcos 3:31-35; véase también Mateo 12:46-50 y Lucas 8:19-21).

La madre y los hermanos de Jesús acudieron a verlo con la intención de disuadirlo de que siguiera sumergiéndose en una situación peligrosa. Sin duda, sabían que se había salvado por muy poco de verse despeñado en Nazaret y es muy posible que también les hubiera llegado la noticia de la creciente animadversión de las autoridades religiosas. Que acudieran a verlo era natural y que incluso pretendieran que dejara lo que estaba haciendo y saliera a recibirlos tiene también su lógica. Sin embargo, la respuesta de Jesús fue clara y contundente. Bajo ningún concepto consideraba que su madre y sus hermanos merecieran una consideración especial. Todo lo contrario. Las palabras de Jesús establecieron que su madre y sus hermanos reales eran los que hacían la voluntad de Dios. Se trataba de una afirmación que marcaba una clara distancia entre su familia en relación y aquellos que ya lo seguían. De hecho, no han faltado los que han indicado que Jesús se comportó de una manera que podría calificarse como desconsiderada hacia su madre y sus hermanos.[3] Ese juicio nos parece excesivo, pero no cabe la menor duda de que Jesús consideró por delante de su madre y sus hermanos a los que obedecían a Dios.

María no era, desde luego, para Jesús el personaje que se describiría en siglos posteriores y que todavía en los siglos XIX y XX sería objeto de nuevos dogmas.[4] Pero ¿quiénes eran sus hermanos de los que la fuente joanea nos dicen directamente que «no creían

---

3. David Flusser, *The Sage...*, p. 14 ss. incluso cita algún texto apócrifo donde se afirma que Jesús habría rechazado a María y a sus hijos Santiago, Simón y Judas cuando se acercaron a la cruz en que estaba clavado Jesús. El dato carece de credibilidad histórica.

4. En concreto, el dogma de la Inmaculada Concepción que establece que María fue concebida sin mancha de pecado original y que fue proclamado por el papa Pío IX, el 8 de diciembre de 1854, en la Bula *Ineffabilis Deus*, y el dogma de la Asunción que señala que María, tras su vida terrena fue elevada en cuerpo y alma a la gloria celestial y que fue proclamado por el Papa Pío XII, el 1º de noviembre de 1950, mediante la Constitución *Munificentisimus Deus*.

en él» (Juan 7:5)? Un simple examen de las referencias mesiánicas nos diría que eran los hijos de su madre tal y como había anunciado el Salmo 69:8. Tal circunstancia, sin embargo, choca con la enseñanza de siglos de algunas iglesias y exige, por lo tanto, que nos detengamos en el tema. El reciente descubrimiento de un osario en Jerusalén con la inscripción «Jacob, hijo de José y hermano de Jesús» causó hace unos años un notable revuelo en los medios de comunicación al interpretarse como una confirmación indiscutible de que Jesús de Nazaret habría tenido hermanos lo que, supuestamente, significaría una conmoción que haría tambalearse las bases del cristianismo. Lo cierto es que la referencia a los hermanos de Jesús solo puede causar sorpresa en aquellos que no han leído nunca el texto completo de los Evangelios. En estas fuentes abundan las referencias a los hermanos de Jesús e incluso llega a darse el nombre de los mismos. Como señala el Evangelio de Marcos 6:3 ss. y el de Mateo 13:54,55, los hermanos se llamaban Santiago, José, Simón y Judas y habría al menos dos hermanas de las que no se dan los nombres. Como ya hemos indicado esos hermanos no creían en Jesús inicialmente (Juan 7:5). Sabemos también, como acabamos de señalar, que incluso en un primer momento, en compañía de María, intentaron disuadirle de su ministerio (Mateo 12:46 ss.). La incredulidad de los hermanos de Jesús —insistimos en que profetizada ya en el Salmo 69:8,9 de los hijos de la madre del Mesías— seguramente explica que en la cruz encomendara el cuidado de su madre al discípulo amado. Sin embargo, también consta que se produjo un cambio al poco de la muerte, ya que en Pentecostés tanto María como los hermanos de Jesús ya formaban parte de la comunidad judeo-cristiana de Jerusalén (Hechos 1:14). No sabemos con total certeza a qué obedeció la transformación, pero todo parece señalar que a la convicción de que Jesús había resucitado. De hecho, Pablo, escribiendo un par de décadas después de los hechos, señalaba que entre las personas que vieron a Jesús resucitado se encontraba Santiago (I Corintios 15:7). Cabe, pues, pensar que esa circunstancia provocó su cambio radical en él y, muy posiblemente, el de los otros hermanos.

El papel que tendrían en los años siguientes en el seno de la comunidad cristiana varió, pero no cabe duda que Santiago o Jacobo fue el más importante. En torno a década y media después de la crucifixión, Santiago era con Pedro y Juan una de las «columnas» de la comunidad judeo-cristiana de Jerusalén, según informa el propio Pablo escribiendo a los gálatas (Gálatas 2:9). La marcha a actividades misioneras de Pedro y Juan dejó a Santiago como dirigente indiscutible de la comunidad jerosilimitana, de tal manera que en torno al año 49 se celebró bajo su presidencia un concilio que abrió definitivamente las puertas de la nueva fe a los no-judíos. El acontecimiento, narrado en el capítulo 15 del libro de los Hechos de los Apóstoles, tiene una enorme relevancia ya que muestra como, a diferencia de lo que se afirma tantas veces, la conversión del cristianismo en una religión universal no derivó de Pablo sino de los dirigentes judeo-cristianos, muy especialmente Santiago y también Pedro. Solo con el paso del tiempo, Pablo se convertiría en el principal defensor de esa tesis y, sobre todo, en su transmisor en Europa.

Algunos años después de esas fechas, debió escribir Santiago la epístola que lleva su nombre y que figura en el Nuevo Testamento. En ella se refleja con claridad la dificultad que pasaba la comunidad de Jerusalén durante la década de los cincuenta y la preocupación de Santiago por el hecho de que la doctrina de la justificación por la fe enseñada por Pablo en algunos de sus grandes escritos como la epístola a los Gálatas (1:15-21; etc.) o a los Romanos (3:21-30; 4:1-6; 5:1, etc.) no derivara en un antinomianismo. Santiago sostenía —como Pedro lo había hecho en el concilio de Jerusalén (Hechos 15:8-12)— que la justificación no podía venir por las obras sino por la fe en Jesús, pero insistía en que semejante justificación debía quedar de manifiesto en comportamientos tangibles. En otras palabras, desarrollaba el mismo argumento que algún tiempo después Pablo señalaría en su epístola a los Efesios (2:8-10): la salvación era por la fe, pero de ello debía desprenderse con posterioridad una vida de obediencia, no para obtenerse la salvación, sino porque ya se tenía la salvación. Esta identidad de visión explica que las relaciones con Pablo no quedaran nubladas por este escrito —algo que hubiera sucedido, sin duda, si Santiago hubiera negado la justificación por la fe—, como también se desprende del encuentro que ambos tuvieron en Jerusalén poco antes de la detención del apóstol de los gentiles (Hechos 21). Santiago continuaba siendo un fiel seguidor de la Torah mosaica a la vez que un conocido creyente en Jesús como

Mesías, y la unión de ambas circunstancias le había permitido ganar para la fe de su hermano a millares de judíos.

Los testimonios neotestamentarios sobre Santiago concluyen en ese punto —un argumento muy poderoso, como veremos más adelante, a la hora de datar la redacción de los Hechos de los Apóstoles antes del 62 a.C.— pero no los extra-bíblicos. Por el historiador judío Flavio Josefo sabemos, por ejemplo, que fue linchado en el 62 d.C. por una turba de integristas judíos y curiosamente este historiador lo menciona como «Santiago, el hermano de Jesús, el llamado mesías».[5]

Del resto de los hermanos de Jesús poco sabemos. Hegesipo transmite la noticia de que las hermanas se llamaban Salomé y Susana, y el Nuevo Testamento contiene una epístola de Judas que, posiblemente, se deba al hermano de Jesús del mismo nombre ya que en ella se presenta como «hermano de Santiago». Más interesantes son, en otros aspectos, los datos proporcionados por Hegesipo. Por ejemplo, tal y como transmite Eusebio, en Historia eclesiástica II, 1, Hegesipo dice que «Santiago, que era llamado el hermano del Señor» era «hijo de José y José era llamado el padre de Cristo, porque la virgen estaba comprometida con él cuando, antes de que tuvieran relaciones íntimas, se descubrió que había concebido por el Espíritu Santo». Es obvio que Santiago podría haber sido quizás hijo de un matrimonio anterior, pero en cualquier caso, primo de Jesús no era y sí hijo de José, el marido de María. Como mínimo, nos encontraríamos, por lo tanto, con un hermanastro. Igualmente, en III, 11, al referirse a la sucesión de Santiago por Simeón, el hijo de Cleofás, dice que era «primo del Salvador, porque Hegesipo relata que Cleofás era hermano de José» (III, 11). Nuevamente, la relación familiar es obvia y Eusebio vuelve a insistir en ella en III, 19. Dice de Judas, reproduciendo a Hegesipo, que «sobrevivieron de la familia del Señor los nietos de Judas que era, según la sangre, hermano suyo». Las otras referencias de Hegesipo vg: III, 32, abundan en esta misma línea.

Tal y como informa Eusebio de Cesarea en su *Historia eclesiástica*, en la época de Domiciano se procedió a la detención de otro de los hermanos de Jesús por temor a que, siendo de ascendencia

---

5. Ant. XX, 200-203

davídica, pudiera sublevarse contra Roma. Tras interrogarlo, las autoridades romanas llegaron a la conclusión de que era inofensivo y lo pusieron en libertad.

Finalmente, ha de señalarse que el último familiar de Jesús que conocemos, un tal Conón, hijo de un hermano, sufrió el martirio a inicios del siglo II y su tumba se encuentra en Nazaret, dentro del recinto de la basílica de la Anunciación y bajo los cuidados actuales de la Custodia de Tierra Santa encomendada desde hace siglos a los franciscanos. Por lo tanto, de todo lo anterior se desprende que cualquiera que conozca el Nuevo Testamento —no digamos ya si además ha leído a Josefo o a Eusebio de Cesarea— la mención de los hermanos de Jesús no reviste ninguna novedad ni dudas en cuanto a su interpretación.

¿Qué cabe decir sobre la supuesta repercusión del hallazgo sobre las distintas confesiones cristianas? Para las iglesias protestantes —que siguiendo la interpretación judía— siempre han interpretado el término «hermano» precisamente como hermano, no existe la menor incidencia negativa del supuesto hallazgo relacionado con Santiago. El mismo solo vendría a confirmar, de asegurarse su autenticidad, lo ya sabido por la Biblia y por fuentes cristianas muy antiguas como Josefo o Eusebio de Cesarea. Sabido es que la iglesia católica y las iglesias ortodoxas sostienen, por el contrario, el dogma de la virginidad perpetua de María que, obviamente, colisiona con esa interpretación. Históricamente, algunos representantes de la Patrística —salvo algunos autores muy antiguos que aceptarían la interpretación judeo-protestante— han interpretado el término «hermano» como «hermanastro» —lo que convertiría a Santiago, José, Simón y Judas en fruto de un matrimonio anterior de José— o, más comúnmente como parientes o primos. Ciertamente, tal interpretación es imposible sobre el griego del Nuevo Testamento donde existen términos específicos para primo (*anépsios* en Colosenses 4:10) y para pariente (*singuenis* en Lucas 14:2). No obstante, puede ser posible en hebreo o arameo donde el término *ah* (hermano) tiene un campo semántico más amplio que puede incluir ocasionalmente otras relaciones de parentesco. Con todo, como señaló muy acertadamente Paul Bonnard, de no mediar el dogma de la virginidad perpetua de María seguramente no se habrían dado tantas vueltas para llegar a esa conclusión, ya que las fuentes históricas, dentro y fuera de las Escrituras, señalan con claridad que los hermanos de Jesús eran hijos de María, que no creyeron en Él durante su ministerio y que incluso intentaron disuadirlo del rumbo que había asumido. Sí podría apuntarse que las motivaciones, seguramente, fueron diferentes. Si en María, muy posiblemente, primó el temor por lo que podría pasarle a su hijo; en sus hermanos, se daba cita una incredulidad unida, presumiblemente, al temor de ser objetos de represalias. La conducta tanto de María como de sus hijos no carecía de razón y así puede desprenderse de la manera en que, en esa época, Jesús decidió marcharse de un Nazaret que se había mostrado mortalmente peligroso.

El adiós a Nazaret

La vida de Jesús y de sus discípulos durante estos meses estuvo pespunteada por reacciones que confirmaban su predicación. Sobre hechos prodigiosos como la curación de una hemorroisa o el regreso de una niña a la vida (Marcos 5:21-43; Mateo 9:18-26; Lucas 8:40-56), o la curación de ciegos y mudos (Mateo 9:27-34), se superpuso la última visita a Nazaret, una visita que se caracterizó por la incredulidad que Jesús encontró en sus paisanos. Las fuentes, al respecto, son unánimes:

> Salió Jesús de allí y vino a su tierra seguido por sus discípulos. Y cuando llegó el *shabbat*, comenzó a enseñar en la sinagoga; y muchos, al oírlo, se admiraban, y decían: ¿De dónde le vienen a éste estas cosas? ¿Y qué sabiduría es esta que le es dada, y estos milagros que realizan sus manos? ¿Acaso no es éste el carpintero, hijo de María, hermano de Santiago, de José, de Judas y de Simón? ¿No se encuentran también aquí entre nosotros sus hermanas? Y se escandalizaban de él. Pero Jesús les decía: No hay profeta sin honra salvo en su propia tierra, y entre sus parientes, y en su casa. Y no pudo hacer allí ningún milagro, salvo curar a unos pocos enfermos, a los que impuso las manos. Y estaba asombrado de su incredulidad. Y recorría las aldeas de alrededor, enseñando (Marcos 6:1-6; comp. Mateo 13:54-58).

La última visita de Jesús a Nazaret debió resultarle especialmente amarga. No solo sus paisanos seguían empeñados en ver en Él únicamente al hermano de algunos vecinos y al hijo de M———

que además —y esto fue lo que más le dolió—, al persistir en su incredulidad, en su falta de fe, se cerraban la única puerta para recibir las bendiciones del Reino. De manera bien significativa, fue en ese momento cuando Jesús dio un paso de enorme trascendencia, el de escoger a un grupo de doce —el mismo número que el de las tribus de Israel— discípulos más cercanos.

CAPÍTULO VI

LOS DOCE

El Israel de Dios

Al cabo de unos meses de predicación de Jesús en Galilea, el choque entre sus enseñanzas y los conceptos religiosos encarnados por escribas y fariseos —pero también por los herodianos— resultaba obvio, tanto que estos comenzaron a pensar en la manera de destruirlo. La respuesta de Jesús fue establecer un grupo que sirviera de cañamazo a un Israel verdadero que nacía de responder a su mensaje de regreso a Dios y de cercanía del Reino. Semejante paso se ha interpretado en no pocas ocasiones como una referencia a una nueva entidad espiritual que rompería con Israel y que incluso contaría con un cuerpo rector que se sucedería a lo largo de las generaciones. Ambas visiones son insostenibles a la luz de las fuentes. En primer lugar, porque, como tendremos ocasión de ver, la existencia del grupo de los Doce ni significó la ruptura con Israel —todo lo contrario— ni careció con paralelos en el seno del judaísmo del segundo Templo. En segundo lugar, porque las fuentes más antiguas del cristianismo no hacen referencia alguna a una sucesión apostólica siquiera porque los apóstoles tenían que ser gente que hubiera acompañado a Jesús desde el inicio de su ministerio hasta su muerte, algo imposible al cabo de unas décadas (Hechos 1:21,22). Pero además, porque Jesús, como siempre, actuó «según las Escrituras» y no según una innovación, como aquellas a las que eran tan proclives los fariseos.

La idea de un grupo que se consideraba el verdadero Israel no fue extraña al judaísmo del segundo Templo. La encontramos, desde luego, en los esenios y en los fariseos.[1]

---

1. Sobre estos grupos, véase *Guía de estudio*.

Acostumbrado a las definiciones dogmáticas que caracterizan a las religiones que conoce, más o menos superficialmente, el hombre de nuestro tiempo —incluso el judío— difícilmente puede hacerse una idea de la variedad que caracterizaba al judaísmo que antecedió la época de Jesús y que existió, al menos, hasta la destrucción del Templo en el año 70 d.C. Salvo la creencia en el Dios único y verdadero que se había revelado históricamente al pueblo de Israel (Deuteronomio 6:4), y cuyas palabras habían sido entregadas en la Torah o Ley a Moisés, los distintos segmentos espirituales del pueblo judío poco tenían que los uniera por igual incluidas instituciones como el Templo o la sinagoga. Por otro lado, existía una clara ausencia de creencias que ahora son comunes en algunos sectores del judaísimo, como la de la reencarnación o la práctica de una magia sagrada. Esos aspectos —incluidas no pocas interpretaciones de las Escrituras— estuvieron totalmente ausentes del judaísmo del segundo Templo a pesar de su innegable variedad.

La visión de Jesús compartía con grupos como los fariseos o los esenios la constatación de la triste realidad de que, en efecto, la gente de Israel no vivía de acuerdo con la Torah y era innegablemente pecadora. Sin embargo, esa coincidencia no lo llevó a rechazarla sino, por el contrario, a dibujar una nueva realidad en que esa gente pudiera integrarse. Se trataba de la realidad del Reino.

Los otros Doce[2]

Como hemos tenido ocasión de ver, en el corazón de la predicación de Jesús se encontraba desde el principio el llamamiento a la conversión. Este llamado se orientaba hacia todos sin excepción porque ni

---

2. Sobre el tema, ver: C. K. Barrett, *The Signs of an Apostle*, Filadelfia, 1972; F. Hahn, "Der Apostolat in Urchristentum" en KD, 20, 1974, págs. 56-77; R. D. Culver, "Apostles and Apostolate in the New Testament" en Bsac, 134, 1977, págs. 131-143; R. W. Herron, "The Origin of the New Testament Apostolate" en WJT, 45, 1983, págs. 101-31; K. Giles, "Apostles before and after Paul" en «Churchman», 99, 1985, págs. 241-56; F. H. Agnew, "On the Origin of the Term Apostolos" en «CBQ», 38, 1976, págs. 49-53; *Idem*, "The Origin of the NT Apostle-Concept" en «JBL», 105, 1986, págs. 75-96; B. Villegas, "Peter, Philip and James of Alphaeus" en «NTS», 33, 1987, págs. 292-4; César Vidal, "Apóstol" en *Diccionario de las Tres Religiones monoteístas*, Madrid, 1993.

siquiera los que se autodenominaban justos o creían serlo lo eran. A decir verdad, también ellos necesitaban imperiosamente volverse a Dios. En realidad, de esa entrada en el Reino solo quedaban fuera los que se autoexcluían, es decir, los que no iban a escuchar jamás una invitación a convertirse fundamentalmente porque ya se consideraban justos y porque despreciaban a los demás a pesar de que, en realidad, podían resultar incluso más pecadores que los últimos marginados de la sociedad (Lucas 18:9 ss.).

Jesús podía coincidir con esenios y fariseos en que Israel tenía que arrepentirse y en que la realidad presente debía verse sustituida por otra nueva, con un Israel verdadero y restaurado. Sin embargo, iba mucho más allá. De entrada, ese Israel nuevo no podía estar formado por la simple descendencia de Abraham, descendencia que, como había señalado Juan el Bautista, Dios podía levantar de las mismas piedras (Mateo 3:9). Tampoco podía basarse en la exclusión de los injustos —especialmente los considerados impuros—, sino que tenía que iniciarse con un claro llamamiento a una nueva vida que abriera para ellos la oportunidad de ser incluidos. Resulta enormemente importante darse cuenta ahora qué tanto se utiliza el término «inclusivo», que para Jesús la inclusión jamás significó permitir que una persona continuara en sus caminos de espaldas a las enseñanzas de Dios sino que, por el contrario, enseñó que cualquiera podía ser incluido en el Reino, pero solo después de pedir humildemente perdón a Dios por desviarse de su ley y después de experimentar una conversión como paso primero de una vida nueva y diferente. Precisamente por eso, no sorprende que el mismo Jesús enfatizara que su ministerio estaba dirigido a llamar a «las ovejas perdidas de la casa de Israel» (Mateo 15:24). Esa nueva realidad, fundamentada en la conversión y en la fe en Jesús, iba a tener una configuración concreta en torno a un número de personas semejante al de las tribus de Israel.[3] Como señalaría el propio Jesús:

---

3. Debe señalarse que ya en la época de Jesús era común asociar el número doce con la organización de Dios. Al respecto, bastaba recordar que Jacob tuvo doce hijos, que los panes sin levadura colocados cada semana en el templo eran doce (Levítico 24) o que el pectoral del sumo sacerdote —que el Talmud y Josefo identifican con el Urim y Tummim utilizados para comunicarse con Dios— contaba con doce piedras (Números 27:21; 1 Samuel 28:3-6).

De cierto os digo que en la regeneración, cuando el Hijo del Hombre se siente en el trono de su gloria, vosotros que me habéis seguido también os sentaréis en doce tronos para juzgar a las doce tribus de Israel (Mateo 19:28; Lucas 22:30).

Las fuentes coinciden en señalar dos circunstancias muy significativas previas a la elección más que relevante de los Doce. La primera es el reconocimiento por parte de las fuerzas demoníacas de que, efectivamente, Jesús era el Hijo de Dios (Marcos 3:7-12), y la segunda que vino precedida por una noche de oración de Jesús, una noche en la que, obviamente, buscó la dirección de Dios para dar un paso de enorme trascendencia.[4] Solo después de establecer ese nuevo grupo, Jesús pronunciaría la Carta Magna de sus discípulos, el denominado «sermón del monte» (Mateo 5-7) o de la Llanura (6:17-49), al que nos referiremos en un capítulo posterior. Las fuentes son claras al describir la elección de los Doce:

Después subió al monte, y llamó a los que él quiso; y acudieron a él. Y estableció a doce, para que estuviesen con él, y para enviarlos a predicar, y para que tuviesen autoridad para curar enfermedades y para expulsar demonios: a Simón, a quien puso por sobrenombre Pedro; a Santiago, hijo de Zebedeo, y a Juan hermano de Santiago, de sobrenombre Boanerges, es decir, Hijos del trueno; a Andrés, a Felipe, a Bartolomé, a Mateo, a Tomás, a Santiago, hijo de Alfeo, a Tadeo, a Simón el cananista, y a Judas Iscariote, el que le entregó. Y vinieron a casa. (Marcos 3:13-19. Ver también Lucas 6:12-16)

Detengámonos ahora unas páginas en la composición de este grupo especial de discípulos llamado a juzgar a las tribus de Israel.

---

4. En contra de la posibilidad de retrotraer la institución de los Doce a Jesús, ver: P. Vielhauer, "Gottesreich und Menschensohn in der Verkündigung Jesu" en Wilhelm Schneemelcher (ed), *Festschrift für Gunther Dehn*, Neukirchen, 1957, págs. 51-79; R. Meye, *Jesus and the Twelve*, Grand Rapids, 1968, p. 206 ss. A favor de tal posibilidad, ver: L. Gaston, *No Stone on Another*, Leiden, 1970; F. F. Bruce, *New Testament History*, N. York, 1980, p. 210 ss.; M. Hengel, *The Charismatic Leader and His Followers*, (TI), Nueva York, 1981; C. F. D. Moule, *The Birth of the New Testament*, Londres y San Francisco, 1981, p. 4; C. Vidal, "Apóstol" en *Diccionario de las Tres Religiones*, Madrid, 1993.

La composición de los Doce

Resulta de enorme relevancia poder examinar las identidades de aquellos que fueron escogidos por Jesús para formar parte de este grupo selecto de discípulos. Los nombres de los Doce nos han llegado consignados en cuatro listas diferentes recogidas en Mateo 10:2-4; Marcos 3:16-19; Lucas 6:14-16 y, posteriormente, Hechos 1:13, donde se omite, lógicamente, a Judas Iscariote, ya que se refiere al grupo después de la Pascua en que fue crucificado Jesús. Juan no da ninguna lista, pero menciona a los «Doce» como conjunto (Juan 6:67; 20:24), y en el mismo sentido se perfila la tradición que Pablo de Tarso conocía décadas después del episodio (1 Corintios 15:5). Convencionalmente, se ha solido dividir las listas en tres grupos de cuatro y ese es el sistema que seguiremos aquí. En el primer grupo de cuatro, el apóstol mencionado en primer lugar es siempre Simón, cuyo nombre fue sustituido por el sobrenombre «Petrós» (piedra), seguramente una traducción del arameo «Kefas». Este cambio debió ser muy antiguo y, de hecho, las fuentes lo sitúan en el período de la vida de Jesús. Como ya vimos, Pedro fue seguidor de Juan el Bautista y uno de los primeros que se unieron a Jesús. Todo indica que durante unos meses después de conocerlo regresó a su trabajo como pescador, pero lo acabó abandonando para seguir totalmente a Jesús.[5]

Asociada muy de cerca a la figura de Pedro se hallaba la de su hermano Andrés[6] (Juan 1:40,41; Marcos 1:16). También fue uno de los discípulos de Juan el Bautista e igualmente uno de los primeros seguidores de Jesús, pero no tenemos muchos más datos fidedignos sobre él.

Santiago y Juan eran, como los dos hermanos anteriormente citados, pescadores en Galilea (Marcos 1:19). Se ha especulado con la posibilidad de que su madre (Mateo 27:56) fuera Salomé, hermana de la madre de Jesús (Marcos 15:40; Juan 19:25). De ser exacto este dato, Santiago y Juan habrían sido primos de Jesús. La hipótesis resulta muy posible, pero no es del todo segura.

5. Un acercamiento a las fuentes sobre Pedro en R. Pesch, "Simon-Petrus", en «TAG», 1980, págs. 112-24; R. E. Brown, K. P. Donfried y J. Reumann, *Pedro en el Nuevo Testamento*, Santander, 1976; C. P. Thiede, *Simon Peter*, Grand Rapids, 1988.
6. P. M. Peterson, *Andrew, Brother of Simon Peter*, Leiden, 1958.

En el segundo grupo de cuatr, nos encontramos, en primer lugar, con Felipe. Originario de Betsaida, parece haber sido un amigo íntimo de Andrés (Juan 1:44; 6:5-8; 12:22). También fue una de las primeras personas que siguieron a Jesús. En cuanto a Bartolomé, carecemos de datos, aunque es muy posible que sea el mismo personaje que aparece con el nombre de Natanael, otro de los primeros seguidores de Jesús (Juan 1:45,46; 21:2). Con todo, las fuentes patrísticas manifiestan posturas encontradas sobre el tema y no se puede rechazar la posibilidad de que se trate de dos personas distintas, habiendo sido Natanael alguien ajeno al grupo de los Doce.

Sobre Tomás, denominado «el gemelo» en Juan 11:16 y 20:24, carecemos también de datos previos a su elección como apóstol, aunque las fuentes refieren aspectos de considerable interés a los que nos referiremos.

Mateo es el Leví de otras listas, un antiguo publicano que ejercía en Galilea y que, como ya vimos, dejó su ocupación para seguir a Jesús.

Por lo que se refiere al tercer grupo de cuatro, tanto Simón el cananista —al que se ha querido asociar erróneamente con el movimiento de los zelotes—[7] como Santiago de Alfeo, no parecen ocasionar problemas en cuanto a su identidad histórica. No puede decirse lo mismo del personaje situado en décimo lugar en Mateo y Marcos y en undécimo en Lucas y Hechos. En las distintas fuentes aparecen tres nombres (Lebeo, Tadeo y Judas). Para explicar —carecemos de referencias alternativas— esta discrepancia se ha recurrido incluso a una supuesta falta de memoria.[8] Lo más posible, sin embargo, es que debamos identificar a Tadeo con Judas el hermano de Santiago, siendo Lebeo solo una variante textual.[9] De ser así, Judas se habría llamado Lebeo —del hebreo *leb*, corazón— y Tadeo habría sido un sobrenombre derivado a su vez de Todah, alabanza. Cabe la posibilidad de que Simón el cananista fuera hijo de Cleofás y hermano de Santiago y Judas Lebeo-Tadeo, según

---

7. En ese sentido, Oscar Cullmann, *Jesus and the Revolutionaries* (TI), New York, 1970, p. 8 ss.

8. R. E. Brown, "The Twelve and the Apostolate" en «NJBC», Englewood Cliffs, 1990, p. 1379.

9. A. T. Robertson, *Una armonía de los cuatro Evangelios*, El Paso, 1975, pgs. 224-6. En el mismo sentido, M. J. Wilkins, "Disciples" en «DJG», p. 181.

la posición en el listado de los Doce y el testimonio de Hegesipo (HE, III, 11; IV, 22). Estos tres eran primos de Jesús si aceptamos el testimonio de Hegesipo de que Cleofás era hermano de José y los hijos de Zebedeo también lo serían, ya que Salomé, la madre de los hijos de Zebedeo, era hermana de María, la madre de Jesús. Se trata de una circunstancia que debería considerarse y que indicaría que, de acuerdo con la profecía contenida en el Salmo 69:8, los hijos de la madre de Jesús no creían en Él, pero no sucedió lo mismo con sus primos.

Finalmente, resulta obligado referirnos a Judas Iscariote.[10] De entrada, el nombre —Yehudah en hebreo— era relativamente común en la época. No solo correspondía a uno de los doce patriarcas del que partió la tribu de Judá, sino que también había sido el de alguno de los grandes personajes judíos, como fue el caso de Judas Macabeo, el héroe de la resistencia contra Antíoco IV Epífanes a mediados del siglo II a.C. El sobrenombre Iscariote —Ishkariot— ha sido objeto de diversas interpretaciones. Algún autor, con más imaginación que base histórica, lo ha considerado una corrupción del término *sicarius*, lo que lo convertiría en un terrorista judío integrado en el grupo de Jesús.[11] Literariamente, la hipótesis es atractiva, pero no se sostiene en términos históricos. En realidad, Ishkariot tan solo significa el «hombre de Kariot», una pequeña localidad judía no lejos de Hebrón (Josué 15:25). Así, Judas sería el único discípulo de los Doce que procedía de Judea, mientras que los otros eran galileos.

Es bastante posible que el sobrenombre fuera de origen familiar porque la fuente joánica —que presenta datos extraordinariamente interesantes sobre el personaje— lo relaciona con un tal Simón, padre de Judas (Juan 6:71; 13:26). Este Simón es, muy posiblemente, el fariseo al que se refiere Lucas 7:36-50 y sobre el que volveremos más adelante. Este hecho hace que sea muy posible que Judas recibiera una educación propia de los fariseos, más estricta que la del resto de los apóstoles, que iban de gente piadosa que incluso había seguido a Juan el Bautista, aunque no pertenecía a ninguna secta de publicanos como Mateo.

---

10. Sobre el personaje, el estudio más completo en español es C. Vidal, *Jesús y Judas*, Barcelona, 2007.

11. O. Cullman, *Jesus and the Revolutionaries...*, p. 9.

En su conjunto, el grupo de los Doce pasaría a la historia como los apóstoles, una circunstancia que, de manera nada sorprendente, engarzaba con la tradición religiosa de Israel.

La función de los apóstoles

El término «apóstol» con que serían denominados los componentes del grupo de los Doce deriva del infinitivo griego *apostellein* (enviar), pero no era muy común en griego. En la Septuaginta, la traducción al griego del Antiguo Testamento, solo aparece una vez (1 Reyes 14:6) como traducción del participio pasado *shalua*j de *shlj* (enviar). Precisamente, tomando como punto de partida esta circunstancia, H. Vogelstein[12] y K. Rengstorf[13] conectaron la institución de los apóstoles con los *sheluhim* rabínicos. Estos tuvieron una especial importancia a finales del siglo I e inicios del siglo II d.C. y eran comisionados rabínicos enviados por las autoridades palestinas para representarlas con plenos poderes. Los *sheluhim* recibían una ordenación simbolizada por la imposición de manos, y sus tareas —que, muchas veces, eran meramente civiles— incluían en ocasiones la autoridad religiosa y la proclamación de verdades espirituales. La tesis resulta muy atractiva incluso hoy en día, pero presenta no pocos inconvenientes. El primero es que no poseemos referencias a los *sheluhim* paralelas cronológicamente a la época de Jesús. De hecho, esta circunstancia provocó que la citada interpretación recibiera ya fuertes ataques desde la mitad del siglo XX. A lo anterior hay que unirle que la misión de los Doce, tal y como aparece en las fuentes, implicaba aspectos mucho más importantes que el de ser meros comisionados.

Hoy en día, se tiende a conectar nuevamente la figura del apóstol con la raíz verbal *shlj* que es vertida en la Septuaginta unas setecientas veces por *apostollein* o *exapostollein*. El término generalmente hace referencia a alguien enviado por Dios para una misión concreta, como es el caso de Moisés, los profetas, etc., algo que coincide con los datos neotestamentarios relacionados con la misión de los

---

12. H. Vogelstein, "The Development of the Apostolate in Judaism and Its Transformation in Christianity" en «HUCA», 2, 1925, págs. 99-123.
13. K. Rengstorf, "Apostolos" en «TDNT», vol. I, págs. 407-47.

apóstoles (Lucas 24:47,48; Mateo 28:19,20; Juan 20:21; Hechos 1:8; Marcos 16:15). Pero ahí no acaba todo. Tanto H. Riesenfeld[14] como B. Gerhardsson[15] han estudiado la posibilidad de que los Doce fueran el receptáculo de la enseñanza de Jesús de acuerdo a una metodología de aprendizaje similar a la rabínica. Así, a partir de los mismos, se fue formando un depósito docente derivado de la predicación de Jesús. Semejante tesis es correcta y, sin duda, fue decisiva a la hora de configurar con meticulosa exactitud los datos que quedaron consignados en los Evangelios en una fecha muy temprana. Son numerosos los pasajes de los Evangelios en los que se nos muestra a Jesús a solas con los discípulos revelándoles enseñanzas que permanecían ocultas de la gente del común. Aquellos hombres atesoraron las palabras de Jesús que han acabado llegando a nosotros. Con todo y a pesar de lo importante que resultó esa misión, no agota el significado de los Doce. Este —como ya hemos indicado y volveremos sobre el tema— era ser la base de un Israel renovado, un Israel renovado que comenzaba a experimentar ya sus primeras defecciones. Sin embargo, antes de entrar en ese tema, vamos a detenernos en la enseñanza especial que recibían los discípulos.

14. H. Riesenfeld, *The Gospel Traditions and Its Beginings*, Londres, 1957.
15. B. Gerhardsson, *Memory and Manuscript: Oral Tradition and Written Transmission in the Rabbinic Judaism and Early Christianity*, Uppsala, 1961.

CAPÍTULO VII

LA ENSEÑANZA
PARA LOS DISCÍPULOS

El nuevo Génesis

El Evangelio de Mateo constituye un documento de relevancia extraordinaria. No se trata solo de que resulta más que probable que fuera el primero de los Evangelios o de que estuvo dirigido de manera indudable a los judíos. Hay que señalar obligatoriamente su extraordinaria estructura, que suele pasarse por alto a causa de su sencillez y de su conmovedor contenido. Mateo tenía un enorme interés en mostrar que aquel hombre venido de Galilea era más que un artesano con cierto conocimiento —heterodoxo para muchos— de las Escrituras. De hecho, era el hijo de Abraham, el hijo de David, el Mesías, el Hijo de Dios, pero también era alguien que había triunfado donde Israel fracasó históricamente —por ejemplo, la obediencia en el desierto—, y también un personaje no menos importante que Moisés a la hora de entregar la ley. Así, Mateo decidió estructurar dentro de su relato cinco grandes predicaciones de Jesús que resultaban claramente paralelas con los cinco libros de la Torah. Si, por ejemplo, Moisés había relatado en Deuteronomio, su último libro, cómo una generación de Israel había quedado tendida en el desierto por no obedecer a los propósitos de Dios, pero otra esperaba entrar en un mundo nuevo; Mateo podía mostrar cómo en su último discurso Jesús se había referido a los dirigentes religiosos que no entrarían en el Reino (Mateo 23), y a aquellos que contemplarían el final del sistema religioso centrado en el Templo de Jerusalén y el inicio de una realidad muy diferente, en la que se adoraría a Dios en espíritu y verdad como había enseñado a la samaritana (Juan 4:6 ss.). Algo semejante acontece con el primer discurso de Jesús, conocido convencionalmente como el «sermón del monte», y recogido en los capítulos del 5 al 7 de Mateo. Si en Génesis, Moisés había recogido el inicio de la historia humana y el del pueblo de Dios, en este primer discurso de Jesús transmitido por Mateo se reúne el inicio de la enseñanza dirigida a los discípulos. Esta circunstancia resulta de importancia esencial.

Ha sido común ensalzar la ética contenida en el «sermón del monte» como un modelo de conducta universal. De hecho, personajes como Gandhi enfatizaron ese aspecto.[1] La realidad, sin embargo, es totalmente distinta. El «sermón del monte» es una enseñanza encaminada esencialmente a discípulos y que los discípulos deben encarnar en el seno del Reino. Pasar por alto esa circunstancia tiene como consecuencia directa equivocar el mensaje de Jesús reduciéndolo a un mero maestro de moral, sublime si se quiere, pero nada más. La realidad, sin embargo, es muy diferente. Dada la importancia que esta enseñanza tenía para los discípulos, vamos a detenernos en ella varias páginas.

Los bienaventurados que son sal y luz[2]

De manera bien significativa, la fuente lucana indica que nada más proceder a elegir a los Doce, Jesús dejó establecidos los principios esenciales de su enseñanza. Se trata de un dato que confirma la fuente mateana y que, ciertamente, tiene todos los visos de ser auténtico e indica hasta qué punto, Jesús no estaba dispuesto a que se crearan equívocos sobre su doctrina.

El «sermón del monte», la gran predicación de Jesús, nos ha llegado a través de dos fuentes, la lucana y la mateana. Esta segunda —más amplia— aparece conectada exclusivamente con los discípulos, mientras que la primera —más breve— incluye entre los oyentes a las multitudes. En el caso de Mateo, la predicación se produjo

---

1. M.K. Gandhi, *The Message of Jesus Christ*, Mumbai, 1998, p. 50 ss.
2. La bibliografía sobre el «sermón del monte», igual que la referida a las parábolas, es muy extensa. Véase: W. D. Davies, *The Sermon on the Mount*, Londres, 1969; J. Driver, *Militantes para un mundo nuevo*, Barcelona, 1978, D. Flusser, «Blessed are the Poor in Spirit» en Israel Exploration Journal, 10, 1960, págs. 1-10; R. L. Lindsey, *Jesus Rabbi and Lord. The Hebrew Story of Jesus Behind Our Gospels*, Oak Creek, 1990.

en un monte, un lugar al que se retiraba Jesús habitualmente para estar a solas con sus discípulos, y en el de Lucas, nos hallamos con una predicación pronunciada en una llanura, ubicación habitual de otras predicaciones dirigidas a las muchedumbres. Ambas posibilidades resultan verosímiles y, desde luego, no implican contradicción alguna. La enseñanza de Jesús debió ser repetida en multitud de ocasiones en diferentes sinagogas y lugares de Galilea y, de manera lógica, tuvo que ser más extensa y detallada cuando se dirigía a los discípulos que compartían su vida con Él, que cuando su auditorio eran las muchedumbres. El contenido, sin embargo, era esencialmente el mismo.

De entrada, resulta notable el carácter de felicidad, de gozo, de dicha, que debía acompañar a los que son súbditos del Reino y que se denomina convencionalmente «bienaventuranzas». Sus protagonistas eran los *asherí* (felices), que encontraban la verdadera dicha volviéndose hacia Dios.

Felices los pobres en espíritu porque de ellos es el reino de los cielos.
Felices los que lloran porque ellos serán consolados.
Felices los mansos: porque ellos recibirán la tierra por herencia.
Felices los que tienen hambre y sed de justicia porque ellos serán saciados.
Felices los misericordiosos porque ellos recibirán misericordia.
Felices los de limpio corazón porque ellos verán á Dios.
Felices los pacificadores porque ellos serán llamados hijos de Dios.
Felices los que padecen persecución por causa de la justicia: porque de ellos es el reino de los cielos.
Felices sois cuando os maldigan y os persigan y digan de vosotros todo mal por mi causa, mintiendo.
Gozaos y alegraos; porque vuestra recompensa es grande en los cielos porque así persiguieron a los profetas que hubo antes de vosotros (Mateo 5:3-12).

Si algo caracteriza, por lo tanto, a los que van a seguir a Jesús es que se convierten en receptores de dicha, de felicidad, de bienaventuranza. Sin embargo, no se trata de una promesa de bienestar perpetuo, de ausencia total de preocupaciones, de euforia, de carencia de problemas. En realidad, Jesús anunció a sus seguidores —y lo hizo desde el principio— que chocarían con dificultades no precisamente pequeñas. Sin embargo, en esas tribulaciones encontrarían encerrada la bienaventuranza. A fin de cuentas, el mismo fue el destino de los profetas (Mateo 5:11,12) y el mismo ha de ser el suyo, porque son la sal de la tierra y la luz del mundo, y si de la primera no puede esperarse que deje de salar, de la segunda no es lógico pensar que se oculte cuando debe iluminar a todos (Mateo 5:13,14).

En otras palabras, desde una perspectiva humana, los que entran en el Reino —y por ello lloran, son mansos, ansían la justicia, tienen un corazón limpio o resultan perseguidos por causa del Reino y su justicia— pueden carecer de una apariencia de importancia o incluso ser contemplados de manera despectiva. La realidad, sin embargo, es que la nota que los caracteriza es la de ser felices (Mateo 5:3-12) y lo son, porque sus anhelos, a diferencia de los que corresponden a la gente situada fuera del grupo de los discípulos, serán saciados.

No menos notable es la definición de los discípulos que, a continuación, da Jesús, y que en Mateo queda reflejado de esta manera:

> Vosotros sois la sal de la tierra, pero si la sal pierde su esencia ¿con qué será salada? Ya no sirve para nada, sino para ser arrojada al exterior y ser pisoteada por los hombres. Vosotros sois la luz del mundo. No se puede ocultar una ciudad asentada sobre un monte no se puede esconder. Tampoco se enciende una luz y se coloca debajo de un almud sino sobre el candelero e ilumina a todos los que están en casa. Alumbre así vuestra luz delante de los hombres para que vean vuestras buenas obras y glorifiquen a vuestro Padre que está en los cielos (Mateo 5:13-16; ver también Lucas 8:16).

No deja de estar cargado de un inmenso significado que inmediatamente después de afirmar que sus discípulos pueden ser caracterizados con el término «felices» (o bienaventurados o dichosos) y explicar las razones de esa dicha, Jesús realizara una rotunda afirmación, la de que son *la* sal y *la* luz del mundo.

La función de la sal en la época de Jesús —sigue sucediendo así en algunos países— no era tanto la de dar sabor como la de evitar una corrupción que desembocaba en que los alimentos se pudrían. En otras palabras, de sus discípulos Jesús esperaba que contribuyeran a que el mundo no se siguiera descomponiendo a diario hasta corromperse por completo. A decir verdad, si el mundo no acababa pervirtiéndose del todo se debería a la acción de sus discípulos. Naturalmente, sus discípulos podían acabar cayendo en la tentación de no comportarse como sal. Podrían alegar que su misión era meramente espiritual —significara eso lo que significara— y que, por lo tanto, no había que inmiscuirse en el desarrollo de la sociedad que los rodeaba o pensar, simplemente, que no tenían por qué complicarse la vida. En cualquier caso, por una causa u otra, podían encerrar la sal en el salero, pero si acaso caían en esa tentación, también debían saber que las consecuencias serían fatales. De suceder esa eventualidad, lejos de abrir la puerta a que estuvieran tranquilos, aislados y sosegados, lo que sucedería es que el mundo los arrojaría al exterior y los pisotearía. ¿Cómo podrían actuar de otra manera con gente que prefería mantener lo que algunos denominan ahora «zona de confort», a ser fieles a los principios en los que afirmaban creer?

Lo mismo encontramos en la referencia a la luz. Los discípulos de Jesús no iban a ser *una* luz u *otra* luz. Son *la* luz en medio de un mundo que camina en medio de las tinieblas más espesas. Su misión no es encerrar la luz ni mucho menos limitarla a aquellos lugares donde vaya a ser bien recibida o aplaudida. Su misión es alumbrar las tinieblas, lo que implica que pueden quedar al descubierto horrores insondables. En caso de no actuar así, el resultado sería espantoso porque entonces el mundo no recibiría ninguna luminosidad y solo cabría esperar la oscuridad más absoluta.

La experiencia histórica muestra que pasar por alto la relevancia de estas palabras de Jesús ha tenido consecuencias trágicas. Por ejemplo, en 1933, Adolf Hitler, el Führer del Partido Nacional Socialista Obrero Alemán, de manera impecablemente democrática, llegó al poder en Alemania. El impacto que ese hecho tuvo en el seno de aquellos que se definían como cristianos fue verdaderamente pavoroso. La Iglesia católica no tardó en firmar un concordato con Hitler, que proporcionó al dictador una buena imagen internacional que, por supuesto, supo aprovechar. A fin de cuentas, ¿cómo podía ser malo un personaje que llegaba a un acuerdo con el papa?[3] Por lo

---

3. Acerca del apoyo prestado por la Iglesia católica al nacional-socialismo alemán, véase: D. Hastings, *Catholicism and the Roots of Nazism. Religious Identity and National Socialism*, Oxford, 2010 y M. Phayer, *The Catholic Church and the Holocaust, 1930-1965*, Bloomington, 2000.

que se refiere a las iglesias protestantes —carentes de una jerarquía como la católica— se dividieron. Un tercio, muy identificado con la teología liberal, decidió ponerse del lado de Hitler. Recibieron subvenciones y recompensas, claro está, pero lo justificaron porque el nacional-socialismo era, supuestamente, el mensaje del progreso y tenía muchos puntos de contacto, supuestamente, con el cristianismo y, por encima de todo, constituía un valladar frente al comunismo soviético. Además, Hitler, como buen patriota, pretendía devolver a Alemania la dignidad perdida injustamente con la paz de Versalles. Los denominados *Deutsche Christen* (cristianos alemanes) fueron utilizados por los nazis aunque, de entrada, también canalizaran fondos públicos en su favor, honores y reconocimientos. Otro tercio de las iglesias protestantes optó por el silencio. No es que les agradara lo que enseñaban los nazis o el aislamiento legal de los judíos, pero consideraban que su ministerio era fundamentalmente espiritual y no tenía por qué mencionar lo que consideraban cuestiones no-espirituales, como era la ideología pagana que predicaban los secuaces de Hitler. Finalmente, otro tercio decidió que debía dar un testimonio frente al mal que se había apoderado de Alemania. Entre los que formaban parte de esa minoría estaban un hombre llamado Martin Niehmoller.[4] Pastor evangélico, no tardó en ser acosado por los nazis e incluso llevado ante los tribunales. La administración de justicia no estaba totalmente controlada por Hitler a la sazón, y absolvió a Niehmoller. Pero los nazis no estaban dispuestos a someterse a la legalidad. Cuando Niehmoller salió del tribunal libre de cargos, la Gestapo lo detuvo y lo condujo hasta un campo de concentración en el que permanecería hasta 1945. Como el propio Hitler afirmaría, Niehmoller era su «prisionero particular». Niehmoller escribiría tiempo después una poesía que algunos siguen atribuyendo erróneamente a Bertolt Brecht y que dice:

> Primero vinieron a buscar a los comunistas, y yo no dije nada, porque yo no era comunista.
> Luego vinieron a buscar a los sindicalistas, y yo no dije nada, porque yo no era sindicalista.

---

4. Acerca de Martin Niehmoller, véase: M. D. Hockenos, *Then They Came for Me. Martir Niemöller, The Pastor who Defied the Nazis*, Nueva York, 2018; L. Stein, *Hitler Came for Niemoeller. The Nazi War Against Religion*, Gretna, 2003.

Luego vinieron a buscar a los judíos, y yo no dije nada, porque yo no era judío.
Luego vinieron a buscarme, y no quedaba nadie que pudiera hablar por mí.

Niehmoller, en otras versiones, incluiría a otros grupos como, por ejemplo, a las víctimas de la ley de eutanasia. Con todo, Niehmoller sí que había hablado —y a muy alto precio—, pero era consciente de lo que había sucedido y de la responsabilidad colectiva del pueblo de Dios. Aunque no lo mencionara, la sal no había salado y, al fin y a la postre, había sido arrojada y pisoteada, incluso más que pisoteada, porque tanto los *Deutsche Christen* como la iglesia católica que había firmado el concordato que legitimaba internacionalmente a Hitler, acabaron teniendo problemas con las autoridades nacional-socialistas.

Tan bochornoso episodio se ha repetido no pocas veces antes y después en la historia. Sucedió en la época en que los indígenas de las Indias eran expulsados de sus tierras y explotados con la excusa de enseñarles el Evangelio,[5] cuando se trajo forzadas a generaciones de africanos para que sirvieran de esclavos en América y, hoy en día, cuando se cierra los ojos ante el hecho de que, desde los años setenta, en el mundo se han practicado mil cuatrocientos millones de abortos —el equivalente a la población de toda China— o que, durante este siglo, la ideología de género persigue la aniquilación de la familia natural. Ante desafíos históricos de ese calibre, los discípulos de Jesús tienen que plantearse si desean ser fieles a su llamamiento de ser *la* sal y *la* luz y así evitar que la sociedad que los rodea se pudra totalmente y se hunda en las tinieblas o, por el contrario, ansían vivir una vida más sosegada, una zona de tranquilidad, que incluso puede tener una apariencia más espiritual. Si optan por la segunda opción, deben ser conscientes de dos cosas. La primera es que, más tarde o más temprano, el mundo pisoteará a esa sal que no cumplió con su misión. La segunda —y más grave— es que el mundo se quedará sin luz y también sin ese elemento decisivo que impide que se corrompa de manera total. Por el contrario, si deciden ser sal y luz solo cumplirán con su misión. Es para pensarlo y, ciertamente,

---

5. Un excelente tratamiento del tema en Carlos Manuel Valdés, *Los bárbaros, el rey, la iglesia. Los nómadas del noreste novohispano frente al Estado español*, Saltillo, 2017.

explica por qué Jesús incluyó estas afirmaciones justo antes de entrar en los aspectos más normativos del «sermón del monte».

El verdadero cumplimiento de la Torah

Solo después de definir a sus discípulos —y son casi las únicas etiquetas que Jesús les puso a lo largo de su ministerio—, abordó una importantísima cuestión. ¿Qué caracteriza a aquellos que han decidido volverse hacia Dios, practicar la *teshuvah* y entrar en el Reino? No, desde luego, el abandono de la Torah. Todo lo contrario. Al respecto, Jesús es terminante:

> No juzguéis que vine a anular la ley o los profetas. No vine a anular, sino a cumplir. Porque en verdad os digo que hasta que pase el cielo y la tierra, en absoluto pasará una iota o una tilde de la ley hasta que todo suceda. Quien pues quebrante uno de los mandamientos estos últimos y enseñe así a los hombres, último será llamado en el reino de los cielos. Quien, sin embargo, los haga y enseñe, éste grande será llamado en el reino de los cielos (Mateo 5:17-19).

Lejos de ser un personaje contrario a la Torah —como señalarían algunos escritos rabínicos y buena parte de la teología cristiana de veinte siglos—, Jesús enmarcó su enseñanza en la que, con mayor o menor fidelidad, había seguido el pueblo de Israel durante siglos. No había venido a anular o a derogar la Torah, sino a darle cumplimiento, y eso resultaba de aplicación tanto para los preceptos más relevantes como para los, aparentemente, mínimos.

Incluso —y es lógico que así sea— la exposición de la Torah que encontramos en Jesús muestra algunos paralelos con la literatura rabínica. En el Pirke Avot 1, 2 —un texto que procede, como mínimo del siglo II d.C., aunque recoja tradiciones anteriores— Shimón el Tsadiq (el justo) señala la existencia de tres cosas de las que depende el mundo: la Torah, el servicio a Dios y la práctica de la misericordia. Seguramente, no se puede atribuir a la casualidad que Jesús siguiera una división tripartita muy similar en su «sermón del monte».

En primer lugar, encontramos que toda la sección del «sermón del monte» ubicada tras las Bienaventuranzas, no es sino una exposición de la Torah interpretada por Jesús (su *halajah*) en relación con temas como el homicidio (5:21-26), el adulterio (5:27-32) o el juramento (5:33-37).

Por otro lado, buena parte de su interpretación se vale de un principio rabínico también citado en el Pirke Avot 1:1 consistente en colocar una «cerca en torno a la Torah», es decir, intentar de tal manera ampliar el radio de acción de los mandatos o *mitsvot* contenidos en ella, que se aleje todo lo posible la eventualidad de traspasarla. Este principio netamente rabínico lo contemplaremos una y otra vez en la enseñanza de Jesús, pero con una diferencia esencial. Mientras que los rabinos echaron mano de tradiciones humanas para multiplicar las cargas sobre sus oyentes, Jesús optó por aferrarse al sentido nuclear y profundo de lo contenido en las Escrituras. Una vez más, resultaba obvio el enfrentamiento entre la enseñanza de la Biblia y las tradiciones humanas en vías de convertirse en otra Torah, a la que se denominaría oral y que no se comenzaría a codificarse por escrito hasta dos siglos después de Jesús, a inicios del siglo III d.C.

El inicio de la *halajáh* de Jesús con las *mitsvot* (mandamientos) relacionados con la santidad de la vida resulta de una lógica contundente, porque la vida es el bien y el don más importante de Dios. A finales del siglo XVIII, Thomas Jefferson señalaría en la Declaración de Independencia de Estados Unidos que entre los derechos inalienables derivados del Creador se encontraban la vida, la libertad y la búsqueda de la felicidad. Jefferson estaba muy influido por el pensamiento de los puritanos que habían colocado la Biblia en el centro de su vida, pero aún así no expresó algo excepcional. En general, todas las culturas han considerado sagrada la vida humana. De hecho, uno de los siete preceptos entregados por Dios a Noé[6] para cumplimiento de todas las naciones incluye de manera expresa la condena del derramamiento de sangre.[7] No resulta sorprendente que las distintas sociedades,

---

6. Sobre los mandatos de Moisés, véase: Ch. Clorfene y Y. Rogalsky, *The Path of the Righteous Gentile. An Introduction to the Seven Laws of the Children of Noah*, Jerusalén, 1987 y M. E. Dallen, *The Rainbow Covenant. Torah and the Seven Universal Laws*, Nueva York, 2003.

7. Los mandatos entregados a los goyim como descendientes de Noé son no rendir culto a las imágenes; no blasfemar; no asesinar; no cometer actos sexuales

independientemente de sus creencias religiosas, hayan castigado
el asesinato e incluso el homicidio accidental, aceptando también excepciones a esa regla como la legítima defensa y, como
una forma de esta, la muerte causada en el curso de una guerra.
Jesús aceptó, por supuesto, la justicia de encausar a aquel que ha
cometido un asesinato, pero, al mismo tiempo, arrojó una inmensa
luz sobre el verdadero sentido del mandamiento de la Torah que
prohibía asesinar.

Se podría alegar que, en cierta medida, seguía el método rabínico de colocar una cerca en torno a la Torah, es decir, de ampliar
la distancia entre el fiel y la transgresión de tal manera que se
dificultara la desobediencia a la *mitsvah* (mandamiento). Pero, en
realidad, Jesús fue mucho más lejos en un ejercicio interpretativo
muy original, ya que planteó cortar desde su misma raiz aquellas
conductas que podrían desembocar en el quebrantamiento de la
Torah. Se trataba de interiorizar la Torah, sin duda, pero, a la vez,
de no detenerse en su cumplimiento externo por más importante
que este pudiera ser. Los discípulos debían ir al fondo de aquellas
situaciones que alimentan la desobediencia a la Torah:

> Oisteis que fue dicho a los antiguos: no matarás. Por lo tanto, el
> que mate reo será del juicio. Yo, sin embargo, os digo que todo
> el que se encoleriza con su hermano sin razón reo será del juicio.
> El que, sin embargo, diga a su hermano *raká*,[8] reo será ante el
> sanhedrín. El que, sin embargo, le diga «estúpido», reo será de
> la Guehenna del fuego. Si pues llevas tu ofrenda al altar y allí
> recuerdas que tu hermano tiene algo contra ti, deja allí tu ofrenda
> delante del altar, y ve primero a ser reconciliado con tu hermano,
> y después, acudiendo al altar, presenta tu ofrenda.
>
> Ponte con toda rapidez en buena disposición hacia tu adversario
> mientras estás de camino, para que no te entregue el adversario
> al juez y el juez te entregue al alguacil, y a cárcel seas arrojado.
> Verdaderamente te digo que en absoluto saldrás de allí hasta que
> pagues el último cuadrante (Mateo 5:21-26).

---

como el adulterio, las relaciones homosexuales o la zoofilia; no robar; no consumir
un animal mientras se encuentra vivo, y establecer tribunales de justicia.

8. Término arameo que significa «vacío». Posiblemente la expresión sería un
equivalente a la española: «cabeza hueca».

La simple lectura del pasaje precedente deja de manifiesto la posición de Jesús hacia el homicidio. Por supuesto, es condenable, y la justicia debería actuar frente a las gentes que lo perpetran. Pero para acabar con el homicidio hay que excluir además comportamientos como el juicio temerario, el insulto y el desprecio. Del insulto y del desprecio acaban surgiendo las condiciones que derivan hacia el derramamiento de sangre, igual que del ansia por pleitear brotan consecuencias inesperadas y desagradables de las que luego no resulta fácil salir.

Tan venenosas pueden ser esas conductas que el mismo culto a Dios no sirve para compensarlas ni incluso ocultarlas. Al contrario, el odio, el resentimiento, la simple falta de reconciliación, invalidan el culto religioso. La persona que desea cumplir la Torah y rendir a Dios un servicio que le complazca no tiene, pues, otra salida que reconciliarse y, obrando así, se comportará con el mismo sentido práctico que el que llega a un acuerdo para evitar un pleito de resultado inseguro.

Un planteamiento similar lo encontramos en la enseñanza de Jesús sobre el adulterio:

> Oísteis que fue dicho: No cometerás adulterio. Mas yo os digo, que cualquiera que mira a una mujer para codiciarla, ya cometió adulterio con ella en su corazón. Por tanto, si tu ojo derecho te fuere ocasión de caer, sácalo, y arrójalo de ti: que mejor te es que se pierda uno de tus miembros, que no que todo tu cuerpo sea echado a la Guehenna. Y si tu mano derecha te fuere ocasión de caer, córtala, y arrójala de ti: que mejor te es que se pierda uno de tus miembros, que no que todo tu cuerpo sea echado a la Guehenna. También fué dicho: Cualquiera que repudie a su mujer, déle carta de divorcio. Pero yo os digo, que el que repudie a su mujer, salvo caso de fornicación, hace que ella adultere; y el que se case con la repudiada, comete adulterio (Mateo 5:27-32).

El adulterio —una conducta también condenada universalmente por las más diversas culturas— es un comportamiento prohibido por la Torah. Sin embargo, hay que tener en cuenta que no se inicia con la relación física sino cuando alguien contempla con deseo a una persona casada. Hasta el día de hoy, los rabinos se dividen ante la idea de si existe adulterio cuando quien lo perpetra es un hombre

casado y la mujer es soltera. La tradición askenazí ha entendido que
sí hay adulterio, pero la sefardí mantiene que no apelando a que
la poligamia nunca ha sido abolida formalmente. La posición de
Jesús resulta obvia. El adulterio por supuesto que también puede ser
cometido por los hombres —es un hombre, de hecho, el protagonista de su ejemplo—, y para no llegar a esa situación hay que evitar
desde la primera de las conductas que anteceden al pecado. Jesús
va todavía más allá e introduce un elemento propio del contexto
judío que en la actualidad sigue planteando problemas en el seno
del judaísmo y que, quizá por esa circunstancia, ha dado lugar a no
pocas interpretaciones erróneas de autores gentiles. Nos referimos
al divorcio, que no ha sido correctamente formalizado de acuerdo
con lo que establece la Torah.

> Según la enseñanza dada por Dios a Moisés, el divorcio tenía que
> contar con un motivo y además ir acompañado por la entrega a
> la mujer de un documento formal (Deuteronomio 24:1-4). Ese
> documento no solo salvaguardaba la honra de la mujer y establecía
> su situación como distante de la desprotección, sino que además
> dejaba de manifiesto que la citada persona era libre del vínculo
> conyugal y podía volver a contraer matrimonio si así lo deseaba.
> El hecho precisamente de que servía para salvaguardar los dere-
> chos femeninos tenía como consecuencia el que no pocos mari-
> dos evitaran ese importante trámite —el mismo fenómeno sigue
> produciéndose a día de hoy en el seno de las comunidades judías,
> y ha dado incluso lugar a alguna notable película israelí—[9] para
> eludir responsabilidades. Semejante acción, claramente infectada
> de motivaciones despreciablemente egoístas, es condenada por
> Jesús de manera tajante. Al no haberse disuelto el matrimonio tal
> y como indica la Torah, esa mujer seguía legalmente casada y, por
> lo tanto, al contraer nuevas nupcias cometía adulterio y lo mismo
> sucedía con su nuevo cónyuge. Por supuesto, semejante norma no
> era de aplicación en los casos en que no existía aún matrimonio
> como, por ejemplo, sucedió cuando José supo que María, la madre
> de Jesús, estaba embarazada y se propuso repudiarla en secreto,
> para no infamarla, sin la menor referencia a un documento público
> de divorcio (Mateo 1:19).

---

9. Una crítica del autor a una de estas películas en su blog https://cesarvidal.com
/blog/lecturas-y-peliculas-recomendables/gett-el-divorcio-de-viviane-amselem-2

Evitar, por lo tanto, el adulterio, incluía en la *halajah* de Jesús no solo no cometer el acto físico concreto, sino rechazar los deseos pecaminosos con la misma repulsión con que se rechazaría la mutilación, y no caer en conductas como la de evitar el trámite legal del divorcio, que pudieran llevar a otros a cometer adulterio incluso de manera inocente.

Este mismo enfoque de ir al fondo de las cuestiones morales sobre las que enseña la Torah, lo encontramos también en relación con la práctica de la veracidad. Tras referirse al adulterio, indica Jesús:

Además habéis oído que fue dicho a los antiguos: No perjurarás, sino que cumplirás al Señor tus juramentos. Mas yo os digo: No juréis de ninguna manera: ni por el cielo, porque es el trono de Dios; ni por la tierra, porque es el estrado de sus pies; ni por Jerusalén, porque es la ciudad del gran Rey. Ni por tu cabeza jurarás, porque no puedes hacer que uno de tus cabellos sea blanco o negro. Mas sea vuestro hablar: Sí, sí; No, no; porque lo que va más allá de esto, del maligno procede (Mateo 5:33-37).

Una vez más, la *halajáh* de Jesús resulta enormemente reveladora. La Torah establecía una exigencia de veracidad en especial en aquellos casos en que se empeñaba la palabra ante Dios. No resultaba lícito jurar en falso, y lo que se hubiera jurado debía ser cumplido. Sin embargo, Jesús va mucho más allá. Desde su punto de vista, el juramento surge porque los hombres no se rigen por un comportamiento veraz y sincero y acaban teniendo que recurrir a garantías extraordinarias para intentar aparecer como dignos de confianza ante otros. Precisamente por eso, hay que, primero, rechazar todo tipo de juramento y, al mismo tiempo, actuar y hablar de una manera tan veraz que baste con decir sí o no para ser dignos de confianza. Las razones son obvias. De entrada, un juramento realmente no garantiza nada por la sencilla razón de que no puede lograr algo tan sencillo como sería cambiar el color del cabello, pero es que, por añadidura, cualquier uso de la palabra que no sea claro y evidente en su contenido muestra un peligroso origen diabólico ya que, al fin y a la postre, el diablo es el inventor de la mentira.

Con todo, donde Jesús iba a marcar una diferencia abismal con cualquier sistema religioso o ético iba a ser al colocar en el centro de su enseñanza un nuevo precepto que no había sido contemplado hasta entonces por ninguna enseñanza moral.

Si algunos de los filósofos chinos o rabinos como Hillel habían insistido en que no se hiciera a los demás lo que no se deseaba para uno; si la Torah mosaica ordenaba amar al prójimo, entendiendo como tal a los correligionarios de Israel, pero no a los gentiles, Jesús convirtió ahora en extensivo ese amor incluso a los enemigos y fundamentó el peculiar precepto en el propio carácter de Dios, un Dios que se revelaba como Padre de aquellos que decidían entrar en el Reino. Al respecto, una vez más, sus palabras no pueden resultar más claras:

> Habéis oído que se ha dicho: Ojo por ojo, y diente por diente. Pero yo os digo: No resistáis al que es malo. Por el contrario, si alguien te hiere en la mejilla derecha, preséntale también la otra; y al que quiera llevarte a pleito y quitarte la túnica, déjale también la capa; y a cualquiera que te obligue a llevar una carga por espacio de una milla, ve con él dos. Al que te pida, dale; y al que quiera que le prestes, no se lo niegues. Habéis oído que se ha dicho: Amarás a tu prójimo, y aborrecerás a tu enemigo. Pero yo os digo: Amad a vuestros enemigos, bendecid a los que os maldicen, haced bien a los que os aborrecen, y orad por los que os ultrajan y os persiguen; para que seáis hijos de vuestro Padre que está en los cielos, que hace salir su sol sobre malos y buenos, y que hace llover sobre justos e injustos. Porque si amáis a los que os aman, ¿qué recompensa tendréis? ¿Acaso no es eso lo que hacen los publicanos? Y si saludáis sólo a vuestros hermanos ¿qué hacéis de especial? ¿Acaso no hacen también eso los gentiles? Sed, por lo tanto, perfectos, como es perfecto vuestro Padre que está en los cielos (Mateo 5:44-48).

El texto —que sigue impresionándonos por su contundencia a veinte siglos de distancia— debió resultar verdaderamente sobrecogedor para los contemporáneos de Jesús. No solo implicaba un rechazo a cualquier tipo de solución violenta —de resistencia antiimperialista o de heroísmo sionista dirían hoy algunos— a los problemas de Israel, sino que enseñaba incluso a ir más allá de las normas impuestas por el ocupante romano. Este, por ejemplo, tenía derecho a exigir que cualquier judío llevara la impedimenta de un soldado durante una milla. Jesús, ante semejante norma, no propugnaba ni la negativa ni la resistencia, sino un ejercicio de amor que aceptara doblar incluso la servidumbre hacia el enemigo. Era cierto que otros judíos, por ejemplo, los sectarios de Qumrán, consideraban un deber religioso el odiar al enemigo que lo mismo podía ser el *goy* que el judío que no cumplía estrictamente con su visión de la Torah, pero para Jesús la obligación hacia el prójimo no se traducía en el aborrecimiento sino en orar por él. De esa manera, el comportamiento se asemejaría al de Dios que es misericordioso y que manifiesta su amor inmerecido en hechos como que no retira el sol o la lluvia de los malvados.

A fin de cuentas, el apreciar a aquellos que nos hacen bien o que forman parte de la propia familia es un tipo de comportamiento que no implica nada extraordinario. Sí, es cierto que nos encontramos con conductas ingratas y desnaturalizadas que no actúan ni siquiera de acuerdo con esos principios, pero también es verdad que esa conducta se puede encontrar incluso entre los paganos. Sin embargo, Jesús esperaba de sus discípulos que cumplieran en el sentido más pleno la vocación de Israel contenida en la Torah e incumplida a lo largo de los siglos, la de ser perfecto como lo era Dios (Deuteronomio 18:13), diferenciándose así de los pueblos paganos sobre los que YHVH se había visto obligado a descargar su juicio.

Jesús, a diferencia de no pocos de sus seguidores de siglos posteriores, no defendía que para alcanzar esa meta sus discípulos, los ciudadanos del Reino de Dios, se retiraran a un lugar apartado como Qumrán o se encerraran en la tranquilidad espiritual, siquiera aparente, de las cofradías fariseas. No. De ellos esperaba que siguieran adorando al único Dios en que creía Israel, pero de una manera sustancialmente distinta.

La verdadera adoración

En la misma línea que el ya citado *Pirke Avot*, Jesús, tras exponer su interpretación de la Torah, se detiene en los actos de servicio o culto a Dios y lo hace mencionando los habituales en su época: la limosna, la oración y el ayuno.

A diferencia de lo que hoy en día es común escuchar en personas que se consideran herederas del mensaje de Jesús, lo cierto es que nunca contrapuso caridad con justicia ni tampoco condenó la limosna.

Por el contrario, la consideró una manifestación más que legítima y obligada de servicio a Dios, aunque con claras condiciones, la de mantener su secreto y la de no buscar el ser alabado por los hombres:

> Mirad que no hagáis vuestra justicia delante de los hombres, para ser vistos por ellos. De lo contrario, no tendréis recompensa de vuestro Padre que está en los cielos. Cuando pues hagas limosna, no hagas tocar trompeta delante de ti, como hacen los hipócritas en las sinagogas y en las plazas, para ser alabados por los hombres. En verdad os digo, que ya tienen su recompensa. Pero tú cuando hagas limosna, que no sepa tu mano izquierda lo que hace tu mano derecha, para que sea tu limosna en secreto: y tu Padre que ve en lo secreto, te recompensará en público (Mateo 6:1-4).

La limosna constituía una conducta más que aceptable, pero debía tener claras condiciones. Sería privada y además confidencialmente secreta. Hay que reconocer que se parece bien poco a todo el espectáculo que, a lo largo de los siglos, han desarrollado los que desean ser reconocidos por sus actividades filantrópicas. El honrar a un donante colocando su nombre en una pared, publicando sus apellidos en un listado o propalando su identidad a los cuatro vientos, puede resultar muy efectivo para recaudar fondos y para satisfacer la vanidad del que contribuye a esa actividad, pero, difícilmente, se puede encontrar más lejos de la visión de Jesús, que insiste en evitar el autoengrandecimiento por la limosna y acentúa la importancia del humilde anonimato.

Algo similar debía suceder con la oración. Es más que común convertirla en un ejercicio de exhibición de religiosidad a la vista de todos. A decir verdad, sigue siendo muy común que los dirigentes religiosos se retraten mientras oran y que incluso los políticos actúen así. Con comportamientos semejantes, se intenta dar una imagen de piedad e integridad. Sin embargo, ese tipo de conducta —¡una vez más!— por más común que sea en el mundo, es totalmente contraria a la visión que Jesús dio a sus seguidores. Los discípulos debían recuperar el verdadero sentido de la oración, que no es otro que el de la comunicación íntima entre el ser humano y Dios. Esa comunicación, por su propia naturaleza, rehuye la publicidad y busca el contacto directo que solo se puede hallar en lo íntimo:

Y cuando ores, no seas como los hipócritas; porque ellos aman el orar en las sinagogas, y en las esquinas de las calles en pie, para ser vistos por los hombres. En verdad, os digo, que ya tienen su pago. Pero tú, cuando oras, entra en tu habitación, y cerrada tu puerta, ora a tu Padre que está en lo secreto; y tu Padre que ve en lo secreto, te recompensará en público (Mateo 6:5,6).

Para Jesús, la oración no solo debe estar desprovista de publicidad y exhibicionismo. Además tiene que desnudarse de esas fórmulas establecidas que se repiten una y otra vez. Esa repetición de plegarias idénticas era, a juicio de Jesús, un comportamiento más propio de los paganos que rodeaban a Israel que de la relación que Israel había tenido durante siglos con su Dios:

Y orando, no seáis repetitivos, como los gentiles; que piensan que por su palabrería serán oídos. No os asemejeis a ellos; porque vuestro Padre sabe de qué tenéis necesidad, antes de que vosotros se lo pidáis (Mateo 6:7,8).

Es precisamente en este punto del «sermón del monte» cuando Jesús introduce la oración conocida vulgarmente como el Padre nuestro, una plegaria que guarda numerosos paralelos con oraciones judías de la época y que no pretendía —a tenor de las palabras previas de Jesús— convertirse en una fórmula destinada a ser repetida una y otra vez —como sucedía entre los paganos—, sino a servir de modelo de oración sencilla y humilde dirigida a un Dios al que se contempla como Padre. Es obvio que, lamentablemente, no pocos de los que dicen el Padre nuestro han caído precisamente en la conducta criticada por Jesús, descendiendo a convertirlo en una fórmula pronunciada repetitivamente una y otra vez con los fines más diversos. Sin embargo, la realidad es que Jesús no estableció un modelo que debería repetirse al pie de la letra —la prueba está en que el espíritu, pero no la literalidad, aparece en Lucas 11:1-4—, sino que condensó en sus palabras una descripción de los temas en torno a los que deberían centrarse sus discípulos en oración.

Ese «Padre» es llamado «nuestro» —y no solo «mío»— porque a Él deben dirigirse los discípulos en la comunidad de «hijos» de Dios y no en la mera individualidad aislada. Ese «Padre nuestro»

tiene un nombre que ha de ser santificado (Mateo 6:9), cuenta
con un Reino cuya venida se anhela (6:10) y se caracteriza por
una voluntad que el discípulo desea cumplida no solo en el cielo
sino también en esta tierra (6:10). Es ese «Padre nuestro» el que
no va a tratarnos como niños malcriados dispuesto a otorgarnos
todos nuestros caprichos, pero sí responderá a nuestra petición del
sustento diario, «el pan nuestro de cada día» (6:11). Es ese «Padre
nuestro» al que se acude en petición de perdón por las deudas que
tenemos con Él, de la misma manera que nosotros le pedimos
que nos ayude a perdonar a los que tienen deudas con nosotros
(6:12). Es ese «Padre nuestro» al que se suplica que no permita
que caigamos en la tentación y que nos libre del mal, algo que está
totalmente en sus manos ya que suyo es «el reino y el poder y la
gloria por todas las eras» (6:13).

Esa misma sencillez manifestada en la práctica de la limosna o
de la oración, la indica también Jesús al referirse al ayuno. Como
otras prácticas religiosas, el ayuno puede convertirse en un ejercicio
de piedad publicitada, de manifestación de orgullo espiritual, de
exhibición de religiosidad. Actuar de esa manera, implica ser un
comediante —el sentido más claro de la palabra hipócrita— e ir
contra la misma esencia del ayuno:

> Y cuando ayunéis, no seáis como los hipócritas, austeros; porque
> ellos demudan sus rostros para dejar de manifiesto a los hombres
> que ayunan. En verdad, os digo, que ya tienen su pago. Pero tú,
> cuando ayunes, unge tu cabeza y lava tu rostro, para no mostrar
> a los hombres que ayunas, sino a tu Padre que está en lo secreto:
> y tu Padre que ve en lo secreto, te recompensará en público
> (Mateo 6:16-18).

La finalidad del ayuno no es la mortificación ni mucho menos el
espectáculo. Se trata, más bien, de colocarse en una disposición
espiritual que permita establecer una comunicación más fluida con
Dios y no de dar a los hombres la sensación de estar en posesión
de una piedad especial. Por eso, lo lógico es que solo Dios sepa
de ese ayuno y que incluso la apariencia externa sea especialmente
rutilante, ya que lo que se busca es una mayor comunión con el
Padre y no exhibir la propia religiosidad ante otros.

Confianza en Dios, amor al prójimo

Shimón el Tsadiq[10] indicaría que tras la Torah y el servicio a Dios debía venir la práctica de la misericordia. Jesús sigue esa división también en esta parte del «sermón del monte», pero de manera bien significativa, antecede la práctica de la misericordia con una prolongada enseñanza sobre el dinero y la ansiedad. Si bien se mira, el orden adoptado por Jesús está saturado de lógica, de una lógica que nace del sentido común y de la observación aguda de la realidad. ¿Qué es lo que más cohibe la práctica de la misericordia, de la compasión, de la ayuda al prójimo? El temor al futuro y la necesidad de dinero podría decir cualquiera que ha pasado por circunstancias como un reajuste de plantilla en una empresa o la competición para obtener un puesto de trabajo. Ante la posibilidad de encontrarse lanzado a la incertidumbre y a la necesidad, el ser humano traiciona a su prójimo, lo ataca o, al menos, le da la espalda para no tener que significarse comprometiendo su bienestar —o lo que considera como tal— y su seguridad —o lo que ve como tal. Naturalmente, en esa visión de la vida, el dinero tiene un inmenso valor. A decir verdad, es como una especie de ancla que asegura el barco de cada existencia frente a los avatares de la navegación cotidiana. Sin embargo, la enseñanza de Jesús a sus discípulos va en una dirección muy diferente, tanto que podríamos calificarla de auténticamente subversiva para el ser humano común y corriente.

No os hagáis tesoros en la tierra, donde la polilla y el orín los corrompen, y donde los ladrones hacen agujeros y hurtan. Más bien, haceos tesoros en el cielo, donde ni la polilla ni el orín los corrompen, y tampoco los ladrones hacen agujeros o hurtan, porque donde esté vuestro tesoro, allí estará vuestro corazón.
La lámpara del cuerpo es el ojo: así que, si tu ojo fuere bueno, todo tu cuerpo tendrá luz, pero si tu ojo fuere malo, todo tu cuerpo estará sumido en las tinieblas. Así que, si la luz que en ti hay son tinieblas, ¿cómo serán las mismas tinieblas? Ninguno puede servir a dos señores, porque o aborrecerá al uno y amará al otro, o se

10. Sobre el personaje, véase: Rabbi Binyamin Lau, *The Sages. Character, Context and Creativity*. Vol. I. *The Second Temple Period*, Jerusalén, 2007, p. 23 ss.; E. E. Urbach, *The Sages. The World and Wisdom of the Rabbis of the Talmud*, Harvard, 2001.

someterá a uno y despreciará al otro. No podéis servir a Dios y al dinero. Por tanto os digo: no tengáis ansiedad por vuestra vida, por lo que habéis de comer, o por lo que habéis de beber; ni tampoco por vuestro cuerpo, por lo que habéis de vestir. ¿Acaso no es la vida más que el alimento, y el cuerpo más que el vestido?

Mirad las aves del cielo. No siembran, ni siegan, ni juntan en graneros, pero vuestro Padre celestial las alimenta. ¿Acaso no sois vosotros mucho mejores que ellas?. Porque ¿quién de vosotros podrá, angustiándose, añadir á su estatura un codo? Y por el vestido ¿por qué os angustiáis? Observad los lirios del campo, cómo crecen; no trabajan ni hilan; pero os digo, que ni aun Salomón con toda su gloria se vistió como uno de ellos. Y si la hierba del campo que hoy existe, y mañana es arrojada al horno, Dios la viste así, ¿no hará mucho más con vosotros, hombres de poca fe?

No os angustiéis, por lo tanto, diciendo: ¿Qué comeremos, o qué beberemos, o con qué nos cubriremos? Porque los gentiles buscan todas estas cosas, pero vuestro Padre celestial sabe que de todas estas cosas tenéis necesidad. Pero buscad, en primer lugar, el Reino de Dios y su justicia, y todas estas cosas os serán añadidas. Así que, no os angustiéis por el día de mañana, porque el día de mañana traerá su afán y basta a cada día su propio afán (Mateo 6:19-34).

Las palabras de Jesús impresionan por su vigor y actualidad. A fin de cuentas, el ser humano pone su corazón en aquello que considera que es su tesoro y no cabe duda de que millones identifican ese tesoro con el dinero y la seguridad que, supuestamente, aporta. Así, sin saberlo, lo convierten en su dios, incluso aunque, formalmente, adoren a otro o se confiesen ateos. Para remate, no consiguen librarse de la ansiedad, esa ansiedad que es lógica en los *goyim*, en los gentiles, en los que creen en dioses falsos o ni siquiera creen. Pero los que saben que Dios es su Padre no pueden ver así las cosas. Tienen que volver la mirada en derredor suyo y detenerse a reflexionar. Al hacerlo, se darán cuenta de que el Padre que viste a las flores y que da de comer a las aves, no dejará de hacerlo con sus hijos que son muchísimo más importantes que cualquier otro ser de la creación. Tienen que comprender que su tesoro está en Dios, en su Reino y en su justicia, que debe ser buscado por encima de todo. Tienen que entender que solo así evitarán la idolatría y conservarán una mirada lo suficientemente limpia como para vivir adecuadamente ante Dios y ante sus semejantes.

Los que han logrado colocar su vista en la misma línea que Dios la enfoca serán los que evitarán condenar porque son conscientes de que han sido perdonados por Dios (Mateo 7:1,2), serán los que no se ocuparán de mejorar a los demás sino que buscarán antes mejorarse a sí mismos (Mateo 7:3-5), serán los que no perderán el tiempo intentando que los demás acepten lo sagrado porque no todos desean hacerlo y porque pueden volverse contra ellos y destrozarlos. Ante situaciones como esas, por muy difíciles y duras que se presenten, no vivirán con amargura, con resentimiento o con desaliento. Por el contrario, confiarán en que Dios les concederá lo necesario de la misma manera que el padre al que el hijo le pide pan le da pan y no una piedra o si le pide pescado, se lo entrega, en lugar de darle una serpiente (Mateo 7:7-11).

El que comprenda todo esto y lo viva podrá asumir el corazón de la *halajáh* de Jesús, de su interpretación de la Torah:

> De manera que todas las cosas que queráis que los hombres hagan
> con vosotros hacedlas también vosotros con ellos, porque esto es
> la Torah y los profetas (Mateo 7:7-11).

La pregunta sobre la esencia de la Torah había tenido diversas respuestas a lo largo de la historia de la fe de Israel. El rabino Hillel ya había señalado unas décadas antes de Jesús que consistía en no hacer a los demás lo que uno no desea que le hagan y en ello había coincidido con algunos filósofos gentiles. Sin embargo, Jesús fue más allá. La esencia de la Torah no se refiere meramente a abstenerse de hacer el mal. En realidad, se trata de hacer el bien y además el mismo bien que nos gustaría recibir a nosotros y que, desde luego, no se limita al seno de Israel o de cualquier otro grupo humano. Semejante enseñanza, lejos de ser una consigna utópica, se halla preñada de consecuencias prácticas. ¿Desearíamos que nuestro cónyuge nos fuera fiel? Pues así deberíamos comportarnos nosotros. ¿Desearíamos que el vecino no nos mintiera ni intentara manipularnos? Pues así deberíamos comportarnos nosotros. ¿Desearíamos que los demás no nos abandonaran cuando la vida nos golpea y es difícil encontrar alguien a nuestro lado? Pues así deberíamos comportarnos nosotros. ¿Desearíamos que nos tendieran la mano en los momentos más difíciles? Pues así deberíamos comportarnos nosotros. Ese es el resumen de la enseñanza ética contenida en la Torah y en los profetas de Israel.

Por añadidura, Jesús indica que no hay alternativa. La puerta estrecha y el camino angosto predicados por Él son los únicos que llevan a la vida, mientras que la puerta ancha y el camino espacioso predicados por otros solo conducen a la perdición (Mateo 7:13,14). Ciertamente, habrá personas que pretenderán ser seguidores de Jesús, pero por sus frutos se sabrá si lo son o si se trata meramente de lobos rapaces disfrazados de corderos (Mateo 7:15-20). Al respecto, no deja de ser significativa la manera en que Jesús descarta la espectacularidad religiosa como forma de identificar a sus discípulos verdaderos:

> No todo el que me dice: Señor, Señor, entrará en el reino de los cielos sino el que hace la voluntad de mi Padre que está en los cielos. Muchos me dirán en aquel día: Señor, Señor, ¿acaso no profetizamos en tu nombre y en tu nombre expulsamos demonios y en tu nombre realizamos muchos milagros? Y entonces les declararé: Nunca os conocí. Apartaos de mí, obreros de maldad. (Mateo 7:21-23).

La enseñanza de Jesús —rotunda, tajante, clara— deja de manifiesto que la manera de identificar a sus discípulos nunca serán los elementos milagrosos, los episodios prodigiosos, los logros espectaculares. Tan escasa relación existe entre el verdadero discípulo y el dirigente religioso espectacular que, a decir verdad, es posible que algunos de los que vivan así piensen que están siguiendo a Jesús, pero la trágica realidad es que nunca han llegado a conocerlo (Mateo 7:21-23).

La conclusión final del «sermón del monte» indica hasta qué punto resulta esencial en la enseñanza comunicada por Jesús llevar una existencia que transcurra de acuerdo con la consumación de la Torah. El que asienta su vida sobre los principios expuestos por Él actúa como el que construye su casa sobre unos cimientos de roca que permiten resistir las inundaciones y las riadas; el que no se comporta así, está levantando su existencia sobre una base de arena condenada a desplomarse ante las primeras dificultades de peso (Mateo 7:24-27).

El evangelista Mateo señala que cuando Jesús concluyó sus palabras «la gente se quedaba admirada de su enseñanza, porque les enseñaba como quien tiene autoridad y no como los escribas» (Mateo 7:28-29). Ciertamente, no exageraba. Jesús no citaba precedentes rabínicos para establecer su autoridad como hacían los escribas. Su autoridad era propia. Nos acercaremos más adelante al origen de esa autoridad de la que hacía gala Jesús y que tanto sorprendía a sus contemporáneos.

CAPÍTULO VIII

EL HOMBRE QUE
NO QUISO SER *ESE* REY

En la casa de Simón, el fariseo

Como tendremos ocasión de examinar más adelante, Jesús tenía una idea extraordinariamente clara acerca de quién era y acerca de cuál era su misión. Sin embargo, aquella autoconciencia provocaría la frustración de muchos, tanto si habían puesto sus esperanzas en Él, como si tan solo se preguntaban por su verdadera identidad. Un caso claro de este último grupo fue el de Simón, el fariseo. ¿Qué motivó su encuentro con Jesús? No lo sabemos a ciencia cierta. Es muy probable que este Simón —citado específicamente por nombre— fuera el padre del apóstol Judas (Juan 3:26; 6:71; 13:2). De ser así, Judas, convertido recientemente en miembro del grupo de los Doce, habría deseado quizá que su padre conociera de cerca al que lo había comisionado para semejante responsabilidad. Quizá la iniciativa partió del mismo padre preocupado por el hecho de que su hijo pudiera estar extraviándose más de lo tolerable en un hombre joven. Cabe incluso la posibilidad de que Simón simplemente quisiera ver de manera directa quién era aquel novedoso predicador. En cualquier caso, lo que sí sabemos es que la entrevista se celebró en casa de Simón y que, desde el principio, no se caracterizó precisamente por la cordialidad. Siguiendo los usos de cortesía de la época, Simón debería haber ordenado que lavaran los pies de Jesús al igual que los de cualquier visitante que hubiera transitado los polvorientos caminos del país y ahora llegara a su morada. A continuación, tendría que haber dado a Jesús el beso de bienvenida e incluso hubiera sido de esperar que hubiera ungido su cabeza con aceite (Lucas 7:44-46). Sin embargo, Simón el fariseo no llevó a cabo ni una sola de esas simples muestras de cortesía. Da la sensación de que, tras haber visto a Jesús, se sentía molesto con su sola presencia y deseaba únicamente cubrir el expediente —ya fuera complacer a su hijo, ya se tratara de vigilar a Jesús por cuenta de los fariseos— con la mayor rapidez y la menor molestia.

Por si todo lo anterior fuera poco, cuando ya había dado inicio la comida, se produjo un incidente verdaderamente desagradable para alguno de los presentes. Lucas lo ha narrado de la siguiente manera:

> Entonces una mujer de la ciudad, que era pecadora, cuando supo que Jesús estaba comiendo en casa del fariseo, trajo un frasco de alabastro con perfume; y colocándose a sus pies, mientras lloraba, comenzó a regar con lágrimas sus pies, y los enjugaba con sus cabellos; y besaba sus pies, y los ungía con el perfume. Cuando el fariseo que le había invitado vio aquello, dijo para sus adentros: Si este fuera profeta, sabría quién es esta mujer que lo está tocando y la clase a la que pertenece, porque es una pecadora (Lucas 7:37-39).

El episodio, desde luego, resultaba revelador. Si Jesús efectivamente hubiera sido un profeta —un dato que quizá Simón recibió de su hijo Judas— tendría que haber sabido el tipo de persona que se acercaba a Él. Ya hubiera estado bastante mal que aceptara que una mujer pudiera tocarle. Como indicaría cualquier rabino ortodoxo en la actualidad, un hombre piadoso no podía permitirse ese contacto con una mujer porque, por ejemplo, podía estar pasando por la menstruación. Esa circunstancia, según la Torah, no solo convertía en impura a la mujer sino también a cualquiera que se viera rozado por ella (Levítico 15:19 ss.). Pero es que además y, para empeorar más el estado de cosas, la recién llegada no era una mujer corriente. Se trataba, por el contrario, de una pecadora, un eufemismo que servía para designar a las prostitutas. Dada su ocupación conocida, la inesperada visitante solo podía convertir en inmundo al que tocara y, desde luego, no se podía decir que en el caso presente con Jesús no lo estuviera haciendo con fruición. Definitivamente, debió pensar Simón, Jesús quizá podía ser un maestro, pero, desde luego, no era un profeta, y suerte habría si no se trataba incluso de un farsante. Precisamente, cuando Simón reflexionaba sobre todo esto, Jesús decidió someter a su consideración una cuestión teológica. Simón aceptó la propuesta porque, en primer lugar, la discusión sobre la Torah era habitual en ese tipo de comidas y porque, en última instancia, esta, que tan desagradable estaba resultando, se justificaba con el propósito de determinar quién era exactamente Jesús.

En apariencia, la cuestión planteada por Jesús era escandalosamente sencilla. Un acreedor tenía dos deudores. Mientras que uno le debía quinientos denarios, el otro le adeudaba cincuenta. Sin embargo, ninguno de ellos tenía con qué pagar, de manera que optó por perdonar a los dos. Partiendo de esa base ¿cuál de ellos le amaría más? (Lucas 7:41,42).

Simón no debió esforzarse mucho en responder. En su opinión, tenía que ser aquel a quien más se le había perdonado. Inmediatamente, Jesús reconoció que Simón había juzgado bien, pero entonces, de manera sin duda sorprendente, se volvió hacia la mujer y dijo al fariseo:

> ¿Ves a esta mujer? Entré en tu casa, y no me diste agua para los pies; pero ésta ha regado mis pies con lágrimas, y los ha enjugado con sus cabellos. No me diste un beso; pero ésta, desde que entré, no ha dejado de besarme los pies. No ungiste mi cabeza con aceite; pero ésta ha ungido con perfume mis pies. Así que te digo que sus muchos pecados le son perdonados, y por eso ha demostrado mucho amor, pero aquel al que se le perdona poco, demuestra poco amor (Lucas 7:44-47).

Por si todo lo anterior fuera poco, Jesús se dirigió en ese momento a la mujer y le anunció, todavía de manera más expresa, que sus pecados le habían sido perdonados (Lucas 7:48). Las últimas palabras de Jesús fueron la gota que colmó el vaso, y no debe extrañarnos que los presentes comenzaran a preguntarse quién era aquel que se permitía la osadía de anunciar que podía perdonar pecados. La afirmación entraba en el terreno de la blasfemia, ya que era de conocimiento común que solo Dios tiene esa autoridad. Sin embargo, a Jesús no parece que le importara aquella reacción que, por otro lado, ya había visto con anterioridad. Por el contrario, anunció a la mujer que su fe la había salvado y que debía irse en paz (7:50).

Lo sucedido en la casa de Simón el fariseo, el padre de Judas, resumía, de manera sencilla y, a la vez, profunda, la visión de la

salvación que tenían los fariseos y la que predicaba Jesús. Para
los fariseos, resultaba obvio que había buenos y malos. Los buenos —que eran identificados de manera casi automática con los
que seguían las enseñanzas de los fariseos— podían obtener la salvación mediante la práctica de determinadas obras contempladas
en la Torah e interpretadas correctamente por los fariseos. Por el
contrario, los malos —como aquella prostituta— era *am-ha-arets*,
«gente de la tierra», que quebrantaba la ley de Dios y que solo podía
esperar una justa condenación.

Sin embargo, la visión de Jesús era muy diferente. Desde su
punto de vista, lo cierto era que todos los seres humanos, sin excepción alguna, se encuentran en deuda con Dios. Todos —en mayor
o menor medida— han violado sus mandamientos y, por ello, son,
al fin y a la postre, culpables. Es cierto que la gente piadosa, como
Simón, quizá podía tener menos pecados en su haber que una
ramera, pero esa cuestión casi resultaba secundaria. Lo importante,
lo esencial, lo decisivo era si el pecador, grande o pequeño, acudía
o no al único que podía perdonar sus pecados, es decir, a Jesús. El
que lo hiciera y recibiera ese perdón a través de la fe —como había
hecho esa mujer— estaba salvado y podía marcharse en paz. No solo
eso. Podía incluso reflejar el amor que acababa de recibir de Dios
como todos habían visto en aquella prostituta. A fin de cuentas, no
era la primera vez en la historia en que Dios expresaba su amor por
Israel perdonando a una ramera. Ya el profeta Ezequiel había comparado a Israel y Judá con dos prostitutas a la que se les ofrecía el
perdón (Ezequiel 23), y el profeta Oseas había acogido a su esposa,
la prostituta Gomer,[1] en un claro símbolo del perdón que Dios
deseaba otorgar a un Israel que se volviera hacia Él (Oseas 3 y 5).

Cuestión bien distinta era la de aquellos que rechazaban el amor
de Dios... bien considerado su destino era trágicamente patético.
Se reducía a indagarse sobre la autoridad de Jesús para perdonar
pecados, a perder ese perdón por falta de fe en Él y a no poder
manifestar un amor que no se había recibido antes.

La tesis de que la salvación es un regalo gratuito de Dios que
solo puede obtenerse a través de la fe en Él formaba, a decir verdad, el núcleo esencial de la enseñanza de Jesús. No resulta por ello

---

1. Una versión novelada del episodio en C. Vidal, *Loruhama*, Nashville, 2009.

extraño que así siguiera siendo en el seno del cristianismo donde, partiendo también de la Torah, dio lugar a formulaciones, como la de la justificación por la fe sin obras enseñada por Pablo de Tarso (Efesios 2:8-9). Precisamente esa enseñanza era la raíz de una ética basada en el amor, la propia de aquellos que, porque habían recibido un gran amor, podían mostrarlo. De todos es sabido que semejante enseñanza ha encontrado una enconada resistencia a lo largo de los siglos, no menor que la que encontró en la casa de Simón y por las mismas razones. Para muchos, especialmente personas impregnadas de religiosidad, resulta insoportable la idea de que sus esfuerzos, sus obras, sus sacrificios, no pueden ganar la salvación sino que esta es fruto del amor generoso e inmerecido de Dios. El orgullo humano, la soberbia espiritual, la autojustificación, se resisten a aceptar ese punto de vista. Sin embargo, las palabras de Jesús resultaron innegablemente claras al respecto. La salvación es un regalo inmerecido y solo los que lo comprenden se comportarán con posterioridad con la suficiente limpieza ética, precisamente porque saben que sus acciones no pretenden ser meritorias sino una simple respuesta de amor agradecido al amor inmerecido de Dios. Aquella mujer no había obtenido la salvación por amar mucho sino que, por haber sido perdonada de mucho, mostraba su amor. Simón el fariseo —y los que son como él— jamás podrían recibir ese perdón y, por lo tanto, manifestar un amor semejante.

El segundo viaje por Galilea

Al cabo de unos meses de predicación en Galilea, el mensaje de Jesús difícilmente hubiera podido resultar más evidente. A todos los pecadores se les ofrecía un amplio perdón que nacía no de los méritos propios sino del inmenso amor de Dios. La recepción de ese perdón iba a ser el inicio de una nueva existencia vivida de acuerdo con los principios del Reino de Dios, es decir, del reconocimiento de que Dios era el verdadero Rey y soberano. De forma bien significativa, Jesús no discriminaba entre pecadores y personas religiosas, ni tampoco —algo normal en la sociedad judía— entre hombres y mujeres. Y de la misma manera que podía permitir que le tocara una prostituta para luego anunciarle el perdón de sus pecados, no tenía empacho en viajar acompañado de un grupo de discípulos entre los que se encontraban mujeres «que habían sido curadas de espíritus malos y de enfermedades: María, que se llamaba Magdalena, de la que habían salido siete demonios, Juana, mujer de Juza intendente de Herodes, y Susana, y otras muchas que le servían de sus bienes» (Lucas 8:2,3).

A esas alturas también la oposición contra Jesús había aumentado de manera significativa. Según las fuentes, los fariseos ya habían comenzado a atribuir las acciones de Jesús a una alianza peculiar con el diablo (Mateo 12:22-37; Marcos 3:19-30) —una acusación, por cierto, que tiene su eco en los escritos rabínicos recogidos en el Talmud—, y también exigían que realizara algún milagro que pudiera justificar sus pretensiones de perdonar pecados, ya que esto era algo que solo el mismo Dios podía hacer (Mateo 12:38-45).

Algunos autores han situado en este contexto el episodio relacionado con la madre y los hermanos de Jesús acudiendo a verlo para disuadirlo de continuar por un camino que se presentaba cada vez más erizado de peligros. Tal eventualidad es posible aunque, desde nuestro punto de vista, esos hechos tuvieron lugar antes entre otras razones porque la señal de peligro fue muy temprana y parece lógico que tanto la madre de Jesús, como sus hermanos, reaccionaran inmediatamente. En cualquiera de los casos, lo cierto es que el dato aparece recogido en los tres Evangelios sinópticos y deja de manifiesto la crispación que se iba apoderando de la sociedad en Galilea. Como ya señalamos, la respuesta de Jesús consistió en aferrarse con firmeza a su misión y en declarar que, al fin y a la postre, su madre y sus hermanos no eran los que estaban unidos a Él por vínculos de sangre, sino los que obedecían la Palabra de Dios (Lucas 8:19-21; comp. con Marcos 3:31-35; Mateo 12:46-50).

El tercer viaje por Galilea y la predicación de los discípulos

Las fuentes son muy explícitas a la hora de señalar la enorme compasión que sentía Jesús hacia la gente de Galilea. Mientras seguía recorriendo la zona y predicando en las sinagogas, veía a sus paisanos como «ovejas extraviadas sin pastor» (Mateo 9:36). Fue precisamente en esa época cuando decidió que, durante las semanas siguientes, sus discípulos más directos —los Doce, entre los que se encontraba Judas— se encargaran de visitar las poblaciones galileas anunciando el Reino. Sería una nueva llamada de atención para que los habitantes de la región aprovecharan la ocasión que se les ofrecía. Resulta claramente significativo que el discurso dirigido a los discípulos con motivo de esa misión sea el segundo de los recogidos por Mateo. De hecho, al libro del Éxodo —salida de los israelitas en libertad—, Mateo contrapone el discurso de salida de sus apóstoles para hacer accesible esa libertad a los que abracen su mensaje. En Mateo 10:5-42 aparecen recogidas las instrucciones concretas que Jesús les dio para aquella particular ocasión. De manera bien significativa, pero totalmente lógica, los discípulos debían centrarse en predicar la cercanía del Reino a «las ovejas perdidas de la casa de Israel» (10:5,6). Debían, además, hacerlo atendiendo a las necesidades de la gente (10:8) y de manera gratuita, porque también a ellos se les había predicado gratuitamente (10:8,9). No debían llevar dinero ni perder tiempo buscando alojamiento (10:9,10). Por el contrario, tenían que predicar con premura la necesidad de conversión, en la certeza de que aquel que no escuchara recibiría el día del juicio un castigo peor que el de Sodoma y Gomorra (10:14,15).

Resultaba más que posible que los discípulos fueran objeto de oposición en la medida en que eran enviados como «ovejas en medio de lobos» (10:16). Por ello debían mostrarse «cautos como serpientes, y sencillos como palomas». La predicación del Reino chocaría por su propia naturaleza con un mundo no sometido a la soberanía de Dios. En primer lugar, tendría lugar la oposición de los que tenían poder. Existía —y había que tenerlo presente— la innegable posibilidad de que los detuvieran y los obligaran a comparecer ante las autoridades judías o gentiles, pero ni siquiera en ese caso debían inquietarse. Si tenían que dar cuentas de su predicación, el *Ruaj ha-Kodesh*, el Espíritu Santo, los ayudaría (10:17-20). En segundo lugar, la oposición podía venir incluso de la misma familia (10:21). El ser odiado por causa del Reino —¿acaso no era eso lo que ya estaba sucediendo con Jesús en ciertos ámbitos?— podía convertirse en una realidad dolorosa y cotidiana. Sin embargo, frente a esas dificultades habría que perseverar y no cejar en la obra del Reino (10:22), aceptando eventualidades como, por ejemplo, la del exilio.

Y no era eso lo más peligroso. Dado que el llamamiento implicaba proclamar «desde las azoteas» (10:27) lo que Jesús había enseñado al oído, la misma posibilidad de la muerte no quedaba excluida. Sin embargo, si esta se producía, debían recordar que no había que temer a «los que matan el cuerpo, pero no pueden matar el alma» (10:28), sino que debían temer más bien a Dios, Aquel que tenía más que controlados hasta los «cabellos de su cabeza» (10:30) y que, de manera providencial, rige la historia.

Las fuentes señalan que durante un tiempo los Doce llevaron adelante la misión que les había encomendado Jesús, misión centrada de manera total y exclusiva en el pueblo de Israel. Las referencias son escuetas y se limitan a decir que predicaban a la gente que debía convertirse, que expulsaban demonios y que ungían a los enfermos con aceite para que se curaran de sus dolencias (Mateo 11:1; Marcos 6:12,13; Lucas 9:6). A pesar de lo sucinto de los relatos, tenemos que llegar a la conclusión de que aquel período de predicación de los discípulos provocó un notable impacto en Galilea. Resultaba obvio que Jesús ya no era un sujeto aislado, sino que había logrado reunir a su alrededor un movimiento organizado cuyos seguidores más directos estaban extendiendo una predicación que, en parte, repetía el llamamiento continuo de los profetas en pro de la conversión y, en parte, pretendía ser su consumación al anunciar la cercanía del Reino. Partiendo de esa base, no puede sorprender que el mismo Herodes Antipas se sintiera inquieto y llegara incluso a temer que aquel Jesús no fuera sino Juan el Bautista, el profeta al que él había ordenado ejecutar porque cuestionaba su moralidad (Mateo 14:1-12; Marcos 6:14-29; Lucas 9:7-9). La presencia de los profetas siempre resulta incómoda al poder siquiera porque tienen la pretensión de que la realidad va mucho más allá de la política y porque además manifiestan una insistencia incómoda e impertinente en llamar a la gente al arrepentimiento. Jesús, presumiblemente, no iba a ser una excepción. Esa circunstancia permite entender a la perfección la inquietud de Herodes Antipas que, a fin de cuentas, era tan solo un déspota y temía únicamente que alguien pudiera disputarle un ejercicio tranquilo de su poder político. Sin embargo, lo que podía constituir un motivo de inquietud para Herodes, también era susceptible de convertirse en un acicate para la imaginación de la gente. Quizá Jesús fuera un profeta; quizá el Reino que anunciaba acabaría con el dominio no solo de los gentiles sino de la tiránica casa de Herodes; quizá incluso se tratara del Rey Mesías. En ese ambiente, no resulta extraño que la situación fuera evolucionando de manera creciente hacia la efervescencia. Los mismos discípulos no eran ajenos a esos sentimientos. Por el contrario, parece obvio que los compartían posiblemente con mucho más entusiasmo que sus paisanos. A fin de cuentas, ¿no habían sido ellos elegidos por Jesús? ¿No era su número de doce una señal de que constituían el cañamazo del Israel futuro, del pueblo de Dios restaurado? ¿No era lógico pensar que disfrutarían de un lugar de excepción en ese triunfo? Muy posiblemente, los Doce debieron sentir en aquellas semanas las mismas tentaciones que había experimentado Jesús en el desierto, la de provocar la admiración de la gente como dirigentes dotados de poderes taumatúrgicos, la de solucionar los problemas materiales de las muchedumbres, la de tomar en sus manos las riendas del poder político. La diferencia entre ellos y Jesús estaba en que mientras este había rechazado de plano semejantes posibilidades, ellos las consideraban no solo deseables sino buenas, adecuadas y legítimas. Precisamente, ese contexto nos proporciona la clave para entender las acciones de Jesús durante el siguiente medio año. Se trató de un periodo de tiempo en el que su labor de enseñanza estuvo vinculada de manera predominante a sus discípulos más cercanos. Era lógico que así fuera porque, ciertamente, el entusiasmo de los Doce resultaba innegable. Sin embargo, mal empleado y sustentado sobre bases falsas, tan solo podía tener pésimos resultados. Por añadidura, las masas no iban a dejar de sentirse defraudadas por la conducta de Jesús.

El rechazo de la corona

En el año 1888, el escritor británico Rudyard Kipling, que llegaría a recibir el Premio Nobel de Literatura, publicó un curioso relato sobre dos aventureros ingleses que se embarcan en la proeza de llegar a ser reyes en el lejano Kafiristán. Su ambición por alcanzar la meta es tan acusada que no dudan en poner en peligro sus vidas y en asumir riesgos extraordinarios. Sin embargo, al fin y a la postre, no logran coronar con éxito sus planes y se ven reducidos a lo que Kipling denomina *The Man who Would be King* o *El hombre que pudo reinar*. Ansiaban llegar a ser monarcas, hicieron todo lo posible por conseguirlo y fracasaron. La historia de Jesús, parodiando el extraordinario relato de Kipling, es la de alguien que pudo ser proclamado rey y, sin embargo, de la manera más consciente rechazó tal posibilidad.

Existe una coincidencia en las fuentes en el hecho de que, a su regreso de la misión itinerante, Jesús propuso a los discípulos apartarse a un lugar retirado en el que pudieran descansar (Mateo 14:13; Marcos 6:30-31; Lucas 9:10). La fecha fue poco anterior a la Pascua del año 29 (Juan 6:4). Resulta, por lo tanto, muy verosímil que los ánimos aún se encontraran más caldeados de lo habitual con el recuerdo del significado de aquella fiesta que rememoraba la liberación del pueblo de Israel del terrible yugo que durante siglos le había impuesto Egipto. Fue precisamente en esos momentos cuando se produjo un episodio que revela con enorme claridad la naturaleza de la situación por la que atravesaban Jesús y sus discípulos.

Como ya hemos indicado, el propósito de Jesús era apartarse con los Doce a un lugar retirado en el que pudieran descansar y donde comunicarles mejor su enseñanza. Para lograrlo, subieron a una embarcación y cruzaron el mar de Galilea. Sin embargo, no pudieron evitar que la muchedumbre los reconociera. Electrizados por la idea de acercarse a Jesús, circundaron el lago con la intención de encontrarse con Él en la otra orilla. Quizá otro hubiera persistido en sus intenciones iniciales y se hubiera mantenido a distancia de la multitud. Sin embargo, Jesús se sintió embargado por la compasión hacia aquellas masas que actuaban como «ovejas sin pastor» (Marcos 6:34). Pacientemente, los acogió y comenzó a enseñarlos. Así transcurrió el día y llegó la tarde. En ese momento, los discípulos —seguramente cansados— le aconsejaron que los despidiera. Pero, una vez más, volvió a quedar de manifiesto la compasión de Jesús. Si se marchaban ahora después de estar en ayunas todo el día, si tenían que bordear de nuevo el lago de regreso a sus hogares, desfallecerían por el camino. Resultaba imperioso darles de comer. Las palabras de Jesús fueron acogidas por los discípulos con incredulidad y quizá incluso con inquietud. La muchedumbre sumaba varios millares de personas y las provisiones que llevaban consigo eran escasas. Pensar en alimentarlos constituía un claro imposible. Lo que se produjo entonces forma parte del elenco de acontecimientos prodigiosos que pespuntean la vida de Jesús y que son reproducidos de manera unánime por las fuentes. Tras ordenar que se sentaran, Jesús tomó los escasos panes y peces con que contaban los apóstoles y dio de comer a la muchedumbre. Semejante episodio tuvo una consecuencia inmediata en la gente. La fuente joánica la ha referido de la siguiente manera:

> Entonces aquellos hombres, al ver la señal que Jesús había realizado, dijeron: En verdad es éste el profeta que había de venir al mundo (Juan 6:14).

La tentación diabólica había vuelto a presentarse una vez más. Jesús podía convertir las piedras en pan. ¿A qué estaba esperando entonces para colocarse al frente de aquella gente y manifestarse como el Mesías libertador que todos ellos esperaban? ¿Podía pensarse en un mejor momento para hacerlo? ¿Cuándo volverían a entrelazarse un entusiasmo semejante con una época del año tan significativa desde el punto de vista de la fe judía? Sin embargo, una vez más, Jesús rechazó la tentación. Tal y como nos refiere la fuente joanea, «al percatarse Jesús de que iban a venir para apoderarse de Él y hacerle Rey, volvió a retirarse al monte Él solos» (Juan 6:15).

La reacción de Jesús no pudo resultar más clara. Ante la posibilidad de apartarse de la fidelidad a su visión personal, prefirió distanciarse no solo de las masas, sino también, momentáneamente, de unos discípulos que, sin duda, se identificaban con las ansias de poder político de aquellas.

Sin embargo, Jesús no logró eludir a la multitud. Cuando, de regreso al barco, navegó hasta tocar en Genesaret, las multitudes lo estaban aguardando con un entusiasmo redoblado por la espera (Marcos 6:53-56). La fuente joanea nos ha transmitido unos datos que resultan de enorme relevancia. De regreso a Capernaum, ya en la sinagoga, Jesús rechazó una vez más las exigencias de las masas. No se le escapaba que le seguían no porque hubieran captado el significado de las «señales», sino porque se habían hartado de comer (Juan 6:26). Jesús no despreciaba las necesidades materiales y la prueba es que, compasivamente, las había colmado. Sin embargo, esa no era su misión. No tenía intención de repetir las hazañas de Moisés que, siglos antes, había sacado a Israel de Egipto bajo la guía de Dios y luego lo había alimentado durante años con el maná. Su propósito más bien era ofrecerles un «pan» superior que los alimentaría espiritualmente, un pan que les permitiría vivir eternamente (Juan 6:58). Lo que les ofrecía era comer la carne y beber la sangre del Hijo del Hombre, del Mesías (Juan 6:54,55).

La exégesis posterior ha explicado ocasionalmente estas palabras como una referencia de Jesús a la Eucaristía. Sin embargo, resulta obvio que esa interpretación no puede ser, en absoluto, correcta. De entrada, hay que reconocer que mal podía referirse Jesús a una práctica de las primeras comunidades cristianas que aún no había sido establecida y todavía menos lo podía hacer en los términos de un dogma que se definiría en el siglo XIII. Una interpretación semejante intenta sustentar un dogma ciertamente tardío en un pasaje del Evangelio, pero lo cierto es que no pasa de ser un anacronismo disparatado. Por añadidura, la gente a la que se dirigía Jesús no hubiera podido entender ni lejanamente una referencia eucarística. ¿Qué sentido hubiera tenido que Jesús se refiriera a una práctica todavía no instituida y que además tardaría en ser definida más de un milenio? Ciertamente, ninguno. Para colmo, nos consta que aquella gente comprendió a la perfección lo que Jesús estaba diciéndoles y que lo rechazó con horror. Seguir a Jesús no significaba subirse alegremente al carro de un Reino que iba a terminar con Roma y que se caracterizaría por una satisfacción de las necesidades materiales. Tal visión —reducida a acabar con una opresión puramente política y con la cobertura de ciertas aspiraciones materiales— encajaría con la de dislates ideológicos varios siglos posteriores, como la teología de la liberación de la segunda mitad del siglo XX o, incluso, con pensamientos utópicos como el socialismo. Pero, desde luego, era diametralmente opuesta a su predicación, en la que el elemento central era que «el espíritu es el que da vida; la carne para nada aprovecha; las palabras que yo os he hablado son espíritu y son vida» (Juan 6:63). La aceptación de las enseñanzas de Jesús —unas enseñanzas que distaban enormemente de las ansias primarias de aquellas gentes— constituía la clave para entrar en el Reino. Resultaba totalmente lógico que así fuera porque el Reino era el ámbito de soberanía de Dios y ¿cómo se podía permanecer en Él sin reconocer mediante la obediencia que Dios era soberano?

Las palabras de Jesús, a pesar de su contenido simbólico, fueron captadas de manera cabal por sus oyentes. Como señala la fuente joanea, «muchos de sus discípulos, al escuchar, dijeron: Esta enseñanza es dura. ¿Quién la puede oír?» (Juan 6:60). No se trataba de que no comprendieran el anuncio de un dogma definido siguiendo categorías aristotélicas expresadas en el lenguaje del siglo XIII. Por el contrario, habían captado la enseñanza de Jesús y por eso podían calificarla de dura.

La crisis que aquella actitud de Jesús, decidido firmemente a rechazar la corona real, había provocado en el embrionario movimiento resulta clara y las fuentes no intentan ocultarla. De hecho, a la desilusión de las masas se sumó la deserción de no pocos de sus seguidores. Indica nuevamente la fuente joanea que «desde aquel momento, muchos de sus discípulos se apartaron y dejaron de ir con él» (Juan 6:66).

Si Jesús hubiera sido un político, si hubiera buscado fundamentalmente reunir en torno a Él un número creciente de seguidores, si su intención hubiera sido implantar el Reino tal y como lo esperaban sus paisanos, es más que posible que hubiera flexibilizado sus exigencias e intentado hallar un terreno común que le permitiera conservar su influencia. Como ya le había tentado el diablo en el desierto, habría bastado con doblar un poco la rodilla para apoderarse de la potestad y la gloria de los reinos del mundo. Sin embargo, Jesús no contemplaba su misión de esa manera. Estaba convencido de que, al fin y a la postre, era la acción misteriosa de Dios la que provocaba que unos siguieran siendo fieles y otros no (Juan 6:65) y, de forma extremadamente audaz, preguntó a los Doce, si también ellos deseaban abandonarlo (Juan 6:67).

La pregunta de Jesús debió causar una enorme conmoción en sus seguidores más cercanos. Seguramente, su confusión no era menor que la que padecían sus paisanos y a ella se sumaba el dolor de ver cómo los frutos de su reciente predicación se desvanecían igual que el humo como una consecuencia directa de las palabras de su maestro. Y ahora, por si fuera poco, ¡les preguntaba si también ellos querían desertar! Fue Pedro, quizá el más impetuoso de los apóstoles, el que se adelantó a responder a Jesús y lo hizo de una manera extraordinariamente cándida. ¿A quién iban a ir? ¿Acaso no era Jesús el único que tenía palabras de vida eterna? (Juan 6:68).

La manera en que Jesús dio contestación a Pedro tuvo que añadir un motivo más de inquietud a los Doce. Sí, era cierto que Él los había escogido de manera personal, pero, con todo y con eso, uno de ellos no era sincero (Juan 6:70). La referencia a un futuro traidor era clara, aunque en aquel momento nadie pudiera captarla (Juan 6:71).

CAPÍTULO IX

SEGUIMIENTO Y RECHAZO

La decisión

A esas alturas, al cabo de tan solo unos meses de predicación, las posiciones de Jesús y de los otros maestros judíos habían quedado claramente establecidas. Mientras Jesús afirmaba que la conversión resultaba imperativa porque el Reino estaba cerca y mostraba la manera en que debían comportarse aquellos que deseaban entrar en él, escribas y fariseos seguían mostrando un claro rechazo por aquella *halajah* que interpretaba el *shabbat* de una manera diferente a la suya, que criticaba el formalismo religioso y que, para remate, aparecía expresada con una autoridad que no derivaba de ninguna de las escuelas teológicas existentes.

Sin embargo, a la respuesta negativa de los escribas y fariseos se sumaron las dudas de otros. Así, Juan el Bautista, que, a la sazón, se hallaba encarcelado, envió a unos emisarios a Jesús para que le aclarara si, efectivamente, era aquel que había de venir o si debían esperar a otro. La razón de la pregunta no era ociosa en la medida en que él seguía en prisión y Jesús no había consumido en el fuego la maldad que, por cierto, seguía campando por sus respetos. Es muy posible que Juan estuviera recurriendo a una interpretación de las Escrituras que intentaba conciliar los textos enfrentados relacionados con el Mesías. Dado que hay pasajes en el Antiguo Testamento que hacen referencia a un Mesías triunfante y otros que indican claramente que ese Mesías es un siervo que sufre, existía una interpretación recogida en distintas fuentes que señalaba que habría dos Mesías. Uno sería el siervo sufriente y moriría como sacrificio expiatorio, pero el otro triunfaría sobre los enemigos de Israel. La predicación cristiana armonizaría esos textos haciendo referencia a una segunda venida de Jesús bien diferente de la primera y, como tendremos ocasión de ver, al hacerlo así contó con paralelos en el judaísmo. Si Juan el Bautista asumía esta interpretación, su pregunta venía a ser algo como «Jesús, no dudo de ti. Eres el Mesías; y el Mesías que morirá para limpiar los pecados del mundo. Pero, en relación con el juicio del mundo, ¿es una tarea que vas a asumir tú o debemos esperar a otro como tú?». La respuesta de Jesús fue tajante en el sentido de indicar que la manera en que se desarrollaba su predicación encajaba con lo anunciado por los profetas. En realidad, la bienaventuranza estaba en no tropezar en Él sino en seguir creyendo en Él. Con todo, a pesar del titubeo de Juan, no restó un ápice de legitimidad a su ministerio. Por el contrario, subrayó que era un profeta de Dios así como el verdadero precursor del Reino:

> Mientras (los discípulos de Juan) se marchaban, comenzó Jesús a decir de Juan a la gente: ¿Qué salisteis a ver al desierto? ¿Una caña agitada por el viento? ¿O qué salisteis a ver? ¿A un hombre cubierto de ropas delicadas? Pues bien, los que llevan ropas delicadas, se encuentran en las casas de los reyes. Pero ¿qué salisteis a ver? ¿A un profeta? Sí, os digo, y más que profeta. Porque éste es del que está escrito: *He aquí, yo envío mi mensajero delante de tu rostro, que preparará tu camino delante de ti.* En verdad os digo: Entre los que nacen de mujer no se ha levantado otro mayor que Juan el Bautista; pero el más pequeño en el Reino de los cielos, es mayor que él. Desde los días de Juan el Bautista hasta ahora, el reino de los cielos sufre violencia, y los violentos lo arrebatan. Porque todos los profetas y la ley profetizaron hasta Juan. Y si estáis dispuestos a aceptarlo, él es aquel Elías que había de venir. El que tenga oídos para oír, que oiga (Mateo 11:7-15).

Sí, Juan era el Elías que había de preceder la llegada del Reino, precisamente el Reino que anunciaba Jesús. Sin embargo, desgraciadamente, no se estaba produciendo la respuesta de conversión que hubiera sido lógica y natural. Al respecto, los lamentos de Jesús por el rechazo de sus paisanos aparecen cargados de un doloroso patetismo:

> Pero ¿a qué compararé esta generación? Es semejante a los muchachos que se sientan en las plazas, y gritan a sus compañeros: hemos tocado la flauta para vosotros, y no habéis bailado; os

hemos entonado canciones tristes y no os habéis lamentado. Porque vino Juan, que ni comía ni bebía, y dicen: tiene un demonio. Vino el Hijo del Hombre, que come y bebe, y dicen: éste es un hombre glotón y borracho, amigo de publicanos y de pecadores. Pero la sabiduría es justificada por sus hijos. Entonces comenzó a reprender a las ciudades en las cuales había realizado muchos de sus milagros, porque no se habían convertido: ¡Ay de ti, Corazín! ¡Ay de ti, Betsaida! Porque si en Tiro y en Sidón se hubieran realizado los milagros que se han realizado en vosotras, hace tiempo que habrían manifestado su conversión con cilicio y ceniza. Por tanto os digo que en el día del juicio, resultará más tolerable el castigo para Tiro y para Sidón, que para vosotras. Y tú, Capernaum, que te levantas hasta el cielo, hasta el Hades serás abatida; porque si en Sodoma se hubieran realizado los milagros que han sido realizados en ti, habría permanecido hasta el día de hoy. Por lo tanto os digo que en el día del juicio, será más tolerable el castigo para la tierra de Sodoma, que para ti (Mateo 11:16-24).

Sin duda, las palabras de Jesús eran ásperas. Se trataba de las expresiones propias de alguien que contempla no resentido, pero sí profundamente apenado, cómo la gente rechaza el llamamiento de Dios. Sin embargo, esa triste circunstancia, a diferencia de lo sucedido con tantos predicadores de cualquier causa a lo largo de la historia, no llevó a Jesús a desplomarse en la amargura o en el desprecio hacia los destinatarios de su mensaje. De hecho, no deja de ser significativo que la fuente mateana consigne cómo, tras el mensaje de innegable condena dirigido a los incrédulos, Jesús siguió insistiendo en la posibilidad de esperanza para los que acudieran a Él, gente que, de una manera humanamente difícil, incluso imposible de entender, era impulsada por su Padre:

En aquel tiempo, Jesús, dijo en respuesta: Te alabo, Padre, Señor del cielo y de la tierra, porque has ocultado estas cosas de los sabios y de los entendidos, y las has revelado a los niños. Sí, Padre, porque así te ha agradado. Todas las cosas me han sido entregadas por mi Padre; y nadie conoce al Hijo, sino el Padre, y nadie conoce al Padre sino el Hijo, y aquel a quien el Hijo desee revelárselo. Venid a mí todos los que estáis cansados y cargados, y yo os haré descansar. Colocaos mi yugo sobre vosotros, y aprended de mí, que soy manso y humilde de corazón; y encontrareis descanso para vuestras almas; porque mi yugo es suave, y mi carga, ligera (Mateo 11:25-30).

Son precisamente afirmaciones como éstas, las que nos llevan a una cuestión esencial para comprender a Jesús, un Jesús ciertamente judío, pero que, ni lejanamente, quedaba limitado a ser un rabino.

¿Quién dicen los hombres que soy?

Aquellos —y no son pocos— que pretenden encasillar a Jesús en la definición de un rabino o un maestro de moral chocan con un inconveniente verdaderamente colosal, y es que las fuentes indican exactamente lo contrario. Sabemos que en el curso de los meses siguientes, el atractivo que Jesús ejercía sobre las masas no desapareció, pero sí se vio envuelto en una controversia creciente. No solo eso. A la creciente hostilidad de los fariseos que no podían aceptar la interpretación de la Torah enseñada por Jesús (Marcos 7:1-23) se sumó, por primera vez, la enemistad de los saduceos (Mateo 15:39-16:4; Marcos 8:10-12), la secta que controlaba el Templo y con él los centros neurálgicos de la vida espiritual y política de Israel.

Los saduceos[1] existieron como grupo organizado hasta algún tiempo después de la destrucción del Templo de Jerusalén en el año 70 d.C. Tras este desastre, se vieron desplazados de la vida espiritual por los fariseos y debieron desaparecer como colectivo quizá antes del final del siglo I d.C. Tiene una enorme lógica que existan referencias a ellos previas a la aniquilación del sistema religioso del segundo Templo y también que, prácticamente, desaparezcan después. De hecho, como tendremos ocasión de ver, esa circunstancia permite datar algunos de los documentos del Nuevo Testamento en fecha muy temprana y, desde luego, anterior al año 70 d.C.

Volviendo al hilo de nuestro relato, el que los saduceos ya se hubieran fijado de manera negativa en Jesús obliga a pensar que las noticias sobre Él habían llegado hasta Jerusalén y que no habían ocasionado precisamente un eco favorable. Era esta una cuestión de enorme relevancia sobre la que volveremos más adelante. Este contexto hostil, que iría empeorando, iba acompañado de la desilusión

---

1. Acerca de los saduceos, véase *Guía de estudio*.

de unas masas que habrían deseado coronarlo rey, pero que no se sentían igual de atraídas por su mensaje de conversión. No puede sorprender que el contacto de Jesús con la gente se fuera reduciendo y también que su enseñanza se centrara más que nunca en aquellos que iban a juzgar a Israel, en los Doce. En los Evangelios, tenemos noticia de, al menos, cuatro retiros especiales de Jesús con el grupo de los discípulos más cercanos. El primero tuvo lugar al otro lado del mar, después de que los Doce regresaran de su misión (Mateo 14:13-21; Marcos 6:30-44; Lucas 9:10-17 y Juan 6:1-13). El segundo sucedió después de que Jesús se negara a ser proclamado Rey y, de manera bien significativa, implicó marchar a las regiones de Tiro y Sidón (Mateo 15:21-28; Marcos 7:24-30). El tercero llevó al grupo de Fenicia a oriente, al monte Hermón, y al sur atravesando la Decápolis y evitando pasar por el territorio de Herodes Antipas (Mateo 15:29-38; Marcos 7:31-8:9). Finalmente, el cuarto tuvo como escenario lugar en Betsaida Julia, en la tetrarquía de Herodes Felipe (Mateo 16:5-12 y Marcos 8:13-26). Esos cuatro retiros con sus discípulos. que llevaron al grupo más allá de las estrechas fronteras de la tierra de Israel, tuvieron su punto culminante en un enclave conocido como Cesarea de Filipo, un lugar situado en el extremo del mundo judío y en la frontera con los gentiles.

El relato de ese episodio nos ha sido transmitido de manera unánime por las fuentes sinópticas (Mateo 16:13-20; Marcos 8:27-30 y Lucas 9:18-21), lo que indica hasta qué punto resultó de una importancia trascendental. La fuente lucana lo ha narrado de la siguiente manera:

> Sucedió que mientras Jesús oraba aparte, se encontraban con él los discípulos; y les preguntó: ¿Quién dice la gente que soy yo? Le respondieron: Unos, que Juan el Bautista; otros, que Elías; y otros, que algún profeta de los antiguos ha resucitado. El les dijo: ¿Y vosotros, quién decís que soy? Entonces Pedro le respondió: El mesías de Dios. Pero él les ordenó rigurosamente que no se lo dijeran a nadie y les dijo: Es necesario que el Hijo del Hombre padezca muchas cosas, y sea desechado por los ancianos, por los principales sacerdotes y por los escribas, y que muera y se levante al tercer día (Lucas 9:18-22).

Como en tantas ocasiones, Jesús se sirvió de la formulación de preguntas para llevar a sus oyentes al lugar que deseaba. La primera —la referida a la gente— era solo un paso para impulsar a los Doce a responder. Era obvio que la muchedumbre, una muchedumbre que llevaba un tiempo desilusionándose, tenía ideas confusas sobre su identidad. Algunos, como Herodes Antipas, pensaban que era Juan el Bautista, el ejecutado. Otros lo identificaban con Elías, el profeta que había sido arrebatado por Dios al cielo. Finalmente, no faltaban los que lo consideraban un *naví*, un profeta como los que habían llamado a la conversión a Israel en el pasado. Bien, esas eran las distintas opiniones; pero ellos, los que llevaban cerca de dos años compartiendo la vida con Él, ¿quién pensaban que era?

La respuesta del impulsivo Pedro fue, una vez más, terminante. Era el Mesías de Dios. Jesús, de manera inmediata, contuvo a su discípulo. No debían decir nada de aquello a la gente. De hacerlo, solo contribuirían a excitar más los ánimos de aquellos que buscaban únicamente a un libertador político, de aquellos que, tras comer los panes y los peces, habían pretendido hacerlo rey. La orden de Jesús no puede interpretarse solo como una muestra de prudencia táctica. La razón era mucho más profunda. Es que, por añadidura, Él no era esa clase de Mesías. Él estaba llamado a sufrir mucho, a verse rechazado por los dirigentes espirituales de Israel, a morir. Solo entonces se alzaría —significado literal del término que se traduce habitualmente como resucitar— al tercer día.

Semejantes palabras debieron caer como un jarro de agua fría sobre los Doce. Desde luego, si esperaban un triunfo glorioso, fácil e inmediato, Jesús no estaba alentando ni lejanamente ese punto de vista. La fuente marcana, conectada directamente con Pedro, señala que, al escuchar la sombría exposición de Jesús, este apóstol se adelantó para decirle que no debía expresarse de manera semejante:

> Entonces Pedro le tomó aparte y comenzó a reprenderle. Pero él, volviéndose y mirando a los discípulos, reconvino a Pedro y le dijo: ¡Apártate de mí, Satanás! porque tu manera de ver las cosas no es la de Dios, sino la de los hombres (Marcos 8:32,33).

Por supuesto, Jesús podía entender la inquietud de Pedro que, muy probablemente, era la de otros discípulos. Sin embargo, no estaba dispuesto a realizar la menor concesión en lo que al cumplimiento de su misión se refería. La manera en que Pedro veía las cosas era la propia de los hombres, la de todos aquellos que creen que el triunfo material es la verdadera victoria, la de todos aquellos que no saben hallar otro sentido a la vida. La gente estaba dispuesta a seguir a un Mesías nacionalista —sionista, diríamos hoy—, a alguien que asentara a Israel como un reino que derrotara triunfalmente a sus enemigos y estableciera su dominio absoluto sobre ellos. Sin embargo, la idea de un Mesías sufriente podía provocar el desencanto, la desilusión y el abandono de muchos. Lo mejor era que Jesús no siguiera por ese camino. Sin embargo, Jesús respondió a esa sugerencia de manera enérgica. Ver las cosas de esa manera era, en realidad, verlas como el mismo diablo que ya le había tentado con el poder político en el desierto. Por el contrario, Dios contempla todo de una manera muy diferente y esa era una circunstancia que los que deseaban seguirlo no podían pasar por alto. De hecho, acto seguido, Jesús subrayó el futuro que debían esperar sus discípulos:

El que desee seguirme, que se niegue a sí mismo, que tome su cruz cada día y que me venga detrás de mí. Porque todo el que quiera salvar su vida, la perderá; y todo el que pierda su vida por mi causa, la salvará. Porque ¿de qué le sirve al hombre ganar todo el mundo, si se destruye o se pierde a sí mismo? Porque el que se avergüence de mí y de mis palabras, de éste se avergonzará el Hijo del Hombre cuando venga en su gloria, y en la del Padre, y de los santos ángeles. Pero os digo en verdad, que algunos de los que están aquí no morirán antes de ver el reino de Dios (Lucas 9:23-27).

En las últimas décadas, se ha convertido en algo común presentar la vida cristiana como una consecución de éxitos materiales y sociales sin mezcla de problema alguno. Diríase —y se dice— que ser cristiano es un camino para vivir sin problemas, aumentar la cuenta corriente, cambiar de automóvil cuanto antes y conseguir una buena casa. La predicación de ese tipo es popular y tiene éxito, pero presenta un problema muy serio, y es que carece de punto de contacto con las enseñanzas de Jesús acerca de lo que debe ser un discípulo. Como Jesús dijo en Cesarea de Filipo a los, seguramente, desconcertados apóstoles, que seguirlo no iba a implicar un paseo sosegado por senderos de gloria material en este mundo. Por el contrario, significaba la posibilidad nada remota de tener que llevar la cruz. Semejante expresión ha ido adquiriendo un significado espiritualizado —y bastante falso, dicho sea de paso— con el transcurrir de los siglos. Así, llevar la cruz equivaldría a soportar a una suegra incómoda, a un marido desabrido o una dolencia física. Sin embargo, a decir verdad, para Jesús —y para los que lo escuchaban— la cruz nada tenía que ver con un padecimiento cotidiano supuestamente atribuido a Dios. La cruz era, en el sentido más literal, el instrumento de tortura y ejecución más cruel de la época.[2] Era el patíbulo del que pendían, envueltos en terribles dolores, sometidos a sarcásticas burlas y contemplados en vergonzosa desnudez, los condenados hasta que, finalmente, exhalaban el último aliento. Eso, y no un trono, una cuenta corriente abultada o una vida de lujos, era lo que esperaba a los seguidores de Jesús. Ni ellos debían engañarse ni Él tenía la menor intención de hacerlo. Solo el que estuviera dispuesto a seguir ese camino que podía terminar en una ejecución pública y vergonzosa no se perdería. Solo el que actuara así podría ser considerado como un verdadero discípulo.

Y, sin embargo, Jesús no era un predicador amargado o un asceta pesimista. Si, en el pasado, había indicado cómo lo acusaban de glotón y borracho (Lucas 7:34), ahora, continuó su exposición señalando que algunos de los que estaban allí presentes no morirían sin ver el Reino de Dios. Las interpretaciones sobre esas palabras han hecho correr ríos de tinta povocados más por la imaginación que por un análisis serio de las fuentes. Lejos de estar anunciando un cercano «fin del mundo», todo indica en las fuentes que se refería a una experiencia que, seis días después, tuvieron al lado de Jesús, Pedro Santiago y Juan, sus tres discípulos más cercanos, y que se conoce convencionalmente como la Transfiguración.[3] Como muchas experiencias de carácter espiritual, esta también resulta difícil de describir

---

2. Sobre el significado de la cruz en la época, véase M. Hengel, *Crucifixion*, Filadelfia, 1977.

3. En favor de la historicidad del episodio, véase: C. Vidal, «Transfiguración» en *Diccionario de Jesús y los Evangelios*, Estella, y, de manera muy especial, D. Flusser, *Jesús en sus palabras y en su tiempo*, Madrid, 1975, p. 114. Flusser captó perfectamente cómo la idea de la autoconciencia de Jesús como Hijo iba vinculada a la muerte.

entre otras razones porque sus términos trascienden ampliamente el lenguaje de lo meramente sensorial. Lo que resulta innegable es que los tres discípulos descendieron del monte convencidos de que Dios respaldaba a Jesús como Mesías y que Moisés y Elías lo habían reconocido como tal. Si se habían sentido deprimidos unos días antes por las palabras de Jesús ahora, de nuevo, volvían a verse situados en la cresta de la ola. ¡Habían visto el Reino! Incluso mientras bajaban del monte, como judíos piadosos, se atrevieron a preguntarle a Jesús por el Elías anunciado por el profeta Malaquías (Malaquías 4:5,6), aquel que debía manifestarse antes del triunfo del Mesías. La respuesta de Jesús —una vez más— apuntó a su propio destino, un destino concebido no en términos de victoria material, sino de padecimiento:

> Y mientras descendían del monte, les ordenó que no dijesen a nadie lo que habían visto, sino cuando el Hijo del Hombre se hubiera levantado de entre los muertos. Y mantuvieron el secreto, discutiendo qué sería aquello de levantarse de entre los muertos. Y le preguntaron: ¿Por qué dicen los escribas que es necesario que Elías venga primero? Les respondió: Elías, ciertamente, vendrá primero, y restaurará todas las cosas; ¿y cómo está escrito del Hijo del Hombre, que padezca mucho y sea tenido en nada? Pero os digo que Elías ya vino, y le hicieron todo lo que quisieron, como está escrito de él (Marcos 9:9-13).

Una vez más, Jesús había vuelto a exponer la situación en los términos que juzgaba adecuados. Los discípulos le habían preguntado por Elías y su respuesta directa había sido que el Elías profetizado ya había venido, pero su destino había resultado trágico. *Le habían hecho todo lo que habían querido.* Y, dicho esto, ¿por qué pensaban ellos que las Escrituras afirmaban que el Hijo del Hombre tenía que padecer mucho y ser despreciado? ¿Acaso no se percataban del sentido de esas palabras? A los tres no les costó comprender que el Elías al que Jesús se refería no era otro que Juan el Bautista (Mateo 17:13), pero la idea de un Mesías que sufría —una idea que Jesús ya les había expuesto— no iba a calar con tanta fuerza en su ser. Jesús, sin embargo, estaba dispuesto a repetirla una y otra vez. De hecho, el segundo anuncio de que el

Mesías sufriría la muerte tras un proceso de abandono y desprecio
se produjo pocos días después en el camino de Galilea. Una vez
más las fuentes son unánimes al respecto y, una vez más, dejan de
manifiesto que del comportamiento del Mesías debía desprenderse
el de sus seguidores:

> Habiendo salido de allí, iban caminando por Galilea; y no que-
> ría que nadie lo supiese, porque enseñaba a sus discípulos, y les
> decía: «El Hijo del Hombre será entregado en manos de hom-
> bres, y lo matarán; pero después de muerto, se levantará al tercer
> día». Pero ellos no entendían esta enseñanza y tenían miedo de
> preguntarle. Y llegó a Capernaum; y cuando estuvo en casa, les
> preguntó: ¿Qué discutíais entre vosotros por el camino? Pero ellos
> se quedaron callados, porque en el camino habían discutido entre
> ellos, acerca de quién había de ser el mayor. Entonces él se sentó
> y llamó a los doce, y les dijo: «Si alguno quiere ser el primero,
> será el último de todos, y el siervo de todos». Y tomó a un niño,
> y lo puso en medio de ellos; y tomándole en sus brazos, les dijo:
> «El que reciba en mi nombre a un niño como este, me recibe a
> mí; y el que a mí me recibe, no me recibe a mí sino al que me
> envió (Marcos 9:30-37).

Las fuentes difícilmente podrían ser más honradas en la transmisión
de lo que sucedió en aquellos días. Por un lado, Jesús estaba repi-
tiendo cada vez con más claridad que su destino pasaba por el desprecio, el sufrimiento y la muerte; que no habría consumación del Reino
sin que antes Él mismo atravesara el umbral de un final vergonzoso
y humillante, y que no ver así las cosas ponía de manifiesto que, en
lugar de tener la visión de Dios, únicamente se poseía la del hombre
vulgar y corriente. Por otro, sus discípulos continuaban anclados en
sus viejas concepciones. Si preguntaban por Elías era para saber lo que
faltaba para ocupar cargos de importancia en el Reino, y si escuchaban
a Jesús hablar de su muerte se sentían confusos e inquietos.

Fuera como fuese, Jesús había dejado claramente de manifiesto
quién era. Lo había hecho además valiéndose de categorías teológicas medularmente judías, como tendremos ocasión de ver en las
páginas siguientes.

Excursus. ¿Quién es la piedra de Mateo 16:18?

El Evangelio de Mateo, tras la confesión de Pedro, incluye una referencia de Jesús ausente en el resto de las fuentes, en el sentido de que levantará su iglesia sobre una piedra —literalmente, roca— y que dará a Pedro las llaves del reino de los cielos, y que lo que ate y desate en la tierra quedará atado y desatado en los cielos.

No resulta necesario extenderse en el hecho de que el texto acerca de Pedro y la roca es la base sobre la que la Iglesia católico-romana pretende sustentar la supremacía papal alegando que la piedra sobre la que se levanta la iglesia es Pedro. La afirmación se repite hasta la saciedad; pero hay que decir que no son pocos los teólogos católicos de cierta seriedad que no se la creen. De manera bien reveladora, Benedicto XVI en su trilogía sobre Cristo al llegar a este pasaje —como sucede con otros— elude defender la posición tradicional católica y se dedica a comentar otras cuestiones. Joseph Ratzinger podía ser papa, pero no era ignorante y, desde luego, no ignoraba lo que sabe cualquier exégeta medianamente riguroso, y es que el texto de Mateo 16:18 no se puede utilizar honradamente para sustentar el papado por varias razones más que sólidas.

En primer lugar, aunque la roca mencionada por Jesús fuera Pedro, en ningún caso se dice que se identificara con el obispo de Roma ni menos que ese cargo fuera sometido a sucesión. Por mucho que uno quiera darle vueltas al tema, la verdad es que en las palabras de Jesús no existe la menor referencia a Roma ni a una sucesión de Pedro. Por el contrario, lo que se dice, en todo caso, se afirmaría únicamente de Pedro. En segundo lugar, el texto griego desmiente esa interpretación. De hecho, señala una clara separación entre la roca-piedra (*petra*) sobre la que se basa la iglesia y la piedrecilla (*petrós*) que es Pedro. Parafraseando a Jesús, el texto dice: tú eres una piedrecilla, pero yo levantaré mi iglesia sobre una ROCA. En tercer lugar —y resulta de enorme relevancia—, el mismo Pedro señaló quién era la piedra y, ciertamente, NO era él. En otras palabras, Pedro fue siempre consciente de que él NO era la piedra. Lo sabía, entre otras razones, porque la Biblia profetizaba quién era esa piedra sobre la que se elevaría el edificio de Dios que se conoce como iglesia. Así, al comparecer ante el sanedrín, Pedro afirmó con claridad no que la piedra era él sino que era Jesús, y para ello apeló a la profecía del Salmo 118:22:

Sabed todos vosotros, y todo el pueblo de Israel, que en el nombre de Jesucristo de Nazaret, a quien vosotros crucificasteis *y* a quien Dios resucitó de entre los muertos, por Él, este se halla aquí sano delante de vosotros. Este *Jesús* es la PIEDRA DE-SE-CHA-DA por vosotros LOS CONSTRUCTORES, *pero* QUE HA VENIDO A SER LA PIEDRA ANGULAR. Y en ningún otro hay salvación, porque no hay otro nombre bajo el cielo dado a los hombres, en el cual podamos ser salvos (Hechos 4:10-12) (El énfasis es del autor).

En otras palabras, Pedro JAMÁS dijo que él fuera la piedra sino que señaló al Jesús que había cumplido la profecía como esa piedra, indicando además que la salvación no dependía de adherirse a Pedro —mucho menos por someterse al obispo de Roma, como definió como dogma el papa Bonifacio VIII— sino de creer en Jesús.

Esta posición la siguió manteniendo Pedro hasta el final de su vida. Así, por ejemplo, en su primera carta 2:1-8 afirma:

Desechando, pues, toda malicia, todo engaño, hipocresía, envidias, y todas las detracciones, desead, como niños recién nacidos, la leche espiritual no adulterada, para que por ella crezcáis para salvación, si es que habéis gustado la benignidad del Señor. Acercándoos a él, piedra viva, desechada ciertamente por los hombres, mas para Dios escogida y preciosa, vosotros también, como piedras vivas, sed edificados como casa espiritual y sacerdocio santo, para ofrecer sacrificios espirituales aceptables a Dios por medio de Jesucristo. Por lo cual también contiene la Escritura: He aquí, pongo en Sion la principal piedra del ángulo, escogida, preciosa; Y el que creyere en él, no será avergonzado.

Para vosotros, pues, los que creéis, él es precioso; pero para los que no creen,
La piedra que los edificadores desecharon,
Ha venido a ser la cabeza del ángulo;
y:
Piedra de tropiezo, y roca que hace caer, porque tropiezan en la palabra, siendo desobedientes; a lo cual fueron también destinados.

Las palabras de Pedro son dignas de reflexión. La piedra NO es él sino Cristo. A lo sumo, los demás creyentes, como él mismo, son piedrecitas que se acercan a esa Piedra que es el Mesías. La afirmación de Pedro resulta de especial relevancia porque implica el cumplimiento de dos profecías. La primera ya la citó Pedro en su respuesta al Sanhedrín y está en el Salmo 118. La segunda se encuentra en el capítulo 8:14 del profeta Isaías y se refiere al mismo Dios. En otras palabras, la piedra sobre la que se levanta el edificio de Dios —la iglesia— no es un simple ser humano sino el mismo YHVH, el Dios manifestado desde el principio y encarnado en Cristo. De ello se deduce que si alguien pretende ser esa piedra o afirma que lo es alguien que no es el Mesías-Dios, simplemente está colocándose en el lugar de Dios, que es una de las características del hombre de pecado señalado por Pablo en 2 Tesalonicenses 2. Pedro, desde luego, jamás incurrió en esa blasfemia ni instó a nadie a hacerlo, ya que siempre enseñó que la piedra sobre la que se levantaba la iglesia era Cristo.

Finalmente, hay que señalar que, de manera aplastantemente mayoritaria, los primeros cristianos no creyeron que la piedra era Pedro. El padre Launoy realizó un estudio sobre las afirmaciones de los padres de la iglesia respecto a este texto y las conclusiones a las que llegó fueron reveladoras. El número de padres que creía que la piedra era el contenido de la declaración de fe expresado por Pedro era 44, el de los que pensaban que era el mismo Cristo era de 16, el de los que pensaba que era Pedro era tan sólo de 17, y el de los que pensaban que era la fe de todos los apóstoles se reducía a 8. Las distintas opiniones dicen mucho sobre que la posición que identificaba la piedra con Pedro era muy minotaria, pero incluso en esos casos no implicaba ni sucesión ni mucho menos sucesión a través del obispo de Roma.

A todo lo anterior hay que añadir que las afirmaciones de Jesús sobre el ministerio de Pedro se cumplieron en vida de Pedro, pero no pasaron a nadie más. Si la referencia a las llaves de Pedro se relaciona con el que hecho de que Pedro abriría el Reino a los judíos con su predicación de Pentecostés (Hechos 2) y a los judíos con la entrada del gentil Cornelio (Hechos 10-11), es obvio que fue una misión cumplida durante su vida y que no puede ser repetida. En cuanto al hecho de atar y desatar ni siquiera fue exclusivo de Pedro. De hecho, en Juan 20:23 se menciona en esa acción a todos los apóstoles, y en Mateo 18:18, como manifestación de la disciplina eclesial, a toda la iglesia.

La pretensión de que Pedro es la piedra y de que esa circunstancia es base a su vez de la Iglesia católico-romana resulta, pues, insostenible a la luz de las Escrituras. La piedra es Cristo y Cristo confesado como el Mesías y el Hijo de Dios.

CAPÍTULO X

MÁS QUE UN RABINO (I): EL HIJO DEL HOMBRE Y EL SIERVO DE YHVH

El Hijo del Hombre[1]

Que Jesús era más, mucho más que un rabino, fue un extremo que quedó establecido vez tras vez. No se trataba solo de que su autoridad no era como las de los escribas y fariseos (Mateo 7:28,29). No se trataba solo de que se arrogaba la autoridad para perdonar pecados, algo que solo Dios puede hacer (Lucas 5:17-26). Se trataba de que además no había ocultado que era alguien superior a los profetas y al Templo. Así lo dejó manifiestamente claro en una de sus controversias con los fariseos:

---

1. La literatura a propósito del Hijo del Hombre es muy extensa. Para discusión de las diversas posturas con abundante bibliografía, ver: A. Bentzen, *Messias, Moses redivivus, Menschensohn*, Zurich, 1948; M. Black, "The Son of Man in the Old Biblical Literature" en «Expository Times», 40, 1948, págs. 11-15; *Idem*, "The Son of Man in the Teaching of Jesus" en *Ibidem*, 40, págs. 32-6; *Idem*, "The Servant of the Lord and the Son of Man" en «SJT», 6, 1953, págs. 1-11; T. W. Manson, "The Son of Man in Daniel, Enoch and the Gospels" en «BJRL», 32, 1950, págs. 171-93; J. A. Emerton, "The Origin of the Son of Man Imagery" en «JTS», 8, 1958, págs. 225-43; J. Coppens y L. Dequeker, *Le Fils de l'homme et les Saints du Très Haut en Daniel VII, dans les Apocryphes et dans le Nouveau Testament*, Lovaina, 1961; O. Cullmann, *Christology...*, p. 137 ss.; S. Kim, «The Son of Man as the Son of God», Grand Rapids, 1983; B. Lindars, *Jesus Son of Man*, Grand Rapids, 1983; R. J. Bauckham, "The Son of Man: A Man in my Position or Someone" en «JSNT», 2, 1985, págs. 23-33 (una respuesta de B. Lindars en *Ibidem*, págs. 35-41); C. C. Caragounis, *The Son of Man*, Tubinga, 1986; M. Casey, *Son of Man*, Londres, 1979; *Idem*, "General, Generic and Indefinite: The Use of the Term Son of Man in Aramaic Sources and in the Teaching of Jesus" en «JSNT», 29, 1987, págs. 21-56; R. Leivestad, «O. c», 1987, p. 165 ss.; I. H. Marshall, "Son of Man" en «DJG», 1992, págs. 775-781; C. Vidal, "Hijo del Hombre" en *Diccionario de las Tres Religiones monoteístas*, Madrid, 1993, e *Idem*, *El Primer Evangelio: el Documento Q*, Barcelona, 1993.

Entonces respondieron algunos de los escribas y de los fariseos: Maestro, deseamos ver una señal procedente de ti. Él les dijo en respuesta: La generación mala y adúltera exige una señal, pero no se le dará señal salvo la señal del profeta Jonás. Porque al igual que estuvo Jonás en el vientre del gran pez tres días y tres noches, así estará el Hijo del Hombre en el corazón de la tierra tres días y tres noches. Los hombres de Nínive se levantarán en el juicio junto a esta generación y la condenarán porque ellos se arrepintieron con la predicación de Jonás y he aquí hay más que Jonás en este lugar. La reina del Sur se levantará en el juicio junto a esta generación y la condenará porque ella vino de los confines de la tierra para escuchar la sabiduría de Salomón, y he aquí hay más que Salomón en este lugar (Mateo 12:38-42 con Lucas 11:29-32).

Jesús no era un simple maestro de moral u otro rabino más. Era alguien que estaba por encima de los profetas y del propio Templo. Aún y con eso —y ciertamente, no era poco—, Jesús insistía en que era todavía más, y así lo dejaría de manifiesto en las afirmaciones que formuló sobre sí mismo.

No deja de llamar la atención que en el episodio trascendental de Cesarea de Filipo, Jesús reconociera que era el Mesías y el Hijo de Dios, pero prefiriera valerse de una designación que utilizó por encima de otras para referirse a sí mismo. Nos referimos a la de Hijo del Hombre. En unas ocasiones, Jesús la unió a otros títulos como al de siervo de YHVH (Marcos 10:45), al que nos referiremos en otro capítulo. En otras, la usó de manera independiente (Mateo 8:20 y Lucas 9:58; Mateo 9:6; Marcos 2:10 y Lucas 5:24; Mateo 12:8; Marcos 2:28 y Lucas 6:5; Mateo 16:27; Mateo 25:3, etc.). Ahora bien, ¿qué implicaba este título? La discusión científica acerca de este tema ha sido considerable en las últimas décadas, convirtiéndose en una de las cuestiones más debatidas en relación con la cristología.

El término griego *yios anzrópu* (Hijo del Hombre) se considera equivalente al arameo *bar nasha*. Dado que la palabra *bar* es usada frecuentemente en arameo indicando procedencia o características («hijo de la riqueza» equivaldría a «acaudalado»; «hijo de la mentira» a «mentiroso», etc.), H. Lietzmann llegó a la conclusión, ya en el siglo XIX, de que «Hijo del Hombre» solo significaba «hombre».[2] Partiendo de tal base, afirmó que la expresión carecía de contenido mesiánico y que ni Jesús ni sus contemporáneos la habían entendido dotada del mismo. De hecho, según H. Lietzman, Daniel 7:13 — donde aparece la expresión por primera vez— carecía asimismo de significado mesiánico.

La tesis de H. Lietzmann atrajo a J. Wellhausen que la aceptó, si bien con algunas reservas,[3] pero su refutación no tardaría en llegar articulada en forma tan consistente que el mismo Lietzmann terminaría retractándose de ella.

El primero en aducir poderosas objeciones en contra fue G. Dalman,[4] si bien su refutación se vio privada de contundencia al centrarse solo en el hecho de que *bar nasha* no era usado en el arameo de Galilea como «hombre». Mucho más interesante, desde nuestro punto de vista, fue el análisis que del tema realizó P. Fiebig.[5] Este aceptaba que en términos estrictamente filológicos *bar nasha* significaba «hombre», pero señalaba que no por eso dejaba de tener un significado como título mesiánico.

Para otros autores, la expresión equivaldría simplemente a una perífrasis de «yo»[6] que se utilizaba en la literatura rabínica para indicar modestia o evitar dar la impresión de soberbia, para tratar

---

2. H. Lietzmann, Der Menschensohn. Ein Beitrag zur neutestamentchen Theologie, Berlín, 1896.

3. J. Wellhausen, Skizzen und Vorarbeiten, VI, Berlín, 1899, p. 187 ss.

4. G. Dalman, Die Worte Jesu, Leipzig, 1898 y 1930.

5. A P. Fiebig, Der Menschensohn, Jesu Selbstzeich-nung mit besonderer Berücksichtigung des aramaischen Sprachgebrauchs für Mensch, Tubinga, 1901.

6. M. Black, "Servant of the Lord and Son of Man" en «SJT», 6, 1953, págs. 1-11; *Idem*, "The Son of Man problem in recent research and debate" en «BJRL», 45, 1963, págs. 305-18; G. Vermes, "The use of br ns/ br ns in Jewish Aramaic" en M. Black, *An Aramaic approach to the Gospels and Acts*, Oxford, 1967, págs. 310-328; *Idem, Jesús el judío*, Barcelona, 1977, p. 174 ss. Un acercamiento bastante cercano al de Vermés en B. Lindars, *O.c*, y M. Casey, *O.c.* Tanto Vermés como Lindars y Casey han pretendido establecer qué dichos del Hijo del Hombre resultan auténticos, descartando inicialmente los referidos a Daniel 7. Tal tesis nos parece, a falta de una justificación convincente, cargada de arbitrariedad. J. D. G. Dunn, *Christology in the Making*, Filadelfia, 1980, ha formulado la hipótesis discutible de que Jesús podría haber utilizado desde el principio la expresión «Hijo del Hombre» referida a sí mismo, llegándola Él mismo a asociar con el tiempo al «Hijo del Hombre» de Daniel 7, con base en la vindicación que esperaba para sí procedente de Dios.

temas como la enfermedad o la muerte y para evitar ofender a
alguno de los oyentes. La tesis fue criticada brillantemente por
J. Jeremias,[7] quien dejó de manifiesto que *bar nasha* podía ser en
algún caso sustitutivo de un impersonal —como nuestro «se cansa
uno de leer»—, pero nunca perífrasis de «yo». A esto hay que
añadir el hecho de que un uso similar de *bar nasha* es desconocido
con anterioridad al siglo II d.C., por lo que no tiene ninguna
relevancia para la utilización que Jesús hizo de él. La realidad
es que, como señaló el rabino judío Leo Baeck, «siempre que en
obras posteriores se menciona "ese Hijo de Hombre", "este Hijo
de Hombre" o "el Hijo del Hombre" es la cita de Daniel la que
está hablando».[8] Por otro lado, ninguno de los supuestos usos
parece encajar con lo que sabemos de Jesús, al que las fuentes
no presentan ni especialmente preocupado por no ofender a sus
oyentes, ni modesto en sus pretensiones ni inclinado a utilizar
eufemismos a la hora de hablar de la enfermedad o de la muerte.
Para colmo, como veremos en las páginas siguientes, la expresión
«Hijo del Hombre» no solo cuenta con un contenido mesiánico
en el judaísmo, sino que además aparece conectada con la idea del
«siervo» e incluso con la de divinidad.

El título «Hijo del Hombre» aparece, en realidad, por primera
vez en Daniel 7:13. Es común que algunos autores interpreten al
personaje como un símbolo del pueblo de Israel. En otras palabras,
el profeta Daniel estaría hablando de cómo Dios (el Anciano de
días) entregaría el dominio a Israel y la predicación cristiana —ini-
ciándose quizá con Jesús— estaría negando y tergiversando este
hecho. Semejante interpretación, a pesar de lo extendida que está,
resulta insostenible y además choca con lo que encontramos en
las fuentes judías. Ha sido mérito precisamente de un autor judío,
Daniel Boyarin,[9] recordar aspectos que se desprenden de la simple
lectura del texto desprovista de prejuicios. Así, las características del
Hijo del Hombre en Daniel 7 son:

Es divino.

Existe en forma humana.

7. J. Jeremias, *Oc*, 1980, p. 303 ss.
8. Leo Baeck, *Judaism and Christianity: Essays*, Filadelfia, 1958, págs. 28-29.
9. D. Boyarin, *The Jewish Gospels*, p. 25 ss.

Puede ser bien retratado como una divinidad más joven que aparece al lado del Anciano de Dios.

Será entronizado en alto.

Se le da poder y dominio e incluso la soberanía sobre la tierra.[10]

En otras palabras, el Hijo del Hombre no solo no es Israel sino que es un ser que supera lo meramente humano entrando en la categoría de lo divino. Como ha señalado J. A. Emerton: «el acto de venir con las nubes sugiere una teofanía del mismo Yahwe»,[11] y hubiera podido añadir: como sabe cualquiera que conozca el Antiguo Testamento.

Ese Hijo del Hombre —humano y divino a la vez— aparece en las fuentes judías unido con la idea del Mesías, del Siervo de YHVH y del Hijo de Dios. Así, tanto el Enoc etíope como 4 Esdras identifican al «Hijo del Hombre» con el Mesías. En 4 Esdras, el «Hijo del Hombre» se manifiesta volando con las nubes del cielo (4 Esdras 13:3), aniquila al enemigo con el hálito de su boca (4 Esdras 13:8 ss., pasaje que recoge además resonancias mesiánicas de Isaías 11:4) y reúne a una multitud pacífica (4 Esdras 13:12,13). Este «Hijo del Hombre» es «aquel al que el Altísimo ha estado guardando durante muchos tiempos, el que salvará personalmente Su creación» (4 Esdras 13:26), aquel al que Dios llama «mi Hijo» (4 Esdras 13:32,37 y 52) y vencerá a los enemigos de Dios (4 Esdras 13:33 ss.). Asimismo, el «Hijo del Hombre» es identificado con el siervo isaíano de Dios (13:32-37; 14:9), al que se preserva (13:26 con Isaías 49:2).

En el Enoc etíope, el «Hijo del Hombre» provoca la caída de reyes y poderosos (46:4), tiene su asiento en el trono de la gloria (45:3; 55:4; 61:8; 62:2; 69:27), administra juicio (45:3; 49:4; 55:4; 61:8; 62:3; 69:27), será apoyo de los justos y de los santos, luz de las naciones y esperanza de los oprimidos (48:4); y se afirma que los justos y elegidos disfrutarán de la comunión con Él en mesa y vida (62:14). El Enoc etíope describe asimismo al «Hijo del Hombre» con pasajes tomados de los cantos del Siervo de YHVH. Así es «luz

---

10. D. Boyarin, *Oc*, p. 33.

11. J. A. Emerton, «The Origin of the Son of Man Imaginery» en *Journal of Theological Studies* 9, 1958, págs. 231-2.

de las naciones» (48:4 con Isaías 42:6; 49:6), «elegido» (39:6; 40:5 con Isaías 42:1), «el justo» (38:2; 53:6 con Isaías 53:11), su nombre es pronunciado antes de la creación «en presencia del Señor de los espíritus» (48:3 con Isaías 49:1), estaba oculto ante Dios (48:6; 62:7 con Isaías 49:2) y se describe la derrota de reyes y poderoso a sus manos (46:4; 62:1 con Isaías 49:7; 52:13-15).

No deja de ser, ciertamente, significativo que todos estos pasajes anteriores al cristianismo contengan ya una visión del Hijo del Hombre que luego encontramos en Jesús y en sus discípulos. El Hijo del Hombre no es ni lejanamente un símbolo de Israel. Por el contrario, es un personaje descrito como el Siervo de YHVH, el Mesías y el Hijo de Dios a partir del propio texto de Daniel 7.

Esta identificación del «Hijo del Hombre» con el Mesías va más allá del judaísmo de la literatura apocalíptica. Daniel 7 fue interpretado ciertamente como un pasaje mesiánico por los rabinos. Así, en el Talmud (Sanh 98 a) se considera el texto de Daniel 7:13 como una referencia al Mesías que, de haberse portado Israel dignamente, habría venido en las nubes del cielo; mientras que, en caso contrario, estaría obligado a venir humilde y cabalgando en un asno (ver Zacarías 9:9 con Marcos 11:1 ss. y pra.). De manera similar, Daniel 7:9 fue interpretado como una referencia al trono de Dios y al del Mesías por rabí Aquiba (Hag 14a) y Daniel 7:27 es entendido en Números Rab. 11 como relativo a los tiempos del Mesías.

Insistamos en ello: el «Hijo del Hombre» no designaba a Israel sino al Mesías. Sin embargo, no se trataba de cualquier concepción del Mesías sino de un Mesías descrito según los cantos isaíanos del siervo. Sus características eran divinas —a decir verdad, las propias de YHVH— y recibiría el poder de Dios para concluir la historia, atrayendo hacia sí no solo a los judíos sino también a los gentiles. Como tendremos ocasión de ver más adelante, esa visión judía no solo fue la que Jesús se aplicó, sino que tuvo un papel esencial en su condena a muerte por el Sanhedrín por el delito de blasfemia.

Lejos de manifestarse como un simple rabino o un maestro de moral, Jesús se presentaba como el Hijo del Hombre, un ser de origen celestial que manifestaba características propias de solo YHVH, que impondría la justicia en el mundo y que era identificado como Mesías, pero en su forma del Siervo de YHVH.

El Siervo de YHVH[12]

En Marcos 10:45 se nos narra cómo Jesús vinculó para definirse y explicar su misión los títulos de «Siervo» e «Hijo del Hombre». Al comportarse de esa manera, Jesús se aplicaba una visión bien establecida en el judaísmo.[13] De hecho, el *Ebed YHVH* (Siervo de YHVH)[14]

---

12. Sobre el Siervo, con exposición de distintas posturas y bibliografía, ver: M. D. Hooker, *Jesus and the Servant*, Londres, 1959; B. Gerhardsson, "Sacrificial Service and Atonement in the Gospel of Matthew" en R. Banks (ed.), *Reconciliation and Hope*, Grand Rapids, 1974, págs. 25-35; O. Cullmann, *The Christology of the New Testament*, Londres, 1975, p. 51 ss.; D. Juel, *Messianic Exegesis: Christological Interpretation of the Old Testament in Early Christianity*, Filadelfia, 1988; F. F. Bruce, *New Testament Development of Old Testament Themes*, Grand Rapids, 1989, págs. 83-99; J. B. Green, "The Death of Jesus, God's Servant" en D. D. Sylva (ed.), *Reimaging the Death of the Lukan Jesus*, Frankfurt del Meno, 1990, págs. 1-28 y 170-3.

13. Nos parece indiscutible que Jesús se aplicó a sí mismo el título de «Siervo». Así, en términos generales, hacemos nuestra la opinión de C. H. Dodd en *According to the Scriptures*, Londres, 1952, p. 110, que «no puede ver ninguna base razonable» para dudar de que Jesús «asoció el lenguaje relativo al Hijo del Hombre con el que se había utilizado en conexión con el Siervo del Señor, y lo empleó para expresar el significado y situación, de su propia muerte que se aproximaba». Estudios sobre la cuestión manteniendo la misma postura que expresamos aquí en T. W. Manson, *The Servant-Messiah*, Cambridge, 1953; L. Morris, *The Apostolic Preaching of the Cross*, Grand Rapids, 1956, págs. 9-59; R. T. France, "The Servant of the Lord in the Teaching of Jesus" en «TynB», 19, 1968, págs. 26-52; I. H. Marshall, "The Development of the Concept of Redemption in the New Testament" en R. Banks (ed.), *Reconciliation and Hope: New Testament Essays on Atonement and Eschatology presented to L. L. Morris*, Exeter, 1974, págs. 153-69; R. Leivestad, *Jesus in his own perspective*, Minneapolis, 1987, especialmente p. 169 ss.; F. F. Bruce, *New Testament developments....*, 1989, p. 96 ss. Asimismo hemos tratado este tema con anterioridad en «Jesús» y «Siervo de Yahveh» en C. Vidal, *Diccionario de las tres religiones*, Madrid, 1993.

14. Para un estudio de este título desde una perspectiva veterotestamentaria, ver: C. R. North, *The Suffering Servant in Deutero-Isaiah*, Oxford, 1956; V. de Leeuw, *De Ebed Jahweh-Profetieen*, Lovaina-París, 1956; H. H. Rowley, *The Servant of the Lord and other essays on the Old Testament*, Oxford, 1965, págs. 1-93. Sobre la utilización del título por parte de la iglesia primitiva, ver: A. Harnack, *Die Bezeichnung Jesu als Knecht Gottes und ihre Geschichte in der alten Kirche*, Berlín, 1926, p. 212 ss.; G. Vermes, *Jesús el judío*, Barcelona, 1977, p. 171 ss.; O. Cullmann, *Christology of the New Testament*, Londres, 1975, p. 51 ss.; *Idem*, "Gésu, Servo di Dio" en «Protestantesimo», 3, 1948, p. 49 ss.; W. Zimmerli y J. Jeremias, "The Servant of God" en «SBT», 20, 1957, p. 43 ss.; T. W. Manson, *The Servant-Messiah. A Study of public ministry of Jesus*, Manchester, 1953 y César Vidal, «Siervo de Yahveh» en *Diccionario de Jesús y los Evangelios*, Estella, 1995.

es mencionado con especial relevancia en los denominados Cantos contenidos en el libro del profeta Isaías (42:1-4; 49:17; 50:4-11 y 52:13-53:12). Una lectura de los pasajes nos permitirá captar las dimensiones reales del citado personaje:

> Aquí esta mí siervo. Yo lo sostendré. Mi escogido, en quien se complace mi alma. Sobre él he puesto mi Espíritu. El traerá justicia a las naciones. No gritará ni levantará la voz, ni la hará oir en las calles. No quebrará la caña cascada, ni extinguirá el pábilo que humea. Traerá la justicia por medio de la verdad. No se cansará ni desmayará, antes de establecer la justicia en la tierra; y las costas esperarán su ley (Isaías 42:1-4).

> Poco es para mí que tú seas mi siervo para levantar las tribus de Jacob, y para que restaures el remanente de Israel. También te he dado por luz a las naciones, para que seas mi salvación hasta los confines de la tierra (Isaías 49:6).

> ¿Quién ha creído en nuestro anuncio y sobre quién se ha manifestado el brazo de YHVH? Subirá cual renuevo ante él, y como una raíz que brota en tierra seca. No existe en él atractivo ni belleza. Lo veremos, pero no con atractivo suficiente como para que lo deseemos. Despreciado y desechado por los hombres, hombre de dolores, que experimentará sufrimiento. Fue despreciado cuando escondimos nuestro rostro de él y no lo apreciamos. En verdad llevó él nuestras enfermedades y sufrió nuestras dolencias; y nosotros pensamos que era azotado, herido por Dios y abatido. Pero lo cierto es que fue herido por nuestras rebeliones, aplastado por nuestros pecados. El castigo que produciría nuestra paz estuvo sobre él y fuimos curados por su llaga. Todos nosotros nos descarríamos como ovejas. Cada uno por su camino. Pero YHVH cargó el pecado de todos nosotros sobre él. Aunque sufría angustia y aflicción, no abrió la boca. Fue llevado al matadero como un cordero. Como una oveja que se halla ante los que la trasquilan, quedó mudo, sin abrir la boca. Fue quitado por juicio y prisión. ¿Quién contará su generación? Porque fue arrancado de la tierra de los seres vivos, y fue herido por la rebelión de mi pueblo. Y se pensó en sepultarlo con los impíos, pero, una vez muerto, estuvo entre ricos. Aunque nunca hizo mal, ni en su boca existió engaño. Pese a todo, YHVH quiso quebrantarlo, sometiéndolo a sufrimiento. Después de poner su vida en expiación por el pecado, verá a su descendencia, vivirá largos días, y la voluntad de YHVH será prosperada en él. Tras la aflicción de

su alma, verá la vida,[15] y quedará satisfecho. Mediante su conocimiento justificará mi siervo a muchos, y llevará sus pecados
(Isaías 53:1-11).

Los pasajes anteriores, escritos varios siglos antes de Jesús (ocho,
aunque algunos sostengan que solo cinco), se refieren a un personaje
de características que aparecen bien perfiladas. Por un lado, restauraría al Israel extraviado (y por ello no puede ser identificado con
Israel o el pueblo judío); por otro, su misión incluiría también la
salvación de los no-judíos. Además traería una nueva Ley. Aunque
daría la sensación de que era ejecutado por Dios, en realidad, estaría
muriendo expiatoriamente por los pecados de Israel. No se opondría
a que lo ejecutaran y, aunque debería ser sepultado con criminales,
lo cierto es que su cuerpo acabaría en tumba de ricos. Su muerte,
sin embargo, no sería el final de la historia. Tras expiar con ella el
pecado, «vería luz», es decir, volvería a la vida, resucitaría, y serviría
de salvación a muchos.

Este siervo, cuya muerte tenía un significado sacrificial y expiatorio, ya había sido identificado con el Mesías antes del nacimiento
de Jesús y se había afirmado incluso que su muerte sería en favor
de los impíos.[16]

En el Enoc etíope, por ejemplo, el «Siervo» aparece identificado
con la figura del «Hijo del Hombre» (13:32-37; 14:9; 13:26 con Isaías
49:2), al que se describe en términos mesiánicos tomados de los cantos del siervo: «luz de las naciones» (48:4 con Isaías 42:6), «elegido»
(40:5 con Isaías 42:1), «justo» (38:2; 53:6 con Isaías 53:11), poseedor
de un nombre pronunciado antes de la creación «en presencia del
Señor de los espíritus» (48:3 con Isaías 49:1), «oculto ante Dios»
(48:6 y 62:7 con Isaías 49:2), «vencedor de los poderosos» (46:4; 62:1
con Isaías 49:7; 52:13-15), etc.

Sin embargo, la interpretación que veía en el Siervo de YHVH al
Mesías no estuvo restringida, ni mucho menos, a la literatura pseu-
do-epigráfica. De hecho, el mayor número de referencias en este
sentido se hallan en la literatura rabínica, donde tampoco es raro

---

15. Lit: «luz», según el rollo de Isaías de Qumrán y los LXX.
16. G. H. Dix, "The Messiah ben Joseph" en «JTS», 27, 1926, p. 136 ss.; W. D.
Davies, *Paul and Rabbinic Judaism*, Londres, 1948, p. 247 ss.

encontrarse con la idea de un Mesías-Siervo que sufre. Así, el siervo de Isaías 42 fue identificado con el Mesías por el Targum de Isaías[17] al igual que por el Midrash sobre el Salmo 2 y Yalkut II, 104.[18] El Targum veía también en el siervo de Isaías 43:10 a «mi siervo el Mesías».

Algo similar sucede con el siervo de Isaías 49, que es identificado con el Mesías en repetidas ocasiones. En Yalkut Shimoni II, 52 b, Isaías 49:8 es citado como demostración de los sufrimientos del Mesías, y en Yalkut II, 52 Isaías 49:9 es considerado como palabras del Mesías. Isaías 49:10 es citado por el Midrash de Lamentaciones precisamente en conexión con el texto mesiánico de Isaías 11:12. Isaías 49:14 es aplicado mesiánicamente en Yalkut II, 52 c. Isaías 49:21 es citado también como mesiánico en Midrash sobre Lamentaciones, en relación con el Salmo 11:12. Isaías 49:23 es conectado con el Mesías en Levítico R. 27 y en el Midrash del Salmo 2:2.

A pesar de que en la actualidad existe una insistencia en identificar al siervo de Isaías 53 con Israel, lo cierto es que esa interpretación es muy tardía —posiblemente no anterior al siglo XI d.C.—[19] y, desde luego, no es la que existía en la época de Jesús. De hecho, el canto de Isaías 52:13 a 53:12 tiene también claras resonancias mesiánicas en la literatura judía. Isaías 52:3 es citado como un texto mesiánico en el Talmud (Sanh. 97b). Isaías 52:7 es considerado mesiánico por Yalkut II, 53 c. Isaías 52:8 es citado como un pasaje referido al Mesías por Midrash sobre Lamentaciones, tal y como mencionamos antes. Isaías 52:12 es aplicado al Mesías en Éxodo R. 15 y 19.

---

17. P. Humbert, "Le Messie dans le Targoum des prophètes" en «Revue de Théologie et Philosophie», 43, 1911, p. 5 ss; G. Kittel, "Jesu Worte über sein Sterben" en «DT», 9, 1936, p. 177; P. Seidelin, "Der Ebed Jahve und die Messiasgestalt im Jesajatargum" en «ZNW», 35, 1936, p. 197 ss.; H. Hegermann, «Jesaja 53 in Hexapla, Targum und Peschitta», Gütersloh, 1954.

18. La persistencia, que veremos en varios ejemplos, de la idea de un Mesías-Siervo sufriente en Yalkut no deja de ser sorprendente en la medida en que deja de manifiesto el vigor de esta interpretación. El Yalkut, cuyas referencias hemos considerado más apropiado mantenerlas en el cuerpo de nuestra exposición, en lugar de recogerlas en una sola nota o en un excursus «ad hoc», fue escrito posiblemente por R. Simeón de Frankfort en el siglo XIII y editado por primera vez en Salónica en 1521.

19. En el mismo sentido, V. Buksbazen, *The Prophet Isaiah*, Bellmawr, 2012, p. 401.

El Targum de Jonatán ben Uziel vierte Isaías 52:13 de la siguiente manera:

> Mira, mi siervo el mesías prosperará. Será elevado y crecerá y resultará impresionantemente fuerte.

En Yalkut Shim II, 53 c, no solo se le da también una interpretación mesiánica sino que además se habla expresamente de los sufrimientos del Rey Mesías. Isaías 53 es conectado de manera específica con el Mesías en el Targum aunque se excluyera la idea del sufrimiento de este, posiblemente como reacción frente al cristianismo.[20] No fue esa, sin embargo, una postura generalizada. Así, Isaías 53:5 se conecta con el Mesías en Midrash sobre Samuel y se hace referencia específica a los sufrimientos del Mesías. Este mismo punto de vista aparece reflejado en el Talmud (Sanh 98b) —recopilado en el siglo VI d.C.—, donde Isaías 53 es interpretado también mesiánicamente:

> El mesías - ¿cuál es su nombre? ... Los de la casa de Rabbi dicen, «el enfermo», según se dice, «seguramente ha llevado nuestras enfermedades».

De manera semejante, el Midrash sobre Rut 2:14 refiere este pasaje a los sufrimientos del Mesías, afirmando:

> Está hablando del Rey mesías: «Ven, acércate al trono y come el pan», ese es el pan del reino, «y moja tu bocado en vinagre». Esto se refiere a sus sufrimientos, según se dice: «Pero él fue herido por nuestras trangresiones, golpeado por nuestras iniquidades».

Encontramos una referencia parecida en la Pesiqta Rabbati 36. Aún más relevante es una oración atribuida a Eliezer Ha-Kallir (siglo VIII d.C.) relacionada con la liturgia judía para el Día de la expiación o Yom Kippur, que se recoge en algunos *sidurim* (libros judíos de oración) y que dice así:

> ¡Estamos encogidos en nuestra miseria hasta ahora mismo! Nuestra roca no ha venido a nosotros. El Mesías, nuestra justicia, se ha

---

20. En ese sentido, ver J. Jeremias, *The Servant...*, p. 71.

apartado de nosotros. Estamos aterrados. ¡Y no hay nadie que nos justifique! Nuestras iniquidades y el yugo de nuestras transgresiones llevará, *porque él fue herido por nuestras transgresiones*: llevará nuestros pecados sobre su hombro para que podamos encontrar perdón para nuestras iniquidades, y *por sus heridas somos sanados*. ¡Oh, Eterno, ha llegado el tiempo para hacer una nueva creación, desde la bóveda del cielo tráelo, desde Seir sácalo para que pueda hacer oír su voz para nosotros en el Líbano, una segunda vez por la mano de Yinnon.[21]

Sobrecoge percatarse de que los judíos —al menos el autor de la oración— sabían que el Mesías había venido, que había muerto tal y como había profetizado Isaías sobre el Siervo y que había que esperarlo una segunda vez.

A pesar de la controversia entre el judaísmo y el cristianismo posteriores, esa tradición que veía al Siervo de YHVH descrito por Isaías como el Mesías se siguió preservando en ciertos sectores del judaísmo durante la Edad Media. Tanto Rashi (en su comentario a Sanh 93) como R. Moshe Cohen Iben Crispin, R. Elías de Vidas, Alsec o Isaac Abrabanel eran conscientes de que el pasaje del Isaías 53 había sido interpretado tradicionalmente como mesiánico, aunque manifestaron su oposición a sostener la interpretación histórica. En el calor de la controversia teológica con el cristianismo, el judaísmo fue abandonando de manera creciente la interpretación primitiva. Precisamente el rabino José Ben Kaspi (1280-1340 d.C.) advirtió a otros rabinos de que «aquellos que exponían esta sección relacionándola con el Mesías dan ocasión a los herejes (cristianos) para interpretarla en relación con Jesús». Sobre esa afirmación, Rabbi Saadia ibn Danan señaló: «Que Dios lo perdone por no haber hablado la verdad».[22] De hecho, el cambio de interpretación comenzó a extenderse en torno al 1096 d.C., lo que algunos autores han conectado con el drama sangriento que significaron las Cruzadas para los judíos.[23] Sin embargo, el cambio se encontró con resistencias porque implicaba sustituir una interpretación de milenios por otra novedosa, motivada por el sentimiento anticristiano de los rabinos. Al respecto, es significativo que el Rabbi Moshe

21. Driver y Neubauer, p. 445.
22. S. R.. Driver y Adolf Neubauer, The Suffering Servant of Isaiah, p. 203.
23. En ese sentido, V. Buksbazen, *Oc*, p. 402.

Kohen ibn Crispin (siglo XIII d.C.) se quejara amargamente de que los que interpretaban Isaías 53 como una referencia a Israel violentaban el sentido real del texto y su verdadero significado «habiéndose inclinado ante la terquedad de sus propios corazones y de su propia opinión. Me complace interpretar la Parasha (pasaje) de acuerdo con la enseñanza de nuestros rabinos sobre el Rey Mesías... y adherirme al sentido literal. Así me veré libre de las interpretaciones forzadas y descabelladas de las que otros son culpables».[24]

A pesar de la claridad del texto y de la interpretación de siglos, resultaba obvio para los rabinos que mantenerla implicaba un arma más que poderosa para los cristianos, y continuaron la línea de asociar al Siervo de YHVH con Israel y no con el Mesías. No fue tarea fácil. El famoso rabino Manasseh ben Israel de Amsterdam (1604-57) —al que el puritano Oliver Cromwell concedió el regreso de los judíos a Inglaterra en 1655— escribió una paráfrasis del texto en la que no solo introducía palabras para torcer el significado del pasaje, sino que incluso llegaba a afirmar que los que se habían desviado como ovejas eran los gentiles —en especial, cristianos y musulmanes— que vendrían a pedir perdón a Israel por el daño que le habían causado.

Por si todo lo anterior fuera poco, Isaías 53 fue excluido de las lecturas sinagogales. Sin duda, muy pocas veces a lo largo de la historia un texto ha sido tan perseguido para evitar que arroje su luz. Se trató de un triunfo a medias porque Rabbi Moshe Kohen ibn Krispin, escribiendo en el siglo XIII, afirmó sobre Isaías 53:

> Esta profecía fue entregada por Isaías siguiendo el mandato divino con el propósito de hacer que conociéramos algo sobre la naturaleza del futuro mesías, que va a venir y a libertar a Israel... de tal manera que si alguien se alzara clamando que es el mesías, podamos reflexionar y contemplarlo para ver si podemos observar en él cualquier semejanza con los rasgos descritos aquí: si existe semejanza, entonces podemos creer que él es el Mesías Nuestra Justicia, pero si no, no podemos hacerlo.[25]

Tenemos que realizar ahora una referencia a la resurrección del Siervo de YHVH tras haber entregado su vida como sacrificio

---

24. S. R. Driver y A. Neubauer, Oc, p. 199 ss.
25. Driver y Neubauer, Oc, p. 114.

expiatorio por los pecados. En Isaías 53:8 y 10 se nos refiere no solo que el Siervo «fue cortado de la tierra de los vivientes», sino que también, tras su muerte expiatoria, «prolongará sus días« y «verá luz». La palabra «luz» se halla ausente del Texto Masorético, pero aparece en la LXX y está asimismo atestiguada en dos manuscritos hebreos precristianos de la Cueva 1 de Qumrán (1QIsª y 1QIsb). No podemos tener seguridad completa de que tal texto fuera utilizado como «testimonium» de la resurrección del Mesías por parte de los primeros cristianos, pero la posibilidad no es, en absoluto, desdeñable.[26]

La idea de un Mesías-Siervo que cumplía las profecías de Isaías no fue, desde luego, inventada por los primeros cristianos para dar explicación a la crucifixión de Jesús y tampoco debía nada al mundo gentil. Por el contrario, era medularmente judía como se desprende de las fuentes a las que nos hemos referido. Durante siglos, antes y después de Jesús, los judíos supieron que el Siervo de Isaías 53 era el Mesías. Solo en la Edad Media comenzó a predominar la interpretación que identificaba al Siervo con Israel, pero no fue sin resistencia de rabinos que consideraban que esa conducta implicaba torcer las Escituras de manera disparatada.

Esa controversia estuvo situada a siglos de distancia de Jesús, quien afirmó claramente que era el Hijo del Hombre, pero también el Siervo de YHVH, el verdadero Mesías.

---

26. En favor de su uso como "testimonium" junto con Salmo 16:10 o Isaías 55:3, ver: F. F. Bruce, *Paul, Apostle of the Heart Set Free*, Grand Rapids, 1990, p.92.

CAPÍTULO XI

MÁS QUE UN RABINO (II): EL MESÍAS Y EL HIJO DE DIOS

El Mesías[1]

Como hemos tenido ocasión de ver en las páginas anteriores, la idea de un Mesías identificado con el Hijo del Hombre y con el Siervo de YHVH estaba más que asentada en el judaísmo del segundo Templo. Sin embargo, debe señalarse que ese judaísmo tan dividido internamente carecía de un concepto uniforme del Mesías. En ocasiones, pero no siempre, el Mesías era contemplado más bien como un dirigente dotado de características que hoy consideraríamos no solo religiosas sino también políticas. Eran asimismo contradictorias las tesis acerca del comportamiento que el Mesías mostraría hacia los gentiles e incluso podemos aceptar, según se desprende de los escritos de Qumrán y quizá de la pregunta del Bautista registrada en Mateo 11:3, que la creencia en dos mesías gozaba de un cierto predicamento en algunos ámbitos.

---

1. El conjunto de obras referidas a este título es inmenso. Mencionamos en esta nota algunas de las aportaciones más sugestivas, donde se recoge una discusión de la práctica totalidad de puntos de vista así como considerable bibliografía: J. Klausner, *The Messianic Idea in Israel*, Londres, 1956; H. Ringgren, *The Messiah in the Old Testament*, Londres, 1956; J. Jeremias, *Teología del Nuevo Testamento, I: La predicación de Jesús*, Salamanca, 1974; S. Mowinckel, *El que ha de venir: mesianismo y mesías*, Madrid, 1975; O. Cullmann, *Christology...*, p. 111 ss.; G. Bornkamm, *Jesús de Nazaret*, Salamanca, 1975; M. Hengel, *Between Jesus and Paul*, Londres, 1983, págs. 65-77; J. Neusner, W. S. Green y E. Frerichs, *Judaisms and Their Messiahs at the Turn of the Christian Era*, Cambridge, 1987; A. Edersheim, *Prophecy and History according to the Messiah*, Grand Rapids, 1980 e *Idem, La vida y los tiempos de Jesús el Mesías*, (TE), Tarrasa, 1988, v. II, p. 689 ss. (acerca de la interpretación rabínica del Mesías); C. Vidal, «Mesías» en *Diccionario de las Tres Religiones*, Madrid, 1993.

El concepto que Jesús tenía era diferente del de otros, pero, como veremos en las páginas siguientes, resultaba medularmente judío y contaba con paralelos claros en el judaísmo del segundo Templo.

La palabra hebrea *masiaj* significa «ungido». En ese sentido, sirvió para designar al rey de Israel (1 Samuel 9:16; 24:6) y, en general, a cualquiera que recibía una misión específica de Dios, fuera sacerdote (Éxodo 28:41), profeta (1 Reyes 19:16) o simple instrumento —incluso pagano— de los designios divinos, como fue el caso del rey persa Ciro (Isaías 45:1).

Según 2 Samuel 7:12 ss. y el Salmo 89:3 ss., David había recibido la promesa divina de que su reino quedaría establecido para siempre. La decepción causada por los acontecimientos históricos en relación con esta esperanza fue articulándose paulatinamente en torno a la figura de un Ungido, un Mesías concebido como personaje futuro y escatológico, aunque es poco frecuente que el término *masiaj* aparezca en el Antiguo Testamento con ese contenido vg: Salmos 2 y 72.

La literatura extrabíblica coincide con el Antiguo Testamento en la adscripción davídica al linaje del Mesías (Miqueas 5:2 etc.) pero, mientras pasajes del Antiguo Testamento, como los de Jeremías 30:8 ss. o Ezequiel 37:21 ss., consideran que la aparición de este rey nombrado por Dios implicaría una salvación terrenal, final y eterna, podemos contemplar en 4 Esdras 7:26 ss.; 11-14; Baruc 29:30, 40 o Sanhedrín 96b ss., la idea de que el reinado del Mesías solo será provisional, precediendo a otro definitivo implantado por Dios. También resulta obvio que las características de este monarca aparecen de manera diversa en las distintas fuentes. En el libro bíblico de Zacarías (9:9) nos encontramos frente al retrato de un Mesías manso y pacífico.[2] Sin embargo, en los extrabíblicos Salmos de Salomón (17 y 18), por el contrario, aparece la imagen de un monarca guerrero que destruiría a los enemigos de Israel. Que esta idea estaba muy arraigada en la época de Jesús es cierto pero, como tendremos ocasión de ver, ni era exclusiva ni era la única. Jesús afirmó, desde luego, que era el Mesías, pero un Mesías de

---

2. Sobre el tema del Mesías pacífico en el targum palestinense como consecuencia del rechazo de la acción violenta contra Roma, ver: G. Pérez Fernández, *Tradiciones mesiánicas en el Targum palestinense*, Valencia-Jerusalén, 1981, p. 141 ss.

características muy concretas que ya hemos contemplado al analizar en páginas anteriores categorías como las del Hijo del Hombre o el Siervo de YHVH.

El Hijo de Dios

Junto a los títulos anteriores se halla el de «Hijo de Dios». En el Antiguo Testamento, la expresión aparece vinculada a tres circustancias diferentes. Por un lado, se denomina a todo el pueblo de Israel con este calificativo (Éxodo 4:22; Oseas 11:1, etc.); por otro, se utilizaba como título regio (2 Samuel 7:14; Salmos 2:7; Salmos 89:26) y, finalmente, sirve para designar a una serie de personajes de cierta envergadura sobrehumana como los ángeles (Job 1:6; 2:1; 38:7, etc.). Con la excepción del pasaje de Isaías 9:6 y de la referencia a los ángeles, Hijo de Dios no es un título de carácter divino sino humano. El Hijo de Dios es, fundamentalmente, el monarca escogido por Dios.

Las referencias al Mesías como «Hijo de Dios» que se hallan en el Enoc etíope (105:2) y en 4 Esdras (7:28 ss.; 13:32; 37:52; 14:9) son dudosas por cuanto cabe la posibilidad de que, en el primer caso, nos hallemos ante una interpolación cristiana y, en el segundo, de que debamos interpretar *pais* quizá no como «hijo» sino como «siervo». Todo esto explica que G. Dalman y W. Bousset negaran que el judaísmo hubiera empleado el título «Hijo de Dios» en relación con el Mesías[3] y que W. Michaelis[4] insistiera en la novedad del mismo. Con todo, hay datos que apuntan en dirección contraria. En 4Q Florilegium, 2 Samuel 7:14 es interpretado mesiánicamente lo que, como ha señalado R. H. Fuller,[5] indica que «Hijo de Dios» era ya usado como título mesiánico en el judaísmo anterior a Jesús. No se trata, desde luego, de un caso aislado. De hecho, en la literatura judía el Salmo 2, donde se hace referencia explícita al «Hijo de Dios» es aplicado repetidamente al Mesías. Así, el versículo 1 es

3. G. Dalman, *Die Worte...*; W. Bousset, *Kyrios Christos...*, p. 53 ss. Ver también E. Huntress, "Son of God in Jewish writings prior to the Christian Era" en «JBL», 54, 1935, p. 117 ss.; V. Taylor, *Person of Christ in New Testament Teaching*, Londres, 1958, p. 173 ss.; W. G. Kümmel, *Heilgeschehen und Geschichte*, Marburgo, 1965, p. 215 ss.
4. W. Michaelis, *Zur Engelchristologie im Urchristentum*, Bâle, 1942, p. 10 ss.
5. R. Fuller, *Oc*, p. 32.

referido al Mesías en Av. Zar.; en el Midrash sobre el Salmo 92:11 y en Pirqué de R. Eliezer 28.[6] El versículo 4 es interpretado mesiánicamente en el Talmud (Av. Zar.) y el 6 es referido al Mesías en el Midrash sobre 1 Samuel 16:1, relacionándolo además con el canto del Siervo de Isaías 53. En cuanto al v. 7 es citado en el Talmud junto a otras referencias mesiánicas en Suk 52a.

El Midrash sobre este pasaje es realmente notable, porque en el mismo se asocian con la persona del Mesías los textos de Éxodo 4:22 (que, evidentemente, se refiere en su redacción originaria al pueblo de Israel), de Isaías 52:13 y 42:1 correspondientes a los cantos del Siervo; el Salmo 110:1 y una cita relacionada con «el Hijo del Hombre que viene con las nubes del cielo». Incluso se menciona el hecho de que Dios realizará un nuevo pacto. En cuanto al v. 8 se aplica en Ber. R. 44 y en el Midrash al Mesías. En Suk 52a se menciona además la muerte del Mesías, hijo de José.

De lo anterior se desprende que el Mesías sí era denominado «Hijo de Dios» en algunas corrientes interpretativas judías anteriores a Jesús, y que además su figura fue conectada incluso en algún caso con la del Siervo y el Hijo del Hombre, algo realmente notable si tenemos en cuenta la forma en que la controversia anticristiana afectó ciertos textos judíos. En todos los casos, «Hijo de Dios» parece implicar la idea de elección para una misión concreta y determinada y, más específicamente, la ligada al concepto de Mesías.

Jesús, ciertamente, se presentó como Hijo de Dios, y no extraña que semejante afirmación fuera interpretada por algunos de sus contemporáneos como una pretensión de mesianidad. Sin embargo, Jesús introdujo un elemento totalmente nuevo y sugestivo. La manera en que calificaba a Dios como su Padre e incluso lo llamaba *Abbá* (papá) excede con mucho de la mesianidad e indica una relación mucho más profunda. Jesús podía referirse a Dios como «mi Padre» (Mateo 18:19) e incluso señalar cómo disfrutaba con Él de una relación exclusiva fuera del alcance de cualquier otro ser. Precisamente,

---

6. En Yalkut II, 620, p. 90a se indica que los que se enfrentan a Dios y a su Mesías son «semejantes a un ladrón que se halla desafiante tras el palacio de un rey, y dice que si halla al hijo del rey, echará mano de él y lo crucificará y lo matará con una muerte cruel. Pero el Espíritu Santo se burla de él».

esa relación exclusiva se hallaba en la base de las propias pretensiones de Jesús y de las exigencias que planteaba a sus contemporáneos:

> En aquel tiempo, respondiendo Jesús, dijo: Te alabo, Padre, Señor del cielo y de la tierra, porque has escondido esto de los sabios y de los entendidos, y las has revelado a los niños. Así es, Padre, porque así resultó grato ante tus ojos. Todo me ha sido entregado por mi Padre: y nadie conoció al Hijo, sino el Padre; ni al Padre conoció alguno, sino el Hijo, y aquel a quien el Hijo lo quiera revelar. Venid a mí todos los que estáis cansados y cargados, que yo os haré descansar. Colocad sobre vosotros mi yugo y aprended de mí, que soy manso y humilde de corazón; y hallaréis descanso para vuestras almas. Porque mi yugo es fácil, y ligera mi carga (Mateo 11:25-30).

El dicho se halla en el material narrativo común a Mateo y Lucas,[7] lo que subraya su antigüedad y autenticidad, pero, sobre todo, nos indica que el hecho de ser Hijo único del Padre cimentaba la enseñanza de Jesús y, sobre todo, su manera de actuar.[8] Era Hijo de Dios, pero no en el sentido meramente humano, meramente mesiánico que encontramos en el judaísmo.

---

7. Fuera de los Evangelios y en el resto del Nuevo Testamento, Hebreos dedica más de dos capítulos (1 y 2) a desarrollar su visión del término que equivale a afirmar la divinidad del Hijo, relacionándola con la del Padre. Así, al Hijo, se le llama Dios (Hebreos 1:8), se indica que todos los ángeles le adoran (Hebreos 1:6) y se le aplican textos originariamente relacionados con Yahveh (Hebreos 1:10 y Salmo 101:26-28). En cuanto a las cartas de Juan, recuerdan el uso del Evangelio (1 Juan 2:23; 4:15). Por el contrario, Pablo solo utiliza el título tres veces (Romamos 1:4; 2 Corintios 1:19; Gálatas 2:20), y en contextos que no presentan ecos de una influencia pagana y mucho menos de los «hijos de dios» del helenismo. Pero además lo encontramos en referencias como «Hijo» o «Su Hijo» (Romanos 1:3 y 9:5; 10:8; 3:29 y 32; 1 Corintios 1:9; 15:28; Gálatas 1:16; 4,4 y 6; 1 Tesalonicenses 1:10).

8. A favor de la tesis de que Jesús se vio como Hijo de Dios, véase, entre otros: C. Vidal, *Diccionario de Jesús y de los Evangelios*, Estella, 1995; J. Jeremias, *Abba y el mensaje central del Nuevo Testamento*, Salamanca, 1983, págs. 17 ss. y 197 ss.; *Idem, Teología...*, v. I, p. 80 ss.; D. Flusser, "El Hijo del Hombre" en A. Toynbee (ed.), *El crisol del cristianismo*, Madrid, 1988, págs. 335 y 344; D. R. Bauer, "Son of God" en DJG, p. 769 ss.

Para Jesús, Dios era *Abbá* (papá), lo que no era para ningún otro judío. De hecho, pasarían siglos antes de que otros judíos —quizá por influencia cristiana— se atrevieran a denominar así a Dios.[9] Esta autoconciencia de Jesús explica más que sobradamente la autoridad de la que se consideraba investido y la manera en que determinó su visión de lo que significaba ser el Mesías.

Jesús tenía una clara autoconciencia:
- de ser Hijo del Abbá y no un hijo más, como podían serlo otros seres humanos. A Él le había revelado el Padre cosas a las que solo tenían acceso aquellos a quien Él, el Hijo, quisiera revelárselas;
- de haber recibido una misión especial, la de predicar el Reino, pero no como lo había hecho Juan el Bautista, sino como el personaje anunciado por Juan el Bautista, es decir, como el Mesías;
- de que ese Mesías era el Siervo y el Hijo del Hombre, es decir, un Mesías conectado con una secular interpretación judía y con antecedentes en el judaísmo del primero y segundo templos, pero que chocaba con las ambiciones de muchos de sus contemporáneos, incluso de Pedro y de sus seguidores;
- de que precisamente porque era ese tipo de Mesías, tenía que morir como sacrificio expiatorio por los pecados del pueblo, y
- de que volvería de la muerte —se levantaría— tras ofrecer su vida como sacrificio.

Sin ningún género de dudas, esa autoconciencia de Jesús iba mucho, muchísimo más allá que la de ser un rabino o un maestro de moral. También esa autonconciencia explica más que holgadamente toda su trayectoria hasta la muerte y también la frustración de no pocos de sus seguidores

Excursus: La ascendencia davídica de Jesús

El Mesías podía presentar diversas características según las distintas interpretaciones existentes durante el período del segundo Templo. Sin embargo, existía una clara coincidencia en el sentido de que

---

9. Sobre el tema, de manera especial, véase: J. Jeremias, *Abba y el mensaje central del Nuevo Testamento*, Salamanca, 1983

pertenecería a la estirpe del rey David. En relación con el linaje davídico de Jesús que le atribuyen los Evangelios (especialmente las genealogías de Mateo 1 y Lucas 3) cabe decir que lo más seguro es afirmar que es históricamente cierto. Resulta indiscutible que los primeros cristianos lo daban por supuesto en fecha muy temprana tanto en ambientes judeo-cristianos palestinos (Hechos 2:25-31; Apocalipsis 5:5; 22:16) como judeo-cristianos extrapalestinos (Mateo 1:1-17 y 20; Hebreos 7:14), paulinos (Romanos 1:3; 2 Timoteo 2:8) o lucanos (Lucas 1:27 y 32; 2:4; 3:23-28).

Por otro lado, los testimonios del Nuevo Testamento no fueron, desde luego, los únicos. Eusebio (*Historia ecclesiastica III*, 19 ss.) recoge el relato de Hegesipo acerca de cómo los nietos de Judas, el «hermano de Jesús», fueron detenidos (y posteriormente puestos en libertad) por el romano Domiciano, que buscaba eliminar a todos los judíos de linaje davídico. A través de este autor nos ha llegado, asimismo, la noticia de la muerte de Simeón, primo de Jesús, ejecutado por ser descendiente de David (*Historia ecclesiastica III*, 32, 3-6). De la misma manera, Julio el Africano señala que los familiares de Jesús se jactaban de su linaje davídico (*Carta a Aristeas*, LXI).

Desde luego, no hay en las fuentes judías ninguna negación de este punto, algo difícilmente creíble si, en realidad, Jesús no hubiera sido de ascendencia davídica. Incluso algunos autores han interpretado Sanh 43a —donde se describe a Jesús como *qarob lemalkut* (cercano al Reino)— como un reconocimiento de esta circunstancia. Por lo tanto, lo más posible desde una perspectiva histórica es que Jesús fuera descendiente de David, aunque algunos considerarían que, posiblemente, a través de una rama secundaria.

CAPÍTULO XII

LA LUZ DEL MUNDO

El cumplimiento de las fiestas

Es precisamente de esta época del ministerio de Jesús de la que contamos con varios testimonios de su vida como judío piadoso que obedecía fielmente los mandatos sobre las fiestas contenidos en la Torah. Sabemos así que descendió a Judea, permaneciendo allí aproximadamente tres meses entre la fiesta de los Tabernáculos y la de la Dedicación del año 29 d.C.[1]

Las referencias al período que hemos señalado de la existencia de Jesús nos han sido transmitidas por la fuente lucana y, sobre todo, por la joanea. Los hermanos de Jesús —que no creían en Él (Juan 7:3-5)— le instaron a subir a la fiesta, supuestamente, para que extendiera su ministerio también a Judea o quizá para dejarle de manifiesto que su alcance era limitado. Jesús, finalmente, subió a Jerusalén, pero sin la compañía de su familia y como en secreto (Juan 7:1-11). El ambiente era ciertamente enrarecido y, a esas alturas, ya existía una discusión en el sentido de si extraviaba al pueblo o era bueno, debate que se mantenía con cierta discreción por miedo a las represalias (Juan 7:12). Incluso durante la fiesta de los Tabernáculos se produjo una enorme expectativa ante la posibilidad de que Jesús se proclamara Mesías, algo que no puede sorprender si se tiene en cuenta que poco antes habían deseado hacerlo rey (Juan 7:11-52). Se dio también un conato frustrado de detención (Juan 7:32-36). De manera bien significativa, Jesús, en el último y gran día de la fiesta, contrapuso la libación ceremonial del agua con la verdadera agua de vida que era Él. La fuente joanea lo ha transmitido de la siguiente manera:

---

1. Sobre las fiestas de Israel, véase *Guía de estudio*.

En el último y gran día de la fiesta, Jesús se puso en pie y alzó la voz, diciendo: Si alguno tiene sed, venga a mí y beba. Del interior del que cree en mí, como dice la Escritura, correrán ríos de agua viva (Juan 7:37,38).

Con todo, posiblemente, el episodio más cargado de significado se produjo en torno a una mujer sorprendida en adulterio. Resulta deplorable que este pasaje —que algunos denominan la perícopa de la adúltera— haya sido suprimido o colocado entre paréntesis en algunas traducciones nuevas del Evangelio de Juan, ya que su autenticidad está fuera de toda duda y cuenta con una sólida documental. El texto dice así:

Todos se fueron a su casa y Jesús se fue al monte de los Olivos. Y por la mañana regresó al templo y todo el pueblo acudió a él y, sentado, les enseñaba. Entonces los escribas y los fariseos le trajeron una mujer que había sido sorprendida en adulterio y poniéndola en medio, le dijeron: Maestro, esta mujer ha sido sorprendida en el acto mismo de adulterio y en la ley Moisés nos ordenó apedrear a este tipo de mujeres. Tú, por lo tanto, ¿qué dices? Sin embargo, decían esto tentándolo, para poder acusarlo. Pero Jesús, inclinado hacia el suelo, escribía en tierra con el dedo. Y como insistieran en preguntarle, se enderezó y les dijo: El que de vosotros esté sin pecado sea el primero en arrojar la piedra contra ella. E inclinándose de nuevo hacia el suelo, siguió escribiendo en tierra. Ellos, sin embargo, al escuchar esto, acusados por su conciencia, salían uno a uno, empezando por los más viejos hasta llegar a los jóvenes. Y quedó solo Jesús y la mujer que estaba en medio. Enderezándose Jesús y no viendo a nadie salvo a la mujer, le dijo: Mujer, ¿dónde están los que te acusaban? ¿Ninguno te condenó? Ella dijo: Ninguno, Señor. Entonces Jesús le dijo: Tampoco yo te condeno. Vete y no peques más (Juan 7:53-8:11).

El episodio está relatado con toda la sencilla naturalidad de un testigo ocular. Sin duda, su lectura nos resulta conmovedora en la actualidad, pero debió de constituir un verdadero revulsivo entre sus contemporáneos. A fin de cuentas, Jesús no solo se había negado a condenar a una persona sorprendida de manera indiscutible en un grave pecado, sino que se había permitido indicar que el pecado era una condición universal, exactamente la misma afirmación que llevaba anunciando desde el inicio de su predicación. A diferencia de no pocos moralistas del día de hoy, Jesús no minimizó la gravedad de la acción de la mujer —cuyo compañero, por cierto, logró eludir la supuesta ansia de justicia de los escribas y los fariseos— y, por añadidura, le dejó bien claro que no debía pecar más. A Jesús, desde luego, no se le podía tachar de ser un antinomiano que encontraba excusas, más o menos románticas, para el adulterio. Todo lo contrario, Sabía de sobra lo que estaba mal y lo que había de dejar de hacerse. Sin embargo, por enésima vez, insistió en su mensaje fundamental, el que afirmaba que todos los seres humanos son, en mayor o menor medida, pecadores; todos son incapaces de saldar la deuda que tienen con Dios; y todos dependen completamente del perdón, gratuito y generoso de Dios para obtener la salvación. Ese perdón era el que anunciaba Jesús a los que, humildemente, desearan recibirlo a través de la fe.

Si semejante predicación había provocado una enorme oposición en Galilea, en el seno de la Ciudad Santa por antonomasia causó una verdadera conmoción. A los fariseos no se les ocultó que el mensaje de Jesús relativizaba toda su enseñanza de una manera que consideraban intolerable. Desde luego, el hecho de que, posiblemente, cuando se producía la iluminación del Templo, se presentara como la luz del mundo, no debió de suavizar la situación. Es de nuevo la fuente joanea la que nos ha transmitido el episodio:

De nuevo, Jesús les habló, diciendo: Yo soy la luz del mundo. El que me sigue, no caminará en tinieblas sino que tendrá la luz de la vida. Entonces los fariseos le dijeron: Tú testificas sobre ti mismo. Tu testimonio no es verdadero. En respuesta, Jesús les dijo: A pesar de que yo testifico sobre mí mismo, mi testimonio es verdadero porque sé de dónde he venido y hacia dónde voy, pero vosotros no sabéis de dónde vengo ni hacia dónde voy. Vosotros juzgáis según la carne. Yo no juzgo a nadie y si juzgo, mi juicio es verdadero porque no estoy yo solo sino que estamos yo y el que me envió, el Padre. Y en vuestra ley está escrito que el testimonio de dos hombres es veraz. Yo soy el que testifica sobre mí mismo y el Padre que me envió testifica sobre mí. Ellos le dijeron: ¿Dónde está tu Padre? Respondió Jesús: No conocéis ni a mí ni a mi Padre. Si me conocierais, también conoceríais a mi Padre. Estas palabras habló Jesús en el lugar de las ofrendas mientras enseñaba en el templo y nadie lo arrestó porque todavía no había llegado su hora (Juan 8:12-20).

Sí, Jesús había tenido la osadía de presentarse como la verdadera luz del mundo en medio de la fase de la fiesta de los tabernáculos en que la luz tenía un papel extraordinario en la liturgia. Además, al estilo de los antiguos profetas y de Juan el Bautista, minimizaba la pertenencia a la estirpe de Israel como medio de salvación (Juan 8:39 ss.). Realmente no puede sorprender que en una de esas ocasiones se salvara por poco de ser apedreado (Juan 8:59), ni tampoco que se difundieran contra Él las calumnias de que era un samaritano, un endemoniado o un hijo bastardo (Juan 8:41,48; 10:20), o que prohibieran que alguien pudiera reconocerlo como Mesías (Juan 7:41 ss.; especialmente Juan 9:22). Tampoco extraña que cuando Jesús curó a un ciego, los fariseos se empeñaran en lograr que renegara de Él (Juan 9:1-41). A fin de cuentas, acciones de ese tipo eran las que podían provocar su aceptación por una masa a la que no se podía olvidar, pero a la que, en el fondo, los fariseos despreciaban como simples *am-ha-arets*.

Muy posiblemente, uno de los momentos más significativos de esta estancia de Jesús en Jerusalén fue cuando se presentó como «la puerta» y «el buen pastor» en contraposición con otros pastores espirituales que eran falsos. De nuevo, es la fuente joanea la que ha recogido este episodio:

> En verdad, en verdad os digo: El que no entra por la puerta en el redil de las ovejas, sino que sube por otra parte, ése es un ladrón y un bandido, pero el que entra por la puerta es el pastor de las ovejas. A éste abre el portero y las ovejas oyen su voz y llama a sus ovejas por su nombre y las saca. Y cuando ha sacado todas las suyas, va delante de ellas y las ovejas lo siguen porque conocen su voz. Sin embargo, no seguirán al extraño sino que huirán de él porque no conocen la voz de los extraños. Esta alegoría les dijo Jesús, pero ellos no comprendieron a qué se refería. Por lo tanto, volvió Jesús a decirles: En verdad, en verdad, os digo: Yo soy la puerta de las ovejas. Todos los que me precedieron son ladrones y bandidos, pero las ovejas no los escucharon. Yo soy la puerta. El que entre por mí, será salvo y entrará y saldrá y hallará pastos. El

ladrón solo viene para robar y matar y destruir. Yo he venido para que tengan vida y para que la tengan en abundancia. Yo soy el buen pastor. El buen pastor su vida da por las ovejas. Pero el asalariado y que no es el pastor, a quien no pertenecen las ovejas, ve venir al lobo y abandona las ovejas y huye y el lobo se apodera de las ovejas y las dispersa. Así que el asalariado huye porque es asalariado y no le importan las ovejas. Yo soy el buen pastor y conozco mis ovejas y las mías me conocen de la misma manera que el Padre me conoce y yo conozco al Padre y pongo mi vida por las ovejas. También tengo otras ovejas que no son de este redil. También tengo que traer a esas y escucharán mi voz y habrá un rebaño y un pastor (Juan 10:1-16).

Existe una tendencia a interpretar bucólica y románticamente las palabras precedentes, pero nada hay más lejos de la realidad. Jesús estaba diseccionando la situación espiritual de Israel y el análisis no era halagüeño. Ciertamente, antes de Él habían aparecido guías espirituales, pero habían sido «ladrones y bandidos» (Juan 10:8). Aquellos dirigentes no pasaban de cumplir con la labor de simples asalariados, asalariados que, por supuesto, nunca arriesgarían su existencia por las ovejas (Juan 10:12 ss.). Sin embargo, Jesús sí estaba dispuesto a entregar su vida por ellas. La daría de una manera voluntaria, para luego volverla a tomar (Juan 10:16 ss.). Las palabras de Jesús implicaban un cuestionamiento en toda regla de los dirigentes espirituales de Israel, pero, por si fuera poco, constituían un eco más que identificable de la crítica de los falsos pastores formulada por Ezequiel durante la peor crisis sufrida por el pueblo de Israel. Debemos reproducir siquiera en parte el texto del profeta para comprender las palabras de Jesús:

Vino a mí palabra de YHVH diciendo: Hijo de hombre, profetiza contra los pastores de Israel. Profetiza, y di a los pastores: Así ha dicho YHVH el Señor: ¡Ay de los pastores de Israel, que se apacientan a sí mismos! ¿Acaso los pastores apacientan los rebaños? Coméis lo mollar y os vestís con la lana. Degolláis la oveja cebada, pero no apacentáis las ovejas. No habéis fortalecido las débiles ni habéis curado la que estaba enferma. No habéis vendado la que tenía la pata quebrada. No llevasteis de regreso al redil la que se había descarriado ni buscasteis la perdida sino que os

habéis comportando como si fuerais sus señores de forma dura y
violenta. Y andan errantes por falta de pastor y son presa de todas
las fieras del campo y se han dispersado. Anduvieron perdidas mis
ovejas por todos los montes y por todo collado elevado y por toda
la faz de la tierra fueron esparcidas mis ovejas y no hubo nadie
que las buscara ni que preguntara por ellas. Por tanto, pastores,
escuchad palabra de YHVH: Vivo yo, ha dicho YHVH el Señor,
que dado que mi rebaño ha sido entregado al robo y mis ovejas
han pasado a ser presa de todas las fieras del campo al no tener
pastor y mis pastores no buscaron mis ovejas sino que los pastores se apacentaron a sí mismos y no apacentaron mis ovejas, por
tanto, oh pastores, oíd palabra de YHVH. Así ha dicho YHVH
el Señor: He aquí, yo estoy en contra de los pastores y demandaré
mis ovejas de su mano y haré que dejen de apacentar las ovejas.
Tampoco los pastores se apacentarán más a sí mismos porque yo
libraré mis ovejas de sus bocas y no se las podrán comer. Porque
así ha dicho YHVH el Señor: He aquí yo, yo mismo iré a buscar
mis ovejas, y las reconoceré. Como reconoce su rebaño el pastor
el día que se encuentra en medio de sus ovejas dispersadas, así
reconoceré mis ovejas y las libraré de todos los lugares en que
fueron dispersadas el día del nublado y de la oscuridad. Y yo
las sacaré de los pueblos y las reuniré de las tierras. Las traeré a
su propia tierra y las apacentaré en los montes de Israel, por las
orillas de los ríos y en todos los lugares habitados del país… Yo
apacentaré mis ovejas, y yo les daré aprisco, dice YHVH el Señor
(Ezequiel 34:1-13,15).

El texto de Ezequiel nos proporciona el contexto adecuado para
comprender la trascendencia de las palabras de Jesús. En el pasado,
el mismo YHVH había contemplado con horror la penosa situación
espiritual de las ovejas de Israel. Sus pastores no solo no las atendían
sino que se aprovechaban de ellas. No las servían sino que se servían
de ellas. La profecía señalaba que YHVH había anunciado el juicio
contra aquellos malos pastores, la restauración de las ovejas y su
propia venida para llevar a cabo esa misión. Ahora, Jesús repetía el
mensaje, pero, a diferencia de Ezequiel, no anunciaba que YHVH
vendría como pastor sino que se presentaba a sí mismo como el
buen pastor. Poco puede sorprender, dada la trascendencia de aquellas palabras, que aquel discurso terminara de convencer a no pocos
de que tenía un demonio —¿cómo si no podía negar autoridad a

los fariseos e identificarse con la tarea de YHVH el pastor?—, pero también hizo que otros se preguntaran si podía estar endemoniado quién era capaz de dar vista a los ciegos (Juan 10:21). El ambiente debía estar lo suficientemente caldeado como para que, durante la fiesta de la Dedicación, Jesús eludiera proclamarse directamente Mesías. Aún así, a duras penas, logró evitar un nuevo intento de arresto (Juan 10:22-39). Prueba de hasta qué punto había aumentado la tensión es que la fuente joanea nos informa de que se retiró al otro lado de Jordán, al lugar donde bautizaba Juan, y que allí se quedó por un tiempo (Juan 10:22-39). La gente, ciertamente, siguió acudiendo a Él y muchos creyeron en aquel lugar; pero Jesús estaba, obviamente, refugiándose en un lugar menos peligroso en comparación con Galilea o con la misma Judea.

Se mirara como se mirara, la enseñanza de Jesús chocaba de manera crítica con la de sus contemporáneos. No significaba una ruptura con lo contenido en las Escrituras —a decir verdad, coincidía con las proclamas de los profetas— pero, igual que ellos, colisionaba con lo que creían no pocos de sus correligionarios. Jesús, fiel y piadoso judío, no discutía las celebraciones del Templo y, desde luego, participaba en ellas. Sin embargo, a la vez, indicaba que de ellas no podía desprenderse la salvación. Jesús no negaba el papel de la Torah que, expresamente, había venido a cumplir, pero lo profundizaba otorgándole un significado diferente no pocas veces al que le daban los fariseos. Jesús aceptaba —¡y de qué forma!— que existían pecadores, pero, de manera impertinente e insultante para no pocos, subrayaba que esa condición era común a todos los seres humanos en mayor o menor medida, y que resultaba imposible aspirar a la salvación sin acercarse a Dios, pedirla humildemente y aceptarla no por los propios méritos —generalmente, supuestos— sino por la fe. Para colmo, Jesús resultaba también meridianamente claro a la hora de anunciar que la salvación estaba indisolublemente vinculada a Él. No puede sorprendernos que los dirigentes religiosos de su época reaccionaran con hostilidad ante la enseñanza de Jesús porque, hoy en día, con certeza, sucedería lo mismo y no solo en el ámbito religioso. Sin embargo, las palabras de Jesús difícilmente podían resultar más obvias. Ahora se podía escuchar una noticia verdaderamente buena, ahora se podía recibir vida eterna, ahora se podía pasar de muerte a vida si se creía en su enseñanza:

En verdad os digo que cualquiera que escucha mis palabras y cree en el que me envió, tiene vida eterna, y no vendrá a condenación sino que ya ha pasado de muerte a vida (Juan 5:24).

Al desplazar la importancia de los hombres y enfocarla en Él, Jesús se convertía en motivo de desaliento, confusión e incluso ira para aquellos que se veían dotados de algún género de relevancia y —no resulta lícito olvidarlo— esa esa reacción ni siquiera excluyó a los Doce.

Autojustificación, codicia, ansiedad y juicio

Jesús iba a regresar a Galilea por última vez poco después aunque descansó algunos días en la residencia de Lázaro en Betania, cerca de Jerusalén (Lucas 10:38-42). Fue en esa ocasión cuando alabó la actitud de María, hermana de Lázaro, frente a la de Martha, ya que apartaba su tiempo para escucharlo. Por lo que nos ha transmitido la fuente lucana sabemos que a esas alturas, aunque el número de discípulos había crecido y continuaba muy activo (Lucas 10:1-24), la población, en su mayoría, seguía siendo impermeable a la predicación (Lucas 10:13 ss.). De hecho, podría haberse dicho que, aunque pensaran lo contrario, su desconocimiento de la Torah era más que grave. Ese extremo queda ilustrado por un episodio vivido en esa época, en Judea, y, muy posiblemente, en las cercanías de Jerusalén. La fuente lucana lo relata de la siguiente manera:

Y he aquí un intérprete de la ley se levantó y dijo a fin de ponerlo a prueba: Maestro, ¿haciendo qué cosa heredaré la vida eterna? Él le dijo: ¿Qué está escrito en la ley? ¿Cómo lees? Aquél, respondiendo, dijo: Amarás al Señor tu Dios con todo tu corazón y con toda tu alma y con todas tus fuerzas y con toda tu mente y a tu prójimo como a ti mismo. Y le dijo: Bien has respondido. Haz esto y vivirás. Pero él, queriendo justificarse a sí mismo, dijo a Jesús: ¿Y quién es mi prójimo? Jesús le respondió: Un hombre bajaba de Jerusalén a Jericó y cayó en manos de ladrones que lo despojaron y, tras herirlo, se marcharon dejándolo medio muerto. Sucedió que descendió un sacerdote por aquel camino y al verlo, pasó de largo. Igualmente, un levita, llegó cerca de aquel lugar y lo vio, pero pasó de largo. Sin embargo, un samaritano, que iba de camino, se acercó a él y, al verle, se conmovió para comportarse con misericordia y acercándose, le vendó las heridas, echando en ellas aceite y vino y poniéndolo sobre su cabalgadura, lo llevó al mesón y cuidó de él. Al día siguiente, al marcharse, sacó dos denarios y se los dio al mesonero, y le dijo: Cuídamelo y todo lo que gastes de más, yo te lo pagaré cuando regrese. ¿Quién, por lo tanto, de estos tres te parece que fue el prójimo del que cayó en manos de los ladrones? Él dijo: El que se comportó misericordiosamente con él. Entonces Jesús le dijo: Ve, y haz tú lo mismo (Lucas 10:25-37).

Una vez más, nos encontramos ante un pasaje que se suele examinar con cierto romanticismo, pero que resulta un áspero mentís a las pretensiones de justicia de la gente religiosa. En este caso concreto, un intérprete de la ley se acercó a Jesús para preguntarle qué debía hacer para conseguir la vida eterna. Jesús podía haber respondido, de acuerdo con lo que enseñaba habitualmente, que necesitaba reconocer su pecado y volverse hacia Dios, pero prefirió optar por un camino indirecto para mostrarle al hombre su situación espiritual. Así, le preguntó lo que leía en la Torah al respecto. La respuesta del intérprete no fue detenerse en las afirmaciones sobre el pecado y la necesidad de que Dios lo perdone, sino que apuntó a los dos mandamientos más importantes: el amor a Dios y el amor al prójimo. La respuesta era correcta, pero para cualquier persona que se hubiera detenido a pensar habría quedado de manifiesto que no cumplía ninguno de los dos mandamientos y que, por lo tanto, era culpable. El intérprete de la ley intentó autojustificarse apelando a un subterfugio. Por supuesto, él cumplía los dos mandamientos y se merecía la vida eterna aunque, claro está, había que dejar claramente de manifiesto quién era el prójimo porque, obviamente, esa expresión no tenía alcance universal. La respuesta de Jesús resultó, precisamente por ello, demoledora.

En la parábola, asistimos a la descripción de un pobre hombre que había sido asaltado y que no fue socorrido por gente que, en teoría, cumplía con esos dos preceptos de la Torah. Ni el sacerdote ni el levita quisieron socorrerlo y es posible que incluso adujeran justificaciones religiosas para su conducta, ya que si el hombre estaba muerto el simple contacto con el cadáver les habría transmitido la impureza ritual. Al fin y a la postre, el único que se había apiadado de aquel desdichado había sido un hereje, un odioso samaritano, un enemigo histórico de Israel que no acudía al templo de Jerusalén a orar, que contaba con una versión de la Torah distinta y que incluso tenía sangre impura circulando por sus venas. Ese sujeto despreciable que no adoraba a Dios de acuerdo con la Torah había demostrado estar a mayor altura moral a la hora de amar al prójimo que un sacerdote y un levita. Terminada la historia, la pregunta que Jesús formuló a su interlocutor fue directa. ¿Quién había demostrado amor al prójimo? El intérprete de la ley —seguramente sumido en una sensación más que incómoda— no se atrevió a decir que el samaritano y respondió que «el que se comportó misericordiosamente con él». Se trataba de una respuesta que permitió a Jesús invitarle a comportarse de la misma manera.

Si examinamos en su contexto el relato, es imposible privarlo de su carácter profundamente ofensivo para cualquiera que crea en la autojustificación. Imaginemos, por un instante, que la historia fuera la de un hombre que se desplazaba de una ciudad a otra en nuestro civilizado y cristiano Occidente. En un punto del camino, el protagonista del relato se habría detenido y unos ladrones habrían aprovechado para golpearlo y robarle todo lo que llevaba encima. A la orilla de la carretera habría quedado tendido y medio muerto. Por delante de él habría pasado un sacerdote, pero, demasiado entretenido con la idea de llegar a tiempo a celebrar misa, no se habría detenido a socorrerlo. Tras él, habría aparecido un pastor, pero, deseando terminar de perfilar el contenido de su predicación, tampoco habría salido de su automóvil para ayudarlo sino que habría continuado su camino. Finalmente, quien sí se habría parado habría sido un musulmán, quizá inmigrante ilegal en esa nación. El musulmán se habría acercado, le habría practicado las primeras curas a la víctima del robo y luego lo habría llevado a un motel para que se recuperase. Quizá pensó en algún momento en acercarlo a una clínica, pero el temor a que le pidieran la documentación lo llevó a rechazar esa posibilidad. Con todo, al despedirse, dejó incluso dinero al empleado del motel señalando que cuando regresara si había que abonar algo más, lo haría. La pregunta ahora sería quién se habría comportado con su prójimo de la manera adecuada. ¿Había sido el sacerdote, el pastor o el musulmán? Si alguno de los que ha leído las líneas anteriores se ha sentido incómodo con ellas, debería señalársele que ha experimentado tan solo algo de la sensación que sufrió el intérprete de la ley que habló con Jesús. Es posible que aquel hombre pudiera realizar sesudos comentarios sobre la manera en que había que guardar el *shabbat* o sobre los mandamientos más relevante de la Torah, pero, a la hora de la verdad, no era menos culpable de quebrantarlos que otros.

No sabemos si ante Jesús se presentó por aquel entonces, en medio de una hostilidad creciente que se había dejado sentir como bien patente en Jerusalén, la tentación de contemporizar. De haber sido así, la resistió admirablemente, porque en un encuentro con un fariseo volvió a marcar distancias de manera considerable (Lucas 11:37-54) hasta el punto de referirse al juicio de Dios que recaería sobre la generación presente, una generación que no había querido escuchar a los profetas:

> Por tanto, la Sabiduría de Dios también dijo: les enviaré profetas y apóstoles; y de ellos a unos matarán y a otros perseguirán; para que de esta generación sea exigida la sangre de todos los profetas, que ha sido derramada desde la fundación del mundo; desde la sangre de Abel, hasta la sangre de Zacarías, que murió entre el altar y el templo. Así os digo: será exigida a esta generación. ¡Ay de vosotros, doctores de la ley que habéis sujetado la llave del conocimiento! Vosotros mismos no habéis entrado y habéis impedido entrar a los que deseaban hacerlo. Y, mientras les decía esto, los escribas y los fariseos comenzaron a acosarlo en gran manera, y a provocarlo para que hablara muchas cosas, acechándolo, y procurando cazar algo de su boca con que pudieran acusarlo (Lucas 11:49-54).

Las últimas predicaciones de Jesús en Galilea abundaron todavía más en esos temas. Señaló así, por ejemplo, que era estúpido confiar en los bienes materiales, como aquel desdichado rico que se puso a idear planes sobre el futuro y se murió esa misma noche:

> Y les dijo: Mirad y guardaos de toda avaricia porque la vida del hombre no se basa en la abundancia de los bienes que posee. También les refirió una parábola, diciendo: La hacienda de un hombre rico había producido mucho y él pensaba en su interior: ¿Qué voy a hacer porque no tengo dónde guardar mis frutos? Y dijo: Esto

es lo que voy a hacer: derribaré mis graneros y los construiré más grandes y allí guardaré todos mis frutos y mis bienes y diré a mi alma: Alma, tienes muchos bienes guardados para muchos años. Descansa, come, bebe, alégrate. Pero Dios le dijo: Necio, esta noche vienen a pedirte tu alma y lo que has pensado ¿de quién será? Así es el que hace para sí tesoro, y no es rico para con Dios (Lucas 12:15-21).

Suele ser muy habitual el interpretar esta parábola de una manera convencional, según la cual nos encontraríamos ante un hombre rico que no previó lo que podría sucederle en el futuro, y que cuando más feliz se encontraba contemplando sus riquezas se topó con el fallecimiento. La enseñanza sería, pues, que también hay que ser rico para con Dios y no solo para uno mismo porque, en cualquier momento, puede llegar la muerte. La realidad es que el mensaje de la parábola es otro y, por cierto, no resulta menos angustioso. El hombre rico no es censurado por serlo. Tampoco se nos dice que hubiera llegado a esa situación mediante la falta de honradez o la explotación de sus trabajadores. Simplemente, era alguien que, en un momento dado, se encontró con una marcha excepcionalmente buena de sus negocios y pensó en lo maravillosa que iba a ser su existencia nadando en la abundancia. En ese momento, vinieron a reclamar su alma. Pero ¿quiénes? ¿Los ángeles para llevarlo al otro mundo? No. Quienes reclamaron su alma fueron las cosas en las que había confiado para conseguir la felicidad. De repente, al no saber colocar lo material en su justo y adecuado lugar, aquel hombre había abierto la puerta para ser el esclavo de las cosas que creía poseer. Insistamos en ello: que creía poseer, porque son las cosas las que lo poseían desde ese momento.

Cuesta mucho no ver la milenaria actualidad de esta historia. La gente cree que será feliz cuando tenga una casa, un auto, incluso una moto, y no se percatan de que no son ellos los que tienen las cosas sino que la casa, el auto o la moto, los posee a ellos. Sí, están convencidos de que esa casa los hará felices, pero, por regla general, lo que los hace es esclavos de un banco o de un prestamista. Sí, pensaron que el automóvil les cambiaría la vida, pero, de repente, todo comienza a girar sobre un vehículo de cuatro ruedas. Sí, depositaron sus esperanzas de dicha en una moto, pero el aparato acaba convirtiéndose en origen de preocupaciones impensables. Todos pensaron que su alma se alegraría con esa situación concreta y no se dan cuenta de que la cosa en cuestión ha reclamado su alma y se ha apoderado de ella.

Jesús podía mirar en torno suyo —la situación no sería tan diferente en el mundo actual— y ver a dirigentes espirituales que podían citar las Escrituras, pero que, en realidad, las desconocían y además rezumaban autojustificación y sentimiento de superioridad. Podía ver a pastores que se consideraban relevantes por el simple hecho de tener ovejas a su cargo, pero que no las servían sino que se servían de ellas. Podía contemplar a personas que, supuestamente, pertenecían al pueblo de Dios, pero que ignoraban que, creyendo encontrar la felicidad en las cosas, lo único que hallaban era la esclavitud que estas conferían. ¿Podría sorprender que en un mundo tan desequilibrado —y que se acercaba a pasos agigantados al juicio— la ansiedad fuera una situación común? Ciertamente, no.

Resulta muy interesante cómo la fuente lucana coloca en medio de este contexto la enseñanza de Jesús sobre no dejarse llevar por la ansiedad. Todo lleva a pensar que, al igual que otras suyas, debió repetirla una y otra vez a sus contemporáneos. En este contexto, resultaba más que pertinente. No había que esperar que las cosas materiales proporcionaran la felicidad —¡qué disparatada manera de convertirse en su esclavo!—, ni tampoco había que dejarse llevar por la ansiedad. Por el contrario, había que depositar toda la confianza en Dios que se ocupa incluso de seres menos importantes que los humanos, como son las aves del cielo y las flores del campo (Lucas 12:27-30). En resumen, había que buscar el Reino de Dios y su justicia en la certeza de que lo demás sería dado por añadidura (Lucas 12:31). Por supuesto, se produciría oposición, pero, una vez más, Jesús enfatizó que el único que merece el temor de los hombres es Dios, ante el que habrá que responder algún día. Fueran o no conscientes de ello, la decisión más trascendental en esta vida era la de volverse hacia Dios o rechazar su llamamiento. Ni siquiera la realidad política más cercana podía cambiar esa situación. La fuente lucana ha conservado al respecto un episodio especialmente revelador:

> Por esa misma época estaban allí algunos que le contaron lo que había pasado con los galileos cuya sangre Pilato había mezclado

con sus sacrificios. Jesús les respondió: ¿Pensáis que estos galileos,
porque padecieron tales cosas, eran más pecadores que todos los
galileos?

Pues escuchadme: No lo eran. Por el contrario; si no os convertís, todos os perderéis de la misma manera. O aquellos dieciocho
sobre los que cayó la torre en Siloé, y los mató, ¿pensáis que eran
más culpables que todos los hombres que habitan en Jerusalén?
Pues escuchadme: No lo eran. Por el contrario, si no os convertís,
todos os perderéis de la misma manera (Lucas 13:1-5).

El pasaje difícilmente puede resultar más iluminador. Hasta Jesús
llegaron unas personas que le refirieron como Pilato había llevado
a cabo la represión de unos galileos de manera especialmente escalofriante. Había esperado a que estuvieran ofreciendo sacrificios y
entonces, algunos soldados romanos que se habían deslizado entre la
multitud convenientemente disfrazados, les habían dado muerte. En
un sentido pavorosamente literal, habían mezclado la sangre de los
animales sacrificados con la de los galileos. Una desgracia semejante
había acontecido a los que trabajaban en la torre de Siloé, una de
las obras realizadas por el poder romano. Quizá algunos pensaran
que los galileos se merecían aquella suerte por la manera en que se
oponían a la política de Roma; quizá otros estuvieran seguros de que
los obreros de la torre eran los que eran dignos de la desgracia que
les había acontecido ya que habían colaborado con un poder opresor. Pues bien, ambas conclusiones, aparentemente sólidas y justas,
resultaban deplorablemente falsas. Según la enseñanza de Jesús,
independientemente de su adscripción política, todos los hombres
necesitan la conversión. Piensen lo que piesen, han de volverse hacia
Dios, ante el que deberán comparecer más tarde o más temprano. El
mensaje no podía ser más claro: a menos que alguien se convierta,
perecerá... sea cual sea su posición de cara al poder romano. La
disyuntiva verdaderamente esencial en toda vida humana no es si
optó por tal o cuál fuerza política, sino si se volvió a Dios o continuó
dándole la espalda, actitud esta última que podía coincidir incluso
con la práctica religiosa. A fin de cuentas, eso era lo que sucedía
con no pocos de los contemporáneos de Jesús cuya actitud quedó
simbolizada en uno de sus *meshalim*, donde se comparó con una
higuera que se niega a dar fruto:

Dijo también esta parábola: Un hombre tenía una higuera plan-
tada en su viña, y vino a buscar fruto en ella, y no lo halló. Y dijo
al viñador: Mira, hace tres años que vengo a buscar fruto en esta
higuera, y no lo encuentro; córtala; ¿para qué utilizar también mal
la tierra? El entonces le respondió: Señor, déjala todavía este año,
hasta que yo cave alrededor de ella, y la abone. Y si diera fruto,
bien; y si no, la corta (Lucas 13:6-9).

Al fin y a la postre, ese era el gran drama cósmico en el que estaba
inmerso Israel. Al igual que Isaías había ya indicado siglos antes,
Jesús podía decir que Israel era una viña que, a pesar de los cuidados
de Dios, no había dado fruto y que por ello recibiría su justo castigo
(Isaías 5:1-7). Desde hacía casi tres años, Jesús había predicado sobre
la necesidad de que se produjera una conversión nacional, pero esta
seguía sin tener lugar. Un año más, y esa gran oportunidad que
Jesús predicaba llegaría a su punto de conclusión. Sería el año que
discurriría entre el momento en que Jesús saliera definitivamente
de Galilea y se encaminara de manera definitiva hacia Jerusalén.
Sería el último año en que, de manera directamente personal, su
luz brillaría sobre la nación.

CAPÍTULO XIII

EL ÚLTIMO AÑO

La amenaza de Herodes

Nada cambió en la actitud de Jesús durante los meses siguientes. A su paso por ciudades y aldeas, camino de Jerusalén, continuó insistiendo en su llamamiento a la conversión, a volverse a Dios, a entrar en el Reino. Su forma de predicar tuvo que ser percibida por la gente como muy directa, ya que la fuente lucana nos cuenta cómo hubo quien llegó a preguntarle si eran «pocos los que se salvan» (Lucas 13:23). La pregunta forma parte de ese elenco de cuestiones absolutamente inútiles con las que sujetos que se sienten incómodos intentan desviar el tener que dar una respuesta al llamamiento de la conversión. Se agrupa así al lado de otras preguntas absurdas como la de qué sucederá con los esquimales que no oyeron hablar de Jesús en el día del juicio final o la de qué va a pasar con aquellos que de buena fe rechazan la predicación del Evangelio. Por supuesto, Jesús no se perdió en disquisiciones sobre tan peregrina —e inútil— pregunta. Por el contrario, la dejó de lado y volvió a dirigirse hacia los que le interrogaban. No debían perder el tiempo en preguntarse por cuestiones absurdas. Más bien tenían que enfrentarse con el hecho de que el llamamiento a la conversión los afectaba y que debían responder de manera directa y no evasiva:

> Esforzaos por entrar por la puerta angosta; porque os digo que muchos intentarán entrar, y no podrán. Una vez que el padre de familia se haya levantado y cerrado la puerta, y os quedéis fuera y empecéis a llamar a la puerta, diciendo: Señor, Señor, ábrenos, él os responderá: No sé de dónde sois. Entonces comenzaréis a decir: si hemos comido y bebido delante de ti, y has enseñado en nuestras plazas. Pero os dirá: Os digo que no sé de dónde sois;

apartaos de mí todos vosotros, hacedores de maldad. Allí será el
llanto y el crujir de dientes, cuando veáis a Abraham, a Isaac, a
Jacob y a todos los profetas en el reino de Dios, y vosotros estéis
excluidos. Porque vendrán del oriente y del occidente, del norte
y del sur, y se sentarán a la mesa en el reino de Dios. Y habrá
últimos que serán los primeros, y primeros que serán los últimos
(Lucas 13:24-30).

El mensaje de Jesús, como antaño había sucedido con los profetas, resultaba meridianamente claro. Enfrentaba al hombre con la
disyuntiva de la conversión o la perdición. No puede sorprender que
los fariseos intentaran amedrentarlo incluso recurriendo a decirle que
el propio Herodes buscaba matarlo (13:31). Sin embargo, la perspectiva de verse sometido a un destino como el de Juan el Bautista no
amedrentó a Jesús. Por el contrario, la fuente lucana nos indica que
Jesús comparó a Herodes con una zorra —una referencia a su insig-
nificancia por contraposición al león— y que señaló su propósito
decidido de continuar su camino hasta Jerusalén (Lucas 13:31,32).
En otras palabras, Herodes no lo expulsaba de Galilea. Era Él quien
se encaminaba a la Ciudad Santa a consumar su destino.

Los *meshalim* del hallazgo

Podría pensarse que la predicación de Jesús —claramente centrada
en el llamamiento a la conversión— presentaba a esas alturas unos
matices sombríos. Sin embargo, lo que se desprende de las fuentes
es exactamente lo contrario. A decir verdad, las parábolas de Jesús
de esta época se encuentran entre las más hermosas de su abundante y original repertorio. En todas ellas aparece un innegable
timbre de gozo, de alegría y de esperanza que arroja una radiante
luz sobre el pesar que pudiera aquejar a Jesús por la incredulidad de
sus coetáneos. ¿Cómo no sentirse apenado cuando uno contempla
que la oportunidad para una dicha superior a cualquier felicidad
humana es despreciada o rechazada de plano por aquellas personas
a las que se ofrece? ¿Cómo no experimentar dolor al ver que Dios
está llamando de manera generosa al corazón de seres humanos
totalmente extraviados y que estos persisten en su perdición? Los
neviim habían dejado de manifiesto en el pasado que no era posible.

Isaías había clamado contra una sociedad de Judá que se había asemejado moralmente a Sodoma y Gomorra y que recibiría su justo juicio (Isaías 1:10-31). Jeremías había clamado a Dios para que descargara su castigo sobre sus contemporáneos de Judá, sordos a sus llamados al arrepentimiento (Jeremías 18:18-23). Ezequiel trazó cuadros apocalípticos del futuro arrasamiento de Jerusalén y de su templo (Ezequiel 9-10). Lo mismo hallamos, aunque con mucha más sobriedad, en Jesús. Es lógico que así sea. A decir verdad, resulta imposible que no sucediera y más si se tiene en cuenta la visión peculiar de Jesús acerca de Dios. De hecho, las parábolas pronunciadas en esa época son claramente significativas.

La primera de las parábolas de este período estuvo referida a una gran cena que asemejaba con el Reino de Dios y a la que se habían negado a asistir los invitados. La fuente lucana la refiere de la siguiente manera:

> Al oír esto uno de los que estaban sentados a la mesa con él, le dijo: Bienaventurado el que coma pan en el reino de Dios. Entonces Jesús le dijo: Un hombre hizo una gran cena e invitó a muchos. Y a la hora de la cena envió a su siervo a decir a los invitados: Venid, que ya todo está preparado. Y todos a la vez empezaron a presentar excusas. El primero dijo: He comprado una hacienda y necesito ir a verla. Te suplico que me excuses. Otro dijo: He comprado cinco yuntas de bueyes y voy a probarlos. Te suplico que me excuses. Y otro dijo: Acabo de casarme y por lo tanto no puedo ir. Cuando regresó el siervo, comunicó estas cosas a su señor. Entonces enojado el padre de familia, dijo a su siervo: Vé inmediatamente por las plazas y las calles de la ciudad y traete aquí a los pobres, a los mancos, a los cojos y a los ciegos. Y dijo el siervo: Señor, se ha hecho como mandaste y sigue habiendo lugar. Dijo el señor al siervo: Vé por los caminos y por las sendas y házlos a entrar para que se llene mi casa. Porque os digo que ninguno de aquellos hombres que fueron invitados saboreará mi cena (Lucas 14:16-24).

El contexto de la historia relatada por Jesús resulta ciertamente conmovedor. Uno de los que había estado escuchándolo señaló de repente lo magnífico que resultaría entrar en el Reino. La parábola muestra precisamente que esa posibilidad existía y, de hecho, Jesús la estaba ofreciendo de manera continua. Sin embargo, sus compatriotas no dejaban de encontrar excusas para no entrar. Esas excusas podían hasta parecer razonables, pero no pasaban de ser falacias con las que se intentaba cubrir su deseo de quedarse fuera. En lugar de pensar en lo maravilloso que sería entrar en el Reino, aquella gente debería dar el paso de entrar de una vez. Porque, en última instancia, el Reino no quedaría vacío porque ellos no desearan entrar. Entrarían los rechazados y los marginados —como las prostitutas y los recaudadores de impuestos—, e incluso gente que nadie pensaría que pudiera disfrutar del banquete. Sin embargo, aquellos a los que se había dirigido la invitación desde el principio, ¡ay!, no paladearían el festín del Reino.

Ciertamente, el paralelo entre la historia relatada por Jesús y lo que estaba contemplando a diario saltaba a la vista. Su llamamiento principal había estado dirigido a las «ovejas perdidas de la casa de Israel». Lo sensato, lo lógico, lo esperado es que hubieran acudido en masa a entrar en el Reino, a esa cena sin parangón, a esa ocasión incomparable de la historia. Sin embargo, no había sido así. Al final, por supuesto, el banquete no sería un lugar solitario porque acudirían muchos que nadie hubiera pensado que vinieran, pero de los primeros invitados… ¡cuántos no quedarían fuera!

Esa visión —similar a la que había manifestado desde el inicio de su ministerio público— de un género humano perdido sin excepción y necesitado por igual de salvación, había quedado expresado en parábolas como las de la dracma perdida, la oveja extraviada (Lucas 15:1-10) y la de los dos hijos (Lucas 15:11-32).[1] Jesús rechazaba de plano la idea de que alguien pudiera salvarse por sus propios méritos y lo había dejado de manifiesto una y otra vez en sus choques con escribas y fariseos. Había —¡vaya si lo había!— un camino directo para entrar en el Reino de Dios proclamado por los profetas a lo largo de los siglos. Pero no era el de una supuesta acumulación de méritos, ni el de la suma de presuntas obras piadosas, ni el del sentimiento de superioridad moral. El camino pasaba por reconocer la realidad —desagradable, pero difícil de negar— del pecado propio; por aceptar que no se podía comprar la salvación ni merecerla; y por acudir a Dios humildemente en petición de perdón y de nueva vida. Cuando tenía lugar esa conversión no solo había alegría

---

1. Ver supra págs.

para el arrepentido, sino que también esta se extendía por el cielo (Lucas 15:10). También en esta visión, Jesús seguía la tradición de los antiguos profetas. ¿Acaso no había prometido Dios a Salomón al inaugurarse el Templo de Jerusalén que si el pueblo de Israel oraba y buscaba su rostro y se convertía de sus malos caminos, Él oiría desde los cielos y perdonaría sus pecados y sanaría la tierra (2 Crónicas 7:14)? ¿Acaso no había anunciado Dios al profeta Jeremías que si había conversión, habría restauración (Jeremías 15:19)? ¿Acaso no había transmitido el profeta Joel el mensaje de que el juicio caería sobre Israel si no mediaba la conversión (Joel 2:11,12)? Ciertamente, el judío Jesús pocas veces fue más judío y estuvo más identificado con el destino de su pueblo que cuando señaló las funestas consecuencias de no escuchar el llamamiento a la conversión que anunciaba.

El paso por Perea

El paso de Jesús por Perea —un trayecto que distó de ser apresurado y que merece una atención especial en la fuente lucana— se caracterizó por la perseverancia en la predicación de su mensaje y por su insistencia en su peculiar concepción de la labor del Mesías ante sus discípulos. Sin embargo, no puede decirse que tuviera éxito a la hora de ser comprendido. Un episodio correspondiente a esta fase de la vida de Jesús indica hasta qué punto los prejuicios de los apóstoles se hallaban profundamente arraigados en su manera de ver la vida y en sus comportamientos cotidianos. El hecho nos ha sido transmitido por diversas fuentes:

> Iban de camino hacia Jerusalén y Jesús los precedía. Y estaban asustados y le seguían con miedo. Y volviendo a tomar aparte a los Doce, comenzó a decirles lo que le iba a suceder:
> «Mirad, subimos a Jerusalén, y el Hijo del Hombre será entregado a los principales sacerdotes y a los escribas, y le condenarán a muerte y le entregarán a los gentiles; se mofarán de él, lo flagelarán, le escupirán y lo matarán, pero, al tercer día, se levantará (Marcos 32-34. Ver paralelos en Mateo 20:17-19 y Lucas 18:31-34).

En la cercanía de Jerusalén, los discípulos habían comenzado a ser presa de una comprensible inquietud. Posiblemente, habían creído a los fariseos que les habían referido las intenciones homicidas de Herodes. Tampoco se les escapaba que las relaciones con las autoridades religiosas distaban mucho de ser buenas, teniendo en cuenta lo acontecido en visitas anteriores en las que Jesús había escapado a duras penas de ser arrestado y apedreado en varias ocasiones. Sin duda, se hallaban en una situación de nada desdeñable riesgo. Jesús podía haber optado por animar a sus seguidores ocultando lo que se cernía sobre Él. Sin embargo, volvió a incidir en la enseñanza de los últimos meses. Descendían a Jerusalén y allí Él, el Hijo del Hombre, sería ejecutado. Las afirmaciones eran obvias y deberían haber arrastrado a los Doce a reflexionar sobre las palabras de Jesús. Sin embargo, como indica la fuente lucana, «no entendían nada de aquellas cosas, y aquella enseñanza les resultaba encubierta y no entendían lo que se decía» (Lucas 18:34). Buena prueba de ello es la reacción que tuvieron acto seguido dos del grupo de tres apóstoles más unido a Jesús:

> Entonces Santiago y Juan, los hijos de Zebedeo, se le acercaron y le dijeron: Maestro, querríamos que nos concedas lo que te pidamos. Él les dijo: ¿Qué queréis que os conceda? Ellos le dijeron: Concédenos que nos sentemos el uno a tu derecha, y el otro a tu izquierda, en tu triunfo. Entonces Jesús les dijo: No sabéis lo que pedís. ¿Podéis beber de la copa que yo bebo, o ser sumergidos en la inmersión en que me veré sumergido? Ellos dijeron: Podemos. Jesús les dijo: A decir verdad, de la copa que yo bebo, beberéis, y os veréis sumergidos en la misma inmersión que yo, pero el sentaros a mi derecha y a mi izquierda, no me corresponde a mí concederlo, sino que será para aquellos para quienes está preparado. Cuando lo oyeron los diez, comenzaron a encolerizarse contra Santiago y contra Juan. Pero Jesús, llamándolos, les dijo: Sabéis que los que son tenidos por gobernantes de las naciones se enseñorean de ellas, y sus grandes aprovechan la autoridad que tienen sobre ellas. Pero no debe ser así entre vosotros, sino que el que quiera ser grande entre vosotros será vuestro siervo, y el que de vosotros quiera ser el primero, será siervo de todos. Porque el Hijo del Hombre no vino para ser servido, sino para servir, y para dar su vida en rescate por muchos (Marcos 10:32-45).

Jesús podía anunciar una y otra vez su futuro trágico, pero sus discípulos no podían arrancar de su mente otra visión del Mesías, aquel que triunfaría sobre Roma y repartiría despojos entre sus seguidores más inmediatos. Posiblemente, la cercanía de la Ciudad Santa había excitado los ánimos de Santiago y Juan para pedirle los primeros puestos en el triunfo. No sorprende que los otros diez se sintieran irritados. Seguramente, debieron pensar que los dos hermanos aprovechaban su cercanía con Jesús para obtener una injusta ventaja. Pero Jesús —como en otras ocasiones— rehusó entrar en ese tipo de disputa. Por el contrario, indicó que lo que debían esperar sus discípulos era un destino semejante al suyo y que, por añadidura, Él no era el encargado de distribuir puestos en el Reino de Dios. Pero no concluyó ahí.

Muchas personas tienen una idea romántica y rosada de la política. La ven cargada del idealismo que no existe, por ejemplo, en la agricultura o en la ganadería y conciben su entorno como algo movido por los mejores deseos. La verdad es que Jesús no compartió jamás semejante visión. De hecho, resulta bien revelador cómo, en esta ocasión, subrayó la diferencia radical entre los gobernantes del mundo y el Reino de Dios. Los políticos —bien debía saberlo Jesús tras contemplar cómo Satanás le había ofrecido todos los gobiernos del mundo, y tras haberse negado con rotundidad a que las muchedumbres lo proclamaran rey— suelen caracterizarse por servirse de aquellos a los que, supuestamente, sirven y por ejercer el enseñoreamiento y la dominación. Es cierto que esa conducta es tan habitual que muchas veces ni siquiera llega a percibirse. Sin embargo, no era la apropiada en el Reino de Dios y, por lo tanto, sus discípulos no podían comportarse así en el futuro. De hecho, Él mismo, el Rey-Mesías, era el Hijo del Hombre que había venido a vivir como un siervo y a llevar esa conducta hasta tal extremo que implicaría morir entregando su vida en rescate por la salvación de muchos (Marcos 10:45).

Lázaro y Zaqueo

Los últimos días previos a la entrada de Jerusalén estuvieron señalados por algunos episodios cargados de importante contenido. Uno de ellos estuvo relacionado con Lázaro, un amigo de Jesús, y otro con un publicano llamado Zaqueo. De Lázaro —al que algún exegeta, bastante discutiblemente, ha llegado a identificar con el «discípulo amado» del que habla el cuarto evangelio—² poseemos datos muy interesantes. Ya hemos señalado con anterioridad que era de Betania, una población cercana a Jerusalén, que vivía allí con sus hermanas Marta y María,³ que creía en Jesús y que Jesús se había alojado en su casa en el curso de alguno de los viajes a Jerusalén. Ahora, cuando Jesús se hallaba a escasa distancia de la Ciudad Santa, Marta y María le enviaron recado de que su hermano estaba a punto de morir. Jesús dilató el ir a la casa un par de días y entonces decidió responder al aviso. Tal decisión provocó una considerable inquietud en los discípulos. Jesús se había librado de una lapidación no mucho antes y acercarse a aquel lugar no parecía lo más prudente (Juan 11:8). De hecho, cuando Jesús mantuvo su decisión de acercarse a Betania, alguno de los discípulos, como fue el caso de Tomás, llegó a la conclusión de que correrían un claro peligro de muerte (Juan 11:16). Sin embargo, lo que sucedió fue algo muy diferente.

Cuando Jesús apareció ante la casa de Lázaro, este se hallaba muerto desde hacía varios días y solo se podían escuchar los lamentos de las hermanas del difunto. Después, la gente tuvo ocasión de ver a Jesús llorando, una reacción de la que no tenemos constancia en ningún otro momento o situación de su vida anterior (Juan 11:35). Pero lo más abrumador fue cuando Jesús acudió al sepulcro y conminó al cadáver para que saliera de la tumba y este obedeció la orden (Juan 11:41-44).

La resurrección de los muertos era una de las señales que debía acompañar al Mesías cualquiera que fuera el concepto que se tuviera sobre Él. Las fuentes hablan de que Jesús había protagonizado ya episodios de ese tipo, pero se habían producido en la lejana Galilea y no habían provocado grandes reacciones (Lucas 7:11-17). Ahora, sin embargo, todo había sucedido a pocas horas de camino de Jerusalén, entre gente conocida, con un hombre del que nadie tenía la menor duda de que había fallecido unos días antes y en la cercanía de la gran fiesta de la Pascua. No puede sorprender que esa suma

---

2. Oscar Cullmann, *The New Testament* (TI), Londres, 1968, p. 52 ss.

3. A esta María durante la Edad Media se la identificó erróneamente con María Magdalena y con la pecadora de Lucas 8:2,3. Se creó así toda una mitología carente de base histórica; pero que dio numerosos frutos en la literatura y el arte, y persiste hasta la actualidad.

de circunstancias ocasionara una verdadera conmoción. La fuente joanea señala que las noticias sobre la resurrección de Lázaro provocaron dos reacciones diametralmente opuestas. Por un lado, no pocos se sintieron inclinados a creer en Jesús (Juan 11:45 y 12:11) —¿quién no lo haría en alguien que podía levantar a los muertos?—, pero, por otro, las autoridades del Templo adoptaron la última decisión sobre la suerte que debía correr:

> Entonces muchos de los judíos que habían venido para hacer compañía a María, y vieron lo que había hecho Jesús, creyeron en él. Pero algunos de ellos fueron a los fariseos y les dijeron lo que Jesús había hecho. Entonces los principales sacerdotes y los fariseos reunieron el Sanedrín y dijeron: ¿Qué vamos a hacer? Porque este hombre hace muchas señales. Si le dejamos así, todos creerán en él; y vendrán los romanos, y destruirán nuestro lugar santo y nuestra nación. Entonces Caifás, uno de ellos, que era sumo sacerdote aquel año, les dijo: Vosotros no sabéis nada; ni os percatáis de que nos conviene que un hombre muera por el pueblo, y no que toda la nación perezca. Esto no lo dijo por su cuenta, sino que como era el sumo sacerdote aquel año, profetizó que Jesús había de morir por la nación; y no solamente por la nación, sino también para congregar en uno a los hijos de Dios que estaban dispersos. Así que, desde aquel día acordaron matarle. Por tanto, Jesús ya no andaba abiertamente entre los judíos, sino que se alejó de allí a la región contigua al desierto, a una ciudad llamada Efraín; y se quedó allí con sus discípulos.... Y los principales sacerdotes y los fariseos habían dado orden de que si alguno se enteraba de dónde estaba, lo denunciara para prenderlo (Juan 11:45-54:57).

Hasta entonces, Jesús había ido concitando en contra suya la incredulidad de algunos de sus paisanos que no podían aceptar su importancia; la desilusión de otros a los que costaba entender el porqué de su apartamiento de determinada visión del Mesías; la animadversión de los fariseos que encontraban intolerable su interpretación de la Torah; la preocupación de los saduceos del Templo que se habían sentido molestos por su relativización del culto y, quizá incluso la hostilidad de Herodes que se preguntaba atormentado si no sería Juan el Bautista, al que había matado. Con el paso del tiempo, el temprano deseo de eliminarlo había ido dando lugar a calumnias e injurias, a intentos de arresto, a conatos de lapidación e incluso a la amenaza de expulsión de las sinagogas para aquellos que lo reconocieran como Mesías. Hasta ahora, la hostilidad no había dejado de crecer y tenía muchos puntos de contacto con la que, en un momento u otro, han sufrido otros movimientos religiosos en el seno del judaísmo, como fue el caso de los jasidim al inicio de su andadura en el siglo XVIII.[4] Sin embargo, ahora las circunstancias habían llevado a las autoridades del Templo —en especial al sumo sacerdote— a pensar en una forma de acción más drástica que un arresto o incluso un apedreamiento público. Si la gente creía que Jesús era capaz de resucitar a los muertos —un hecho que a los saduceos por definición les resultaba totalmente inaceptable— no tardaría en reunirse alrededor de Él aclamándolo como Mesías. Lo que sucedería entonces resultaba fácil de prever. Los romanos no tolerarían alborotos mesiánicos y acabarían con Jesús y los suyos de manera no menos expeditiva que lo habían hecho en el pasado con otros revoltosos. Sin embargo, ahora el resultado podría ser peor y traducirse en la destrucción de Jerusalén y del Templo. Precisamente por eso, lo más prudente, lo más sensato, lo obligado, era eliminar a Jesús, con lo que el peligro quedaría cortado de raíz.

Las autoridades del Templo dejaban de manifiesto su falta de escrúpulos morales —un hecho que aparece recogido también en el Talmud—, pero no exageraban el peligro. De hecho, al cabo de cuarenta años, el Templo desaparecería en llamas en medio de una Jerusalén aniquilada por la acción tanto de los rebeldes nacionalistas judíos como de los legionarios romanos enviados para acabar con ellos. De manera bien significativa, el historiador judío Flavio Josefo, que nos ha dejado la mejor relación sobre ese episodio, no dudó en culpar de la tragedia nacional a sus correligionarios, hasta el punto de afirmar «creo que Dios... había decidido la destrucción de la ciudad, ya contaminada, y quería purificar el santuario con fuego» (Guerra IV, 323). Pero, en aquellos momentos, el sumo sacerdote pensaba que podía controlar la situación y más si se tenía en cuenta que Jesús no había dado señales de impulsar la violencia.

---

4. Al respecto, véase: M. L. Wilensjy, «Hassidic-Mitnaggedic Polemics in the Jewish Communities of Eastern Europe: The Hostile Phase» en G. D. Hundert, *Essential Papers on Hasidism, Nueva York y Londres,* 1991.

De manera bien significativa, por esos mismos días tuvo lugar un episodio que deja de manifiesto hasta qué punto Jesús estaba lejos de abogar por la sedición. Nos referimos a su encuentro con Zaqueo, un jefe de publicanos, el odiado —y corrupto— cuerpo de recaudadores de impuestos al servicio del imperio romano. La fuente lucana lo ha relatado de la siguiente manera:

> Tras entrar Jesús en Jericó, iba pasando por la ciudad. Y sucedió que un hombre llamado Zaqueo, que era jefe de los publicanos, y rico, intentaba ver quién era Jesús; pero no podía a causa de la gente, porque era pequeño de estatura. De manera que se adelantó corriendo y se subió a un sicómoro para verlo; porque había de pasar por allí. Cuando Jesús llegó a aquel lugar, levantó la mirada, le vio, y le dijo: Zaqueo, date prisa y desciende, porque hoy es necesario que me quede en tu casa. Entonces él descendió aprisa, y lo recibió alegre. Al ver aquello, todos se pusieron a murmurar diciendo que había entrado a quedarse con un hombre pecador. Entonces Zaqueo, deteniéndose, dijo al Señor: Mira, Señor, la mitad de mis bienes se la doy a los pobres; y si en algo he defraudado a alguno, se lo restituyo cuadruplicado. Jesús le dijo: Hoy ha venido la salvación a esta casa; porque él también es hijo de Abraham. Porque el Hijo del Hombre ha venido a buscar y a salvar lo que se había perdido (Lucas 19:1-9).

De camino a Jerusalén, en la vecina Jericó, Jesús había podido contemplar cómo las gentes mostraban su resentimiento evidente contra el jefe de los publicanos, colocándose de tal manera que impidieron que pudiera verlo al entrar en el lugar. Venganza tan pobre, incluso ruin, había sido posible porque se trataba de un hombre bajo que, con seguridad, no podía alcanzar a ver más allá de los hombros de sus paisanos. Sin embargo, ni Zaqueo se había rendido ni Jesús lo había rechazado. De manera sorprendente, le había ordenado bajar del sicómoro al que había trepado para verlo y había anunciado que se quedaría en su casa. No solo eso. Al mostrar Zaqueo su disposición a volverse a Dios, Jesús lo había reconocido como a un «hijo de Abraham», una categoría que, como Juan el Bautista, identificaba no a cualquier descendiente del patriarca sino solo a aquellos que se volvían a Dios. Jesús había proclamado su salvación, algo lógico si se tiene en cuenta que esa era la misión fundamental del

Hijo del Hombre. Visto desde una perspectiva cristiana —o influida por la cosmovisión cristiana— el relato puede resultar conmovedor, incluso tierno. Sin embargo, es dudoso que así lo vieran muchos de los contemporáneos de Jesús. A fin de cuentas, aquel hombre que podía ser el Mesías había aceptado a un lacayo de los romanos, y no solo no había condenado su vil conducta, sino que además le había permitido continuar desempeñando ese cargo, siempre que no incurriera en causa de corrupción. En otras palabras, ¡era obvio que consideraba lícito ser un funcionario del imperio opresor! Semejante visión choca frontalmente con postulados como los de la actual *Teología de la liberación*, empeñada en utilizar la lucha de clases de la misma manera que colisionaba con los de no pocos judíos de la época de Jesús y, sin embargo, tanto entonces como ahora, la razón de semejante comportamiento se había expresado con enorme claridad: el Hijo del Hombre NO había venido a implantar el dominio de un pueblo sobre otros o para derrocar a una clase dominante y sustituirla por otra. Había llegado para salvar lo que estaba perdido. No había nadie, absolutamente nadie, por abyecta, vil y baja que hubiera sido su existencia, que no pudiera acogerse al perdón de Dios de la misma manera que no existía nadie, absolutamente nadie, que no pudiera contar con la esperanza de ser resucitado si creía en aquel que se había manifestado como la resurrección y la vida (Juan 11:25).

CAPÍTULO XIV

LA ÚLTIMA SEMANA (I): DEL DOMINGO AL MARTES

Domingo: la entrada en Jerusalén

Seis días antes de la Pascua del año 30 d.C., el viernes por la tarde, Jesús se encontraba nuevamente en Betania, en la casa de Lázaro (Juan 11:55-12:1; 9-11). Muy posiblemente, era el único lugar seguro del que podía disponer en las cercanías de Jerusalén. Allí acudió mucha gente con la esperanza no solo de verlo a Él, sino también de contemplar a Lázaro, sobre el que pesaba la amenaza de la muerte. Ignoramos lo que Jesús pudo tratar durante esos días con sus discípulos, pero es muy probable que siguiera incidiendo en su mensaje de los últimos años, un mensaje expuesto de manera cada vez más perfilada y acentuada desde el episodio de Cesarea de Filipo.

El domingo, Jesús les dio órdenes para que prepararan su entrada en la Ciudad Santa. La sensación que deriva de las fuentes es que no tenía la menor intención de dejar nada a merced de la improvisación. Por el contrario, la manera en que iba a actuar correspondería a patrones concretos y cargados de simbolismo relacionados con lo más profundo del alma judía. La fuente lucana ha descrito así el episodio:

> Subía Jesús a Jerusalén e iba por delante. Y aconteció que, al acercarse a Betfagé y Betania, al monte que se llama de los Olivos, envió a dos de sus discípulos, diciéndoles: Id a la aldea de enfrente, y al entrar en ella encontraréis un pollino atado, en el que ningún hombre ha montado jamás. Desatadlo, y traedlo. Y si alguien os pregunta: ¿Por qué lo desatáis? le responderéis así: Porque el

Señor lo necesita. Se marcharon los que habían sido enviados, y encontraron todo tal y como les había dicho. Y cuando estaban desatando el pollino, sus dueños les dijeron: ¿Por qué desatáis el pollino? Ellos dijeron: Porque el Señor lo necesita. Y se lo trajeron a Jesús; y habiendo echado sus mantos sobre el pollino, subieron a Jesús encima. Y mientras iba pasando, tendían sus mantos por el camino. Cuando ya se acercaban a la bajada del monte de los Olivos, toda la multitud de los discípulos, llena de alegría, comenzó a alabar a Dios a grandes voces por todas las maravillas que habían visto, diciendo: ¡Bendito el rey que viene en el nombre del Señor; paz en el cielo, y gloria en las alturas! Entonces algunos de los fariseos de entre la multitud le dijeron: Maestro, reprende a tus discípulos. Pero él les respondió: Os digo que si éstos callaran, las piedras clamarían. Y cuando estuvo cerca de la ciudad, al verla, lloró sobre ella, diciendo: ¡Oh, si también tú te percataras, por lo menos, en este día tuyo de lo que te llevaría a la paz! Pero ahora está velado a tus ojos. Porque sobre ti vendrán días en que tus enemigos te rodearán con empalizadas, y te sitiarán, y por todas partes te estrecharán el cerco, y te arrasarán a ti y a tus hijos dentro de ti, y no dejarán en ti piedra sobre piedra, porque cuanto no te has percatado del tiempo de tu visita (Lucas 19:29-44).

La entrada de Jesús en Jerusalén estuvo cargada de un contenido medularmente mesiánico. El simple hecho de que cabalgara sobre un pollino constituía una clara resonancia de la profecía mesiánica contenida en el libro de Zacarías:

Regocíjate mucho, hija de Sion. Grita de alegría, hija de Jerusalén. He aquí tu rey vendrá a ti, justo y salvador, humilde y cabalgando sobre un asno, sobre un pollino hijo de asna. Y de Efraín destruiré los carros y los caballos de Jerusalén y los arcos de guerra serán quebrados y hablará paz a las naciones y su dominio será de mar a mar y desde el río hasta los fines de la tierra. Y tú también por la sangre de tu pacto serás salva. Yo he sacado a tus prisioneros de la cisterna en que no hay agua (Zacarías 9:9,10).

El texto de Zacarías era claramente iluminador, ya que se refería a un Mesías totalmente pacífico que pondría punto final a las guerras y al derramamiento de sangre, y que además salvaría al pueblo por la sangre del pacto. Es muy posible que esos matices, ciertamente nada insignificantes, se les pasaran por alto a muchos de los presentes, pero no sucedió lo mismo con el carácter mesiánico del episodio. De hecho, verdaderamente entusiasmados, comenzaron a aclamar a Jesús como Mesías. Es muy posible que esperaran que aquel mismo domingo se hiciera con el control de la Ciudad Santa. Sin embargo, en absoluto entraba en los planes de Jesús comportarse de esa manera. Tampoco complacería a otros bien distintos de la enardecida multitud.

Se trataba de un grupo de fariseos cuya reacción no se hizo esperar. Desde su punto de vista, Jesús podía ser quizá un maestro —por lo menos, creía en la resurrección a diferencia de los saduceos, e incluso algunos habían señalado que no se equivocaba al hablar de los mandamientos más importantes (Marcos 12:28-34)— pero, obviamente, no era el Mesías y, por lo tanto, su obligación consistía en reprender a los que lo vitoreaban como tal. Al igual que sucede con algunos autores judíos de hoy, que Jesús fuera un simple rabino podía resultar más o menos aceptable. Que fuera el Mesías y que hubiera gente que por tal lo aclamara les resultaba intolerable. Sin embargo, Jesús no condescendió ante aquellas quejas. Todo lo contrario. Respaldó lo que la multitud gritaba. En otras palabras, reconoció públicamente que era el Mesías y que resultaba absurdo esperar que aquella realidad quedara silenciada.

Dice mucho, sin embargo, del carácter de Jesús, el que no se dejara arrastrar por el ardiente entusiasmo que mostraba la muchedumbre y mucho menos pensara en una toma de la Ciudad Santa, como muchos hubieran ansiado y como se produciría décadas después durante la guerra contra Roma. Como indicamos en la introducción, algunos autores han insistido en presentar a Jesús como un miembro del grupo violento de los zelotes,[1] pero semejante tesis resulta absolutamente descabellada. Como ya indicamos, no solo es que los zelotes no existían en esa época, sino que además Jesús tenía una visión diametralmente opuesta y estaba convencido de que, tal y como señalaban las Escrituras acerca del Mesías-Siervo, iba a ser rechazado. No sorprende que, al atisbar Jerusalén, la ciudad que no había sabido ver la oportunidad que Dios le brindaba, se sintiera embargado por el pesar. Conociendo las Escrituras, quien

---

1. Véase supra, págs. ss.

se había comportado de esa manera solo podía esperar las peores consecuencias. No resulta extraño que Jesús llorara al reflexionar sobre esa perspectiva futura (Lucas 19:41), un comportamiento, dicho sea de paso, que solo había tenido al contemplar la tumba de su amigo Lázaro.

Aquel domingo, Jesús no solo entró en Jerusalén, sino que también se acercó al Templo y atendió a algunos enfermos (Mateo 21:14), y escuchó nuevas quejas sobre las aclamaciones que le había dirigido la multitud. Era consciente de que su situación en la ciudad distaba mucho de ser segura. Precisamente por ello, regresó a Betania para pasar allí la noche. El día siguiente aún estaría más cargado de acontecimientos.

Lunes: la purificación del templo

No podemos sino especular sobre los sentimientos que debieron apoderarse de los discípulos de Jesús durante la noche que fue del domingo al lunes. Lo sucedido en las últimas horas debió excitar enormemente su imaginación y, ciertamente, no debería sorprendernos. Su Maestro había sido objeto de un recibimiento verdaderamente multitudinario. No solo eso. Lo habían aclamado como Mesías y, a diferencia de lo sucedido en los meses anteriores, Jesús no solo no se había mostrado discreto ante aquella afirmación sino que la había respaldado públicamente. ¿Cabía la posibilidad de que, finalmente, actuara como el Mesías que llevaban esperando años? ¿Estaban a punto de contemplar el ansiado triunfo? Ciertamente, lo que sucedió en las primeras horas del lunes es posible que los llevara a concebir esperanzas en ese sentido. La fuente lucana ha descrito lo que sucedió al llegar, procedentes de Betania, a la Ciudad Santa:

> Y, al entrar en el templo, comenzó a expulsar a todos los que vendían y compraban en él, diciéndoles: Escrito está: Mi casa es casa de oración; pero vosotros la habéis convertido en una cueva de ladrones (Lucas 19:45,46).

La acción de Jesús ponía el dedo en la llaga de una de las corruptelas más espantosas que asolaban el Templo de Jerusalén y, al hacerlo, por enésima vez se colocaba en la línea de los profetas de Israel como

Jeremías, al que había citado textualmente (Jeremías 7:11), o Ezequiel (Ezequiel 10). La Torah establecía que los sacrificios ofrecidos a Dios debían realizarse con animales sin mancha ni defecto. Sin duda, se trataba de una disposición lógica que cuenta con paralelos en otras religiones ya que, a fin de cuentas, ¿cómo se iba a ofrecer a Dios algo que resultara mezquino, enfermo o impuro? Sin embargo, un sector de los sacerdotes —especialmente las familias relacionadas con el sumo sacerdocio— había logrado convertir aquel precepto en una pingüe fuente de ingresos. Por sistema, rechazaban muchos de los animales que traía el pueblo y este, deseoso de cumplir los preceptos de la Torah, al fin y a la postre, acababa comprando a precios exorbitantes los que les vendían los sacerdotes. Se trataba de un comportamiento abusivo, pero, lamentablemente, no era el único. Por si fuera poco, además la transacción debía realizarse en moneda que no llevara representación humana alguna conforme al mandamiento de la Torah, que prohíbe la realización de imágenes y su culto (Éxodo 20:4 ss.). También del cumplimiento de ese requisito se ocupaban cambistas a las órdenes de los sumos sacerdotes cobrando comisiones que, como suele suceder con todos los monopolios, resultaban injustas y prohibitivas. Como colofón final a aquella cadena de extorsiones, los negocios de cambio y compraventa tenían lugar en el patio del Templo destinado a los gentiles. Así, la única parte del Templo en que los no-judíos podían adorar al único Dios verdadero se veía convertida en un lugar ruidoso en el que se mezclaban los sonidos de las bestias con el entrechocar de los pesos y las medidas, y los gritos y discusiones de las personas. El Templo, por definición, debía ser un lugar para aproximarse a Dios, para acercarse a Él, para orar. ¿Quién podía negar que había perdido, siquiera en parte, esa función y que se había convertido en una verdadera guarida de ladrones?

La comercialización de las prácticas religiosas se ha repetido una y otra vez a lo largo de la historia y basta recordar el episodio de Martín Lutero enfrentado con la compraventa de indulgencias para encontrar resonancias de la conducta de Jesús.[2] Pero Jesús era mucho más que un reformador como fue Lutero. A decir verdad, no se trataba únicamente de que hubiera realizado una acción justa.

---

2. Al respecto, véase C. Vidal, *El legado de la Reforma*, 2016.

En realidad, aquel comportamiento encerraba tal cúmulo de significados que debió provocar una enorme reacción en la gente que lo contempló. De entrada, solo Dios o su Mesías estaban legitimados para actuar de aquella manera que chocaba frontalmente con las acciones del sumo sacerdote. O Jesús era un peligroso farsante, o un loco de atar... o el Mesías. Pero es que además, al explicar su acción ante los que habían protestado, había citado un pasaje del profeta Jeremías (7:11). Ciertamente, el texto era totalmente oportuno, pero, por añadidura, tenía trágicas reminiscencias, las de un Templo que había existido en Jerusalén casi seis siglos atrás y que había sido arrasado por los babilonios en castigo por la impiedad del reino de Judá. Trazar paralelos con aquella pavorosa experiencia no resultaba difícil aunque sí inquietante. Por último, Jesús había puesto de manifiesto con sus acciones que Dios se preocupaba por los no-judíos, precisamente los que estaban obligados a permanecer en aquella parte del Templo contaminada por la codicia del clero.

Aquel lunes, muy pocos debieron captar el verdadero sentido de lo que Jesús había llevado a cabo en el Templo. Muy posiblemente, ese sí fue el caso de unos griegos que intentaron acercarse a Jesús conmovidos por la manera en que había dejado purificada la zona del Templo en la que podían adorar a Dios (Juan 12:20 ss.). La actitud de Jesús hacia los *goyim* es un aspecto que se ha pasado frecuentemente por alto, quizá porque la mayoría de los que históricamente han dicho ser sus seguidores no son judíos desde la segunda mitad del siglo I. De entrada, hay que subrayar el hecho de que Jesús mantuvo una posición muy coherente. Por un lado, veía con horror a los que, como los fariseos, pretendían convertir a los *goyim* al judaísmo (Mateo 23:15), pero, por otro, en su calidad de Siervo de YHVH aceptaba su misión de enseñar a las naciones (Isaías 42:1 ss.). Precisamente por eso, Jesús podía dejar de manifiesto que había sido enviado a «las ovejas perdidas de la casa de Israel», pero, a la vez, atender a una mujer gentil que había solicitado su ayuda para una hija enferma (Mateo 15:21-28) y alabar la fe de un centurión romano de Capernaum (Mateo 8:15-13; Lucas 7:1-10). Ese rechazo a imponer el yugo de la Torah sobre los gentiles y, a la vez, la disposición a recibir a los que se acercaban con fe a Él constituye un claro precedente de la actitud que luego seguiría el judeo-cristianismo y, por supuesto, Pablo de Tarso. Uno de los grandes dramas de la historia posterior del cristianismo y del judaísmo ha sido, sin ningún género de dudas, el de no comprender ese aspecto de la enseñanza de Jesús, totalmente partidario de dar pleno cumplimiento a la Torah en Israel y decidido a que no se impusiera a los *goyim*.

Por lo que se refiere a la mayoría, interpretó la purificación del Templo de acuerdo con sus propios prejuicios. De entrada, al saber lo sucedido, el sumo sacerdote y otros individuos relacionados con el Templo se reafirmaron, de manera fácil de comprender, en la necesidad de matar a Jesús (Lucas 19:47). Otros lo vieron como una señal de un pronto cambio de la situación política. Los nacionalistas judíos muy posiblemente esperaron que Jesús aprovechara aquel episodio —cuyos últimos significados ni siquiera debieron considerar— para proclamarse como Mesías y lanzarse a la conquista del poder en la Ciudad Santa. Intentos así se habían producido con anterioridad y volverían a repetirse durante la gran guerra contra Roma del 66-73 d.C. Posiblemente, los Doce también abrigaban esa misma esperanza. Como veremos, lo que más les inquietaba era si se hallaba cerca el tiempo del triunfo del Mesías, ese momento en que recibirían poder sobre las doce tribus de Israel y disfrutarían de las bendiciones del Reino de Dios. Pero Jesús, de manera firme y sin concesiones, volvió a reafirmarse en su posición. Quedaba poco tiempo y su misión solo se vería cumplida totalmente cuando, igual que si fuera un grano de trigo, muriera para luego dar fruto (Juan 12:23-50). De hecho, cuando acabó el día, la Ciudad Santa seguía en manos del sumo sacerdote y Jesús regresó a Betania animando a los Doce a tener fe y a confiar en que Dios escucharía sus oraciones (Mateo 21:19-22; Marcos 11:19-26; Lucas 21:37,38).

Martes (I): controversias con los adversarios

Al día siguiente, Jesús regresó con sus discípulos a Jerusalén. A esas alturas, sus adversarios estaban más que decididos a desacreditarlo como vía previa a su ya decidida condena. El primer acercamiento cuestionó la autoridad de Jesús para hacer lo que había llevado a cabo el día antes en el Templo. Es posible que, tras ese paso, se ocultara el deseo de atrapar a Jesús en una declaración que facilitara su arresto. La fuente lucana ha relatado el episodio de la siguiente manera:

Aconteció un día que mientras estaba Jesús enseñando al pueblo en el templo y anunciando el evangelio, llegaron los principales sacerdotes y los escribas junto con los ancianos y se dirigieron a él diciendo: Dinos: ¿con qué autoridad haces estas cosas? ¿o quién es el que te ha dado esta autoridad? En respuesta, Jesús, les dijo: Yo también voy a haceros una pregunta. Contestadme: El bautismo de Juan, ¿era del cielo o de los hombres? Entonces comenzaron a discutir entre ellos diciendo: Si decimos, del cielo, dirá: ¿Entonces por qué no lo creísteis? Y si decimos, de los hombres, todo el pueblo nos lapidará porque están convencidos de que Juan era profeta. Y respondieron que no sabían de dónde era. Entonces Jesús les dijo: Tampoco yo diré con qué autoridad hago estas cosas (Lucas 20:1-8, véase también Mateo 21:23-27; Marcos 11:27-33).

El breve episodio es una muestra del prodigioso talento de Jesús a la hora de enfrentarse con situaciones delicadas. La cuestión que se le planteaba era la de quién era para haber llevado a cabo la purificación del Templo o de dónde derivaba la autoridad para comportarse así. Si Jesús respondía que era el Mesías, se colocaría en una situación muy vulnerable y podría ser detenido inmediatamente. Si, por el contrario, lo negaba, era de esperar que sus seguidores lo abandonaran presa de la desilusión. Sin embargo, Jesús no se dejó enredar en una discusión que sabía que no conduciría a ninguna parte. Por el contrario, exigió antes de responder que le dijeran cuál era la fuente de la autoridad de Juan el Bautista. Los adversarios de Jesús captaron inmediatamente el callejón sin salida en que los colocaba aquella pregunta. Si respondían que Juan el Bautista tenía solo una autoridad humana, corrían el riesgo de que una multitud que lo consideraba profeta los lincharan, pero si afirmaban que había sido enviado por Dios, era seguro que Jesús les preguntaría por qué no lo habían obedecido. Aún más. Podía incluso apelar al reconocimiento mesiánico que Juan el Bautista había pronunciado en relación con Él. De manera fácil de comprender, los adversarios de Jesús optaron por decir que lo ignoraban. La respuesta de Jesús fue entonces cortante y directa: puesto que ellos no le respondían tampoco Él lo haría. Sin embargo, tampoco estaba dispuesto a dejarles marchar sin más. Acto seguido, les refirió dos *meshalim* que nos han llegado a través de la fuente mateana:

Pero ¿qué os parece? Un hombre tenía dos hijos, y acercándose al primero, le dijo: Hijo, vete hoy a trabajar en mi viña. Le respondió: «No quiero»; pero después, arrepentido, fue. Y acercándose al otro, le dijo de la misma manera; y respondiendo él, dijo: Sí, señor, voy, pero no fue. ¿Cuál de los dos hizo la voluntad de su padre? Dijeron ellos: Él primero. Jesús les dijo: En verdad, os digo que los publicanos y las rameras os preceden en el camino hacia el reino de Dios. Porque vino a vosotros Juan por camino de justicia, y no le creísteis; pero los publicanos y las rameras le creyeron; y vosotros, aún viendo esto, no os arrepentisteis para después creerlo. Escuchad otra parábola: Había un hombre, un padre de familia, que plantó una viña, la cercó con una valla, cavó en ella un lagar, edificó una torre, y la arrendó a unos labradores, y se marchó lejos. Y cuando se acercó el tiempo de los frutos, envió a sus siervos a los labradores, para que recibiesen sus frutos. Pero los labradores, agarrando a los siervos, a uno golpearon, a otro mataron, y a otro apedrearon. Volvió a enviarles a otros siervos, de mayor importancia que los primeros; y se comportaron con ellos de la misma manera. Finalmente, les envió su hijo, diciendo: Respetarán a mi hijo. Pero los labradores, cuando vieron al hijo, se dijeron: Este es el heredero; vamos a matarlo y así nos apoderaremos de su heredad. Y agarrándolo, lo echaron de la viña, y lo mataron. Así que cuando venga el señor de la viña, ¿qué hará con aquellos labradores? Le dijeron: A los malos destruirá sin misericordia, y arrendará su viña a otros labradores, que le paguen el fruto a su tiempo. Jesús les dijo: ¿Nunca leísteis en las Escrituras: *La piedra que desecharon los edificadores, ha llegado a ser piedra angular. El Señor lo ha hecho, y es algo que nos deja estupefactos?* Por tanto os digo, que el Reino de Dios os será quitado y será dado a gente que produzca los frutos del Reino. Y el que cayere sobre esta piedra será quebrantado; y sobre quien ella cayere, lo triturará (Mateo 21:28-44).

La respuesta de Jesús —aún envuelta en el lenguaje del *mashal*— resultó extraordinariamente clara. Era verdad que sus interlocutores fingían hacer la voluntad de Dios, pero la realidad es que no lo tenían en cuenta en sus vidas. Buena prueba de ello es que, de hecho, en el pasado habían desdeñado a los profetas y a Juan. Ahora lo rechazaban a Él e incluso tenían el claro propósito de arrancarle la vida. Pues bien, que no abrigaran la menor duda de que Dios acabaría ejecutando su juicio sobre ellos. De hecho, la fuente mateana señala que «al escuchar sus parábolas, los principales sacerdotes y los fariseos, comprendieron que hablaba de ellos» (Mateo 21:46). Lo único que los retuvo en aquel momento de prender a Jesús fue que «temían al pueblo, porque éste lo tenía por profeta» (Mateo 21:47).

Sin embargo, a pesar de aquel revés, en absoluto habían desistido de su intención de desacreditar a Jesús. Durante el resto del día, sus distintos enemigos intentaron atraparlo en algún renuncio que permitiera detenerlo bajo algún viso de legalidad y deshacerse de Él o, al menos, desprestigiarlo fatalmente. El agudo talento de Jesús brilló de manera extraordinaria aquel martes de su última semana de vida cuando los partidarios del rey Herodes y los fariseos le plantearon si debía pagarse el tributo al emperador romano:

> Entonces se marcharon los fariseos y consultaron acerca de cómo sorprenderle en alguna palabra y le enviaron a sus discípulos junto con los herodianos para que le dijeran: Maestro, sabemos que amas la verdad y que enseñas con verdad el camino de Dios y que nadie te asusta porque no miras la apariencia de los hombres. Por lo tanto, dinos qué te parece: ¿Es lícito dar tributo a César o no? Pero Jesús, conociendo su malicia, les dijo: ¿Por qué me tentáis, comediantes? Enseñadme la moneda del tributo. Y ellos le mostraron un denario. Entonces les dijo: ¿De quién es esta imagen y la inscripción? Le dijeron: De César. Y les dijo: Devolved, pues, a César lo que es de César, y a Dios lo que es de Dios. Al escuchar esto, se maravillaron y, abandonándolo, se fueron (Mateo 22:15-22; véase también Marcos 12:13-17 y Lucas 20:20-26).

El episodio de la pregunta sobre el tributo ha sido objeto de constantes malinterpretaciones, generalmente interesadas, a lo largo de los siglos. Hay quien justifica las mentiras que profieren alegando que Jesús no respondió con un sí o un no a una pregunta comprometida. No faltan tampoco los que pretenden que el pasaje justifica una obediencia absoluta al estado prácticamente similar a la que debe dispensarse a Dios, ya que hay que dar a Él, por supuesto, pero también a César. La realidad es que por muy difundidas que se encuentren esas interpretaciones no hacen, en absoluto, justicia ni a lo recogido en las fuentes históricas ni a la respuesta de Jesús.

Al responder a una pregunta formulada con el claro ánimo de atraparlo, Jesús no suscribió ni la tesis contraria a pagar el tributo procedente de los nacionalistas judíos ni la favorable a hacerlo sostenida por los herodianos aliados de Roma y los dirigentes judíos acomodaticios al poder extranjero. No, Jesús pidió que le enseñaran la moneda y preguntó de quién era la efigie que aparecía en ella, un detalle que, dicho sea de paso, muestra hasta qué punto Jesús tenía escasísimo contacto con el dinero. Tras verla, concluyó que había que «devolver a César lo que era de César y a Dios lo que era de Dios» (Mateo 22:21; Marcos 12:17; Lucas 20:25). Semejante respuesta difícilmente podía contentar a unos o a otros, pero, como muy bien habían dicho sus interlocutores, a Jesús no le importaba la opinión de los demás sino que amaba la verdad. Por un lado, Jesús aceptaba el pago del tributo e incluso reconocía que el gobierno de César podía exigir que le devolvieran algo; por otro, era obvio que no permitía anteponer los intereses de los políticos a los mandatos de Dios al que todo es debido. Semejante respuesta excluía tanto mentir como otorgar al estado un poder absoluto sobre sus súbditos paralelo al poder de Dios. Por el contrario, dejaba claros los límites de ese poder: los de devolver lo que era propio. Nada más. La respuesta —veraz, inteligente, profunda— además impidió que Jesús pudiera ser acusado de nada.

Tampoco tuvo más éxito en la intención de atrapar a Jesús la cuestión que le plantearon los saduceos. La fuente mateana la recoge así:

> Aquel día vinieron a él los saduceos, los que dicen que no hay resurrección, y le preguntaron: Maestro, Moisés dijo: Si alguno muere sin hijos, su hermano se casará con su mujer y levantará descendencia a su hermano. Pues entre nosotros hubo siete hermanos. El primero se casó y murió y, al no tener descendencia, dejó su mujer a su hermano. De la misma manera sucedió también con el segundo y el tercero hasta llegar al séptimo. Y después de todos también la mujer se murió. En la resurrección, por lo tanto, ¿de cuál de los siete será la mujer puesto que todos la tuvieron? Entonces les respondió Jesús: Os extraviais al ignorar las Escrituras y el poder de Dios. Porque en la resurrección ni se casarán ni se darán en casamiento sino que serán como los ángeles de Dios en el cielo. Pero en relación con la resurrección de los muertos ¿acaso no habéis leído lo que Dios os dijo, al

afirmar: Yo soy el Dios de Abraham, el Dios de Isaac y el Dios
de Jacob? Dios no es Dios de muertos sino de vivos. Al escuchar
esto, la gente, se admiraba de su doctrina (Mateo 22:23-33. Véase
también Marcos 12:18-27; Lucas 20:27-40).

Como ya señalamos,[3] a diferencia de los fariseos, los saduceos no
creían en la resurrección e intentaron ridiculizar lo que consideraban
una creencia absurda, planteando a Jesús el caso de una mujer que,
al enviudar, se hubiera casado con un hermano de su difunto marido
cumpliendo lo dispuesto en la Torah. Para mostrar el supuesto
como algo todavía más absurdo, los saduceos señalaron que la mujer
en cuestión había ido contrayendo un matrimonio tras otro con los
siete hermanos de la familia y, a continuación, le preguntaron con
quién estaría casada cuando se produjera la resurrección. Como tantas preguntas relacionadas con temas espirituales, aquella no buscaba
dilucidar la verdad sino burlarse meramente de una creencia que,
bajo ningún concepto, se tenía intención de aceptar. Es exactamente la misma actitud que encontramos en personas cargadas de
prejuicios que pueden aparentar dialogar, pero que, en realidad, solo
desean mostrar lo risible de las posiciones del adversario.

Como en ocasiones anteriores, Jesús no se dejó enredar en una
disputa inútil y colocó el foco sobre sus interlocutores. Su problema
no era, realmente, que desearan saber la verdad. A decir verdad, esta
no les importaba lo más mínimo. Su gran drama era que, al fin y a la
postre, ni conocían las Escrituras ni creían en el poder de Dios. De
no haber sido así, habrían recordado que, en las Escrituras, Dios se
presenta como el Dios de Abraham, de Isaac y de Jacob, seres que
debían estar vivos porque Dios no era Dios de muertos. Por añadidura,
tampoco habrían dudado de que, en su infinito poder, Dios podía
traer a la vida a los que yacían entre los muertos. Dicho esto —y la
cuestión quedaba flotando, de manera elegante, pero innegable, en el
aire—, ¿cómo podían los saduceos mantener la pretensión de controlar
el culto del Templo cuando ni conocían lo que enseñaba la Torah ni
confiaban en el poder del Dios al que, supuestamente, servían?

Aquella respuesta de Jesús provocó una efímera corriente de
simpatía hacia Él procedente de algunos fariseos. A fin de cuentas,

---

3. Ver supra, págs.

ellos sí creían en la resurrección y aquel hombre había defendido aquella doctrina de manera efectiva, sólida y razonada. Incluso podía decirse que no exenta de una gracia especial. En aquellos momentos, Jesús no tuvo inconveniente en reconocer que algún escriba podía hallarse cerca del Reino de los Cielos (Marcos 12:28-34), pero no se engañaba sobre el futuro de los dirigentes religiosos de Israel, en general, y de los fariseos, en particular. No eran —ni serían— capaces de reconocer al Mesías, ni de entender su verdadera naturaleza, que iba más allá de lo meramente humano y como había reconocido el propio rey David al hablar de Él en el Salmo 110 (Mateo 22:41-46; Marcos 12:35-37; Lucas 20:41-44). Por el contrario, seguirían aplastando a sus seguidores con normas cada vez más complicadas de interpretación de la Torah, posiblemente lucrativas, pero nada efectivas para que la gente viviera conforme a la voluntad de Dios y se acercara verdaderamente a Él. Mateo ha recogido precisamente uno de esos alegatos de Jesús en su quinto y último discurso (Mateo 23).

Como ya hemos indicado con anterioridad, el Evangelio de Mateo reproduce en el curso de su texto cinco grandes discursos o secciones didácticas que cuentan con paralelos con los cinco libros de Moisés. Jesús está dando una reinterpretación a la Torah y eso no solo queda de manifiesto en el «sermón del monte» —el Génesis de la vida del discípulo— sino en otros segmentos del libro. Con la entrada en Jerusalén se consuma esa estructura del Evangelio y también hay una referencia paralela al quinto libro de la Torah, el Deuteronomio. Generalmente, los comentaristas consideran que esta sección abarca los capítulos 24 y 25 y le dan, por añadidura, un fuerte contenido futurista. No es así. El último gran discurso consignado por Mateo va del capítulo 23 al 25 y desmembrarlo solo implica perder de vista la perspectiva global. Así, el capítulo 23 es un alegato contra la corrupción del sistema religioso judío del segundo Templo; el 24, anuncia el final de ese sistema, y el 25 proyecta hacia una realidad futura más plena que el final de un pacto y su sustitución por otro nuevo.

El inicio del capítulo 23 es devastador, porque señala a una casta religiosa que se ha colocado en lugar de Moisés y que puede incluso dar algunas enseñanzas correctas, pero que no se corresponden ni de lejos con su conducta (23:1-3). Este tipo de colectivos autoerigidos como detentadores de la supuesta representación de Dios

no solo dejan de manifiesto con frecuencia sus incoherencias, sino
que además tienen una serie de características muy concretas que
se repiten a lo largo de la historia. La primera es que depositan
pesadas cargas sobre los seres humanos, pesadas cargas que ellos no
contribuyen a convertir en más livianas (23:4). Se supone que nadie
debería añadir a la enseñanza de las Escrituras y que el deber del
que enseña es ayudar a vivir de acuerdo con esa realidad a los que
reciben su enseñanza. Sin embargo, esta gente actúa de la manera
totalmente opuesta y es lógico, porque el poder para imponer prohibiciones proporciona un aura de autoridad espiritual. Ese aura,
esa apariencia, ese despliegue de relevancia más impuesta que real
es la segunda característica de los falsos maestros (23:5-7). Actúan
para ser vistos, utilizan incluso vestimentas que marquen su posición
espiritual y desde luego ambicionan los sitios más prominentes y
el que se dirijan a ellos reconociendo su autoimpuesta trascendencia. Esa conducta es exactamente la contraria a la que deberían tener
los seguidores de Jesús. La fraternidad está por delante de la relación de maestro y discípulo porque, en realidad, el único Maestro
verdadero es el Mesías (23:8 y 10). Jamás debería llamarse padre a
una autoridad espiritual —¡no digamos ya Santo Padre!— porque
el único Padre es Dios (23:9), y hay que tener presente que el siervo
es el que verdaderamente es grande (23:11).

Esta visión más que contrapuesta de Jesús y las autoridades
judías de su época desemboca en la fuente matean en un conjunto de ayes que tienen paralelos con los emitidos con profetas
del Antiguo Testamento (Amós 6). ¡Ay de estos maestros porque
no entran en el Reino, pero además se encargan de que otros tampoco lo puedan hacer con sus enseñanzas humanas y sus prácticas
soberbias (23:13)! ¡Ay de estos maestros porque los mueve la codicia, y con el pretexto de que reparten bendición espiritual, saquean
las haciendas de los fieles aunque sean los más necesitados (23:14),
una conducta que es digna de especial condenación! ¡Ay de estos
maestros porque pueden tener un celo proselitista inmenso, pero la
realidad es que no por ello contribuyen a la salvación de nadie sino
solo a la creación de adeptos que acaban siendo tan dignos o más
del infierno que ellos mismos (23:15)! ¡Ay de estos maestros porque
sus predicaciones, aunque incluyan referencias al Templo y a Dios y
a las enseñanzas divinas, en realidad esconden una espantosa codicia

que los lleva a relativizar los mandamientos de Dios para que todo sirva a sus propósitos mundanos (23:16-22)! ¡Ay de estos maestros porque convierten el mandato del diezmo en algo esencial y, a la vez, dejan de lado lo que verdaderamente importa de la Torah, que es la justicia, la misericordia y la fe (23:23)! ¡Ay de esos maestros que se esfuerzan en su apariencia exterior y pasan por alto toda la miseria espiritual que albergan (23:25) demostrando que son ciegos (23:26)! ¡Ay de esos maestros cuyo exterior es un prodigio de adorno —como los sepulcros blanqueados por fuera— pero en el interior solo esconden una podedumbre cadavérica (23:27)! ¡Ay de esos maestros que cuentan con admiración el valor, la fe, el arrojo de los que fueron fieles a Dios en el pasado, pero la verdad es que, de haber vivido en esa época, actuarían igual que los que los persiguieron! A decir verdad, así lo hacen con los profetas de hoy como hicieron con Jesús (23:29-31).

Esta serie de ocho ayes —número perfecto más uno— abocan a una conclusión irrefutable: aquellos que se han autoerigido como pastores del pueblo y que han impuesto su presunta superioridad espiritual no pasan de ser serpientes, unas serpientes que no escaparán de la condenación del infierno (23:33). Poca duda puede caber de que rechazarán a todos los que son verdaderos enviados de Dios (23:34), y poca duda puede caber también de que semejante conducta no quedará sin castigo del Señor (23:35). En el caso de aquel judaísmo del segundo Templo, ese juicio se produciría en el lapso de una generación, un término que se demostró correcto porque desde el juicio pronunciado por Jesús en el año 30 hasta la destrucción de Jerusalén y su Templo en el 70 pasaron justo cuarenta años.

No se trata de que Dios se complazca en el juicio. De hecho, Jesús señala cómo había buscado amorosamente proteger a Jerusalén a pesar de ser consciente de que mata a los profetas y apedrea a los enviados (23:37), pero el tiempo se había agotado, el Templo —la casa— iba a ser desolada (23:39), y el único camino para salir adelante sería reconocer al Mesías (23:39).

Las palabras de Jesús —cargadas de pesar— han sido interpretadas ocasionalmente como un alegato global contra el judaísmo y los judíos. Ciertamente, no es así. Jesús reconocía que una parte de la enseñanza de los fariseos era cierta. De hecho, lo que había que seguir era esa enseñanza, pero no las acciones que la acompañaban.

La soberbia, la avaricia, el monopolio de la religión, la explotación de los menesterosos so pretexto de oraciones... todo eso resultaba absolutamente intolerable. Al formular esa crítica, Jesús se colocaba en la línea del judaísmo tal y como testifica el propio Talmud. De hecho, si Alejandro Janeo calificó a los fariseos como «teñidos»;[4] y los esenios de Qumrán los denominaron «estucadores»,[5] Jesús los llamó «sepulcros blanqueados» (Mateo 23:27,28). De manera bien reveladora, el Talmud señala que había siete clases de fariseos. De ellas, dos correspondían a los hipócritas, mientras que solo dos eran positivas.[6] Pero, por añadidura, la diatriba de Jesús puede aplicarse a todos aquellos que, a lo largo de los siglos, incluso entre los que pretenden ser sus seguidores, han antecedido el dogma a la práctica, han aplastado con regulaciones a los hombres, han utilizado la religión para aumentar su fortuna y su poder y, en lugar de franquear la puerta del Reino de los cielos, la han cerrado a los que hubieran deseado entrar en él.

Contempladas con perspectiva histórica, estas palabras de Jesús dirigidas a sus contemporáneos verdaderamente causan un efecto sobrecogedor. En una generación, escribas y fariseos, el templo y los diezmos, los sumos sacerdotes y los sacrificios habrían desaparecido. Quedarían fuera de la historia de la misma manera que sucedió con la generación que pereció en el desierto, dando lugar a otra que recibió el Deuteronomio. Con todo, a pesar de su cumplimiento histórico, seríamos muy necios si no nos percatáramos de que las enseñanzas de Jesús trascienden de la gente de su época. Por el contrario, contienen un valor universal y nos muestran los maestros espirituales de los que deberíamos huir como de la peste. Aquellos que enseñan valores que luego desmienten con su conducta; los que gustan de los primeros lugares y las alabanzas; los que se derriten de placer cuando se les llama por algún título —da lo mismo que sea santidad, eminencia o apóstol—; los que no tienen el menor escrúpulo en hacerse con el dinero, incluso de los más necesitados, apelando a la obra de Dios; los que gustan de hacer prosélitos, pero no para Dios, sino para su propia gloria, convirtiéndolos en seres

---

4. Sotá 22b.

5. Documento de Damasco 8, 12; 19, 25 (según Ezequiel 13:10).

6. Sotá 22b; TJ Berajot 14b.

peores que ellos mismos; los que tergiversan los mandatos de Dios para sacar provecho de ellos; los que no tienen un cuidado escrupuloso con la verdad; los que insisten en exigir diezmos a la vez que descuidan las enseñanzas verdaderamente importantes, como las referentes a la justicia, la misericordia y la fe; los que cuidan mucho de las apariencias, pero tienen un sucio interior espiritual; los que se oponen a los verdaderos enviados de Dios… ¡ay de todos ellos porque, a pesar de que arremetan contra los que proclaman la Verdad, no escaparán del juicio de Dios, y ese juicio suele caer no más allá de una generación! Sobre esa circunstancia Jesús iba a enseñar muy pronto a sus discípulos.

Martes (II): el anuncio del juicio

Aquellas controversias que se extendieron durante toda la mañana del martes y que estuvieron vinculadas a nuevos anuncios de juicio por parte de Jesús, debieron confirmar a sus discípulos en sus viejos prejuicios. Como sucede tantas veces con mucha gente, se hallaban tan apegados a sus ansias que no estaban dispuestos a consentir que la realidad que se les venía manifestando desde hacía meses los apartara de ellas. Su mente bloqueaba los anuncios claros de Jesús sobre su destino trágico y cercano, mientras que se aferraban a la expectativa de un cambio en Israel que implicara un castigo divino que recaería sobre los sacerdotes, los escribas y los fariseos, a la vez que derrotaba a los romanos y los expulsaba de un territorio sagrado. La situación debía cambiar; el Reino tenía que manifestarse cuanto antes, y lo que deseaban era que Jesús les indicara de una vez cuándo iba a tener lugar esa sucesión de esperados acontecimientos. Aquella misma tarde, esa mentalidad volvería a ponerse de manifiesto cuando Jesús y sus discípulos habían abandonado ya la Ciudad Santa.

El contenido de la conversación ha llegado hasta nosotros transmitido por varias fuentes. Al parecer, todo el episodio comenzó cuando, al salir del Templo, uno de los discípulos señaló a Jesús la grandiosidad de la construcción (Mateo 24:1; Marcos 13:1; Lucas 21:5). El comentario era pertinente; y lo cierto es que el único resto que permanece hasta el día de hoy de aquellas construcciones —el llamado Muro de las Lamentaciones— sigue causando una enorme impresión en los que lo contemplan. Sin embargo, la respuesta de Jesús resultó, como mínimo, desconcertante. En lugar de corroborar la observación relativa a la majestuosidad del edificio del Templo, Jesús indicó que llegaría una época «en que no quedará piedra sobre piedra que no sea derribada».

Aquel comentario tuvo un efecto inmediato sobre las excitables mentes de los discípulos. Apenas llegaron al Monte de los Olivos, Pedro, Santiago, Juan y Andrés se le acercaron para preguntarle acerca de lo que había afirmado al salir del Templo. La pregunta que le formularon iba referida a «cuando serán estas cosas» y «qué señales habrá» con anterioridad a que acontecieran (Marcos 13:4 y Lucas 21:7)

La fuente mateana contiene la pregunta de manera ligeramente distinta —«¿qué señal habrá de tu *parusía* y del fin de esta era?»—, lo que ha provocado ríos de tinta a la hora de interpretar el pasaje conectándolo con la segunda venida de Jesús. Ni qué decir tiene que semejante interpretación ha servido para dar base supuesta a algunas de las exégesis más descabelladas de la historia, dislates en los que se han visto incursas, por supuesto, sectas milenaristas como los Adventistas del Séptimo Día o los Testigos de Jehová, pero también intérpretes de confesiones cristianas menos dadas a dejarse llevar por lo que podríamos denominar escatología-ficción. De entrada, hay que subrayar que la palabra griega *parusía* —que, efectivamente, se utiliza en textos cristianos posteriores para hacer referencia a la segunda venida de Cristo— significa únicamente *venida* o presencia, y en ese sentido la encontramos en distintas ocasiones en el Nuevo Testamento sin ninguna referencia escatológica relacionada con la segunda venida (1 Corintios 16:17; 2 Corintios 7:6; Filipenses 1:26). Pero —y esto resulta esencial— ni Pedro, ni Santiago, ni Juan, ni Andrés (que no podían siquiera concebir la idea de un Mesías sufriente) la hubieran utilizado en esos momentos para referirse a una segunda venida de su Maestro. Lo que ellos esperaban era ni más ni menos que el Reino se implantara de un momento a otro y, al escuchar las palabras de Jesús sobre la aniquilación del Templo, llegaron a la conclusión de que esa debía ser la señal de que esa era estaba a punto de inaugurarse. Pero ¿cuándo sería exactamente? ¿Cuándo tendría lugar ese hecho de extraordinaria relevancia?

La respuesta de Jesús respondió precisamente esas preguntas y no tiene nada que ver —lógicamente— con acontecimientos que, presumiblemente, tendrían lugar al menos dos mil años después previamente a su segunda venida.[7] Cuando se tiene semejante circunstancia en cuenta —y el lector no se pierde en delirantes especulaciones sobre la relación entre las palabras de Jesús y el último conflicto en Oriente Medio, el proceso de construcción europea o la llegada del Anticristo como una especie de dictador mundial—, el texto resulta bastante fácil de entender.

De entrada, Jesús indicó que debe rechazarse por sistema a aquellos que se presentaran como el Mesías o afirmando que «el tiempo está cerca» (Lucas 21:8). Esa afirmación ya es de por sí un motivo suficiente para no creer al que difunde determinadas afirmaciones y para no dejarse «engañar» (Lucas 21:8 y par). Tampoco deberían caer sus discípulos en el error de identificar «las guerras y rumores de guerras» con señales del fin porque nada tendría que ver una circunstancia con la otra (Lucas 21:9 y par). Ni siquiera constituiría una señal del fin la persecución de los discípulos. Estos serían llevados ante las autoridades ciertamente —¿acaso no se lo había advertido al hablarles de la cruz que tenían que llevar (Mateo 16:24,25)?—, pero no debían inquietarse ni temer, sino tan solo dejar que el Espíritu Santo diera testimonio a través de ellos (Lucas 21:12 ss. y par). La verdadera señal de que la presente era estaba a punto de concluir sería contemplar Jerusalén cercada por ejércitos (Lucas 21:20). Cuando se produjera tal eventualidad, los seguidores de Jesús debían huir (Lucas 21:21 ss. y par), porque el destino de la Ciudad Santa ya estaría sellado. Precisamente, entonces, cuando se viera aniquilada, todos comprenderían que el Hijo del Hombre había actuado, que estaba presente, que había sido reivindicado, que había protagonizado una venida de juicio similar a las ejecutadas por Dios en la pasada historia de Israel (Lucas 21:27 y par).

Precisamente por eso, al igual que había sucedido durante la época del primer Templo, cuando tuviera lugar aquel desastre nacional, no deberían apesadumbrarse (Lucas 21:28 y par). Por paradójico que pudiera parecer, la destrucción del Templo y de Jerusalén significaría que Dios había consumado su redención (Lucas 21:28 y par). Tampoco debían inquietarse los discípulos, sino estar

---

7. Un notable estudio sobre el tema en D. Chilton, *The Great Tribulation*, Fort Worth, 1987.

continuamente preparados porque todo sucedería de manera inesperada, pero segura (Lucas 21:34 ss. y par).

La predicación de Jesús sobre el final trágico del Templo cuenta con paralelos no solo en su época sino —y esto resulta especialmente relevante— también en la tarea de profetas anteriores. De entrada, no eran pocos los judíos que ya pensaban entonces que, tarde o temprano, Dios terminaría arrasando aquel lugar que se había convertido en una «cueva de ladrones». Por supuesto, así lo vieron los sectarios de Qumrán, pero también el fariseo Flavio Josefo cuando el Templo fue destruido en el año 70 d.C. por las legiones romanas.[8] Pero es que además ¿el mismo profeta Jeremías —o Ezequiel— no había anunciado en el pasado la destrucción del Templo de Jerusalén por pecados similares? No, la predicación de Jesús no era extravagante ni carecía de precedentes en la historia del pueblo de Israel. Mucho menos los datos recogidos en las fuentes son *vaticinum ex eventu*, es decir, una profecía escrita con posterioridad a los hechos. Por el contrario, Jesús apuntó, de hecho, a una «venida» en juicio como otras con que Dios ya había dejado sentir su presencia en la historia. Con todo, también habría diferencias.

No deja de ser significativo que, tras el anuncio de la destrucción del Templo, Jesús lo abandonó para siempre jamás. Según narra Mateo, lo hizo además en estricto paralelo a como Ezequiel describe que la gloria de YHVH abandonó el Templo antes de su destrucción por Nabucodonosor. Como la gloria de YHVH, Jesús dejó tras de sí aquel santuario que, desprovisto de la presencia divina, había quedado reducido a ser, no casa de oración, sino cueva de ladrones (Mateo 21:12,13). Aquel edificio, a pesar de su inmensa majestuosidad, solo podía esperar la destrucción.

La catástrofe que ya se perfilaba en el horizonte no sería temporal. Constituiría el justo castigo de Dios sobre aquellos que no habían querido recibir al hijo del señor de la viña, fundamentalmente porque se habían apoderado injustamente de ella. Revelaría, de manera visible e innegable, el final de toda una era, la que ahora vivían, y el inicio de otra, la que estaba inaugurando Jesús con su próxima muerte. De hecho, aquella misma tarde del martes —ya el

---

8. Josefo recoge algunos de esos anuncios, pero hace un especial énfasis en el de un tal Jesús —no el de Nazaret— en Guerra IV, 238-269.

inicio del miércoles según el cómputo judío para medir los días— Jesús volvió a anunciar su muerte, una muerte que tendría lugar tan solo «dos días» después (Mateo 26:1,2). En facilitar ese final iba a tener un papel esencial uno de sus discípulos que, precisamente, lo traicionaría en las próximas horas.

Excursus: El discurso de Mateo 24

Tanto Mateo (24), como Marcos (13) y Lucas (21) contienen porciones sustanciales referidas a la toma de Jerusalén y a la destrucción del Templo. Sin embargo, de las tres fuentes, únicamente la mateana coloca el discurso en un contexto que es antecedido por otro discurso que anuncia el juicio que caería sobre los dirigentes espirituales de Israel (Mateo 23), y seguido por otro que desarrolla la necesidad de velar (Mateo 25). Esta circunstancia arroja una considerable luz para la interpretación del discurso de Jesús, un discurso que se refería de manera indubitable a todo un sistema espiritual y a toda una generación que no recibirían la salvación esperada y que serían sustituidos por una entidad espiritual distinta. Al igual que había sucedido con la generación perdida en el desierto tras el Éxodo, ellos mismos se habían excluido con su comportamiento de la bendición y serían otros los que entrarían en el cumplimiento de las promesas aunque, también como en el caso del Éxodo, unos pocos pertenecerían a los dos sistemas. Los maestros de la Torah podrían y deberían haber ayudado a otros a llegar al Mesías, pero la triste realidad es que ni habían entrado en el Reino de los cielos ni habían permitido que otros entraran (Mateo 23:13). Al fin y a la postre, habían construido un sistema basado en la soberbia y la codicia; soberbia y codicia desprovistas de toda compasión por más que se la cubriera de espesa religiosidad (Mateo 23:14); sistema que creaba discípulos que —¿podía ser de otra manera?— eran aún peores que los maestros; sistema que, al fin y a la postre, se prefería a sí mismo que a aceptar al Mesías. Como era de esperar, un sistema espiritual de esas características, sordo y ciego ante la realidad del Reino, se había convertido en objeto del futuro juicio de Dios. La confirmación de ese juicio la pronunció Jesús cuando salía del Templo, y así aparece recogido en el capítulo 24 de Mateo.

Ciertamente, ha sido muy común leer este capítulo con los anteojos de sistemas escatológicos surgidos en el siglo XVII o de novelas de enorme éxito de ventas en el siglo XX, pero ha de señalarse que ninguna de esas dos plataformas son adecuadas para acercarse al texto con rigor. De entrada, Jesús dejó claramente establecido que TODO lo señalado por Él en este capítulo tendría lugar en la generación en la que vivía (Mateo 24:34). Algunos intérpretes han insistido en interpretar generación como raza —la raza judía—, pero semejante posibilidad es claramente descabellada. De hecho, en la enseñanza de Jesús, la generación siempre es la gente que vive en una época concreta, los contemporáneos (Mateo 1:17; 11:16; 12:39,41,42,45; 16:4; 17:17; 23:36; 24:34; Marcos 8:12,38; 9:19; 13:30; Lucas 1:48,50; 7:3; 9:41; 11:29-32,50,51; 16:8; 17:25; 21:32). En otras palabras, Jesús enseñó acerca de acontecimientos que tendrían su cumplimiento TOTAL en el espacio de unos cuarenta años. Era la generación perversa cuyo juicio había anunciado en varias ocasiones con anterioridad (Mateo 12:39,45; 16:4; 17:17), y sobre la que recaería la sangre derramada de los santos (Mateo 23:35-38).

Tal y como vimos en el capítulo 23, las palabras de Jesús eran tajantemente claras, pero cualquiera hubiera podido objetar que el templo no dejaba de ser impresionante. A decir verdad, era tan impresionante que los mismos discípulos se quedaron pasmados ante sus construcciones y, por lo que parece, se les olvidó todo lo que habían escuchado sobre la casta religiosa judía y sobre la corrupción del Templo. Da la sensación de que nada había quedado en su mente y corazón ante la contemplación de aquel extraordinario edificio. Ciertamente, no se puede dejar de pensar en paralelos del mismo día de hoy. La gente escucha con alivio nada oculto la enseñanza en contra de los personajes semejantes a los dirigentes espirituales del capítulo 23, pero luego no duda en quedarse otra vez pasmada ante el despliegue de poder de ese mismo sistema que, complacidos, han oído criticar (24:1).

La respuesta de Jesús no pudo ser más contundente: no quedaría nada de aquello que tanto les llamaba la atención (24:2). Afirmación tan tajante provocó una comprensible reacción de los discípulos que, una vez en el Monte de los Olivos, se le acercaron para preguntarle cuándo sucederían esas cosas y, de paso, cuál sería la señal de su presencia —el significado literal— y del final de la era. Al respecto, el término griego –aion– indica una época, una era, un período y no, como pretenden algunos, el mundo.

La respuesta de Jesús fue clara y abarcó todo lo preguntado por los discípulos. Les describió el final del Templo y con él, el final de la era, una era que concluía con el hecho de que el reino era quitado de Israel y entregado a otro pueblo (Mateo 21:43). En esa época, el Templo de Jerusalén —centro de la vida espiritual de Israel— dejaría de existir y los verdaderos adoradores adorarían a Dios en espíritu y verdad y no en un santuario (Juan 4:21-23).

Las señales del fin de la era no se reducirían a una como pensaban los discípulos, sino que comprenderían el número de siete.

1. Falsos mesías: en primer lugar, debían evitar ser engañados porque aparecerían muchos diciendo que eran el Mesías y, sin duda, lograrían extraviar a muchos.

2. Guerras: como además abundarían las noticias de guerras, algunos aprovecharían para decir que era el fin, pero lo cierto es que no lo sería todavía (24:5,6).

3. Desastres naturales: hambres y terremotos se dibujarían en el futuro, pero solo serían el inicio de los dolores de parto (24:7-8).

4. Persecución: catástrofes, guerras y terremotos serían solo el inicio de dolores de aflicción. Más grave sería lo que vendría a continuación, una tribulación en la que los discípulos de Jesús serían perseguidos hasta la muerte (24:9).

5. Apostasía: la persecución tendría como consecuencia que muchos se apartarían e incluso incurrirían en la traición (24:10). A la apostasía, contribuiría igualmente que aparecerían falsos profetas con enorme capacidad de seducción (24:11) y, como resultado, el amor de muchos se enfriaría (24:12). De hecho, en medio de esa situación, solo los perseverantes se salvarían (24:13).

6. Expansión universal del evangelio: la persecución y la tribulación se desarrollarían en paralelo a un acontecimiento de especial relevancia. El evangelio sería predicado a todas las naciones previamente al final de la era, un hecho que tuvo lugar en la generación de la que hablaba Jesús a juzgar por las afirmaciones de Pablo en la década de los años cincuenta del siglo I.

Así el apóstol dice en Colosenses 1:5-6: «a causa de la esperanza que os está guardada en los cielos, de la que ya habéis oído por la palabra verdadera del evangelio, que ha llegado hasta vosotros, **así como a todo el mundo**, y lleva fruto y crece también en vosotros, desde el día que oísteis y conocisteis la gracia de Dios en verdad». Igualmente, en Colosenses 1:23 afirma: «si en verdad permanecéis fundados y firmes en la fe, y sin moveros de la esperanza del evangelio que habéis oído, **el cual se predica en toda la creación que está debajo del cielo**; del cual yo Pablo fui hecho ministro». Lo mismo podemos ver en Romanos 1:8 («Primeramente doy gracias a mi Dios mediante Jesucristo con respecto a todos vosotros, de que vuestra fe se divulga **por todo el mundo**») o en Romanos 10:18 («Pero digo: ¿No han oído? Antes bien, por toda la tierra ha salido la voz de ellos y **hasta los extremos de la tierra** sus palabras») (énfasis del autor), y

7. La abominación de la desolación: la referencia a los ejércitos paganos en la proximidad de Jerusalén sería otra señal de que la era se acercaba a su final. El texto de Lucas 21:20-22 resulta aún más claro al afirmar: «Pero cuando veáis Jerusalén rodeada de ejércitos, sabed entonces que su destrucción ha llegado. Entonces los que estén en Judea, huyan a los montes; y los que se hallen en medio de ella, váyanse; y los que estén en los campos, no entren en ella. Porque estos son días de retribución, para que se cumplan todas las cosas que están escritas».

Las palabras de Jesús se cumplieron de una manera inexorable y no debería sorprender que los escépticos se empeñen en considerar que el texto fue escrito del año 70 d.C., porque, ciertamente, corrobora con enorme fuerza la autoridad de Jesús. Así, no solo es que sus discípulos experimentaron persecución desde el principio —basta leer el libro de los Hechos, Apocalipsis y buena parte de las epístolas—, sino que además textos como *La guerra de los judíos* de Flavio Josefo nos dan cuenta detallada de falsos mesías y maestros que arrastraron a muchos en los años previos a la destrucción del Templo.

En el año 66, en respuesta a una sublevación nacionalista de los judíos, las legiones romanas llegaron a las puertas de Jerusalén y la cercaron. Sin embargo, de manera inesperada para los judíos, los romanos levantaron el asedio a causa de los conflictos internos del Imperio. Los que hicieron caso de las palabras de Jesús abandonaron la ciudad y se refugiaron en la población de Pella al otro lado del Jordán, y se salvaron así del destino que iba a recaer sobre Jerusalén. Los nacionalistas judíos que, por el contrario, creyeron que Roma había sido derrotada se apresuraron a acuñar una moneda proclamando su victoria sobre los paganos. Su alegría duró poco porque, bajo el mando de Tito, los romanos regresaron, y en el año 70 tomaron Jerusalén y arrasaron la ciudad junto con el Templo. Nunca antes ni nunca después —ni siquiera durante el Holocausto— sufrió el pueblo judío una tragedia semejante. Si en el Holocausto murió, aproximadamente, una tercera parte de sus miembros; en la guerra del Templo fueron dos terceras partes los judíos que perecieron. Además, no sobrevivió nada de la presencia judía como entidad política, Jerusalén fue arrasada y del Templo, como señaló Jesús, no quedó piedra sobre piedra. Todo ello se cumplió en el plazo de una generación de manera casi meticulosamente matemática: los años que van del 30 al 70 d.C.

Es cierto que el sionismo ha realizado una lectura de la guerra contra Roma en el que se pinta románticamente a los sublevados como héroes nacionales. Esa versión de los hechos es interesada e históricamente falsa. El historiador Flavio Josefo no dudó en afirmar en repetidas ocasiones que todo el conflicto contra Roma —incluida la destrucción del Templo— fue algo decidido por Dios como castigo a la impiedad de aquella generación. Así, señaló al referise a la desaparición de algunos sacerdotes relevantes:

> Creo que Dios, que había decidido la destrucción de la ciudad, ya contaminada y que quería purificar con fuego el santuario, quitó de en medio a los que estaban consagrados y amaban el Templo.[9]

La razón que da Josefo para semejante desastre nacional es doble. En primer lugar, estuvo el hecho de que los judíos se negaron a escuchar las señales que Dios les daba:

---

9. Guerra IV, 323.

A los hombres no les es posible evitar el Destino, ni aunque lo intenten. Algunos de los signos los interpretaron a su antojo y de otros no hicieron caso hasta que con la conquista de su patria y con su propia destrucción se dieron cuenta de su necedad.[10]

En segundo lugar, para Josefo resulta obvio que aquella generación fue extraordinariamente malvada y merecía el juicio de Dios que recayó sobre ella:

> Esta ciudad (Jerusalén) habría sido digna de toda envidia si hubiera gozado desde su fundación de tantos bienes como desgracias sufrió durante su asedio. Sin embargo, mereció tan inmensas desgracias no por otra causa, sino por haber engendrado la generación que le ocasionó su propia ruina.[11]

Si a los datos proporcionados por Josefo se le añade la circunstancia de que aquella generación no había dudado en rechazar cruentamente al Mesías y en perseguir a sus discípulos, poco puede negarse lo razonable de sus afirmaciones.

Hay otros dos aspectos más que llevan a concluir que las palabras de Jesús se cumplieron con exactitud en el gran drama de la guerra contra Roma. La primera es que basta leer —y es lectura obligatoria— *La guerra de los judíos* del historiador judío Flavio Josefo para darse cuenta de que Jesús estaba prediciendo de manera extraordinariamente exacta el proceso de aniquilación del sistema religioso judío, sistema, dicho sea de paso, que no ha vuelto a ser reconstruido como entonces hasta el día de hoy.

En segundo lugar, se puede percibir con enorme facilidad que los juicios de Jesús sobre esa generación no fueron ni mucho menos exagerados. Josefo —que no creía que se había producido un castigo por rechazar al Mesías— escribió, sin embargo, de aquella generación lo siguiente:

> Aunque resulta imposible relatar todos sus crímenes de manera detallada, sí se puede decir, en resumen, que ninguna otra ciudad

---

10. Guerra VI, 315
11. Guerra VI, 408.

ha sufrido atrocidades de este carácter y jamás ha existido en la historia una generación que haya producido tantas iniquidades.[12]

No deja de ser significativo que Josefo añadiera a continuación:

Estos individuos acabaron por atraer el desprecio sobre la raza de los hebreos... han llevado a la ciudad a la ruina.[13]

El juicio expresado por Flavio Josefo no era el derivado de un fanático antisemita. Era el procedente de un judío, fariseo y patriota, que, al igual que Jesús, no se engañaba sobre la deplorable realidad de aquella generación (obsérvese el significado de la palabra «generación» semejante al que vemos en Jesús) y sabía dónde residía la responsabilidad de lo acontecido.

Ciertamente, las palabras claras de Jesús contenidas en los 28 primeros versículos del capítulo 24 de Mateo encontraron su cumplimiento en el año 70, y cualquiera que lea, por ejemplo, el relato de Flavio Josefo sobre la guerra de los judíos lo comprobará sin especial dificultad. Sin embargo, en el versículo 29 Jesús describe una serie de acontecimientos que, para muchos, solo pueden referirse a su segunda venida. Así, según esa interpretación, Jesús habría señalado que, justo después de la destrucción de Jerusalén y del Templo, de la tribulación de aquellos días que tendría lugar en esa generación, se producirían unos eventos que muchos identifican con la segunda venida de Cristo. Semejante interpretación ha sido aprovechada por los escépticos para indicar que la profecía de Jesús resultó, siquiera en parte errónea, porque es obvio que la segunda venida de Cristo no tuvo lugar inmediatamente después del año 70.[14] En otras palabras, esa circunstancia demostraría sin lugar a dudas que Jesús fue un personaje falible y sujeto a error, tanto al menos, como para equivocarse sobre el momento en que vendría el final del mundo y

---

12. Guerra de los judíos V, 442.
13. Guerra V, 443-4.
14. Una exposición de esta posición en J. A. T. Robinson, *Can We Trust the New Testament?*, Grand Rapids, p. 19. De manera bien significativa, Robinson considera que Jesús se equivocó en su predicción y que el Nuevo Testamento contiene errores, pero, a la vez, considera que proporciona no poco material valioso históricamente.

el inicio del nuevo. Por otro lado, para exégetas conservadores, el pasaje solo puede referirse a la Segunda venida en la medida en que utiliza un lenguaje catastrofista que, obligadamente, ha de colocarse en ese contexto. Sin ánimo de dogmatizar, desde nuestro punto de vista, ambas posiciones son erróneas y no tratan con justicia al texto que recoge la profecía de Jesús sobre la destrucción del Templo.

En el versículo 29 aparece, ciertamente, una referencia a la caída de los astros, a la falta de resplandor de la luna o al oscurecimiento del sol. Para el que no conoce el simbolismo propio de las Escrituras, se trataría de referencias a acontecimientos astronómicos cataclísmicos y previos a la segunda venida. De ahí pueda que haya solo un paso para lanzar profecías relacionadas con eclipses o fenómenos lunares que, por cierto, nunca se cumplen. Sin embargo, el estudio riguroso de la Biblia enseña que las palabras utilizadas por Jesús jamás tienen un significado literal sino que forman parte de un lenguaje simbólico referido a los juicios de Dios a lo largo de la historia. Así, por ejemplo, cuando Isaías anunció la destrucción de Babilonia que tendría lugar en el 537 a.C., escribió:

> He aquí el día de YHVH viene, terrible, es día de indignación y ardor de ira, para convertir la tierra en soledad, y raer de ella a sus pecadores. Por lo cual **las estrellas de los cielos y sus luceros no darán su luz; y el sol se oscurecerá al nacer, y la luna no dará su resplandor**. Y castigaré al mundo por su maldad, y a los impíos por su iniquidad; y haré que cese la arrogancia de los soberbios, y abatiré la altivez de los fuertes (Isaías 13:9-11). (Énfasis del autor)

De manera semejante, al referirse a la destrucción del reino de Edom, Isaías señaló:

> Y todo el ejército de los cielos se disolverá, y se enrollarán los cielos como un libro; y caerá todo su ejército, como se cae la hoja de la parra, y como se cae la de la higuera. Porque en los cielos se embriagará mi espada; he aquí que descenderá sobre Edom en juicio, y sobre el pueblo de mi anatema (Isaías 34:4,5).

No se trata, ciertamente, de un lenguaje limitado a Isaías. Amós, al anunciar la destrucción del reino de Israel en el 721 a.C., afirmó:

Acontecerá en aquel día, dice YHVH el Señor, que **ocasionaré que se ponga el sol a mediodía, y cubriré de tinieblas la tierra en el día claro**. Y cambiaré vuestras fiestas en lloro, y todos vuestros cantares en lamentaciones; y haré poner cilicio sobre todo lomo, y que se rape toda cabeza; y la volveré como en llanto de unigénito, y su postrimería como día amargo (Amós 8:9,10). (Énfasis del autor)

Lo mismo hallamos en el profeta Ezequiel, que al anunciar la aniquilación del imperio egipcio escribió:

Tras haberte aniquilado, cubriré los cielos y oscureceré sus estrellas; con nubes cubriré el sol y la luna no dará su luz. Oscureceré por tu causa todos los astros brillantes del cielo y pondré tinieblas sobre tu tierra, declara YHVH Dios (Ezequiel 32:7,8).

En todos los casos, el lenguaje profético está anunciando el final de un poder a causa del juicio de Dios y lo hace usando imágenes cósmicas que no son literales, pero sí poderosamente reveladoras. Esto no debería sorprendernos porque hablamos habitualmente del eclipse de un imperio, del oscurecimiento de una carrera política, del ocaso de una nación, etc. Sin embargo, algo tan simple es pasado por alto por muchas de las personas que leen las palabras de Jesús en este discurso. La realidad es que lo que Jesús estaba diciendo a sus discípulos sobre Jerusalén y la nación judía era exactamente lo mismo que otros profetas habían dicho sobre Edom, Babilonia o Egipto: el castigo de Dios iba a ser tan radical que podría simbolizarse con la pérdida de luz del sol y la luna e incluso al desplome de las estrellas. No otra cosa sucedió en el año 70 d.C. en Jerusalén.

Precisamente, al ser aniquilado todo el sistema religioso judío, quedaría de manifiesto la señal del Hijo del Hombre en el cielo. El texto original no dice que se vería en el cielo la señal del Hijo del Hombre, sino que quedaría de manifiesto la señal del Hijo del Hombre, el que está en el cielo. Este Hijo del Hombre estaría viniendo en las nubes, con poder y gran gloria. De nuevo, interpretar el texto como una referencia a la segunda venida es tentador, pero, una vez más, implica pasar por alto el lenguaje de las Escrituras. La venida en las nubes, el juicio y el lamento de las tribus de la tierra (es decir, las tribus de *Ha-arets*: Israel) se cumplieron en el año 70 d.C.

Una vez más, el lenguaje profético habitual nos muestra el uso de ese vocabulario para referirse al juicio de Dios *en cualquier época de la historia*. Así, la imagen del Dios que cabalga sobre las nubes para enfrentarse con sus enemigos es muy común en la Biblia y la podemos encontrar, por ejemplo, en el Salmo 104:3, donde se nos dice que Él es «el que establece sus moradas entre las aguas, el que pone las nubes como su carroza, el que anda sobre las alas del viento». No hace falta decir que las expresiones poéticas no son, ni de lejos, una descripción literal. Pero es que además, los profetas describen muchas veces a Dios como alguien que viene sobre las nubes para ejecutar el juicio. Así, en Isaías 19:5 podemos leer:

> Carga acerca de Egipto. He aquí que YHVH **monta sobre una ligera nube,** y entrará en Egipto; y los ídolos de Egipto temblarán delante de él, y desfallecerá el corazón de los egipcios dentro de ellos. (Énfasis del autor)

Más elocuente, si cabe, es el inicio del libro de Nahúm, donde se anuncia la aniquilación del imperio asirio de la siguiente manera:

> Profecía sobre Nínive. Libro de la visión de Nahum de Elcos. YHVH es Dios celoso y vengador. YHVH vengador y lleno de indignación. Se venga de sus adversarios y reserva la ira contra sus enemigos. YHVH es tardo para la ira y grande en poder, y no tendrá por inocente al culpable. YHVH marcha en la tempestad y el torbellino, y **las nubes son el polvo de sus pies.** (Énfasis del autor)

En todos y cada uno de los casos, no hay referencia a una visión literal de Dios sobre nubes sino a una simbología referida al juicio, un juicio que se ejecuta históricamente sobre las naciones sin excluir al pueblo de Israel.

Por cierto, no deja de llamar la atención que Josefo narre que los judíos que sufrieron el asedio de Jerusalén —y que en no pocos casos eran conscientes de que se enfrentaban a un juicio de Dios— «cuando se ponía en funcionamiento la máquina y se arrojaba la piedra, se avisaban y se gritaban en su lengua materna: ¡Viene el hijo!», una expresión sobre la que merecería la pena reflexionar.[15]

En el caso de Jesús el Mesías, esa simbología de venida sobre nubes quedaba además reforzada por el hecho de que en las nubes habría comparecido ante el Padre precisamente como el Hijo del Hombre. Así, en Daniel 7:13,14 se había profetizado:

> Miraba yo en la visión de la noche, y he aquí con las nubes del cielo venía uno como un hijo de hombre, que vino hasta el Anciano de días, y le hicieron acercarse delante de él. Y le fue dado dominio, gloria y reino, para que todos los pueblos, naciones y lenguas le sirvieran; su dominio es dominio eterno, que nunca pasará, y su reino uno que no será destruido.

Es bien revelador que tanto la fuente lucana como la marcana señalan que la última vez que los discípulos vieron a Jesús lo contemplaron ascender en una nube (Marcos 16:19; Hechos 1:9) al Padre para sentarse a su diestra, en lo que es un claro cumplimiento de la profecía de Daniel. Pero lo que para los discípulos había sucedido efectivamente —el Hijo del Hombre estaba en el cielo sentado con poder a la diestra del Padre—, quedaría de manifiesto en el 70 d.C., cuando todo el sistema religioso judío se desplomara con la destrucción del Templo. Entonces no podría haber la menor duda de que el viejo pacto había sido sustituido por uno nuevo. Entonces quedaría especialmente de manifiesto el significado de la muerte de Jesús. Como escribiría el autor de la carta a los Hebreos (8:13): «Al decir: Nuevo pacto, ha dado por viejo al primero; y lo que se da por viejo y sigue envejeciendo, está próximo a desaparecer». Ese nuevo pacto estaba en vigor desde el año 30 d.C., pero en el 70 d.C., con la destrucción del Templo y de Jerusalén, la señal de que el Hijo del Hombre estaba en el cielo y el nuevo pacto se hallaba en vigor, resultaría irrefutable.

Ese nuevo pacto tendría además una consecuencia más que clara, y es que no pasaría por el sistema judío del Templo sino que implicaría que los ángeles de Dios reunirían a los escogidos en todo el orbe (24:31). El texto griego deja de manifiesto que aquí no se trata

---

15. Guerra de los judíos V, 272.

de ningún arrebatamiento sino de una reunión de los escogidos. Si *aggeloi* debe ser traducido «ángeles», en el sentido de un enviado celestial de Dios, o simplemente «enviados», como en Santiago 2:25 resulta, en buena medida, secundario. Lo que es obvio es que habría una gran reunión de los elegidos de Dios tras quedar de manifiesto que el Señor había ejecutado su juicio sobre el sistema judío cuyo centro era el Templo. Al respecto, los ángeles (o mensajeros) llevarían a cabo una labor de «reunir en sinagogas» —el significado literal del término que algunas versiones traducen como reunir o congregar— a los elegidos. Ambos aspectos —sinagoga y elección— se repiten en otras partes de la Biblia. Con respecto al término sinagoga, no deja de ser curioso que, por ejemplo, en Santiago 2:2 se denomine al lugar de reunión de los seguidores de Jesús con la palabra griega sinagoga, o en Hebreos 10:25, al hablarse de no olvidar reunirse con otros creyentes, se utilice el mismo verbo que el que Jesús usa para describir la labor de los ángeles que congregarán a los elegidos. Tras la destrucción del Templo, que pondría de manifiesto que Jesús era el Hijo del Hombre, la congregación de los verdaderos creyentes resultaría evidente.

Por lo que se refiere a la elección, es justo lo que vemos en Hechos 2:47, donde se nos dice que el Señor añadía cada día a su iglesia a los que habían de salvarse, o en Romanos 8:28-39, donde se describe cómo Dios, primero, predestinó y luego lleva a cabo todos los pasos para garantizar la salvación de sus elegidos. Precisamente, porque todo esto iba a suceder en la generación en la que hablaba Jesús (24:34), había que estar atentos a lo que sucedería (24:33). Porque lo cierto es que acontecería de manera inevitable (24:35), aunque Jesús no iba a decir a los discípulos el día y la hora (24:30). Para muchos, resultaría una catástrofe imprevista como en los días de Noé, circunstancia que obligaría a mantenerse alerta (24:43,44). De hecho, la conducta de los seguidores de Jesús debía ser como la de un siervo fiel y prudente (Mateo 24:45-51), y no como la de alguien que pensara que los juicios de Dios no tienen lugar en la historia.

Para muchas personas, el capítulo 24 de Mateo es simplemente una excusa para dedicarse al estéril ejercicio de especular calenturientamente sobre el futuro. Es triste que así sea, porque cayendo en esas conductas deplorables pierden totalmente de vista la enseñanza de Jesús. De hecho, el capítulo 24 de Mateo contiene enseñanzas, a la vez, gloriosas y escalofriantes. La primera enseñanza que el creyente debería tener en cuenta es que Dios no hace acepción de personas. Israel pudo ser su pueblo elegido; pero cuando rechazó al Mesías y prefirió aferrarse a un sistema religioso corrupto, su juicio se convirtió en inevitable y el Reino fue dado a otro pueblo que produjera sus frutos (Mateo 21:43). Jesús señaló que todo vendría sobre aquella generación (Mateo 23:36; 24:34) y, efectivamente, la profecía se cumplió de manera inexorable. Ese hecho de relevancia trascendental debería llevarnos a recordar, con Pablo, que las ramas judías que no creyeron fueron desgajadas del olivo y que las ramas gentiles que creyeron fueron injertadas. Sin embargo; esas ramas gentiles, de caer en la incredulidad, pueden ser cortadas exactamente igual que las judías, y de la misma manera las judías pueden volver a ser injertadas si creen que Jesús es el Mesías (Mateo 23:38,39 y Romanos 11:17-23).

La segunda enseñanza que debería asimilar todo creyente es que Dios cumple siempre sus profecías. La señal del Hijo del Hombre que había sido profetizada por Daniel tuvo su cumplimiento en el año 30 d.C. con la ascensión del Mesías al cielo, y quedó de manifiesto con la aniquilación de Jerusalén, el Templo y la nación en el año 70, tal y como Jesús anunció.

La tercera enseñanza es que la muerte, resurrección y ascensión de Jesús el Mesías tiene una trascendencia mucho mayor de la que muchos que se dicen cristianos comprenden. En muchos casos, su vida se extiende desde una supuesta conversión —o peor, un bautismo infantil— hasta que también supuestamente vayan al cielo. No captan en ningún momento toda la relevancia del nuevo pacto ni cómo se aplica a sus vidas. Este capítulo 24 permite acercarse a algunos de esos aspectos.

La cuarta enseñanza es que Dios puede pedir cuentas en cualquier momento y sería sensato vivir vigilantes. Ciertamente, el Templo —como reconocían judíos piadosos como Flavio Josefo— había perdido su valor espiritual a pesar de su majestuosidad y no quedaría de él piedra sobre piedra; sin embargo, lo verdaderamente importante no era el merecido final del Templo y de su sistema religioso, sino la llegada del Mesías y la consumación de su obra.

CAPÍTULO XV

LA ÚLTIMA SEMANA (II):
DEL MIÉRCOLES AL JUEVES

Miércoles (I): Jesús vuelve a anunciar su muerte

«Aun el hombre de mi paz, aquel en quien yo confiaba, el que comía conmigo mi pan, alzó contra mí su talón». Con estas palabras relataba el Salmo 41:10 cómo el Mesías sería traicionado por uno de los suyos. Se trataba de una experiencia que, rezumante de amargura, iba a atravesar Jesús. Aquella noche de martes —ya miércoles, según el cómputo judío— Jesús regresó con sus discípulos a Betania. La cena no tuvo lugar esta vez en casa de Lázaro sino de un tal Simón el leproso (Mateo 26:6; Marcos 14:3). El personaje en cuestión debía tener cierta relación con la familia de Lázaro, porque este acudió a la cena y su hermana Marta, una mujer notablemente servicial, se ocupó de atender la mesa (Juan 12:2). Con esos datos, no resulta difícil pensar en la posibilidad de que se tratara de un encuentro de amigos que deseaban agasajar a Jesús. Precisamente en ese contexto, tendría lugar un episodio de enfrentamiento entre Jesús y Judas que ha sido transmitido por las fuentes mateana, marcana y joanea. Esta última lo describe de la siguiente manera:

> Y le hicieron (a Jesús) allí (en Betania) una cena; Marta servía, y Lázaro era uno de los que estaban a la mesa con él. Entonces María tomó una libra de perfume de nardo puro, de mucho precio, y ungió los pies de Jesús, y se los enjugó con sus cabellos; y la casa se llenó con la fragancia del perfume. Pero uno de sus discípulos, Judas Iscariote, el hijo de Simón, el que lo iba a entregar, dijo: ¿Por qué este perfume no se vendió por trescientos denarios, y se dio a los pobres? Pero dijo esto, no porque se preocupara de

los pobres, sino porque era ladrón, y como se ocupaba de la bolsa, sustraía de lo que se echaba en ella. Entonces Jesús dijo: Déjala; ha realizado este rito para el día de mi sepultura. Porque a los pobres siempre los tendréis con vosotros, pero a mí no siempre me tendréis (Juan 12:2-8).

El relato, en su conmovedora brevedad, resulta extraordinariamente luminoso. En medio de la cena, María, la hermana de Lázaro, decidió honrar a Jesús de una manera especial. Es muy posible que desbordara gratitud al pensar que su hermano había regresado de entre los muertos en virtud del poder sagrado de Jesús. Adquirió, por lo tanto, un frasco de perfume de nardo y con él ungió los pies del Maestro. Poco podía sospechar la mujer que, siglos después, exegetas descuidados la confundirían con la pecadora de Galilea que había agradecido el perdón de Jesús con lágrimas (Lucas 7:36-50) y que, fruto de esa pésima lectura de los Evangelios, se tejería toda una leyenda que se desarrollaría con el catolicismo-romano medieval y daría notables frutos artísticos, pero que, en realidad, carece de base histórica.

En esta ocasión, la acción de la mujer no provocó la reacción contraria de un fariseo escandalizado, sino la de Judas. El discípulo que se encargaba de llevar la bolsa común protestó agriamente contra aquel dispendio. Dado que aquel perfume debía haber costado unos trescientos denarios —una cifra ciertamente muy elevada si se tiene en cuenta que el salario diario de un jornalero era de un denario—, lo obligado, según Judas, hubiera sido dárselo a los pobres (Juan 12:5). En apariencia, la objeción tenía lógica. Jesús y sus discípulos llevaban una vida de considerable austeridad y, a juzgar por lo señalado por Judas, de sus magras pertenencias destinaban una parte a los necesitados. ¿Qué sentido tenía aceptar aquel derroche en algo tan volátil (nunca mejor dicho) como el perfume? ¿Acaso no hubiera sido más apropiado que María hubiera entregado el dinero que le había costado el frasco de nardo para que con él se ayudara a los menesterosos?

Sin embargo, Jesús, como era habitual en Él, no se dejó enredar por las palabras. A decir verdad, conocía a Judas muy bien. Él mismo lo había elegido tres años atrás; Él mismo lo había colocado al frente de la administración de los haberes del grupo confiándole la bolsa; Él mismo se había percatado más de un año antes de que era el único del grupo que había comenzado a deslizarse del camino. Muy posiblemente, a esas alturas, también sabía que Judas se sentía desengañado por la manera en que habían ido evolucionando los acontecimientos. El resto de los discípulos se debatía entre el temor y la perplejidad, entre las ilusiones de un futuro triunfal cercano y la confusión, entre las disputas por los puestos en el Reino que pronto iba a inaugurarse y las enseñanzas relativas al Mesías que padecería como el Siervo de YHVH. Sin embargo, a pesar de aquel cúmulo de circunstancias, todos ellos continuaban apegados a Él y a la esperanza del Reino. No era, desde luego, el caso de Judas. Poco a poco, la fe de Judas se había ido desmoronando aunque no había abandonado el grupo de Jesús. Fuera como fuese, Judas había decidido obtener algún beneficio de una situación que, en términos generales, consideraba perdida. Se dedicó a robar de la bolsa común y, al parecer, cubrió su inmoralidad con una de las excusas preferidas por aquellos que se quedan con el dinero de otros: afirmar que debía destinarse a los pobres.

Apenas podemos imaginar la tristeza que debió invadir a Jesús al contemplar la reacción de un hombre al que había escogido años atrás, al que había confiado una tarea de responsabilidad y al que ahora veía manifestarse con uno de los peores ropajes del ser humano, el del uso hipócrita de la supuesta preocupación por los demás que tan solo oculta la propia codicia. Una vez más, Jesús eludió hábilmente el dejarse atrapar por frases que no comunicaban la verdad sino que tan solo pretendían ocultarla. Luego puso el dedo en la llaga reprendiendo en público a Judas. Aquella mujer había actuado bien, seguramente mejor de lo que ella pudiera pensar porque le había ungido, algo que solía hacerse con los cadáveres y que resultaba especialmente apropiado en su caso ya que moriría en breve. Se trataba del enésimo anuncio de su muerte, pero con él no había terminado lo que tenía que decir. Afirmara lo que afirmara Judas, pensara lo que pensara, a los pobres siempre los tendrían con ellos. Su existencia iba a ser una realidad cotidiana en los tiempos futuros y no faltarían posibilidades de socorrerlos. No iba a ser así con Él ya que moriría dentro de unos días.

Quizá en aquellos momentos, Judas llegó a la conclusión de que nada tenía ya que hacer —ni que ganar— al lado de Jesús y que lo mejor era obtener algún beneficio de aquella situación, el que le podrían proporcionar las autoridades del Templo por entregárselo. El sendero de la traición había quedado abierto.

Miércoles (II): la traición

Las autoridades del Templo habían decidido hacía tiempo acabar con Jesús y semejante resolución se había ido fortaleciendo durante los días previos a la Pascua. A fin de cuentas, no solo había consentido que la gente —los inmundos *am-ha-arets*— lo aclamaran como Mesías sino que además se había permitido limpiar el Templo, dejando de manifiesto las sucias corruptelas a que estaba sometido el recinto sagrado. Para colmo, los intentos de desacreditarlo habían fracasado estrepitosamente dejando en ridículo a los que lo habían intentado. Resultaba obvio que la única salida viable era acabar con su vida. Sin embargo, llevar a cabo semejante propósito planteaba algunos problemas de no escasa importancia. El menor, desde luego, no era el cómo prender a Jesús. Contaba con una experiencia de años en eludir situaciones peligrosas e incluso cuando se habían presentado se había deslizado entre ellas de manera magistral. Ahora, prudentemente, había evitado pasar la noche en Jerusalén para evitar que lo detuvieran. Era de esperar que celebraría la Pascua en la ciudad, pero esa sola circunstancia no facilitaba las cosas. Durante la festividad, la Ciudad Santa se llenaba de peregrinos —centenares de miles— y no sería sencillo encontrar, identificar y detener a Jesús. Precisamente por todo eso, el que Judas, uno de sus discípulos más cercanos, se hubiera puesto en contacto con ellos ofreciéndose a entregarlo les causó una gran alegría (Marcos 14:11; Lucas 22:5).

Como en todas las traiciones, una de las cuestiones que debía quedar aclarada desde el principio era el precio. Las autoridades del Templo distaban mucho de ser ingenuas, acostumbradas como estaban a chapotear cotidianamente en un mar de corruptelas, violencia y sobornos, tal y como reconocen las propias fuentes judías. Precisamente por ello debieron captar que Judas aceptaría una cantidad por su traición que no resultaría excesiva. Le ofrecieron así treinta monedas de plata, aproximadamente, el salario de un jornalero por un mes de trabajo.

No tenemos la menor noticia de que Judas regateara con sus interlocutores. A esas alturas, estaba más que desengañado de Jesús; muy posiblemente, sospechaba que este había descubierto su conducta inapropiada y debió pensar que, como mínimo, sacaría algo del error de haberlo seguido durante más de tres años. Aceptó. Como en tantos traidores, es muy posible que el resentimiento, la decepción, el rechazo hacia lo que una vez se ha amado pesaran más que el dinero.[1] Desde ese momento, Judas se aplicó a la tarea de dar con la mejor manera de entregar al que había sido su Maestro (Mateo 26:16; Marcos 14:11; Lucas 22:6).

Con posterioridad, los seguidores de Jesús encontrarían en el episodio de la traición y en el precio fijado el cumplimiento de la profecía de Zacarías (11:12,13) donde se afirma que el propio YHVH sería valorado por treinta monedas de plata. De esa manera, se verían confirmados en su creencia en la mesianidad de Jesús. Sin embargo, mientras tenían lugar los hechos, los discípulos andaban muy lejos de pensar en una posible traición.

Jueves: la preparación de la última Pascua

Desconocemos lo que sucedió desde la noche del martes —miércoles, según el cómputo judío— en que Jesús reprendió a Judas hasta el jueves en que comenzaron los preparativos de la Pascua. Lo más posible es que Jesús decidiera permanecer prudentemente en Betania. No debió de estar especialmente comunicativo sobre sus propósitos más inmediatos porque la mañana del jueves los discípulos aún no sabían dónde deseaba comer la cena de Pascua y se vieron obligados a acercarse a Él para preguntárselo (Mateo 26:17; Marcos 14:12; Lucas 22:7). Como en tantas ocasiones, Jesús no había dejado nada a la improvisación. Comunicó a dos de sus discípulos —la fuente lucana (Lucas 22:8) indica que eran Pedro y Juan— que debían descender a la Ciudad Santa a ocuparse de todo. Bastaría con que se encontraran a la entrada de Jerusalén con un hombre que llevaría un cántaro —una circunstancia un tanto peculiar si se tiene en cuenta que las mujeres eran las que, habitualmente, se

---

1. En un sentido muy similar, véase C. H. Dodd, *The Founder of Christianity*, Londres, 1971, p. 152 ss.

ocupaban de esos menesteres— y lo siguieran. El sujeto en cuestión les conduciría a un lugar ya preparado para comer la cena de Pascua.

Efectivamente, los acontecimientos se desarrollaron tal y como Jesús les había dicho (Mateo 26:18 ss.; Marcos 14:13 ss.; Lucas 22:8 ss.). El lugar esperaba a Jesús y a sus discípulos con todo preparado para la celebración. Es más que posible que el sitio en cuestión fuera la casa de los padres de Juan Marcos. Ese sitio, con posterioridad a la muerte de Jesús, sería uno de los domicilios donde se reuniría la comunidad primitiva de los discípulos (Hechos 12:17) y el mismo Juan Marcos estaría llamado a desempeñar tareas de relevancia en el cristianismo primitivo. De hecho, sabemos que fue compañero de Bernabé y Pablo en su primer viaje misionero[2] y, con posterioridad, acompañó a Pedro como intérprete. A decir verdad, como ya hemos indicado en otro lugar, la tradición que le señala como el autor del segundo Evangelio a partir de los recuerdos de Pedro tiene todos los visos de corresponderse con la realidad histórica.[3]

Con toda certeza, la Cena de la Pascua tuvo lugar el jueves por la noche, aunque, según el cómputo judío que situa el final del día a la puesta del sol, la celebración se realizó ya en viernes. Aquella última Pascua celebrada por Jesús con sus discípulos estaría cargada de un enorme dramatismo.

Jueves-Viernes: la última Pascua

Para millones de personas, la Última Cena fue fundamentalmente el marco en el que Jesús instituyó un sacramento. Sin embargo, el hecho de que sea numeroso no convierte esa visión en acertada, aun cuando hay gente que así lo cree. A decir verdad, esa interpretación es errónea siquiera porque está empañada por una teología posterior en varios siglos al propio Jesús. Aquella noche, como centenares de miles de judíos piadosos, Jesús se reunió con sus discípulos más cercanos para celebrar la Pascua, la festividad judía en la que el pueblo de Israel conmemoraba cómo Dios lo había liberado de la esclavitud

---

2. Sobre el personaje, véase C. Vidal, *Pablo, el judío de Tarso*, Madrid, 2006, p. 161 ss.

3. He tratado el tema de manera novelada en C. Vidal, *El testamento del pescador*, Barcelona, 2004. Véase especialmente la Nota de autor.

de Egipto. Lo hizo además siguiendo el orden específico de esta fiesta judía. Las palabras y las acciones de Jesús así lo indican. De hecho, apenas reclinados a la mesa, Jesús señaló a sus discípulos el deseo que había tenido de celebrar aquella Pascua antes de padecer, ya que no volvería a comerla hasta que se consumara el Reino de Dios (Lucas 22:15,16). Sin duda, las palabras de Jesús acentuaban su próxima muerte, una muerte a imagen y semejanza de la del cordero cuya sangre había salvado al pueblo de Israel de ser objeto del juicio de Dios sobre Egipto (Éxodo 12:21 ss.). Sin embargo, una vez más, los prejuicios prevalecieron en la mente de sus discípulos que, de manera selectiva, se aferraron a la referencia al Reino para enredarse, acto seguido, en una discusión sobre los puestos que ocuparían tras el triunfo del Mesías. Por enésima vez, Jesús volvió a remachar que la mentalidad del Reino de Dios era diametralmente opuesta de la que tenían los políticos del mundo. Si deseaban ser los primeros en el Reino —un Reino del que, ciertamente, disfrutarían porque habían creído en él y le habían sido fieles en los momentos de dificultad— debían imitar al Rey-Siervo (Lucas 22:24-30).

Sin duda, Jesús tenía un vivo deseo de que aquella enseñanza que venía subrayando desde hacía años quedara grabada en la memoria de los Doce porque, de manera sorprendente e inesperada, en lugar de ofrecer agua a los invitados para que se lavaran las manos, optó por lavarles personalmente los pies. Este episodio del lavatorio de pies nos ha sido transmitido por la fuente joanea:

Antes de la fiesta de la pascua, sabiendo Jesús que su hora había llegado para pasar de este mundo al Padre, tal y como había amado a los suyos que estaban en el mundo, los amó hasta el final. Y cuando cenaban, dado que el Diablo ya había puesto en el corazón de Judas Iscariote, hijo de Simón, que le entregase, sabiendo Jesús que el Padre le había dado todas las cosas en las manos y que había salido de Dios y a Dios iba, se levantó de la cena y se quitó el manto y tomando una toalla, se la ciñó. Después puso agua en una jofaina y empezó a lavar los pies de los discípulos, y a enjugarlos con la toalla con que estaba ceñido. Llegó entonces a Simón Pedro y Pedro le dijo: Señor, ¿vas a lavarme tú los pies? Jesús le respondió: Lo que estoy haciendo tú no lo comprendes ahora, pero lo entenderás más adelante. Pedro le dijo: Nunca me lavarás los pies. Jesús le respondió: Si no te lavo, no tendrás parte conmigo. Le dijo Simón Pedro: Señor, no solo mis pies, sino también las manos y la cabeza. Jesús le dijo: El que está lavado, no necesita lavarse más que los pies porque está todo limpio y vosotros estáis limpios aunque no todos. Porque sabía quién lo iba a entregar, por eso dijo: No todos estáis limpios. De manera que, después que les hubo lavado los pies, tomó su manto, regresó a la mesa y les dijo: ¿Sabéis lo que os he hecho? Vosotros me llamáis Maestro y Señor y decís bien, porque lo soy. Pues si yo, el Señor y el Maestro, os he lavado los pies, vosotros también debéis lavaros los pies los unos a los otros. Porque ejemplo os he dado, para que como yo he hecho con vosotros, vosotros también hagáis. En verdad, en verdad os digo: El siervo no es mayor que su señor ni el enviado es mayor que el que lo envió. Si sabéis estas cosas, bienaventurados seréis si las hacéis. No hablo de todos vosotros —yo sé a quienes he elegido—, sino para que se cumpla la Escritura: El que come pan conmigo, levantó contra mí su talón. Desde ahora os lo digo antes de que acontezca, para que cuando acontezca creáis que yo soy. En verdad, en verdad, os digo: El que recibe al que yo envíe, me recibe a mí; y el que me recibe a mí, recibe al que me envió (Juan 13:1-20).

La importancia de este episodio puede deducirse del hecho de que, en el Evangelio de Juan, sustituye, por completo, a la mención del paso del pan y de la copa de la que dan cuenta los sinópticos. Para el autor del cuarto Evangelio, la nota más significativa de aquella noche no fue, como se insistiría a partir de la Edad Media, el que Jesús diera a comer su carne y su sangre literales bajo las formas del pan y del vino. A decir verdad, semejante idea es ajena por completo al Nuevo Testamento. Tampoco el simbolismo de la Cena de Pascua llamó tan poderosamente al testigo ocular que estuvo en aquella ocasión y dejó sus memorias reflejadas en la fuente joanea. Lo auténticamente importante para Él fue que aquel que era, sin ningún género de dudas, «el Señor y el Maestro» (Juan 13:13), se comportó como un siervo incluso humillándose en favor de aquel que había decidido traicionarlo (Juan 13:18). En cierta medida, esa conducta no era sino una corroboración de las palabras y las acciones que señalaban que el Mesías era el Siervo de YHVH y que sería sacrificado «por muchos».

Apenas podemos imaginar los sentimientos que pudieron apoderarse de Jesús al saber que Judas, uno de sus discípulos más cercanos, era un traidor. Sabemos que, al principio, cuando apenas había terminado de lavar los pies a los discípulos, se limitó a citar un versículo del Salmo 41, el que afirma que «el que come pan conmigo, levantó contra mi su talón». Sin embargo, salvo Judas, nadie captó el significado de aquellas palabras. En buena medida es lógico porque en el ambiente de festejo de la Pascua, la idea de una traición parecía totalmente inadmisible. Entonces, «conmovido en el espíritu» (Juan 13:21) Jesús reveló lo que estaba sucediendo: uno de los Doce lo iba a entregar.

Las palabras de Jesús provocaron un impacto considerable entre los discípulos. A pesar de sus disensiones y de sus disputas, a pesar de sus rivalidades y controversias, a pesar de sus choques y discusiones, hasta ese momento se habían visto como un grupo unido alrededor de Jesús. De hecho, su reacción fue, en primer lugar, de profunda tristeza (Mateo 26:22; Marcos 18:19). Pedro —que no abrigaba la menor duda de su propia lealtad— hubiera deseado preguntar a Jesús en privado por la persona a la que se refería. Sin embargo, en el triclinio donde cenaban, se hallaba sentado enfrente de Jesús, a no escasa distancia. No cabía, por tanto, la posibilidad de que indagara con discreción si tenía que hacerlo a gritos y mucho menos existía de que el Maestro le respondiera de la misma manera. Juan, el discípulo amado, sí se encontraba al lado de Jesús. Aunque apenas unas semanas antes se había producido un altercado con Juan y con su hermano Santiago en relación con los puestos que debían ocupar en el Reino,[4] lo cierto es que Pedro había tenido una relación muy especial con ellos fruto no solo de los años que hacía que se conocían, sino también del hecho de constituir el grupo de tres discípulos más cercanos a Jesús. Ahora no dudó en «hacer señas» a Juan para que le preguntara a Jesús a quién se había referido (Juan 13:24). Juan se inclinó entonces hacia Jesús e indagó por la identidad del traidor. Jesús señaló que podría averiguarlo observando a aquel al que ofreciera el pan mojado, un gesto de cortesía por otra parte propio de la celebración de la Pascua. Entonces, «mojando el pan, se lo dio a Judas Iscariote, el hijo de Simón» (Juan 13:26).

Obviamente, Judas no podía interpretar aquel gesto como una señal de que Jesús sabía que él era el traidor. Sin embargo, las

---

4. Vid supra págs. ss.

dudas que pudiera tener al respecto se disiparon enseguida. Tras la reacción de miedo, los discípulos —igual que Pedro— habían comenzado a preguntarse también por quién sería el traidor. Sin embargo, a diferencia del impetuoso galileo, no todos estaban tan seguros de su perseverancia futura. Seguramente, no podían creer que ninguno de ellos lo fuera en ese momento, pero ¿acaso estaba indicando Jesús que en el futuro alguno de ellos caería en un comportamiento tan indigno? Asustado, alguno de los discípulos incluso comenzó a preguntarle si se estaba refiriendo a él. Pero Jesús no respondió de manera directa. Se limitó a decir que era uno de los que compartía la cena de Pascua y que su destino sería aciago (Mateo 26:22-24; Marcos 14:19-21). Incluso cuando Judas, quizá intentando cubrir las apariencias, formuló la misma pregunta, Jesús se limitó a responderle que era él mismo el que lo decía (Mateo 26:26). Luego añadió: «Lo que vas a hacer, hazlo cuanto antes» (Juan 13:27).

La fuente joanea señala que, en ese mismo momento, Satanás entró en Judas (Juan 13:27), lo que, obviamente, resulta una interpretación espiritual de lo que sucedió a continuación. Judas, desde luego, no dio marcha atrás en sus propósitos. Por el contrario, es más que posible que se sintiera confirmado en sus intenciones. Si Jesús ya estaba al corriente o simplemente sospechaba de lo que hubiera podido hacer, más valía que se diera prisa en actuar antes de que la presa escapara o de que los otros discípulos se apercibieran de lo que estaba sucediendo. Así, Judas terminó de comer el bocado que le había entregado Jesús y abandonó la estancia para adentrarse en la noche (Juan 13:30). Su comportamiento no llamó la atención de los que hasta ahora habían sido sus compañeros. A fin de cuenta era el apóstol encargado de la bolsa y pensaron que Jesús acababa de darle la orden de que comprara algo necesario para la fiesta o de que diera algo a los pobres (Juan 13:29).

CAPÍTULO XVI

ARRESTO Y CONDENA (I): EL SANHEDRÍN

Viernes (I): el adiós

Tras la despedida de Jesús, Judas debió dirigirse de manera apresurada al encuentro con las autoridades del Templo. Con suerte, podría ayudar mejor al arresto de Jesús si regresaba antes de que abandonara la casa en la que estaba comiendo la Pascua o si no se encontraba a mucha distancia de ella. Pero aún sí no sucedía así, Judas era la garantía de que los enviados de las autoridades judías contarían con la posibilidad de identificar a Jesús entre la multitud de los peregrinos y detenerlo para darle muerte.

La amargura de aquella noche de Pascua apenas acababa de dar inicio para Jesús y sus discípulos. A estos les anunció que huirían cuando el Pastor, Él mismo, fuera herido (Mateo 26:31; Marcos 14:27) —una referencia al oráculo del profeta Zacarías 13:7—, y cuando Pedro insistió en que jamás se comportaría así, Jesús le anunció que antes de que cantara el gallo, antes de que amaneciera, le habría negado tres veces (Lucas 22:34). Luego, de manera totalmente inesperada, Jesús reinterpretó totalmente los elementos pascuales presentes sobre la mesa. Al igual que en el pasado, se había valido de metáforas para señalar que era la puerta (Juan 10:9) o un manantial de agua viva (Juan 7:37-39). Ahora indicó que el pan ácimo que compartían era su cuerpo que iba a ser entregado por ellos (Marcos 14:22) y la copa ritual de vino que debía consumirse después de la cena era el nuevo pacto basado en su sangre que sería derramada en breve para remisión de los pecados (Mateo 26:28). Así quedaba inaugurado el nuevo pacto que habían anunciado los profetas (Jeremías 31:31; Zacarías 9:11). En el futuro, sus discípulos seguirían participando de la Pascua, comiendo de aquel pan y bebiendo de aquella copa, pero deberían hacerlo con un significado añadido al que había tenido hasta entonces porque Él mismo no bebería de aquel «fruto de la vid» hasta que se consumara el Reino de Dios, el Reino de su Padre (Mateo 26:9; Marcos 14:25). En el pasado, Dios había liberado a Israel sacándolo de la esclavitud de Egipto. Así, lo habían conmemorado una y otra generación de judíos a lo largo de los siglos. Lo que se conmemoraría en el futuro sería una liberación todavía mayor que se vería consumada en las próximas horas.

Durante los siglos siguientes, las distintas confesiones cristianas han elaborado interpretaciones —no pocas veces sofisticadas y en cualquier caso contradictorias— sobre el significado de las palabras de Jesús. En 1215, por ejemplo, la iglesia católico-romana declaró dogma la transubstanciación, es decir, la creencia en que la sustancia del pan y del vino, en el momento de la consagración, pasaba a ser sustituida por la sustancia del cuerpo y de la sangre de Cristo. Ese cambio de la sustancia iba acompañado por una permanencia de los accidentes, de tal manera estos permanecieran y el color, el sabor o el olor del pan y el vino no se alteraran. Semejante definición dogmática presenta varios problemas. En primer lugar, nos encontramos con el enorme inconveniente de que el citado dogma descansa sobre la física del filósofo griego Aristóteles, física que sabemos desde hace tiempo que no se corresponde con la realidad. Pero la mayor objeción es que carece de base bíblica real. Así lo han visto no pocos autores católicos incluido Erasmo, que se burlaba elegantemente de los que creían poder defender ese dogma. De hecho, con su particular ironía y erudición señaló en su magistral *Elogio de la locura* que si a los apóstoles se les hubiera preguntado por la transubstanciación «no hubieran podido responder» porque «ellos adoraban a Dios» pero en espíritu y sin más norma que aquel precepto evangélico que dice: «Dios es espíritu, y hay que adorarle en espíritu y verdad».[1] Como muy bien dejó señalado, no resulta exagerado afirmar que no pocas de las doctrinas católicas, por su pesado componente helenístico, hubieran sido totalmente incomprensibles para judíos como Jesús y sus discípulos.

---

1. Erasmo, Laus Moriae, LIII.

Más relevante que esta circunstancia es que, a varias décadas de aquellos hechos, lo que creían las primeras comunidades cristianas quedó expresado con enorme claridad —e incomparable sencillez— por Pablo al escribir a los corintios: comían el pan y bebían el vino, símbolos del cuerpo de Cristo entregado en sacrificio y de su sangre derramada por todos en la cruz, para recordar lo que había sucedido aquella noche y hasta que el Señor Jesús regresara (1 Corintios 11:25,26). Como han sabido ver distintos exégetas a lo largo de los siglos, afirmar algo que vaya más allá de la ingestión de pan ácimo y del vino propios de la celebración de la Pascua judía en memoria de la última cena celebrada por Jesús con sus discípulos excede —en ocasiones con enorme holgura— lo que el mismo Maestro dijo a sus seguidores en aquella triste noche.

Concluida la cena, Jesús dedicó un tiempo a intentar confortar a unos discípulos cada vez más confusos y desconcertados. La tradición joanea nos ha transmitido una parte de aquellas palabras pronunciadas todavía en el cenáculo (Juan 14). También nos ha hecho llegar otras que dijo cuando, como judíos piadosos, tras cantar los salmos rituales del Hallel, salieron a la calle, de camino hacia Getsemaní (Juan 15-16). Aunque se ha insistido mucho en atribuir estos pasajes a la simple inventiva del autor del cuarto Evangelio, lo cierto es que tienen todas las señales de la autenticidad que solo puede comunicar un testigo ocular y, sobre todo, lo que en ellos podemos leer encaja a la perfección con lo que conocemos del carácter medularmente judío de Jesús por otras fuentes históricas. El Jesús que encontramos es el buen pastor preocupado por el destino de los suyos, consciente de que va a morir en breve y, sin embargo, lleno de esperanza. Un buen pastor modelado sobre el patrón de pasajes bíblicos como Ezequiel 34 o el Salmo 23. Sin duda, le aguardaba quedarse solo y contemplar la dispersión de los suyos, pero, al fin y a la postre, sus discípulos disfrutarían de una paz que el mundo —un mundo que iba a ser vencido a través de su muerte— no puede dar jamás (Juan 16:32,33). Lejos de encontrarnos con un fruto de la imaginación, ciertamente sublime de ser así, del autor del cuarto Evangelio, estos capítulos nos acercan a Jesús desde la perspectiva privilegiada de un testigo ocular.

Avanzada ya la noche, el Maestro y sus discípulos llegaron a Getsemaní. El nombre deriva del arameo *Gad-Smane* que significa la «prensa de aceite», es decir, un lugar donde se procedía a prensar las aceitunas procedentes de los olivos cercanos para conseguir el preciado alimento. En la actualidad hay cuatro lugares que compiten por el honor de ser el enclave en que Jesús oró aquella triste noche, a saber, la iglesia de todas las naciones que tendría un panorama del huerto y contaría con la roca de la agonía; la localización situada cerca de la tumba de María, la madre de Jesús, al norte; el enclave greco-ortodoxo situado al este, y el huerto de la iglesia ruso-ortodoxa cercana a la iglesia de María Magdalena. A finales del siglo XIX, William Mc Clure Thomson señaló que el terreno estaba todavía abierto a todos la primera vez que llegó a Jerusalén y que cualquiera podía acudir a orar o meditar. Sin embargo, los católico-romanos se habían ido apoderando del lugar y acabaron cercándolo con un elevado muro. Entonces los greco-ortodoxos respondieron inventándose otra ubicación situada al norte. Según Mc Clure Thomson, ninguno de los dos lugares había sido el utilizado por Jesús ya que se encontraban muy cerca del bullicio de la ciudad y, seguramente, Gethsemaní se hallaba ubicado a varios centenares de yardas al noreste de lo que ahora se enseña como el enclave del que hablan los Evangelios. La verdad es que lo único que podemos afirmar con certeza es que se trataba de un huerto situado entre el arroyo Cedrón y la falda del Monte de los Olivos. Ir más allá entra ya en el terreno de la especulación.

Jesús deseaba que, al menos, Pedro, Santiago y Juan, sus tres discípulos más cercanos, le acompañaran en oración en unos momentos especialmente difíciles. Al fin y a la postre, no sucedió así. Cargados de sueño —la noche era ya avanzada y la cena de Pascua exigía el consumo de, al menos, cuatro copas rituales de vino— se quedaron dormidos una y otra vez dejando a Jesús totalmente solo en las horas más amargas que había vivido hasta entonces (Mateo 26:36.46; Marcos 14:32-42; Lucas 22;39-46). Cuando Jesús estaba intentando por tercera vez despertarlos se produjo la llegada de Judas.

Viernes (II): el arresto

Jesús aún estaba dirigiéndose a sus adormilados discípulos instándolos a orar, cuando apareció un grupo de gente armada con la intención de prenderlo. Algún autor como Rudolf Bultmann[2] ha pretendido que se trataba de soldados romanos intentando apoyarse en el texto de Juan 18:3,12, donde se habla de una *speira* (cohorte) mandada por un *jilíarjos* (comandante). Esa misma posición ha sido seguida por judíos deseosos de separar a sus correligionarios de cualquier responsabilidad en el trágico destino de Jesús.[3] Sin embargo, como en tantas ocasiones, Bultmann —y los que lo han seguido— pone de manifiesto un inquietante desconocimiento de las fuentes judías que son muy claras en cuanto al uso del término *speira*. De entrada, todas las fuentes coinciden en que los que tenían el encargo de prender a Jesús habían sido enviados por las autoridades del Templo (Mateo 26:47; Marcos 14:43; Juan 18:2). Inverosímil es que una fuerza romana se pusiera a las órdenes del sumo sacerdote judío y aún más que aceptara entregar al detenido a este en lugar de a su superior jerárquico. Pero es que además las fuentes judías son muy claras al respecto del uso del término. En la Septuaginta, *speira* es un término usado para indicar tropas no romanas y además no con el sentido de cohorte sino de grupo o compañía (Judit 14:11; 2 Macabeos 8:23; 12:20 y 22). Por lo que se refiere a la palabra *jilíarjos* —que aparece veintinueve veces— se aplica a funcionarios civiles o militares, pero nunca a un tribuno romano. Un uso similar encontramos en Flavio Josefo, donde tanto *speira* como *jilíarjos* se usan en relación con cuerpos militares judíos (Antigüedades XVII, 9, 3; Guerra II, 1, 3; II, 20, 7). Que así fuera tiene una enorme lógica, porque en lengua griega, la palabra *jilíarjos* —que, literalmente, significa «un jefe de mil hombres»— es empleada por los autores clásicos como sinónimo de funcionario, incluso civil.[4] Lo

---

2. R. Bultmann, *Das Evangelium des Johannes*, 1941, p. 493.

3. Es el caso en especial del libro de Paul Winter, *On the Trial of Jesus*, Berlín, 1961. Winter había sufrido el inmenso drama del Holocausto y estaba empeñado en culpar del proceso y la ejecución de Jesús al poder romano en exclusiva. La consecuencia fue que su libro constituye no un ejercicio de investigación histórica, sino de poda de todos los datos en las fuentes que pudieran chocar con su visión preconcebida. En ese sentido, su valor histórico es nulo, a pesar de lo cual recibió el respaldo entusiasta de otros autores judíos. Al respecto, no deja de ser significativo que Geza Vermes le dedicara su libro *Jesús el judío*, Barcelona, 1977, p. 7.

4. R. W. Husband, *The Prosecution of Jesus*, Princeton, 1916, p. 96 con referencias expresas a Esquilo y Jenofonte. En el mismo sentido, J. Blinzler, *The Trial of Jesus*, Westminster, Maryland, p. 67 ss.

que la fuente joanea indica, por lo tanto, es lo mismo que los datos contenidos en los sinópticos, es decir, que un destacamento de la guardia del Templo había acudido a prender a Jesús y a su cabeza iba su jefe acompañado por Judas. Junto a ellos, marchaban algunos funcionarios enviados directamente desde el Sanhedrín (Juan 18:3) y Malco, un esclavo del sumo sacerdote Caifás (Marcos 14:47; Juan 18:10) quizá destacado para poder dar un informe directo a su amo de cualquier eventualidad que pudiera acontecer.

El término Sanhedrín[5] servía para designar en la época de Jesús al concilio aristocrático —una especie de senado— de Jerusalén. Derivaba de la palabra griega *synedrion* que podríamos traducir por «concilio» o «consejo». La primera noticia que tenemos de esta institución —o quizá de otra muy similar— se halla en una carta de Antíoco III (223-187 a.C.) en la que se la denomina *guerusía*, un término griego utilizado para nombrar al senado o al consejo de ancianos. La *guerusía* es mencionada varias veces en los libros de los Macabeos y, posiblemente, siguió existiendo bajo los Hasmoneos. Durante el reinado de Heródes el Grande debió de estar sometido al control férreo del monarca, aunque algunos discuten incluso que pudiera continuar su existencia en esa época. En el siglo I d.C., los romanos —siguiendo un sistema con paralelos en otros lugares —se valieron del Sanhedrín para controlar Judea, aunque, sin duda, le concedieron una notable autonomía.

No resulta fácil tener una idea exacta de cómo era esta institución. Josefo, por ejemplo, utiliza el término *synedrion* para referirse a diversas instituciones, tanto judías como romanas. Sus competencias eran civiles y religiosas,[6] aunque en una sociedad como la judía de aquella época no debía resultar fácil distinguir la diferencia entre unas y otras en muchos casos. Sí sabemos que el Sanhedrín carecía de competencia para aplicar la pena de muerte y que el denominado *ius gladii* —derecho de la espada o de ejecutar la pena capital— se hallaba en manos del gobernador romano.

---

5. Sobre el Sanhedrín, véase: C. Vidal, *Diccionario de Jesús y los Evangelios*, Estella, 1995.

6. Esta circunstancia ha llevado a algunos autores a postular la existencia de dos sanhedrines, uno político y otro religioso, pero semejante hipótesis no es segura.

En la literatura rabínica, se denomina *Bet Din* (Casa del juicio) al Sanhedrín. De acuerdo con estas fuentes, que no necesariamente reflejan el Sanhedrín de la época de Jesús, existió un gran Sanhedrín con setenta y un miembros que se reunía en el Templo, tres tribunales con veintitrés miembros y otros tribunales formados por tres. Su composición tendía a primar a las clases dominantes, si bien era muy relevante la necesidad de erudición para pertenecer a él. Si esa clasificación —lo que no es seguro— existía en la época de Jesús es posible que la investigación relativa a sus acciones la llevara a cabo uno de los tribunales de tan solo ventitrés miembros.

Contra lo que se ha dicho en multitud de ocasiones, el arresto de Jesús no colisionaba con las normas penales judías, aunque se llevara a cabo de noche,[7] ni tampoco porque se valiera para su realización de un informador.[8] Este, desde luego, era esencial para poder identificar a Jesús. Muy posiblemente, Judas había llevado a la guardia del Templo hasta la casa donde se encontraba el cenáculo y, al no encontrar allí a Jesús, los había conducido a Getsemaní. El Monte de los Olivos estaba lleno de peregrinos que habían subido a Jerusalén para celebrar la fiesta y la noche aún dificultaba más la localización de cualquier persona. Judas era, por lo tanto, la clave para solventar aquellos dos inconvenientes. Según había indicado a sus pagadores, la señal que utilizaría para indicar quién era Jesús sería un beso (Mateo 26:48; Marcos 14:44).

No debió ser difícil dar con Jesús. Tampoco lo fue arrestarlo. Como se había convenido, Judas se acercó hasta Él, lo saludó y lo besó (Mateo 26:49; Marcos 14:45; Lucas 22:47), Jesús no mostró el menor resentimiento, la menor agresividad, la menor amargura hacia el traidor; por el contrario, según relata la fuente mateana, al mismo tiempo que le preguntaba si iba a entregarle con un beso, le llamó «amigo» (Mateo 26:50). Es muy posible que aquella palabra causara alguna impresión en Judas. En cualquier caso, Jesús, como el Siervo-Mesías del que había escrito el profeta Isaías, no opuso resistencia alguna (Isaías 53:7). Tampoco permitió que la presentaran sus

---

7. Se suele citar al respecto Mishna Sanedrín IV I h, pero ese pasaje no se refiere a los arrestos sino a la ejecución de las penas de muerte.
8. El texto citado al respecto es el de Levítico 19:16-18, pero, en realidad, se trata de una prohibición contra las calumnias y no dice nada sobre arrestos.

seguidores. Así, ordenó a Pedro, que había herido a Malco, que envainara su espada (Juan 18:10-12), e indicó que todo aquello no era sino el cumplimiento de las Escrituras (Mateo 26:52-56; Marcos 14:48,49). Jesús actuaba en total coherencia con las enseñanzas pronunciadas ante sus discípulos, en las que había incluido el mandato de ofrecer la otra mejilla (Mateo 5:38-42; Lucas 6:27-31) y el del amor al prójimo (Mateo 22:36-40). En ese momento, todos sus discípulos, quizá por primera vez conscientes de lo que su Maestro llevaba anunciándoles durante tanto tiempo, huyeron despavoridos.

Viernes (III): la condena religiosa

Los estallidos de antisemitismo de los que ha sido testigo la historia comenzaron a partir de la Edad Media a verse teñidos de un argumento teológico consistente en afirmar que los judíos son un pueblo deicida. Semejante afirmación pasó a formar parte de la liturgia y, en el caso de la iglesia católica, esa acusación global contra los «pérfidos judíos» no desapareció hasta el concilio Vaticano II y, en especial, la declaración *Nostra Aetate* (1965). No sorprende con ese trasfondo de siglos que, en un intento de liberarse de ese estigma, haya habido autores judíos como Paul Winter[9] que intentaran demostrar —bastante infructuosamente por cierto— que la condena de Jesús había tenido que ver únicamente con el poder romano, pero nunca con las autoridades judías. Tampoco causa extrañeza que haya quien se refiera a un antisemitismo expresamente cristiano distinto del ya existente desde hacía siglos en el mundo clásico.

Esta controversia, sin duda, lleva aparejadas cuestiones que van más allá del campo de la historia y que entran en el terreno de lo político, lo social e incluso lo militar. Precisamente por ello, el historiador no puede dejarse distraer de su tarea por consideraciones que no son históricas sino que, por el contrario, tiene que reconstruir la realidad de lo sucedido. Ciertamente, la responsabilidad de la detención, condena y muerte de Jesús no puede bascular sobre los judíos de todas las épocas, a la vez que se exime de manera ciertamente escandalosa a los romanos. Sin embargo, tampoco es aceptable el pretender que no hubo judíos implicados en el destino trágico

---

9. P. Winter, *On the Trial...*

de Jesús. Como en el caso de todos los colectivos humanos, entre
los judíos se han producido a lo largo de los siglos confrontaciones
civiles, han estallado enfrentamientos sociales y se ha procedido al
asesinato de inocentes por motivos políticos y religiosos. La misma
historia de los profetas es una sucesión inacabable de rechazos y
persecuciones que afectaron a personajes como Jeremías o Amós, y
de la misma manera resulta obligatorio señalar el dolor que Josefo
expresa en su *Guerra de los judíos* al narrar la guerra civil, de carácter religioso-social, que estalló en el seno de Israel en paralelo a
la sublevación contra Roma del año 66 d.C. Fue el judío Josefo y
no un antisemita el que escribió refiriéndose a la generación que
fue testigo de la destrucción del Templo de Jerusalén y del final
del sistema religioso judío de la época, que «nunca existió en la
historia una generación que haya causado tantas iniquidades. Estos
sujetos acabaron por atraer el desprecio sobre la raza de los judíos,
para aparecer menos impíos ante los extranjeros y reconocieron que
eran lo que realmente eran: esclavos, gentuza, escoria bastarda de
la nación».[10]

Este juicio casi contemporáneo del Nuevo Testamento ha sido
asumido también por eruditos judíos contemporáneos. Robert L.
Lindsey ha conservado el testimonio de cómo el profesor judío
David Flusser le había relatado que «a diferencia de los judíos que
conoció mientras crecía en Checoslovaquia, sus centenares de estu-
diantes israelíes a lo largo de los años nunca encuentran difícil creer
que en la época del segundo Templo hubiera judíos capaces de
matar a otros judíos por todas las razones usuales. «¿No somos gente
como cualquier otra gente?,» dicen, «¿No hemos tenido nuestros
terroristas y nuestros asesinos en tiempos modernos? No resulta
difícil en absoluto creer que algunos judíos pudieron haber instigado
la muerte de Jesús si estaban lo suficientemente celosos de Él o lo
veían como algún tipo de amenaza».[11] A decir verdad, las fuentes
históricas nos obligan a compartir el juicio del erudito judío David
Flusser y de sus alumnos israelíes. Algunos pueden considerar más o
menos conjetural que hubiera judíos que envidiaron a Jesús, aunque
los datos de las fuentes históricas son abrumadores y, desde luego,

---

10. Flavio Josefo, *La Guerra de los judíos*, V, 442.
11. R. L. Lindsey, *Jesus Rabbi and Lord*, ..., p. 139.

no cabe duda de que las autoridades del Templo lo contemplaron como una amenaza que debía ser conjurada incluso mediante la muerte.

Tras su prendimiento, un maniatado Jesús fue conducido a la ciudad de Jerusalén. No fue llevado directamente ante el Sanhedrín que debía estudiar su caso sino —y el dato resulta muy significativo— a la casa de Anás, un antiguo sumo sacerdote que ostentaba un poder y una influencia considerables (Juan 18:12-14; 19-23). Prueba de lo que esto significaba es que además de convertirse en sumo sacerdote en el año 15 d.C., tuvo la satisfacción de que sus cinco hijos ocuparan también tan relevante puesto.[12] Por si esto fuera poco, Jesús hijo de Set, sumo sacerdote, poco antes del 6 a.C., fue hermano suyo; uno de los últimos sumos sacerdotes antes de la destrucción del Templo —Matías (65-67) fue nieto suyo y José Caifás, que ocupó el puesto del 18 al 37 d.C., era su yerno (Juan 18:13). Como ya señalamos, Lucas lo consideró, con razón, como el verdadero sumo sacerdote, aunque el cargo lo ejerciera otra persona. De hecho, el que pudiera mantener un interrogatorio previo con Jesús nos demuestra que Lucas no exageraba lo más mínimo y que Anás ostentaba una autoridad *de facto* que reconocía incluso el sumo sacerdote en ejercicio.

El interrogatorio de Anás[13] tenía como objetivo establecer cuáles eran la doctrina y las enseñanzas de Jesús (Juan 18:29), quizá con la intención de dejar de manifiesto que se trataba del cabecilla de un movimiento que debía ser aniquilado, tal y como había propuesto su yerno. Sin embargo, Jesús insistió en que no había nada de secreto en su comportamiento y que su enseñanza se había podido escuchar en no pocas ocasiones tanto en el Templo como en las sinagogas de manera abierta y clara (Juan 18:20,21). Se trataba de la respuesta

---

12. Eleazar, que le sucedió en el 16-17 d.C.; Jonatán (37); Teófilo (desde el 37 hasta una fecha no segura); Matías (43-44), y Anás II que ordenó la muerte de Santiago, el hermano de Jesús.

13. Algunos autores han cuestionado la historicidad del interrogatorio ante Anás. Sin embargo, lo que conocemos de las fuentes judías nos obliga a llegar a la conclusión de que, efectivamente, aconteció. Fue la misma conclusión a la que llegó el erudito judío Joseph Klausner cuando lo calificó como «enteramente posible» (*Jesús von Nazareth*, Berlín, 1934, p. 471). En el mismo sentido, J. Blinzler, *Trial...*, p. 86 ss.

tranquila de alguien que no solo se sabía inocente sino que además dejaba de manifiesto lo absurdo e injusto de su detención. Sin embargo, alguno de los esbirros de Anás interpretó aquella conducta como una muestra de descaro que decidió castigar golpeando a Jesús (Juan 18:22). Al final, Anás decidió que lo mejor era enviar al detenido ante Caifás.

Anás y su yerno vivían en distintas alas del mismo edificio[14] y, por lo tanto, debieron bastar unos minutos para llevar a Jesús ante Caifás. Todavía era de noche y hacía frío, ya que los siervos del sumo sacerdote tuvieron que encender un fuego en el patio para procurarse algo de calor. En la morada de Caifás se reunieron «sacerdotes, escribas y ancianos» (Marcos 14:53), es decir, las tres categorías que, según el testimonio de Flavio Josefo, componían el Sanhedrín. Los sacerdotes no eran todos los levitas sino la aristocracia sacerdotal, un estamento a cuya corrupción ya nos hemos referido. Los ancianos se correspondían la aristocracia terrateniente, seguramente no mejor en términos morales que la formada por el clero y a la que pertenecía José de Arimatea, uno de los discípulos secretos de Jesús. Finalmente, los escribas eran letrados de clase media de cuyas filas solían surgir los miembros de la secta de los fariseos. Si los dos primeros grupos tenían buenas razones para deshacerse de Jesús, el tercero las tenía sobradas para sentirse predispuesto en contra suya. Aquel predicador procedente de Galilea no solo no compartía buena parte de sus interpretaciones de la Torah sino que además las había atacado públicamente. No solo eso. Como ya tuvimos ocasión de ver, Jesús había denunciado públicamente que las enseñanzas de los fariseos en no pocos casos se oponían a la Torah y la invalidaban sustituyéndola con tradiciones y mandamientos de origen meramente humano. ¡Incluso se había permitido anunciar el juicio de Dios sobre ellos (Mateo 23)! Con todo, entre los reunidos se daban cita algunos hombres que conservaban un cierto sentido de la legalidad y de la justicia, como era el caso de Nicodemo, un

---

14. Las fuentes parecen apuntar en ese mismo sentido. Por ejemplo, la negación de Pedro tuvo lugar según los sinópticos en la casa de Caifás, pero Juan lo situa en la de Anás, algo lógico si se tiene en cuenta que era el mismo lugar y que además el autor del cuarto Evangelio sabe captar el papel de Anás de manera extraordinariamente cuidadosa. En un sentido similar para la ubicación de la morada de Anás, K. Galling, *Biblisches Reallexikon*, 1937, págs. 270 y 414.

personaje que, como ya señalamos,[15] aparece en las fuentes rabínicas con el nombre de Nakdemon ben Goryon.

El procedimiento contra Jesús comenzó con la presentación de las pruebas en su contra (Marcos 14:55). No tenemos ninguna noticia de que hubiera testigos de descargo y lo más seguro es que haya que atribuir ese hecho al miedo que inspiraba la idea de comparecer ante el sumo sacerdote defendiendo a Jesús.[16] Por lo que se refería a los testigos de cargo, representaban en el procedimiento penal judío el papel del fiscal en el nuestro. Todavía era de noche, pero ya se hallaban dispuestos a acusar a Jesús. Ignoramos si actuaron así movidos por fanatismo, por conveniencia o por el soborno, algo que no puede descontarse con personajes como Caifás. Sí se puede afirmar que sus esfuerzos no dieron buen resultado, quizá porque, al convocarlos a horas tan intempestivas, no había existido la posibilidad de adiestrarlos convenientemente para que proporcionaran una base legal a la condena de Jesús. De hecho, las primeras declaraciones no encajaban entre sí, como señala la fuente mateana:

> Y los principales sacerdotes y los ancianos y todo el concilio buscaban un falso testimonio contra Jesús, para entregarle a la muerte, y no lo encontraron a pesar de que se presentaban muchos testigos falsos. Sin embargo, al final, aparecieron dos testigos falsos, que dijeron: Este dijo: Puedo derribar el templo de Dios y volver a edificarlo en tres días (Mateo 26:59,60; véase también Marcos 14:55,56).

En apariencia, aquellos dos testigos falsos permitían avanzar en una acusación muy peligrosa de la que, a decir verdad, existían precedentes en la historia de Israel. El caso del profeta Jeremías, por ejemplo, es uno de los más señalados (Jeremías 26:1-19) a la hora de comprender cómo un anuncio de destrucción del Templo podía considerarse punible con la pena capital. Sin embargo, las palabras de Jesús estaban desprovistas de cualquier tono conspirativo, violento[17] o denigratorio que pudieran justificar su conexión

---

15. Véase supra págs.
16. Los *Hechos de Pilato*, un escrito apócrifo, presentan una serie de discípulos favorables de Jesús, pero la noticia no parece históricamente fiable.
17. Aparecen reproducidas en Juan 2:21 ss.

con el cargo de blasfemia tipificado en Levítico 24:16. Por otro lado, negar que se tratara de una profecía podía dividir al Sanhedrín, ya que mientras que los saduceos rechazaban ese tipo de fenómenos espirituales, los fariseos sí creían en ellos.

Al fin y a la postre, las contradicciones de los testigos y la escasa consistencia de sus declaraciones terminaron por colocar al tribunal en una situación delicada. Si no se podía encontrar alguna prueba incriminatoria resultaba obvio que Jesús tendría que ser puesto en libertad, algo que el sumo sacerdote Caifás no estaba dispuesto a tolerar. No parece, por lo tanto, extraño que, en su calidad de presidente, decidiera llevar a cabo el interrogatorio de Jesús.

Si Caifás esperaba que el hecho de formular personalmente las preguntas iba a cambiar el estado de cosas, debió quedar decepcionado muy pronto. Jesús —como el Siervo-Mesías al que se había referido Isaías (53:7) siglos atrás— se mantuvo en silencio (Mateo 26:63; Marcos 14:61).

De la manera más inesperada, el proceso había entrado en un callejón sin salida. Los testigos no presentaban pruebas suficientes como para sustentar una condena y el reo se negaba a pronunciar una sola palabra que pudiera servir para incriminarlo. En lo que, seguramente fue un intento a la desesperada de salir de aquella enojosa situación, Caifás optó por plantear directamente la cuestión de la mesianidad de Jesús y se dirigió a Él diciéndole:

Te conjuro por el Dios viviente. Dinos si eres el mesías, el Hijo de Dios[18] (Mateo 26:63).

La pregunta planteada por Caifás disipaba el recurso al silencio al haberse invocado al propio Dios, lo que obligaba al arrestado a dar una respuesta veraz, pero además colocaba a Jesús ante una delicada tesitura. Si respondía de manera afirmativa, era obvio que el Sanhedrín tendría elementos para condenarlo como falso Mesías, un agitador que debía ser entregado como cualquier otro sedicioso

---

18. Marcos 14:61 contiene la expresión «el Hijo del Bendito» en lugar de «Hijo de Dios». Es más que posible que Caifás utilizara precisamente ese circunloquio eufemístico para referirse a Dios. De la misma manera, «Hijo de Dios» sería un término usado como mera aposición de Mesías, sin el contenido que tanto Jesús como sus discípulos le proporcionaron.

al poder del ocupante romano. Si, por el contrario, contestaba de manera negativa, quizá habría que ponerlo en libertad, pero todo su atractivo sobre las masas quedaría irremisiblemente dañado y, como peligro, podría verse conjurado. Jesús no parece haber dudado un solo instante a la hora de responder:

> Yo soy y veréis al Hijo del Hombre sentado a la diestra del Poder y viniendo en las nubes del cielo (Marcos 14:62).

La respuesta fue pulcramente cortés hasta el extremo de no utilizar el nombre de Dios y sustituirlo por el eufemismo del Poder, circunstancia que, una vez más, apunta a la conducta de un judío meticulosamente piadoso. A la vez, resultó contundente e iluminadora. Sí, era el Mesías, y además un Mesías que cumpliría —como ellos tendrían ocasión de ver— las profecías contenidas en el Salmo 110 y en el capítulo 7 de Daniel, aquellas que se referían a cómo Dios le haría sentar a su diestra y a cómo le entregaría un Reino en su calidad de Hijo del Hombre para extender su dominio sobre toda la tierra. Sin embargo, Jesús no se limitó a esas afirmaciones. Por añadidura, incluyó otra que selló su destino.[19] Así, hizo una clara referencia a la venida en las nubes del cielo, una circunstancia reservada al mismo YHVH en el Antiguo Testamento y que, como tuvimos ocasión de ver, ya había llevado, mucho antes del nacimiento de Jesús, a que muchos judíos contemplaran al Hijo del Hombre no como a un mero ser humano sino como a un ser divino investido de aspecto humano. Sí, Jesús reconocía que era el Mesías, pero había ido mucho más allá. Era el Mesías divino al que se había referido Daniel en su profecía. Un Mesías divino investido por el Anciano de días y que vendría sobre las nubes, como el propio YHVH, a traer el juicio contra aquel sistema espiritualmente corrupto. La disyuntiva del sumo sacerdote no era ya si Jesús decía una verdad o una mentira afirmando ser el Mesías, sino

---

19. Se puede discutir si en esta ocasión Jesús tuvo la osadía de presentarse como el YO SOY, es decir, el nombre que Dios utilizó para responder a Moisés en el Sinaí (Éxodo 3:14). En este caso parece más bien que el YO SOY es solo una respuesta a la pregunta relativa a su mesianidad.

si Jesús estaba diciendo una verdad o una blasfemia, esta vez sí, indiscutiblemente digna de la pena de muerte.[20]

No son pocos los autores que han pretendido que el Sanhedrín no pudo condenar a Jesús a muerte simplemente por proclamarse Mesías, ya que esa afirmación no implicaba blasfemia. Incluso no faltan los que pretenden negar la historicidad de la condena de las autoridades del Templo basándose en ese argumento. La realidad es que al argumentar así dejan de manifiesto que no han logrado captar —como sí lo hizo Caifás— la entidad real de la respuesta de Jesús, una respuesta que iba mucho más allá de una simple afirmación de mesianidad.

La reacción del sumo sacerdote fue la que cabía esperar. Se rasgó las vestiduras, indicó que Jesús había pronunciado una blasfemia y concluyó que aquella circunstancia convertía en ociosa la declaración de cualquier testigo de cargo (Mateo 26:65; Marcos 14:63).[21] En términos estrictamente jurídicos, Caifás tenía razón. A decir verdad, la única alternativa con la que se encontraba era la de confesar que Jesús era quien decía ser. Tampoco puede causar sorpresa que cuando Caifás solicitó la opinión de los miembros del Sanhedrín, estos también señalaran que las palabras pronunciadas por Jesús eran dignas de la última pena (Marcos 14:64; Mateo 26:66). En ese momento, algunos de los que custodiaban a Jesús comenzaron a burlarse de Él, a escupirlo y a abofetearlo (Mateo 26:67,68; Marcos 14:65; Lucas 22:63-65).

A esas alturas no podían ya caber dudas sobre cuál iba a ser la suerte final de Jesús. Como ya hemos indicado, en el siglo pasado y en el presente, ha habido autores judíos que han intentado distanciar a sus correligionarios de la condena a muerte de Jesús y

---

20. En un sentido semejante al aquí señalado, véase: D Boyarin, *The Jewish Gospels*, p. 56 y ss. Boyarin tiene además la honradez intelectual de reconocer que semejante afirmación, lejos de ser extraña a la fe de Israel, contaba con antecedentes previos a Jesús.

21. Se ha insistido en que el procedimiento penal judío no permitía las condenas basadas en el testimonio del inculpado. El argumento no se sostiene, ya que ese principio no lo encontramos antes de Maimónides y en el siglo XII-XIII. Por el contrario, sí encaja con el espíritu de la Mishná, como ha dejado claramente de manifiesto I. Abraham, *Studies in Pharisaism and the Gospels*, II, 1924, p. 132 ss. Caifás podía actuar por los motivos más perversos, pero, formalmente, no dejó de ser puntilloso en el proceso.

pueden comprenderse las razones para tal conducta. Sin embargo, esa actitud no puede ocultar el hecho de que durante siglos el judaísmo se jactó de la ejecución de Jesús asumiéndola como un mérito propio. Sería el Talmud nada menos el que señalaría siglos después[22] que Jesús era un blasfemo, que merecía la muerte y que, de manera totalmente justificada, había sido condenado. De forma bien significativa, en esa referencia talmúdica se atribuye toda la responsabilidad de la condena de Jesús a las autoridades judías sin mención alguna del gobernador romano.

Con todo, y a pesar de su convicción sobre la justicia de su decisión, el Sanhedrín no cayó en el error de quebrantar ninguna formalidad legal. Esperó hasta el amanecer para dictar sentencia condenatoria (Mateo 27:1; Marcos 15:1; Lucas 22:66-71;) y, a continuación, dispuso que lo condujeran a la residencia del gobernador romano, ya que era el único que disponía del *ius gladii* y podía ejecutar una pena capital (Mateo 27:2; Marcos 15:1; Lucas 23:1; Juan 18:28).

Actualmente sabemos que Pilato iba a ser la causa de algunas dilaciones en la consumación de la suerte final de Jesús, pero, al amanecer del viernes, esa eventualidad no parecía posible al Sanhedrín. Tampoco lo pensó así Judas. Cuando supo que Jesús había sido condenado por las autoridades judías no le cupo la menor duda de que su destino iba a ser la muerte. Reconcomido por la culpa, acudió a los miembros del Sanhedrín que acababan de condenar a Jesús y que no se habían dirigido a la residencia del gobernador romano a pedir la ejecución de la sentencia (Mateo 27:3). Ante ellos confesó que había «pecado entregando sangre inocente» (Mateo 27:4), pero, como por otra parte era de esperar, no consiguió conmoverlos. Convencidos como estaban de que Jesús era un blasfemo y un peligro y de que su sentencia, por lo tanto, era justa y pertinente, le dijeron claramente que nada de aquello les importaba y que ese era su problema. Horrorizado, Judas arrojó las monedas que le habían entregado como precio por

---

22. Sanh 43ª. No se trata del único texto talmúdico que, a pesar de su visión militantemente agresiva contra Jesús, coincide con lo expresado en el Evangelio. Así, por ejemplo, en Sanh 107b y Sotah 47b se afirma que Jesús había realizado milagros y que mucha gente lo siguió, aunque todo ello se debía al hecho de que era un hechicero y un blasfemo. Hay paralelos neotestamentarios en Marcos 11:62; Juan 5:18,19 y 19:7.

su traición y abandonó el lugar donde se habían encontrado con las autoridades judías (Mateo 27:5).

A pesar de la insistencia de algunos autores contemporáneos por afirmar lo contrario, la condena de Jesús podía pecar de injusta, pero, desde un punto de vista formal, las autoridades del Sanhedrín habían conseguido que resultara impecable. Como en tantas ocasiones a lo largo de la historia, por un lado, caminaban las formalidades legales y, por otro, bien diferente, la justicia. Que los requisitos legales se habían respetado escrupulosamente lo consideraron, sin duda, las autoridades judías y así mismo lo indica el Talmud, pero aún más revelador es que así también lo vieron los primeros discípulos de Jesús. Estos —a diferencia de otros que vendrían después reivindicando la figura del Maestro— podrían estar convencidos de que la mayoría de los miembros del Sanhedrín se había reunido, no para dilucidar la verdad, sino para encontrar un motivo que les permitiera condenar a Jesús a muerte (Marcos 14:1 y 55), viendo en ello, incluso, el cumplimiento de profecías contenidas en las Escrituras (Hechos 4:24-28, citando el Salmo 2). Sin embargo, en la polémica teológica entre los judíos y los primeros cristianos, estos jamás alegaron que se hubieran violado las disposiciones legales,[23] y todavía menos consideraron que la ilegalidad pudiera ser utilizada para perseguir al pueblo, en cuyo seno había nacido Jesús.

No menos meticulosas con el cumplimiento de la ley iban a ser en adelante las autoridades judías. Así, cuando, sobre las seis de la mañana llegaron ante la residencia del gobernador Poncio Pilato, se negaron a entrar en ella para no contaminarse ritualmente con la cercanía de un gentil. Desde luego, una cosa era pedirle que confirmara la sentencia condenatoria que habían dictado contra Jesús, y otra que para hacerlo tuvieran que incurrir en el estado de impureza ritual.

A esa hora, toda la obra de Jesús presentaba la apariencia de estar a punto de desaparecer convertida en humo, porque era de esperar que Pilato aceptaría las pretensiones de las autoridades judías. Pedro, uno de los discípulos más cercanos a Jesús, le había negado esa noche aterrado por una simple criada (Mateo 26:58,69-75;

23. En el mismo sentido, P. E. Davies, «Early Christian Attitudes toward Judaism and the Jews», JBR, 13, 1945, págs. 73-82; J. Blinzler, Trial..., p. 144 ss.

Marcos 14:54,66-72; Lucas 22:54-62; Juan 15:15-18,25-27), y el resto
de los discípulos se hallaba en paradero desconocido. Pero ¿quién
podía asegurar que no serían objeto de cruentas represalias por haber
seguido a su Maestro? Finalmente, Judas, el traidor, desesperado,
salió a las afueras de la ciudad. Allí se dio muerte ahorcándose,
quizá simbolizando de esa manera que se consideraba un maldito.
De hecho, la Torah mosaica confería esa condición a todo el que
muriera colgando de un madero o de un árbol (Deuteronomio 21:23).

Durante un tiempo, su cadáver se balanceó entre el cielo y la
tierra. Luego, el cinturón o la cuerda que se aferraba a su cuello
se rompió y dejó que cayera su cuerpo muerto contra el suelo. El
impacto provocó que el difunto Judas reventara y sus entrañas se
desparramaran. Este dato no aparece recogido en los Evangelios,
quizá en un intento de librar de dramatismo un relato centrado en
la pasión y muerte de Jesús. Sin embargo, se nos ha hecho accesible a través del relato del autor de la fuente lucana (Hechos 1:18).
Consumada su traición hacía horas, su destino último no pareció
ahora preocupar a nadie. Sin embargo, Judas dejaba planteado un
problema que las autoridades del Templo debían solucionar. Se
trataba del empleo que había que dar a las treinta monedas de
plata que, en su remordimiento, había devuelto el traidor. La Torah
impedía destinarlas a limosnas ya que era precio de sangre (Deuteronomio 23:18). Se optó, por lo tanto, por comprar un campo para
dar sepultura a los extranjeros (Mateo 27:7), el mismo en el que se
había suicidado Judas (Hechos 1:18,19), el mismo al que la gente,
conocedora de la historia, denominaría Acéldama, que significa
«campo de sangre» (Mateo 27:8; Hechos 1:19). El conocimiento de
su ubicación no tendría lugar hasta finales del siglo XX.[24]

---

24. Sobre su hallazgo, véase Leen and Kathleen Ritmeyer, «Akeldama:
Potter's Field or High Priest's Tomb?» *Biblical Archaeology Review* 20 (1994),
págs. 23-35,76,78.

CAPÍTULO XVII

ARRESTO Y CONDENA (II): LA CONDENA ROMANA

Viernes (IV): la condena política

En el año 1961 se descubrió una inscripción en una piedra donde se mencionaba a Poncio Pilato y su título. Era la primera prueba arqueológica de su existencia, pero, a pesar de esa circunstancia, nadie hubiera podido negar la realidad histórica del gobernador romano. En la inscripción aparece descrito como el quinto gobernador (prefecto) de la provincia de Judea, desde el año 26-27 al 36-37 d.C. Las fuentes extrabíblicas relativas a Pilato son mucho menores que aquellas que se refieren a Jesús, pero incluyen a Tácito, Filón y Flavio Josefo. Sucesor de Valerio Grato en el año 26 d.C. y miembro del orden ecuestre, Pilato fue un personaje pragmático y poco limitado por los escrúpulos morales. De hecho, fue depuesto tras suprimir de manera despiadada una sublevación de samaritanos y llegó a Roma tras la muerte del emperador Tiberio. En una carta del rey Herodes Agripa a su amigo el emperador romano Calígula, que sucedió a Tiberio, Pilato aparece descrito como un sujeto de «un carácter inquebrantable y despiadadamente duro» que caracterizó su gobierno por «la corrupción, la violencia, el robo, la opresión, las humillaciones, las ejecuciones constantes sin juicio y una crueldad ilimitada e intolerable». Sin embargo, todo lo anterior no completa el cuadro de la década de gobierno de Pilato. De entrada, debe señalarse que Pilato era un antisemita alzado al poder por el impulso del no menos antisemita Sejano, el valido, durante años omnipotente, del emperador Tiberio. Por añadidura —y eso explica, si no su nombramiento, sí que el emperador Tiberio lo mantuviera en el poder durante tanto tiempo— actuaba con notable independencia, pero siempre de acuerdo a lo que consideraba los intereses de Roma. Si estos coincidían con lo que deseaban, las autoridades judías bien para las dos partes, si no era así, el beneficio —y el derecho— de Roma debía prevalecer. Ante ese hombre, fue llevado un Jesús, al que ya habían condenado a muerte las autoridades del Templo.

Las autoridades judías presentaron el caso a Pilato de una manera que forzara al gobernador a ejecutar la sentencia condenatoria. Jesús, según su versión, había afirmado que era «el rey de los judíos». La información no era falsa, pero tampoco pasaba de constituir una manipulación maliciosa de la verdad que pretendía presentar a Jesús como un sedicioso, cuya eliminación resultaba obligada para el poder romano. De manera lógica, Pilato preguntó a Jesús si, efectivamente, era el rey de los judíos (Mateo 27:11; Marcos 15:2; Lucas 23:3; Juan 18:33), pero la respuesta de Jesús no resultó, en absoluto, satisfactoria. La forma en que la relata la fuente joanea está impregnada de todas las características de la autenticidad:

> Entonces Pilato entró de nuevo en el pretorio, y llamó a Jesús y le dijo: ¿Eres tú el Rey de los judíos? Jesús le respondió: ¿Esto lo dices por ti mismo o te lo han dicho otros de mí? Pilato le respondió: ¿Acaso soy yo judío? Tu nación, y los principales sacerdotes, te han entregado a mí. ¿Qué has hecho? Respondió Jesús: Mi reino no es de este mundo. Si mi reino fuera de este mundo, mis siervos combatirían para que yo no fuera entregado a los judíos; pero mi reino no es de aquí. Entonces le dijo Pilato: ¿Luego, tú eres rey? Respondió Jesús: Tú dices que yo soy rey. Yo para esto he nacido, y para esto he venido al mundo, para dar testimonio a la verdad. Todo aquel que es de la verdad, escucha mi voz. Le dijo Pilato: ¿Qué es la verdad? (Juan 18:33-38 ss.).

El intercambio de palabras entre Jesús y Pilato —más que posiblemente realizado en griego y sin intérprete— había dejado de manifiesto el fondo de toda la cuestión mucho más allá de lo que pudieran pretender las autoridades del Templo. Pilato quería saber si Jesús era un sedicioso, tal y como decían los enviados del Sanhedrín y, por lo tanto, merecía que ordenara su ejecución. La respuesta de Jesús había sido muy clara. ¿Tenía constancia Pilato de lo que le decían o se basaba solo en lo que afirmaban las gentes del Templo? La contestación de Pilato fue destemplada. Él no era un judío y le importaba poco —si es que algo— las disputas entre judíos. Pero eran otros judíos y sus gobernantes los que habían entregado a Jesús y tenía que esclarecer qué había hecho exactamente. De nuevo, Jesús apuntó al centro de la cuestión. No era un rebelde, un enemigo, un nacionalista. Si lo hubiera sido, sus seguidores habrían combatido para que no fuera entregado a las autoridades judías. Pilato intentó entonces ahondar más en la cuestión. ¿Debía concluir que Jesús era un rey y, por lo tanto, un sedicioso merecedor de la muerte? Una vez más, la respuesta de Jesús fue tajante. Esa idea de rey podía ser la de Pilato, pero no era la suya. Él había venido no para armar un ejército que derribara el poder romano ni para imponer una monarquía mediante la violencia. Había nacido para dar testimonio de la verdad. Por añadidura, todo el que fuera de la verdad lo escucharía.

Apenas podemos imaginar el estupor del romano tras aquel diálogo. Sí, Jesús reconocía tener un Reino, pero no era un Reino como los de los hombres. Sus seguidores, por ejemplo, no iban a tomar las armas —como sucede en los reinos humanos— para defenderlo por más que esa pudiera parecer la causa más noble. Su Reino, definitivamente, no era de este mundo, y las definiciones de rey que pudiera manejar Pilato nada tenían que ver con las suyas. Su misión era difundir la verdad a sabiendas de que sería escuchada por los que eran de la verdad. Casi puede imaginarse el desconcierto absoluto de Pilato frente a alguien que no hablaba su mismo idioma vital. Sí, las palabras podían ser las mismas, pero conceptos como reino, rey o siervo tenían un contenido totalmente distinto. La misma palabra verdad significaba algo radicalmente diferente. No puede sorprender que Pilato preguntara qué era la verdad. A fin de cuentas, seguramente Jesús tenía una visión tan radicalmente extraña de ese término como de los otros.

A pesar de todo, Pilato había quedado convencido de que no había ninguna base para sustentar una condena a muerte de Jesús y así se lo comunicó a las autoridades judías que se lo habían entregado (Lucas 23:4). La reacción de estas fue inmediata. De manera inesperada, lo que parecía seguro amenazaba con escapársele de las manos. Recurrieron entonces a acusar a Jesús de alborotar al pueblo en Judea como ya había empezado a hacer en Galilea (Lucas 23:5). Habría sido de esperar que ahora Pilato se viera obligado a confirmar la sentencia dictada por el Sanhedrín, pero la artimaña no dio resultado. El gobernador romano estaba convencido de que Jesús era inocente de las acusaciones formuladas contra Él (Lucas 23:4; Juan 18:38). A su juicio, resultaba obvio que se trataba solo de una disputa propia de los, para él, odiosos judíos, y no estaba en absoluto dispuesto a ayudar a las autoridades de una nación a la que aborrecía a imponer sus puntos de vista. Si acaso, es más que posible que se sintiera tentado, como tantas veces, a demostrarles el desprecio que le inspiraban. Puesto que Jesús era de Galilea, la competencia para juzgar aquel caso, según el principio jurídico de *forum delicti com missi*,[1] correspondía a Herodes. A él, por lo tanto, debía ser llevado el detenido (Lucas 23:6,7). Con esa decisión, Pilato seguramente esperaba haberse quitado un problema de entre las manos.

Temprano por la mañana, Jesús fue trasladado por la guardia del Templo ante la presencia de Herodes. El rey había descendido a celebrar la Pascua como centenares de miles de judíos. En esos días se alojaba en el palacio de los Hasmoneos, una residencia cercana a la de Pilato y situada a occidente del Templo.[2] Responsable de la ejecución de Juan el Bautista, Herodes había manifestado eventualmente algún interés por Jesús que, como ya vimos, había sido utilizado por sus enemigos con el ánimo, ciertamente frustrado, de intimidarlo. Ahora esperó que realizara alguno de aquellos milagros que se le atribuían (Lucas 23:8), pero Jesús no estaba dispuesto a convertirse en el prestidigitador de un monarca aburrido. Así, persistió en el silencio que debía caracterizar al Siervo-Mesías (Lucas 23:9). Finalmente, Herodes y sus acompañantes, seguramente decepcionados por la ausencia de espectáculo, optaron por entregarse a una burla canallesca. Durante toda su vida, Herodes había aspirado a ser rey con todo el poder del difunto Herodes el Grande. Por lo visto, Jesús tampoco había avanzado mucho en el camino de obtener la realeza, así que lo vistió con una ropa propia de un monarca y ordenó que se lo devolvieran a Pilato (Lucas 23:11). Con aquel gesto, muy posiblemente, estaba dando a entender que, a su juicio, Jesús era más un ser patéticamente ridículo que un agitador peligroso.

---

1. T. Mommsen, *Römisches Strafrecht*, 1899, págs. 114 ss. y 356 ss.
2. Guerra II, 16, 3; *Antigüedades* XX, 8, 11.

Aquella coincidencia de criterio —tanto en la apreciación de las acusaciones contra Jesús como en el desprecio por las autoridades del Templo— tendría una consecuencia indirecta, la de que Herodes y Pilato, entonces enemistados, se acercaran políticamente (Lucas 23:12). En muchas ocasiones, un enemigo común une más que un objetivo noble y así sucedió con Herodes y Pilato. Sin embargo, de momento, el problema de lo que había que hacer con Jesús persistía. A esas alturas, el gobernador romano aún estaba más convencido de lo inaceptable de las pretensiones de las autoridades judías y había decidido poner en libertad a Jesús. Para ello, iba a valerse del privilegio de liberar a un reo en el curso de la fiesta de Pascua (Mateo 27:15; Marcos 15:6).

Ocasionalmente, se ha discutido la historicidad de este episodio, pero lo cierto es que semejante objeción vuelve a dejar de manifiesto un deplorable desconocimiento de las fuentes judías. Ya en 1906 se publicó por primera vez un papiro del 85 d.C., que contiene el protocolo de un juicio celebrado ante C. Septimio Vegeto, gobernador de Egipto, en el que se señala cómo el citado magistrado romano decidió poner en libertad a un acusado llamado Fibion, a pesar de que era culpable de un delito de secuestro. Era obvio, por lo tanto, que los gobernadores contaban con esa competencia. Pero es que además el tratado Pesajim VIII 6[a3] de la Mishna nos informa que, efectivamente, existía la costumbre de liberar a uno o varios presos en Jerusalén durante la Pascua.

La alternativa que ahora Pilato ofreció fue la de plantear ante las masas la disyuntiva de poner en libertad a Jesús o a un delincuente común llamado Barrabás (Mateo 27:17; Marcos 15:9; Juan 18:39). Ese punto de vista incluso vino respaldado por la esposa del gobernador, que estaba convencida de la inocencia de Jesús y que, muy posiblemente, temía las consecuencias que podría tener para su marido el proceder a condenar a alguien que no era culpable de ningún crimen (Mateo 27:19). Sin duda, esperaba el romano que el veredicto favorable recayera sobre el inocente Jesús antes que sobre un criminal, pero se trató de un error de cálculo que tendría pésimas consecuencias. Por un lado, resultaba dudoso que la muchedumbre,

---

3. Un magnífico estudio sobre esta cuestión en el mismo sentido que apuntamos aquí, se encuentra en J. Blinzler, *The Trial...*, p. 218 ss.

antirromana de por sí, estuviera dispuesta a ayudar al gobernador romano o a apoyar a alguien que había defraudado sus expectativas, como era el caso de Jesús; por otro, las autoridades del
Templo la habían adiestrado ya convenientemente (Mateo 27:20;
Marcos 15:11). Desde luego, no hubiera sido la primera ni la última
multitud de la historia que una masa de gente se reuniera de manera
supuestamente espontánea y que, a la vez, obedeciera a consignas
bien establecidas. Pero, en cualquier caso, si Jesús había sido condenado por el propio Sanhedrín, ¿no era normal verlo «golpeado
por Dios» como Isaías 53:4 afirmaba que Israel consideraría erróneamente al Siervo-Mesías? Enfrentada con la disyuntiva de liberar
a alguien condenado por el Sanhedrín o a un simple delincuente, la
muchedumbre reunida ante Pilato no tuvo problema en optar por
el segundo (Lucas 18:40; Lucas 23:8).

El hecho de que la multitud arremolinada ante su residencia hubiera
rechazado su propuesta causó en Pilato un sentimiento de sorpresa que
entorpeció sus acciones ulteriores. En puridad, podría haber puesto en
libertad a Barrabás y luego continuar el procedimiento relacionado con
Jesús, considerando que no existía base para la condena y liberándolo a
su vez. Sin embargo, como tantos otros dirigentes a lo largo de la historia, en lugar de imponerse a la turba, primero, se sintió amedrentado
por ella y luego, pensó que quizá estaba entre sus posibilidades la de
convencerla. Se trató de una nueva equivocación, porque las muchedumbres rara vez piensan por sí mismas, sino que suelen hacerlo a
impulsos de los que las agitan. Entregada ahora a la agresividad des-
carada que nace de sentirse impune y, muy posiblemente, agitada por
las autoridades que habían detenido a Jesús, la masa comenzó a gritar
que el gobernador debía crucificarlo (Marcos 15:13 y par).

Pilato fue presa de la perplejidad. A pesar de que no simpatizaba
en absoluto con los judíos, no acertaba a entender que desearan con
tanto afán la ejecución de uno de los suyos que, por añadidura, era
inocente (Marcos 15:14 y par). Entonces, posiblemente se dio cuenta
del yerro tan colosal en que había incurrido al depositar en manos
de la turba la decisión del caso. Ahora no tenía la menor posibilidad de desandar los pasos ya dados y de dilatar la resolución. Y
menos todavía cuando la situación amenazaba con degenerar en un
motín abierto (Mateo 27:24). Mientras ponía en libertad a Barrabás,
ordenó que se flagelara a Jesús (Marcos 15:15; Juan 19:1).

La fuente mateana señala que, precisamente en esos momentos, Pilato llevó a cabo un hecho simbólico. Se lavó las manos ante la multitud anunciando que era inocente de la ejecución de un hombre inocente. Entonces la turba respondió: Su sangre sea sobre nosotros y nuestros hijos (Mateo 27:24). Ambos hechos han sido rechazados eventualmente como creaciones del primer evangelista. La verdad, sin embargo, es que cuentan con un respaldo impresionante en paralelos contenidos en otras fuentes históricas. De entrada, la costumbre de lavarse las manos como acto de purificación se daba tanto entre los judíos como entre los gentiles. La Biblia la menciona en Deuteronomio 21:6 ss. o en el Salmo 26:6, pero también encontramos referencias en la literatura rabínica;[4] e incluso en autores clásicos como Virgilio[5], Sófocles[6] y Herodoto,[7] por mencionar algunos ejemplos. Que Pilato se purificara ritualmente del acto de haber condenado a un inocente, intentando derivar su responsabilidad hacia otros, no es una invención de los evangelistas sino una conducta que podemos dar totalmente como segura en términos históricos.

Por lo que se refiere a la afirmación de la turba, su historicidad ha sido rechazada con el argumento —político, que no histórico— de que se trata simplemente de una manifestación del carácter antisemita del evangelista. Incluso, cuando se estrenó la película *La pasión*, dirigida por Mel Gibson, distintas organizaciones judías presionaron para que la frase en cuestión fuera suprimida del metraje. Semejante conducta puede comprenderse; pero lo cierto es que el pasaje en cuestión presenta todas las marcas de la autenticidad histórica y no es la menor su paralelo con referencias que hallamos en fuentes judías. De hecho, la expresión «Su sangre sea sobre nosotros y nuestros hijos» es un dicho judío que hallamos en la Biblia (2 Samuel 1:16; 3:29; Jeremías 28:35; Hechos 18:6), y que significa que se está tan seguro de la justicia del veredicto que se asume que la responsabilidad y la culpa caigan tanto sobre los que pronuncian la frase como sobre sus hijos.[8] Es así porque no se abriga la menor sensa-

---

4. Billerbeck I, 1032.

5. Eneida II, 719.

6. Ajax 654.

7. Hist I, 35.

8. En el mismo sentido, Billerbeck, I, 1033 y Steinwenter, «Il processo di Gesú» en Jus, 3, 1952, p. 481, n. 6.

ción de haber actuado en contra de lo establecido por la legalidad. Obviamente, derivar de aquí una legitimación para el antisemitismo constituye una pésima lectura histórica e incluso una bajeza moral. Sin embargo, tampoco es lícito negar los hechos históricos sobre la base de lo que hoy consideramos políticamente correcto. Las autoridades judías habían condenado a Jesús y buscaban su muerte. Frenadas —de manera inesperada— en sus propósitos por Pilato para alcanzar su objetivo, habían recurrido a agitar a la muchedumbre en su favor. Que esta se encontrara convencida de la justicia de lo que exigía y que llegara, incluso, a pronunciar una fórmula ritual propia de esos casos, no solo no parece falso sino que, en realidad, es lo único que resulta verosímil. Por otro lado, el pasaje en su descripción no es ni lejanamente tan crítico con las autoridades del Templo o con la turba como lo es, por ejemplo, Josefo en su *Guerra de los judíos*. El autor judío indicaría precisamente cómo la generación de judíos que contempló la destrucción del Templo lo merecía, ya que:

> Cuando se reflexiona sobre lo sucedido, uno se da cuenta de que Dios se preocupa de los hombres y anuncia a su raza de todas las formas posibles cómo poder salvarse y, no obstante, se pierden por su locura y por haber elegido personalmente sus propias desgracias.[9]

A fin de cuentas, como había señalado en el libro anterior:

> Aunque resulta imposible relatar detalladamente sus crímenes, se puede afirmar, no obstante, de manera resumida, que ninguna otra ciudad ha padecido atrocidades semejantes y jamás ha existido en la historia una generación que haya dado lugar a tantas iniquidades.[10]

No deja de resultar significativo que Jesús y Josefo compartieran el juicio sobre la misma generación, señalaran la justicia de la destrucción del Templo y de la ciudad de Jerusalén e insistieran en que Dios había avisado a aquellas gentes, no pocas veces, de que debían cambiar unos caminos que, por desgracia para ellos, no alteraron. Si

---

9. Guerra VI, 310.
10. Guerra V, 442.

acaso, puede señalarse que, a decir verdad, en términos comparativos, el relato que encontramos en los Evangelios, incluido el de Mateo, resalta por su austeridad narrativa y, sin embargo, a nadie se le ha ocurrido —con razón, por otra parte— acusar a Josefo de antisemita. La descripción de Mateo no lo era y solo mostraba con dolor el futuro trágico que esperaba al pueblo judío, un futuro que Josefo describiría unas décadas después como pasado de manera incomparable.

Se ha especulado con la posibilidad de que la orden de Pilato de flagelar a Jesús constituyera un último intento del romano por salvarlo de la muerte.[11] La hipótesis no es imposible, porque las fuentes romanas nos hablan de personas entregadas a la flagelación para calmar a las masas o como advertencia para que no volvieran a delinquir.[12] De haber sido así, Pilato habría esperado que quizá si la masa veía al detenido destrozado por los azotes romanos, quizá si contemplaba que no había escapado de la detención incólume, quizá si se percataba de que había recibido un castigo cruel y suficiente, se aplacaría y desistiría de su propósito de que fuera crucificado. Si ese fue el caso, nuevamente, Pilato se equivocó.

Por supuesto, los soldados romanos azotaron a Jesús en el interior del pretorio —a diferencia de lo que establecía la ley judía, no tenían marcado un límite de latigazos que no podían rebasar—, y además al castigo de la flagelación sumaron las burlas, las injurias, los golpes y los escupitajos. Incluso se permitieron la terrible mofa de disfrazar a Jesús como a un rey seguramente en un intento de mostrar su desprecio hacia los judíos. Sin embargo, si el plan de Pilato era conmover a la masa, sin duda, fracasó. Una vez más, la turba reaccionó siguiendo unas reglas de comportamiento que conoce cualquier psicólogo experto. Al contemplar a Jesús quebrantado por los azotes, no se conformó, sino que se sintió más segura de su poder para obtener lo que deseaba. Ahora lanzó nuevos gritos que reclamaban su crucifixión y que insistían en que así tenía que ser porque se había hecho Hijo de Dios. Al respecto, la descripción de la fuente joanea tiene el profundo sabor del testigo ocular:

---

11. A. N. Sherwin-White, *Roman Society and Roman Law in the New Testament*, Grand Rapids, 1978, págs. 27 ss.

12. Paulo, *Digesto*, I. 15. 3. 1, Calístrato, *Digesto* 48.19.28.3 y *Sentencias* de Paulo V. 21. 1 donde se habla de cómo en caso de perseverar en el mal, tras ser azotados podían ser arrojados en prisión o deportados a una isla.

> Entonces Pilato volvió a salir y les dijo: Mirad, os lo traigo fuera para que comprendáis que no encuentro en él ningún delito. Y salió Jesús, llevando la corona de espinas y el manto de púrpura. Y Pilato les dijo: ¡He aquí el hombre! Cuando lo vieron los principales sacerdotes y los guardias gritaron: ¡Crucifícalo! ¡Crucifícalo! Pilato les dijo: Tomadlo vosotros, y crucificadlo porque yo no encuentro delito en él. Los judíos le respondieron: Nosotros tenemos una ley y según nuestra ley debe morir, porque se hizo a sí mismo Hijo de Dios. Al oír decir esto, Pilato sintió un enorme miedo (Juan 19:4-8).

El estado de ánimo que experimentó Pilato al escuchar aquellas palabras de los acusadores que señalaban a Jesús como Hijo de Dios, es descrito por la fuente joanea como *mallon efobeze* (Juan 19:8). Lo que embargó entonces al romano fue una inquietud, un miedo, una desazón de carácter extremo. Difícilmente, el gobernador hubiera podido interpretar el término Hijo de Dios como un sinónimo del Mesías y, seguramente, debió pensar que podía encontrarse mezclado en un problema de carácter sobrenatural. En contra de lo que suele pensarse, los romanos podían ser despiadados, egoístas y corruptos, pero no descreídos. A decir verdad, su conducta era exactamente la contraria. No resulta por ello extraño que Pilato se preguntara si podía haber en aquel reo algo sobrenatural. Así lo señala la fuente joanea:

> Y entró otra vez en el pretorio y dijo a Jesús: ¿De dónde eres tú? Sin embargo, Jesús no le respondió. Entonces le dijo Pilato: ¿No me hablas? ¿No sabes que tengo autoridad para crucificarte, y que tengo autoridad para soltarte? Jesús respondió. No tendrías ninguna autoridad contra mí, si no te hubiera sido dada de arriba. Por lo tanto, el que me ha entregado a ti, tiene mayor pecado. Desde entonces Pilato procuraba soltarlo (Juan 19:9-12a).

Angustiado, el gobernador había interrogado a Jesús, pero este nuevamente había optado por callar como el Siervo de YHVH profetizado en Isaías 53:7. Cuando el romano intentó presionarlo para que contestara, recurriendo al argumento de que él era el único que podía ponerlo en libertad, Jesús le respondió que su poder simplemente derivaba de una autoridad superior y que, desde luego, los que lo habían llevado hasta allí eran más culpables que él de lo que estaba sucediendo.

Debía Pilato aún reflexionar en lo que tenía ante los ojos, cuando a sus oídos llegaron nuevos gritos procedentes de una muchedumbre cada vez más enardecida. No solo seguían insistiendo en que Jesús fuera crucificado, ahora amenazaban con denunciar al gobernador ante el césar por no castigar a alguien que se había proclamado rey (Juan 15:12b). Fue en ese momento cuando la resistencia del romano se quebró. El temor que le inspiraba el emperador Tiberio era superior, desde luego, a la desazón que le ocasionaba aquel extraño reo. Pilato acabó cediendo a las presiones de la turba. Actuaba así de manera totalmente coherente con su personalidad. A fin de cuentas era exactamente el mismo comportamiento que había manifestado años atrás en el hipódromo de Cesarea, donde su firmeza llegó justo hasta el punto en que temió perder su puesto.[13] Aborrecía a los judíos; pero si el precio de evitarse complicaciones era ceder a sus pretensiones, una vez más, estaba dispuesto a hacerlo. Ya solo había un camino para salir de aquella situación.

---

13. Véase supra págs.

CAPÍTULO XVIII

LA CRUCIFIXIÓN

La sentencia

Sobre las seis de la mañana (Juan 19:14), Pilato ordenó que el prisionero fuera sacado del pretorio y se sentó en el tribunal que en griego se denomina *Lizóstrotos* y en hebreo *Gabbata*, es decir, el enlosado (Juan 19:13). Era obvio que iba a dictar sentencia en debida forma, *e superiori* y de manera pública, ante el reo y sus acusadores. El delito era el *crimen laesae maiestatis*, una infracción de la ley que en provincias, como era el caso, se castigaba siempre con la cruz. La sentencia que pronunció Pilato se redujo a la fórmula establecida: *Ibis in crucem.*[1]

El relato de las fuentes históricas, lejos de constituir un ejemplo de antisemitismo, como ocasionalmente se ha dicho, resulta sobrecogedor por su sobria objetividad. Como en el caso de la sentencia pronunciada por el Sanhedrín, se habían respetado todos los requisitos legales, y también, como en tantos casos de la historia —Jeremías en el siglo VI a.c., Huss en el siglo XV, Tyndale y Lutero en el siglo XVI, o en distintas épocas no pocos judíos de corte en la Europa católica—, la condena había derivado de una alianza clara entre el poder religioso y el político. Quizá haya que reconocer —y resulta un trago ciertamente amargo— que una conducta semejante es demasiado humana como para que no se repita vez tras vez a lo largo de los siglos en los más diversos contextos.

Pronunciada la sentencia, no era necesaria, en absoluto, la confirmación del emperador. Por otro lado, la posibilidad de apelación

---

1. En un sentido similar encontramos referencias en Petronio, Sat 137, 9 y Plauto Mostell III, 2, 63.

quedaba descartada, ya que semejante autoridad había quedado delegada en los gobernantes locales.[2] El plazo para ejecutar la sentencia quedaba al arbitrio del juez —en este caso Pilato— pero, por regla general, se procedía a evacuar este trámite inmediatamente después del anuncio.[3] De hecho, la resolución senatorial del año 21 d.C., que fijaba un plazo de diez días entre la sentencia de muerte y su ejecución, no se refería a los tribunales ordinarios —como el de Pilato—, sino solo a las resoluciones emitidas por el senado.

Tras el juicio de Jesús, muy posiblemente Pilato procedió a procesar y condenar a los dos ladrones que iban a ser crucificados con él. Esa circunstancia explicaría porqué fueron ejecutados también el mismo día y porqué Jesús no fue conducido al Gólgota hasta cerca de las nueve de la mañana. Allí, a las afueras de la ciudad, fue crucificado.

La vergüenza de la cruz

La cruz[4] se ha convertido con el paso de los siglos en algo tan imbricado en nuestra cultura que, entre los efectos de semejante actitud, se halla incluso el que haya personas que le rindan culto o que la lleven como un símbolo colgada del cuello o colocada en el pecho. Como tantas prácticas nacidas del atavismo de siglos contribuyen de manera sustancial a desdibujar y diluir el significado que tenía la cruz y que, desde luego, era más que obvio para Jesús y sus contemporáneos. Resulta, por ello, indispensable indicar lo que en términos históricos y sociales significaba la cruz.

Como modo de muerte, la cruz no fue una invención romana. Se suele afirmar de manera convencional que los persas fueron los primeros en recurrir a esta forma de ejecución incluso de manera

---

2. T. Mommsen, *Oc*, págs. 276, 468.

3. En el mismo sentido, Tácito, Anales III, 51; XIV, 64.

4. Acerca de la cruz y la crucifixión, además de las referencias clásicas mencionadas en el texto, véase: Blinzler, *Oc*; E. Grässer, «Der politisch gekreuzigte Christus» en *Text und Situation. Gesammelte Aufsätze zum Neuen Testament*, Gütersloh, 1973, págs. 302-320. M. Hengel, *The Cross of the Son of God*, Londres, 1986, págs. 91-185; J. Vergote, «Les principaux modes de supplice chez les anciens et dans les textes chretiens» en Bulletin de l'Institut Historique Belge de Rome, 20, 1939, págs. 141-63; P. Winter, OC.

masiva,[5] pero también encontramos la cruz en pueblos bárbaros,[6] en los escitas,[7] en los asirios,[8] en los indios,[9] los celtas —que llegaron incluso a añadir a las ejecuciones un contenido religioso—[10] e, incluso, los judíos. De hecho, Alejandro Janneo ordenó la ejecución en la cruz de ochocientos fariseos,[11] y en la Mishnah se nos informa que Simeón b. Shetah crucificó a setenta u ochenta brujas en Ascalón.[12]

Los griegos y los romanos también crucificaron a condenados, pero no deja de ser llamativo que contrastaban sus ejecuciones con las de los bárbaros, aparentemente, más terribles.[13] La realidad, sin embargo, es que la pena de cruz tal y como se ejecutaba en el ámbito de poder de Roma era, ciertamente, pavorosa. Séneca, por ejemplo,[14] nos ha dejado constancia de que no era extraño que a los ejecutados se los clavara en la cruz cabeza abajo o que los empalaran por sus partes pudendas. Al igual que en una de las escenas finales de la película *Espartaco*, también se daban los casos de los prisioneros de guerra a los que se obligaba a combatir entre ellos y después se crucificaba no pocas veces después de haber sido flagelados o torturados.[15] De manera semejante, Tácito ha transmitido la noticia de cómo a los cristianos crucificados por Nerón además se les sometió a otros tormentos e incluso se les prendió fuego.[16]

Incluso si las penas adicionales hubieran sido suprimidas, la crucifixión habría seguido siendo un castigo espantoso. Al respecto, los romanos no se llamaban a engaño. Cicerón, en el siglo I a.C., calificaba la cruz como *summum suplicium*, es decir, el suplicio

---

5. Pueden verse algunos ejemplos en Herodoto, I.128.2; 3.125.3; 3.132.2; 3.159.1. Tucídides 1.110.1; Plutarco, Artajerjes, 17.5.

6. Justo Lipsio, De cruce, Amsterdam, 1670, p. 47 ss.

7. Diodoro Sículo 2. 44. 2.

8. Diodoro 2. 1. 10.

9. Diodoro Sículo, Biblioteca, 2. 18. 1.

10. Diodoro Sículo 5.32.6 los acusa de ser monstruosamente impíos, ya que ofrecen a los crucificados a sus dioses.

11. Josefo Guerra, I. 97 ss.

12. Sanhedrin 6. 5.

13. Un ejemplo en Diodoro Sículo 33.15.1.

14. De Consolatione ad Marciam, 20. 3.

15. Flavio Josefo, Guerra, V. 449-51.

16. Anales XV. 44.4.

supremo.[17] No exageraba. El gran jurista romano Julio Paulo afirmó
en sus *Sentencias* que la cruz era el primero de los tres *summa
suplicia*, los tres suplicios máximos. Justo detrás de la cruz iba la
hoguera (*crematio*) y la decapitación (*decollatio*).[18]

La crucifixión no era el castigo de gente con cierto desahogo
económico sino que se aplicaba únicamente a los miembros de
las clases muy inferiores, los denominados *humiliores*. De manera
semejante, se circunscribía su aplicación a categorías consideradas
especialmente odiosas en Roma. Era el caso de los rebeldes extranjeros, como los cántabros españoles, que cantaban desafiantes mientras los romanos los crucificaban,[19] o los judíos sublevados contra
Roma en el 66 d.C.[20] Lo era también el de los criminales violentos
y los bandidos como, seguramente, fue el caso de Barrabás y el de
los condenados a sufrir el suplicio al lado de Jesús. Finalmente,
se aplicaba a los esclavos rebeldes, y así no sorprende que cuando
las fuerzas de Espartaco fueron derrotadas, su vencedor, Craso,
ordenara crucificar a seis mil derrotados en la Vía Apia que iba de
Capua a Roma.[21]

A pesar de todo lo señalado, la crucifixión no solo implicaba
un doloroso suplicio reservado a lo que se consideraba la hez de la
sociedad —los reos eran clavados a la cruz y no pocas veces torturados con anterioridad—, sino la suma humillación. El crucificado
era un verdadero desecho social ante el cual, los testigos de la ejecución solo podían mostrar desprecio y asco. No sorprende que las
fuentes romanas rehuyan referirse a ella y los testimonios sean muy
escasos. Resulta comprensible porque el condenado era exhibido
desnudo a la vergüenza pública; se le exponía como lo más bajo del
cuerpo social y además se le sometía a horribles dolores que podían
prolongarse durante días. De hecho, no puede descartarse que la
flagelación despiadada de los soldados romanos quebrantara de tal
manera a Jesús que adelantara su muerte.

La vergüenza indescriptible —en todos los sentidos— que llevaba aparejado el suplicio de la cruz, permite comprender no pocas

---

17. In Verrem II. 5. 168.
18. Julio Paulo, Sentencias V. 17. 2.
19. Estrabón III. 4. 18.
20. Josefo, Guerra, III. 321.
21. Apiano, Bella Civilia, I. 120.

referencias bíblicas y extrabíblicas cuya importancia pasamos por alto con lamentable frecuencia. El hecho de que Jesús enseñara a sus discípulos que los que deseaban seguirlo tenían que tomar la cruz (Mateo 16:24), no era una enseñanza —como tantas veces se ha dicho— relacionada con soportar con paciencia una enfermedad molesta, una suegra incómoda o un jefe irritable. A decir verdad, es una más que punzante y comprometedora advertencia de que el hecho de seguir a Jesús implica tener que sufrir no solo el máximo dolor sino también la máxima vergüenza y el máximo rechazo de la sociedad. También explica porqué tan solo unos años después el apóstol Pablo pudo hablar de que la palabra de la cruz era una locura (1 Corintios 1:18). El apóstol no se refería a una mera controversia intelectual —como muchos creen—, sino al hecho de que resultaba profundamente repugnante la idea de seguir a un detritus social clavado a una cruz. Por supuesto, el filósofo Sócrates había sido ejecutado injustamente por la ciudad de Atenas y algún dios aislado de la mitología clásica había muerto, pero en ningún caso, ni siquiera de lejos, habían seguido la suerte repugnante de los más miserables desechos de la sociedad, la suerte precisamente sufrida por Jesús.

Hasta qué punto la locura de la cruz no era una simple cuestión intelectual sino algo muchísimo más grave, lo podemos ver también en los textos de los apologistas cristianos Minucio Félix, en su obra *Octavio* —donde un cristiano se enfrenta con un detractor pagano que lo acusa de adorar a un criminal y su cruz (*hominem noxium et crucem eius*)—,[22] deja constancia de que los cristianos no rinden culto a las imágenes incluyendo la cruz,[23] a diferencia de los paganos que sí veneran imágenes de madera. Sin embargo, orilla entrar a discutir la muerte en la cruz consciente, donde hasta qué punto constituía una realidad que solo podía causar un desprecio y un asco profundos en sus interlocutores.

Cuando se comprende esta circunstancia se puede también captar el interés de los adversarios judíos de Jesús porque su muerte fuera en la cruz y su empeño en gritar «¡Crucifícalo!» ante Pilato. Jesús no solo agonizaría en medio de indecibles dolores, no solo se vería

---

22. *Octavio*, XXIX, 2.
23. XXIX, 6 ss.

expuesto a pública vergüenza y horrible burla, sino que también se convertiría en un maldito desacreditado para siempre. Para los judíos, porque así lo establecía la Torah (Deuteronomio 21:22,23), y para los gentiles, porque dejaba de manifiesto que el ejecutado era una basura, una carroña, una escoria a cuyas enseñanzas nadie con un mínimo de dignidad podría prestar jamás oídos. Solo cuando se comprende esta realidad se puede decir que alguien se ha acercado mínimamente al significado humano de la cruz.

La agonía

Podemos tener una idea del estado deplorable en que había quedado Jesús tras ser sometido a torturas y a la pena de flagelación al percatarnos de que era incapaz de llevar la cruz y hubo que recurrir, por tanto, a la ayuda de un transeúnte. Se trataba de un hombre de Cirene —muy posiblemente un extranjero— llamado Simón. No deja de ser enormemente significativo que la fuente marcana señala que era el padre de Alejandro y Rufo, personajes conocidos entre los primeros cristianos y que vivían unos treinta años después de los acontecimientos (Marcos 15:20-23). No sabemos qué fue de Simón ni tampoco qué llegó a contemplar en aquel destrozado preso cuya cruz llevaba. Sin embargo, no cuesta ver que debió de tratarse de algo extraordinario ya que sus hijos acabaron formando parte del grupo de los discípulos del crucificado. La imaginación de siglos ha ido describiendo un conjunto de caídas de Jesús en el camino al Calvario que incluso se ha convertido en la base de ceremonias, pero que carecen de la menor base histórica. A decir verdad, hay que señalar la inmensa sobriedad de los evangelistas al relatar un episodio especialmente doloroso y cruento. Tan solo Lucas añade el detalle de las mujeres que lloraban al paso de los condenados (Lucas 23:27 ss.). Se trata de un dato muy exacto ya que existían grupos de mujeres piadosas que acompañaban a los reos para intentar suavizar en algo el paso previo al suplicio. Dice no poco de Jesús que les indicara que no lloraran por Él sino que derramaran sus lágrimas por el futuro que les esperaba a los habitantes de Jerusalén y a sus hijos. Si en el Mesías —el árbol verde— se había llegado a aquel grado de iniquidad, ¿qué cabría esperar de un sistema religioso ya seco? (Lucas 23:31). La pregunta de Jesús tenía una respuesta obvia que se vería en toda su terrible crudeza en el año 70 d.C., cuando la ciudad de Jerusalén fue arrasada por las fuerzas romanas y el templo totalmente destruido.

Sobre las nueve de la mañana, Jesús llegó con los otros dos condenados al Gólgota. Antes de ser clavado en aquel horrible instrumento de muerte que era la cruz, le ofrecieron una bebida que paliara los terribles dolores que le esperaban. Se trataba de un vinagre en el que se arrojaba alguna sustancia que paliara mínimamente el próximo suplicio. Sin embargo, Jesús lo rechazó en lo que parece un gesto innegable de disposición a padecer todo el dolor sin nada que lo calmara (Mateo 27:34; Marcos 15:23).

A continuación, los soldados despojaron a Jesús de sus vestiduras. Tanto las representaciones de la Edad Media —era impensable para los cristianos de los primeros siglos representar a Jesús y menos en la cruz—, como el cine, nos han acostumbrado a unas imágenes edulcoradas de la crucifixión. Por decoro, Jesús siempre aparece vestido al menos con una pieza de tela ceñida en torno a su cintura. La realidad fue mucho peor. Jesús, como cualquier otro condenado, fue dejado completamente desnudo, expuesto a la vergüenza pública. De hecho, como indican las fuentes, lo despojaron de sus vestiduras sin que se hiciera excepción de ninguna. A continuación, repartieron, como era costumbre, las prendas. La túnica, al ser de una sola pieza, los soldados que lo custodiaban optaron por jugársela (Mateo 27:35; Marcos 15:24; Lucas 23:24; Juan 19:24). Así, las últimas horas de Jesús recordaron de manera sobrecogedora a la descripción recogida en el Salmo 22, un texto escrito casi con un milenio de anterioridad:

> Se secó como un tiesto mi vigor y la lengua se me pegó al paladar y me has puesto en el polvo de la muerte. Porque perros me han rodeado, me ha cercado una cuadrilla de malvados. Han taladrado mis manos y mis pies. Puedo contar todos mis huesos. Me miran, me observan. Repartieron entre sí mis vestiduras y sobre mi ropa echaron suertes (Salmo 22:15-18).

No deja de ser significativo que Jesús en esos momentos implorara a su Padre para que perdonara a los que no sabían lo que hacían (Lucas 23:34). David Flusser sugirió que la oración de Jesús

suplicaba no el perdón de las autoridades judías que lo habían condenado, sino el de los desdichados romanos que no eran conscientes
de quién era el reo al que crucificaban.[24] Se trata, en nuestra opinión,
de una conclusión conjetural.

Las tres horas siguientes constituyeron un feroz entrelazamiento
de dolor, humillación e insultos. Los que pasaban no perdían ocasión
de mofarse y de expresar su desprecio hacia alguien del que se decía
que había anunciado que derribaría el Templo y que, sin embargo,
ahora estaba desnudo y clavado a una cruz de la que no podía
descender (Mateo 27:39,40; Marcos 15:29). En aquel marasmo de
sufrimiento, los otros dos ajusticiados lo injuriaban (Mateo 27:44),
mientras que los soldados (Lucas 23:36,37) y los sacerdotes —que
habían protestado ante Pilato porque el título de condena fijado en
la cruz denominaba «Rey de los judíos» a Jesús (Juan 19:20-22)—
no perdieron ocasión de lanzar sus burlas (Mateo 27:41-43; Marcos 15:31,32; Lucas 23:35).

Es más que posible que la mansa paciencia de Jesús durante aquellas tres primeras horas en la cruz fueran las que llevaran a uno de los
ladrones a descubrir en Él a alguien que no solo era diferente de él y
de su compañero, sino que, muy posiblemente, fuera el que decía el
titulus condenatorio clavado en la cruz: «El Rey de los judíos». Era
obvio que tanto él como su acompañante padecían un castigo por
sus acciones que era justo (Lucas 23:41), pero de Jesús resultaba obvio
que no había causado ningún mal (Lucas 23:41). Pasar de esa constatación a suplicar a Jesús que lo recordara cuando viniera en su Reino
fue un acto natural e incluso obligado. Aquel cuerpo pendiente de
una cruz no era el de un malhechor justamente ejecutado, sino el
del Mesías sufriente que tantos judíos conocían siquiera porque las
profecías de Isaías lo habían anunciado. En el momento cercano a
traspasar el umbral de la muerte, aquel criminal suplicó a Jesús y Él
le respondió como lo había hecho con muchos otros a lo largo de
su vida. Ese mismo día estaría con Él en el paraíso (Lucas 23:43).

Es posible que también fuera durante estas tres horas cuando
Jesús encomendó al discípulo amado que se encargara de su madre
(Juan 19:25-27). A lo largo de los siglos, se ha pretendido ver en esas
palabras una designación de María como la madre de los discípulos

---

24. D. Flusser, *The Sage...*, p. 158.

de Jesús. Semejante conclusión choca de manera directa con la propia enseñanza de Jesús, que afirmó que su madre y sus hermanos eran los que escuchaban la Palabra de Dios y vivían de acuerdo con ella (Mateo 12:46-50; Marcos 3:31-35 y Lucas 8:19-21). Por el contrario, la medida de encomendar a su madre a un discípulo digno de especial confianza tenía su lógica en el hecho de que los hermanos de Jesús no creían en Él y, muy posiblemente, en aquel entonces, andaban distanciados de una madre que sí tenía fe en Jesús (Juan 7:5).

En torno al mediodía —la hora sexta— tuvo lugar un oscurecimiento del sol, posiblemente debido a un eclipse. Aquel momento estuvo cargado de una especial trascendencia. Las palabras de Jesús —*Eloí, eloí, lamá sabactaní*, Dios mío, Dios mío, ¿por qué —o para qué— me has desamparado?— son un eco claro del Salmo 22, en el que encontramos tantos paralelos con el sufrimiento y la muerte de Jesús. Que Jesús estuviera recitando el Salmo es posible. No lo es menos que experimentara un insoportable sentimiento de soledad, un alejamiento angustioso de Dios, una alienación absoluta del Señor como la descrita por Isaías:

> Ciertamente llevó él nuestras enfermedades y padeció nuestros dolores y nosotros lo consideramos azotado, herido por Dios y abatido. En realidad, fue herido a causa de nuestras rebeliones, triturado por nuestros pecados. Sobre él fue colocado el castigo de nuestra paz y por su llaga fuimos nosotros curados. Todos nosotros nos descarriamos como ovejas. Todos nos apartamos cada cual por su camino. Sin embargo, YHVH cargó el pecado de todos nosotros sobre él (Isaías 53:4-6).

Jesús señaló que tenía sed —una verdadera tortura de los crucificados—, en claro paralelo a lo señalado en el Salmo 69:21. Luego afirmó que todo se había consumado (Juan 19:30); encomendó su espíritu al Padre (Lucas 23:46); y lanzó un grito antes de expirar (Mateo 27:50; Marcos 15:37), un síntoma habitual en las personas que morían en la cruz a causa de un proceso de tetanización. Eran las tres de la tarde.

De manera bien significativa, las tres fuentes sinópticas yuxtaponen la muerte de Jesús con el desgarramiento del velo del templo (Mateo 27:51-56; Marcos 15:38-41; Lucas 23:45), precisamente el que apartaba del conjunto del recinto el lugar donde se llevaba a cabo, una vez al año, el sacrificio de expiación por el pecado. Lejos de tratarse de una ficción, tenemos referencias en fuentes judías a acontecimientos extraños sucedidos en relación con el lugar donde se celebraba la ceremonia de la expiación, donde ya nada sería igual. Al respecto, no deja de ser significativa la forma en que se narra cómo el lugar de la expiación quedó sometido a alteraciones que apuntaban al final del Templo.[25] De manera bien reveladora, ese hecho aparece situado cuarenta años antes de la destrucción del Templo de Jerusalén en el 70 d.C., es decir, estaríamos hablando del año 30 d.C., justo aquel en que Jesús fue crucificado.[26]

La muerte —contemplada de lejos por algunas mujeres que habían seguido a Jesús (Mateo 27:55,56; Marcos 15:40)— impresionó al centurión que había estado al mando de la guardia que custodiaba a los condenados. Como en el caso del ladrón arrepentido, también había percibido que aquel hombre era diferente, pero, en apariencia, poca importancia podía tener (Mateo 27:54; Marcos 15:39; Lucas 23:47), como escasa relevancia tienen los lamentos por alguien que ya ha expirado. Hubiérase dicho que todo había concluido.

---

25. Robert L. Plummer, *Something Awry in the temple? The Rending of the Temple veil and early jewish sources that report unusual phenomena in the temple around ad 30*, en JETS 48/2. Junio 2005, págs. 301–16.

26. En el Talmud, Yoma 6:3 se puede leer: «Ha sido enseñado: cuarenta años antes de la destrucción del Templo, la luz occidental se extinguió, el hilo escarlata siguió siendo escarlata y la parte del Señor siempre apareció a la mano izquierda. Cerraron las puertas del Templo por la noche, y se levantaron por la mañana y las encontraron abiertas de par en par. El rabino Yohanan b. Zakkai dijo: «Templo, ¿por qué nos asustas? Sabemos que estás destinado a ser destruido. Porque ha sido dicho: Abre tus puertas, oh Líbano, para que el fuego devore tus cedros». No deja de ser significativa la manera en que se narra cómo en el año 30 d.C., el lugar de la expiación quedó sometido a alteraciones que apuntaban al final del Templo.

CAPÍTULO XIX

«NO BUSQUÉIS ENTRE LOS MUERTOS AL QUE VIVE»

La lanzada

La agonía en la cruz constituía un suplicio espantoso. El condenado notaba cómo, junto a los espantosos dolores causados por los clavos en las manos y los pies, le fallaba la respiración. Deseando no ahogarse, intentaba entonces elevar el tórax para absorber una brizna de aire que le permitiera seguir respirando. Para llevar a cabo ese esfuerzo necesitaba apoyarse sobre los pies con la consecuencia de que, al intentar respirar, sus miembros clavados de los que se requería un nuevo esfuerzo lanzaban espantosas oleadas de dolor agudo al cuerpo. Poco a poco, el reo —que había sido presa del calor, la sed, los insectos y las burlas— no solo no podía soportar aquellos movimientos sumamente dolorosos, pero necesarios para respirar, sino que además sufría al sentir cómo su cuerpo experimentaba un proceso de tetanización que concluía, por regla general, con un último grito antes de morir. En ocasiones, para acelerar la muerte del condenado, los romanos recurrían a un terrible recurso conocido como *crurifragium*, es decir, la fractura de las piernas. Con garrotes, quebraban las extremidades inferiores del condenado de tal manera que, al no contar con ese sostén, los reos acabaran asfixiándose con más rapidez. La solución era, ciertamente, brutal, pero, sin duda, aceleraba el final de un suplicio que podía prolongarse durante días.

Estas horrorosas condiciones de la ejecución en la cruz explican de sobra la extrañeza de Pilato al recibir la noticia de la muerte de Jesús y su deseo de comprobarla cuando José de Arimatea pidió el cadáver (Juan 19:44). La realidad es que, a esas alturas, el *crurifragium* había sido aplicado a los dos ladrones crucificados con Jesús para que no se quedasen en el madero durante el sábado (Juan 19:32). En cuanto al cadáver de Jesús, la guardia romana no quiso correr el menor riesgo. Todo indicaba que estaba muerto, pero verificaron la situación clavando una lanza en su costado (Juan 19:34). Por la descripción, parece que el hierro destrozó alguno de los órganos internos de Jesús (Juan 19:35). Años después —posiblemente menos de dos décadas— un testigo ocular dejaría constancia de haber contemplado la lanzada y, sobre todo, de haber constatado que a Jesús no se le había quebrado ningún hueso como habían señalado las Escrituras (Éxodo 12:46; Números 9:12; Salmo 34:20) y que lo habían mirado al traspasarlo como había anunciado siglos antes el profeta Zacarías (12:10). Lejos de tratarse del último eslabón de una cadena de injustas afrentas que habían concluido con una muerte vergonzosa, la lanzada dejaba entrever —y así lo captó aquel testigo ocular— que en Jesús se había consumado un plan divino anunciado desde hacía siglos.

La sepultura

Como en el caso del Siervo-Mesías profetizado por Isaías (53:9), la muerte de Jesús había sido decretada para que tuviera lugar al lado de malhechores, pero su tumba fue, como también señalaba la profecía, la de un hombre rico, un tal José de Arimatea que había tenido amistad con Jesús y que había reclamado el cadáver (Juan 19:31-42; Lucas 23:50-54; Mateo 27:57-60; Marcos 15:42-46). A decir verdad, el relato que aparece en los Evangelios se corresponde meticulosamente con lo que sabemos tanto del derecho romano como de las costumbres judías. Pilato entregó el cuerpo porque contaba con la potestad de hacerlo a petición de los allegados del ejecutado. En cuanto a José de Arimatea y las mujeres, se comportaron de acuerdo con las costumbres de la época tal y como las conocemos por otras fuentes.

En la actualidad, contamos con millares de enterramientos documentados en Jerusalén y en el resto de Judea. Aparte de los restos arqueológicos, Flavio Josefo nos ha transmitido, por ejemplo, noticia del enterramiento de Herodes,[1] y encontramos también datos en la literatura rabínica.[2] Hay incluso referencias a las hierbas

---

1. Antigüedades XVII, 196-99.
2. Al respecto, véase: Moed Qat, 1.5; B. Bat 6. 8.

aromáticas (*besamim shelametim*) que se utilizaban con los cadáveres,[3] como consignan las fuentes evangélicas (Juan 19:39,40). El cuerpo de Jesús fue envuelto en una sábana que tenía esas especias (Mateo 27:59; Marcos 15:46; Lucas 23:53). Ha existido una insistencia de siglos en identificar la sábana de Jesús con la expuesta en Turín. Sin embargo, semejante eventualidad es absolutamente imposible. La denominada sábana santa de Turín es un fraude perpetrado en la Edad Media y conocido como tal desde hace siglos. A decir verdad, la primera referencia histórica de que disponemos es de 1390, cuando el obispo Pierre D´Arcis escribió un memorándum al papa Clemente VII informándole que la sábana era un fraude, e incluso el artista que la había pintado así lo había confesado.[4] Esos extremos se vieron confirmados por la datación realizada por la propia Santa Sede en dos ocasiones, que dejó de manifiesto que el origen de la sábana era medieval, y más concretamente del siglo XIV.[5] En otras palabras, se encontraba separada de la época de Jesús por casi milenio y medio.[6] Tampoco son auténticas las supuestas manchas de sangre de la prenda.[7]

También hallamos mención del tipo de sepulcro en que fue depositado el cadáver de Jesús. Conocidas como *ma´arot* —literalmente, cuevas— se trataba de tumbas familiares que, en ocasiones, podían estar primorosamente ornamentadas. No fue el caso de la de Jesús, ya que era nueva y estaba excavada en la roca (Mateo 27:60; Lucas 23:53), aunque sí sabemos que se encontraba en un huerto o jardín (Juan 19:41).

El interior de estas tumbas solía contar con un reducido vestíbulo y luego una dependencia cuadrangular donde se depositaba el cadáver. Por la literatura rabínica[8] conocemos que su superficie media era de seis codos por ocho, es decir, de unos tres metros por

---

3. Ber. 8. 10.

4. Al respecto, véase E. Pouelle, (December 2009). "Les sources de l'histoire du linceul de Turin. Revue critique". *Revue d'Histoire Ecclésiastique*. 104 (3–4), Diciembre, 2009, págs. 747–782.

5. Un examen amplio sobre las investigaciones referentes a la Sábana en Joe Nickell, *Inquest on the Shroud of Turin: Latest Scientific Findings*, 1998.

6. www.livescience.com/28276-shroud-of-turin.html

7. www.livescience.com/63093-shroud-of-turin-is-fake-bloodstains.html

8. B. Bat. 6. 8.

cuatro. Era común que se labraran las paredes de piedra para dar lugar a la sepultura de varios miembros de la familia, pero en el caso de Jesús resulta obvio que no se dio esa circunstancia.

La mayoría de las tumbas eran selladas con una piedra que la imaginación popular —y Hollywood— han imaginado redondas, posiblemente porque así encajan más en la idea de que pudiera ser corrida. La realidad, sin embargo, es que lo común es que las piedras con que se sellaba un sepulcro fueran de forma rectangular. Con todo, es más que posible que la piedra que se corrió sobre la tumba de Jesús no fuera del tipo de puerta sellada que se encuentra en algunos sepulcros de gente de clase alta porque este trámite se realizó de manera apresurada para que no se viera interrumpido por el inicio de la celebración del sábado (Lucas 23:54; Juan 19:42). Al fin y a la postre, solo algunas de las mujeres que habían seguido a Jesús —entre ellas María Magdalena y María la de José— estaban presentes cuando se cerró el sepulcro (Mateo 27:61; Marcos 15:47). Su intención, bien reveladora, era regresar después del sábado para completar la tarea de atender debidamente el cadáver pensando, seguramente, que de Él se había dispuesto de manera apresurada (Juan 19:5,56). De manera comprensible, se fijaron con atención en dónde estaba la tumba para poder regresar al cabo de un día (Marcos 15:47). Es cierto que volverían al sepulcro, pero lo que sucedió entonces sobrepasó con mucho lo que habían esperado.

La tumba vacía

Al inicio del *shabbat*, apenas depositado el cadáver de Jesús en el sepulcro, el panorama resultaba innegable. Cualquiera que hubiera observado lo sucedido aquel viernes de Pascua en Jerusalén no hubiera albergado duda alguna de que la historia de Jesús —y con Él, la de sus seguidores— había concluido. Aquella muerte había sido tan vergonzosa, tan repugnante, tan horrible, que resultaba imposible conectarla con la gloriosa salvación de Dios.

A decir verdad, las autoridades del Templo —y sus aliados entre los judíos— podían respirar tranquilas porque el peligro que representaba Jesús estaba conjurado. Todo había terminado. Quizá Pilato padecería cierta sensación de orgullo herido por no haber podido imponerse al Sanhedrín, pero, de ser así, estaría unida al alivio de haberse quitado de encima un enojoso incidente e incluso a una cierta satisfacción por ver restauradas sus relaciones con Herodes. Sin duda, los que vivían aquella situación como un verdadero trauma fueron los discípulos. Como señalarían dos de los seguidores de Jesús empleando términos medularmente judíos, «nosotros esperábamos que era él quien había de redimir a Israel y ahora ha sucedido todo esto» (Lucas 24:21). Habían esperado, pero, en lugar del triunfo, se habían encontrado con la peor ejecución imaginable, con el peor final previsible, con la peor de las desilusiones.

No puede extrañar a nadie que, de manera bien fácil de comprender, los seguidores más próximos de Jesús corrieran a ocultarse por temor a algún tipo de represalias. A fin de cuentas, ¿era tan absurdo que tras la ejecución del pastor cayeran sobre sus seguidores? ¿Qué garantizaba que, tras la terrible muerte de su Maestro, las autoridades del Templo y el ocupante romano no continuaran la represión con ellos? La prudencia —no digamos ya el miedo— aconsejaba esconderse hasta que el panorama se hubiera calmado.

Así, al fin y a la postre, solo aquellas mujeres que habían acudido a sepultar a Jesús la tarde del viernes antes de que diera inicio el *shabbat* (Mateo 27:61-66; Marcos 15:47; Lucas 22:55,56) fueron ahora a terminar las honras fúnebres. Al concluir el día de descanso prescrito por la Torah, María Magdalena, María de Santiago y Salomé compraron algunas hierbas aromáticas con la intención de ir a ungir al difunto aquel mismo domingo (Marcos 16:1). Sin embargo, cuando, muy de mañana, llegaron al sepulcro, las mujeres descubrieron que la roca que lo cubría había sido corrida y que el interior se hallaba vacío (Marcos 16:2; Lucas 24:1; Juan 20:1). Asombradas por aquella eventualidad, entraron en la tumba para encontrarse con un varón que les ocasionó un profundo temor (Mateo 28:5-6; Marcos 16:6; Lucas 24:3-6), y les anunció que no debían buscar entre los muertos a Jesús, porque se había levantado tal y como había anunciado cuando aún se encontraban en Galilea (Mateo 28:7; Marcos 16:7; Lucas 24:6).

El anuncio no dejaba de ser revelador. Cierto, Jesús había muerto de acuerdo con sus repetidos anuncios, pero también, como había predicho, se había levantado. No puede causar sorpresa que aquellas mujeres sintieran miedo —estupor sería una palabra más adecuada para describir la sensación que las embargaba— y que corrieran a contar a los discípulos lo que acababan de presenciar. La tumba estaba vacía, pero en su interior habían sido informadas de que Jesús no estaba entre los muertos sino que se había levantado.

La reacción de los discípulos fue absolutamente lógica. No creyeron a las mujeres e incluso pensaron que lo que acababan de decirles era una locura (Lucas 24:10,11). Solo Pedro (Lucas 24:12) y el discípulo amado (Juan 20:2-10) decidieron llegar hasta la tumba para indagar lo que podía haber sucedido. La fuente joanea es más detallada que la lucana, pero ambas coinciden en un hecho bien revelador: Pedro quedó abrumado al descubrir la tumba vacía, pero no creyó por eso en la resurrección de Jesús. Más bien se vio sumido en un profundo y comprensible estupor. El discípulo amado —que no entró en el lugar donde fue depositado el cuerpo de Jesús aunque sí contempló los lienzos vacíos y el sudario aparte— sí creyó. Es cierto que no relacionó lo que tenía ante la vista con lo contenido en las Escrituras, pero quedó convencido de que, realmente, Jesús se había levantado de entre los muertos. Sin embargo, el descubrimiento de la tumba vacía fue solo el principio de una serie prodigiosa de acontecimientos que se desarrollarían en las horas siguientes.

Las apariciones

Tras informar infructuosamente a los discípulos, María Magdalena regresó al sepulcro. No pensaba en encontrar a Jesús sino, por el contrario, en recuperar el cadáver. De hecho, la fuente joanea indica que el temor de María Magdalena —¿puede sorprender?— era que se hubieran llevado el cuerpo. Lo que quería saber era dónde se encontraba (Juan 20:13). De hecho, cuando una figura masculina se dirigió a ella y le preguntó por qué lloraba y a quién buscaba, la respuesta de María Magdalena fue la misma. A decir verdad, incluso creyó que el encargado de cuidar el huerto era quien le hablaba y se apresuró a comunicarle que si era él quien se había llevado el cuerpo, le rogaba que le dijera donde lo había depositado para hacerse cargo ella del cadáver (Juan 20:15). María Magdalena pudo ser entonces un remolino de encontrados sentimientos, pero entre ellos no se encontraba el de esperar a Jesús resucitado. De hecho, solo cuando el recién llegado la llamó por su nombre, María Magdalena se dio cuenta de que ante ella estaba Jesús (Juan 20:16).

La escena —como tantas otras veces en la fuente joanea— rezuma autenticidad. María Magdalena no esperaba que Jesús resucitara. Lo daba por irremisiblemente muerto y tan solo deseaba encontrar quién y adónde se había llevado el cadáver para poder atenderlo debidamente. Sumida en la oscuridad, con los ojos llenos de lágrimas, sin esperar en absoluto ver a Jesús vivo, hundida en el pesar, no captó quién se dirigía a ella hasta el momento en que pronunció su nombre. Antaño Jesús había señalado que sus ovejas conocían su voz (Juan 10:4) y aquellas palabras quedaron verificadas en el caso de la mujer. Sin embargo, María Magdalena no aceptó totalmente lo que se presentaba ante sus ojos. De hecho, su reacción fue entonces la de comenzar a palparlo —la orden de Jesús en Juan 20:17 no es de «no me toques» sino de «deja de tocarme»— para asegurarse de que lo que estaba sucediendo ante sus ojos era real. Es más que posible que esa conducta hubiera durado más de no ser porque Jesús le dijo que era imperativo que fuera a anunciar a sus hermanos lo que había visto (Juan 20:18).

En apenas unas horas posteriores a la aparición ante María Magdalena (Marcos 16:9-11; Juan 20:11-18) siguieron otras que tuvieron como testigos a las otras mujeres (Mateo 28:8-10) y a dos discípulos que iban camino de Emmaús. De esta última contamos con dos relatos, uno —muy breve— aparece recogido en la fuente marcana (Marcos 16:12,13) y otro, más desarrollado, ha sido transmitido por la fuente lucana (Lucas 24:13-35). Contra lo que pueda pensarse, es más que posible que el relato más antiguo sea el de Lucas y que, en realidad, Marcos constituya un breve sumario comprensible por lo ya conocido del episodio. Merece la pena repasar lo relatado por Lucas:

> Y he aquí, ese mismo día, dos de ellos iban a una aldea llamada Emaús que estaba a sesenta estadios de Jerusalén. E iban conversando sobre todas aquellas cosas que habían sucedido. Aconteció que mientras estaban hablando y discutiendo, Jesús mismo se acercó y se puso a caminar con ellos. Sin embargo, los ojos de ellos estaban velados para que no lo conociesen. Y les dijo: «¿Qué conversaciones son éstas que mantenéis mientras vais de camino y por qué estáis apesadumbrados?». Respondiendo uno de ellos, de nombre Cleofas, le dijo: «¿Eres tú el único forastero

en Jerusalén que no se ha enterado de lo que ha sucedido en ella durante estos días?». Entonces él les dijo: «¿El qué?». Y ellos le dijeron: «Lo sucedido con Jesús de Nazareth, que fue un hombre profeta, poderoso en obra y en palabra delante de Dios y de todo el pueblo y cómo lo entregaron a la condena a muerte los principales sacerdotes y nuestros gobernantes y lo crucificaron. Pero nosotros esperábamos que era él quien había de redimir a Israel y ahora, además de todo esto, hoy hace tres días desde que sucedió. Sin embargo, también nos han dejado estupefactos unas mujeres de las que se encuentran entre nosotros, que antes de amanecer, acudieron al sepulcro y como no encontraron su cuerpo, vinieron diciendo que también habían contemplado una visión de ángeles que les dijeron que está vivo. Y algunos de los nuestros fueron al sepulcro y se encontraron exactamente con lo que habían dicho las mujeres aunque a él no lo vieron». Entonces él les dijo: «¡Oh necios y lentos de corazón para creer todo lo que los profetas han dicho! ¿Acaso no era necesario que el mesías sufriera estas cosas y entrara en su gloria?». Y comenzando desde Moisés y siguiendo por todos los profetas, les fue mostrando a partir de todas las Escrituras lo que decían de él. Llegaron a la aldea adonde se dirigían y él hizo como si fuera a seguir su camino. Pero ellos lo obligaron a quedarse, diciendo: «Quédate con nosotros porque se hace tarde y el día ya ha comenzado a caer». Así que entró a quedarse con ellos. Y sucedió que, cuando estaba sentado a la mesa, con ellos, tomó el pan y lo bendijo, lo partió y les dio. Entonces les fueron abiertos los ojos y lo reconocieron, pero él se desapareció de su vista. Y se decían el uno al otro: «¿Acaso no ardía nuestro corazón en nuestro interior mientras nos hablaba por el camino y cuando nos abría las Escrituras?». Y levantándose en esa misma hora, regresaron a Jerusalén y encontraron reunidos a los once y a los que estaban con ellos que decían: «Ha resucitado el Señor en verdad y se ha aparecido a Simón. Entonces ellos comenzaron a contar las cosas que les habían sucedido por el camino y cómo lo habían reconocido cuando partió el pan (Lucas 24:13-35).

El episodio recogido en la fuente lucana una vez más transpira la autenticidad propia de un testigo ocular. Como tantos otros, los dos discípulos que se encontraban en el camino de Emaús eran presa de la desilusión y del estupor. Como tantos otros, habían esperado que Jesús los liberara de la opresión y redimiera a Israel.

Como tantos otros, se habían encontrado con los espantosos acontecimientos de Pascua durante la cual Jesús no solo no había sido reconocido como redentor, sino que había sido rechazado por las autoridades espirituales de Israel y había terminado muriendo de una manera ignominiosa. Es cierto que algunas de las mujeres que seguían a Jesús habían afirmado que la tumba estaba vacía y que incluso habían contemplado ángeles, pero su testimonio no había convencido a nadie. De hecho, los que acudieron al sepulcro lo encontraron vacío, pero no habían visto a Jesús. En otras palabras, el sentimiento que abrigaban aquellos dos hombres no era el de que Jesús hubiera resucitado sino, por el contrario, una mezcla de frustración, ira y desesperanza. En absoluto, creían que pudiera ser cierto lo que habían dicho las mujeres. Precisamente, en ese momento del encuentro, todo dio un vuelco. El hombre al que se habían encontrado en el camino comenzó a citarles las Escrituras para mostrarles que la muerte de Jesús no había sido un fracaso ni una deslegitimación. Por el contrario, era la confirmación contundente de que se trataba del Mesías.

Sin embargo, la experiencia no iba a detenerse ahí. La manera en que partió el pan, la manera en que desapareció de su vista, la manera en que comprendieron la enseñanza que acababan de recibir les mostró que Jesús se había levantado de entre los muertos y los impulsó a regresar a Jerusalén para compartir lo que les había sucedido. Fue entonces cuando descubrieron que también Simón había sido objeto de una de las apariciones del resucitado (Lucas 24:34; 1 Corintios 15:5).

En apenas unas horas de aquel día de domingo, todas las piezas comenzaron a encajar. Uno de los Cantos del Siervo contenidos en el libro del profeta Isaías había hablado de que el Mesías sufriente, «tras haber puesto su vida en expiación» (Isaías 53:10-11) volvería a vivir. Se trataba de una gozosa y esperanzada conclusión para un relato de sufrimiento y agonía cuyo protagonista era un judío fiel al que buena parte de su pueblo, descarriado en sus pecados, no comprendería, e incluso habría considerado castigado por Dios cuando lo único que sucedía era que moría expiatoriamente por sus pecados. La referencia era evidente y clara y, como ya tuvimos ocasión de ver, generación tras generación de judíos, antes, durante y después del ministerio de Jesús, interpretaron que el Siervo de YHVH no era otro ser que el Mesías. Acababa de quedar de manifiesto que aquellas profecías se habían cumplido.

En las primeras horas de la noche, los once atravesaron la misma experiencia (Marcos 16:14; Lucas 24:36-43; Juan 20:19-25) Ya no serían mujeres las que afirmarían que Jesús resucitado había aparecido. Tampoco sería un discípulo que había creído al contemplar vacía la tumba. Ni siquiera sería el testimonio de Pedro que también tuvo una aparición de Jesús cuyos detalles desconocemos. Ahora, aquellos discípulos aterrados tuvieron la oportunidad de contemplar aquello en lo que no creían: Jesús no estaba muerto. Se había levantado.

Aproximadamente, un par de décadas después, Pablo, otro personaje que vería a Jesús resucitado no porque lo esperaba, sino precisamente a pesar de no creer en Él, realizaría un sumario[9] de lo que fueron aquellos episodios que se extendieron todavía algunos días después del domingo de Pascua:

> Porque, en primer lugar, os he enseñado lo que asismismo recibí: que el Mesías murió por nuestros pecados conforme a las Escrituras; y que fue sepultado, y que resucitó al tercer día, conforme a las Escrituras; y que se apareció a Pedro y luego a los doce. Después se apareció a más de quinientos hermanos a la vez, de los que muchos siguen vivos, aunque otros ya han muerto. Luego se apareció a Santiago; más tarde a todos los apóstoles. Y el último de todos, como si fuera un aborto, se me apareció a mi (1 Corintios 15:1-9).

El resumen de Pablo —que podía haber sido desmentido con facilidad dada la cercanía de los hechos que relataba— nos permite tener constancia de las apariciones más importantes. Primero, a Pedro, porque mencionar en primer lugar a las mujeres y, en especial, a María Magdalena habría resultado poco fiable ante un tribunal humano. Luego, al resto de los apóstoles. Sabemos que esa circunstancia se repitió varias veces. Una sin Tomás, el mismo domingo de resurrección (Marcos 16:14; Lucas 24:36-43; Juan 20:19-25), y otra una semana después con Tomás (Juan 20:26-31). Hubo igualmente una aparición más en el mar de Galilea a varios discípulos, entre los

---

9. Acerca de este pasaje, véase C. Vidal, *Pablo, el judío de Tarso*, Madrid, págs. 246-7.

que se encontraban Pedro y el discípulo amado (Juan 21). Otra a más de quinientas personas —la mencionada por Pablo—, que podría ser la relatada brevemente por la fuente mateana donde se consigna que algunos dudaron (Mateo 28:16-20). En algún momento, se apareció a Jacobo (Santiago), su hermano, con la consecuencia más que significativa de que pasó de no creer en Él a convertirse en uno de los personajes centrales de la comunidad de Jerusalén (Juan 7:5; Gálatas 2:9).[10] A todas estas personas habría que añadir otra más en Jerusalén, donde Jesús instruyó a los discípulos (Lucas 24:44-49) y la final,[11] también en la capital, en el Monte de los Olivos, entre esta ciudad y Betania, para despedirse de ellos antes de ascender al Padre y para anunciarles su misión evangelizadora una vez más, así como la necesidad de esperar la llegada del Espíritu Santo en Jerusalén (Marcos 16:19-20; Lucas 24:50-53 y Hechos 1:9-12). Por último, unos tres años después, Jesús volvería a aparecerse, esta vez a otro personaje que no creía en Él: el fariseo Saulo de Tarso, llamado a convertirse en el apóstol Pablo.

Es obvio que no han faltado los autores que han negado la veracidad de estos datos atribuyéndolos a la imaginación —si es que no algo peor— que se daba cita en los autores de los Evangelios. Sin embargo, reducir los datos de las fuentes a simple superchería, enfermedad mental o redacción de mitos resulta totalmente inaceptable desde la perspectiva de la investigación histórica. Para el historiador imparcial y desprovisto de prejuicio, desde luego, resultan obvios

---

10. Se ha especulado con la posibilidad de que la inclusión de Santiago en este texto se deba, no a la pluma de Pablo, sino a un intento de incluir a un personaje que tendría considerable relevancia en Jerusalén. Tal hecho carece a nuestro juicio de la más mínima probabilidad. En primer lugar, la evidencia textual del pasaje descarta la posibilidad de una interpolación de este tipo, pues ni siquiera aparece una mínima variante al respecto. En segundo lugar, el texto paulino recibe una corroboración indirecta en el Evangelio de los Hebreos, donde se refiere —siguiendo la misma tradición de Juan 7:5— la incredulidad de los hermanos de Jesús y como la de Santiago había desaparecido al ser objeto de una visión. Finalmente, esto es lo único que puede explicar coherentemente que, en un plazo brevísimo de tiempo, los hermanos de Jesús hubieran pasado de ser incrédulos a formar parte de la comunidad de Jerusalén (Hechos 1:14), aunque sin desempeñar el peso que tendrían posteriormente.

11. Algunos autores consideran que estas dos últimas apariciones fueron una sola, pero creemos que el estudio de las fuentes históricas se refiere a episodios distintos.

e innegables algunos hechos. En primer lugar, es innegable que el proceso y posterior muerte de Jesús, facilitados ambos y según las fuentes, por la acción de uno de sus discípulos, asestaron un enorme golpe emocional y espiritual a sus seguidores, sin duda alguna. Parece establecido que en el momento de su prendimiento, la práctica totalidad de los mismos optaron por ocultarse y que incluso uno de ellos, Pedro, renegó de Él repetida y públicamente para ponerse a salvo en una comprometida situación.[12] Algunos días después de la ejecución, las fuentes hacen referencia a que los discípulos se escondían en casas de conocidos por miedo a que la reacción que había causado la muerte de su Maestro se extendiera a ellos también (Juan 20:19 ss.). No esperaban que su Maestro regresara de entre los muertos y, a buen seguro, estaban más que preocupados por no pasar a engrosar el número de los ejecutados por los poderes que operaban en Judea.

En segundo lugar, resulta no menos innegable que, en un espacio brevísimo de tiempo, se produjo un cambio radical en los seguidores de Jesús y la comunidad de fieles, con centro en Jerusalén, cobró unos bríos y una capacidad de expansión que, seguramente, no llegó a conocer ni siquiera en los días del ministerio de Jesús. El cambio fue, simple, lisa y llanamente, espectacular, y ocasionaría un vuelco histórico cuyas consecuencias se perciben al día de hoy a casi dos mil años de distancia.

En tercer lugar —y, de nuevo, el hecho resulta innegable— la clave para entender la transformación total de los discípulos del ejecutado es referida en las fuentes neotestamentarias de manera unánime en relación con las apariciones de Jesús como resucitado de entre los muertos. La fuente, posiblemente, más antigua a la que ya nos hemos referido (1 Corintios 15:1 ss.)[13] hace referencia a apariciones, en ocasiones, colectivas (los apóstoles, más de quinientos hermanos) y, en ocasiones, individuales (Santiago, Pedro y, con posterioridad, Pablo). Todas las fuentes coinciden en que la posibilidad de la resurrección fue rechazada inicialmente por los discípulos (Mateo 28:16-17; Marcos 16:11; Lucas 24:13 ss.; Juan 20:24 ss.), y en que solo el peso de las

---

12. Sobre el tema, remitimos al lector a C. Vidal, *Jesús y Judas*, Barcelona, 2008, donde se analiza además el denominado Evangelio de Judas.

13. Una discusión sobre las tradiciones contenidas en esta fuente en C. Rowland, *Christian Origins*, Londres, 1989, p. 189 ss.

sucesivas apariciones de Jesús resucitado como realidad repetida los arrastró a cambiar de parecer.

En cuarto lugar, hay que señalar que pocas dudas puede haber en cuanto a que el hecho determinante que evitó la disolución del grupo de seguidores de Jesús, tras su ejecución vergonzosa en la cruz, fue la firme creencia en su resurrección, provocada no por la tumba vacía, sino por las apariciones del resucitado.

Todos estos hechos resultan tan innegables desde una perspectiva histórica que las teorías para intentar explicarlos no han sido pocas. Entre ellas destacan, por su posterior repetición con escasas variaciones, la del robo, ya adelantada por los adversarios judíos de Jesús (Mateo 28:11-15) y continuada por sus sucesores a lo largo de los siglos (H. M. Reimarus),[14] la del «desvanecimiento» (H. Schonfield),[15] y la de la confusión de las tumbas (K. Lake).[16] Pero, sin duda, las más convincentes, en la medida en que permiten hacer justicia a los datos de las fuentes, a la presunta reacción psicológica de los discípulos de Jesús y a la conversión de incrédulos opuestos al colectivo (Pablo, Santiago), son las tesis que admiten la veracidad de las apariciones, bien proporcionándoles un contenido subjetivo u objetivo.

Un ejemplo clásico de la primera tesis es la afirmación de R. Bultmann señalando que «el historiador puede quizás hasta cierto punto explicar dicha fe basándose en la intimidad personal que los

---

14. En 1778, H. M. Reimarus señaló que la resurrección de Jesús había sido un fraude de los discípulos que habían robado el cadaver. Estos proclamaron posteriormente que Jesús estaba vivo y regresaría como Mesías (H. M. Reimarus, *The Goal of Jesus and His Disciples*, Leiden, 1970).

15. H. Schonfield, *El complot de Pascua*, (TE), Barcelona, 1977 Schonfield propugna —como en 1828 lo hizo Paulus— que Jesús sufrió un desmayo en la cruz (ocasionado por una droga que le proporcionó un discípulo) y que fue interpretado como su fallecimiento. Descolgado de la cruz, se mostró aún vivo a algunos discípulos, pero murió poco después a causa de las heridas. La obra de Schonfield no solo adolece de una imaginación novelesca, sino que llega a extremos como el de señalar que ciertas apariciones de Jesús pueden ser explicadas tomando como base principios propios del espiritismo. No es de extrañar por ello que D Flusser, *Jesús...*, p. 117, calificara el libro de Schonfield como de «ideas absurdas».

16. K Lake, *The Resurrection of Jesus Christ*, Londres, 1912, admite la historicidad de la tradición relativa a la tumba vacía, pero señala que la misma no era la de Jesús. Las mujeres que fueron a visitar el sepulcro confundieron ambas, y de allí partió la creencia en la resurrección. Sin duda, la explicación es ingeniosa; pero K. Lake no explica cómo pudo mantenerse el equívoco a lo largo del tiempo.

discípulos habían tenido con Jesús durante su vida terrenal, y de
esta forma puede reducir las apariciones de la resurrección a una
serie de visiones subjetivas».[17] Con todo, y aunque tal tesis haría
fortuna entre los discípulos de Bultmann y otros autores,[18] no parece
que el mismo Bultmann estuviera completamente convencido de la
misma.[19] Por otro lado, tanto W. Milligan,[20] en el pasado, como
W. Pannenberg,[21] más modernamente, la han refutado de forma
contundente. A decir verdad, la única explicación que hace justicia a los hechos consignados en las fuentes consiste en reconocer
que las apariciones de Jesús resucitado fueron hechos objetivos, tan
numerosos y tan evidentes, que cambiaron de manera radical la
percepción de los discípulos y su vida así como las de antiguos incrédulos e incluso enemigos. Como bien señaló en su día G. E. Ladd:
«la fe no creó apariciones; sino que las apariciones crearon la fe»,
aunque «decir que estas apariciones milagrosas forzaban la fe es ir
demasiado lejos».[22] En el mismo sentido, F. F. Bruce[23] afirmaría que
«esta fe en la resurrección de los discípulos es un hecho histórico de
importancia primordial, pero identificarlo con el suceso de la resurrección es confundir la causa con el efecto. De no ser por el suceso
de la resurrección no habría existido fe en la resurrección. Pero la
fe en la resurrección juntó de nuevo a los dispersados seguidores
de Jesús, y a las pocas semanas de su muerte, aparecen como una
comunidad coherente, vigorosa y autopropagadora en Jerusalén».

---

17. R. Bultmann, *Kerygma and Myth*, Londres, 1953, p. 42.
18. En este sentido, ver: J. Weiss, *Earliest Christianity*, Nueva York, 1959, I,
p. 30 («Las apariciones fueron... el producto y resultado de su fe») o M. Enslin, *The
Prophet from Nazareth*, Nueva York, 1961, p. 213 (los discípulos se negaron a creer
que la muerte podía haber frustrado las intenciones de Jesús), etc. La influencia de
M. Enslin resulta obvia en una serie de obras teológicas de los años setenta que,
no obstante, no lo citan jamás como origen de sus teorías.
19. Como señala el mismo Bultmann: «Una visión nunca es puramente sub-
jetiva. Siempre tiene una base objetiva... Es disparatado considerar los sueños
y las visiones como experiencias subjetivas. Son, en un sentido real, encuentros
objetivos», citado por H. Thielicke, *The Easter Message Today*, Londres y Nueva
York, 1964, p. 152.
20. W. Milligan, *The Resurrection of our Lord*, NuevaYork, 1927, págs. 81-114.
21. W. Pannenberg, *Jesus - God and Man*, Filadelfia, 1968, p. 65 ss.
22. G. E. Ladd, *The Resurrection of Jesus*, Grand Rapids, 1975, p. 181.
23. *Oc*, 1980, págs. 205-6.

Solo la aceptación de que se produjeron una serie de hechos de carácter histórico[24] y que los discípulos los creyeron como prueba innegable de la resurrección de Jesús, permite comprender la evolución del golpeado movimiento, la captación por el mismo de antiguos incrédulos y enemigos, y su potencial expansivo posterior.[25] Baste decir que, como ya hemos señalado anteriormente, la resurrección no solo se concebía como base fundamental de la fe en Jesús, sino que además influyó decisivamente en la conversión de personajes originalmente hostiles a la misma.

La forma en que el historiador debe acercarse a esta experiencia concreta ha sido señalada de manera ejemplar, a nuestro juicio, por J. P. Meier, al señalar: «Que hubo testigos conocidos por nombre que pretendieron que el Jesús resucitado se les había aparecido (1 Corintios 15:5-8), que estos testigos incluían discípulos del Jesús histórico que lo habían abandonado por miedo y que realizaron un notable "volte face" tras su desdichada muerte, que estos discípulos no eran incompetentes dementes sino gente capaz de la propagación inteligente de un nuevo movimiento, y que algunos de estos discípulos entregaron sus vidas por la verdad de sus experiencias relacionadas con la resurrección —son todos hechos históricos. El cómo la gente reaccione ante esos hechos y ante el Jesús histórico le lleva a uno más allá de la investigación empírica, introduciéndolo en la esfera de la decisión religiosa, de la fe y de la incredulidad.»[26]

Al respecto, no deja de ser significativo que haya sido un erudito judío, David Flusser, el que haya afirmado:

---

24. Para una lista de autores afirmando cierta forma de historicidad en los relatos de la resurrección, ver: W. Craig, «New Testament Studies», 31, 1985, 67, p. 88 ss. Un punto de vista muy similar al expuesto por nosotros con discusión actualizada en G. R. Oborne, «Resurrection» en «DJG», 1992, págs. 673-688.

25. Puede discutirse si entre los hechos se cuenta la tradición de una tumba vacía que, en sí, no prueba la resurrección pero que, ligada a otras circunstancias, apoya la creencia en la misma. Desde nuestro punto de vista, el episodio de la tumba vacía —como en su día supo verlo K. Lake— reviste notas que indican su carácter primitivo, así como su historicidad. Un estudio riguroso y reciente de las fuentes llegando a estas mismas conclusiones en C. Rowland, *Christian Origins*, Londres, 1989, p. 187 ss.

26. J. P. Meier, "Jesus" en «The New Jerome Biblical Commentary», Englewood Cliffs, 1990, p. 1328.

No tenemos ningún motivo para dudar de que el Crucificado se apareciera a Pedro, «luego a los Doce, después a más de quinientos hermanos a la vez... luego a Santiago; más tarde a todos los Apóstoles» y, finalmente, a Pablo en el camino de Damasco (1 Corintios 15:3-8).[27]

Tampoco sorprende, en absoluto, que otro estudioso judío, Pinchas Lapide, haya sostenido el mismo punto de vista subrayando además el carácter judío de lo sucedido:

> Yo acepto la resurrección del Domingo de Pascua no como una invención de la comunidad de discípulos sino como un acontecimiento histórico...[28]

Lapide añadiría después en una monografía dedicada al tema:

> Sin la experiencia del Sinaí no hay judaísmo; sin la experiencia de Pascua, no hay cristianismo. Ambas fueron experiencias judías de fe cuyo poder irradiador, de manera diferente, tenía como objetivo el mundo de naciones. Por razones inescrutables, la fe en la resurrección del Gólgota fue necesaria para llevar el mensaje del Sinaí al mundo.[29]

En realidad, el que Jesús volviera de entre los muertos iba a tener unas consecuencias muchísimo más amplias que la de llevar el mensaje del Sinaí al mundo. A fin de cuentas, no había sido un rabino, sino mucho más.

---

27. D. Flusser, *Jesús*, Madrid, 1975, p. 138.
28. P. Lapide y J. Moltmann, *Jewish Monotheism and Christian Trinitarian Doctrine: A Dialogue*, Filadelfia, p. 59.
29. P. Lapide, *The Resurrection of Jesus: A Jewish Perspective*, Minneapolis, 1983, p. 92.

CAPÍTULO XX

HASTA LO ÚLTIMO
DE LA TIERRA

Testigos de la Resurrección

El viernes de la Pascua del año 30 d.c., cualquier observador hubiera dado por liquidado al grupo de seguidores de Jesús. Su inspirador y Maestro —que había pretendido ser más que un rabino— había muerto en el peor suplicio de la época, una forma de ejecución que confería al reo una infamia perpetua. Del grupo de seguidores más cercanos, uno —el que lo había vendido al Sanhedrín— se había suicidado desesperado por los remordimientos. Los otros se escondían aterrados ante la idea de que el poder del Sahnedrín o el de Roma pudiera cargar contra ellos. En cuanto al resto de seguidores, el estupor los embargaba y los más valientes —un pequeño grupo de mujeres— solo pensaban en honrar mejor el cadáver de Jesús depositado con apresuramiento en una tumba ajena. Como tuvimos ocasión de ver en el capítulo anterior, semejante situación sufrió un vuelvo radical el domingo cuando una persona tras otra comenzó a afirmar que había experimentado una aparición del crucificado.

Las distintas fuentes sinópticas (Mateo 28:18-20; Marcos 16:14-20 y Lucas 24:47-53) concluyen con diferentes episodios de apariciones, pero coinciden en todos los casos con el mandato del Resucitado de ser testigos del Evangelio hasta los últimos confines de la tierra. Basta leer la segunda fuente lucana que ha llegado a nosotros con el nombre del libro de los Hechos de los Apóstoles para percatarse de que aquel puñado de seguidores amedrentados eran, al cabo de tan solo unas semanas, un conjunto de entusiastas discípulos a jugarse la vida por transmitir el mensaje de que «Este Jesús es la piedra rechazada por vosotros los edificadores, la cual se ha convertido en cabeza del ángulo y en ningún otro hay salvación, porque no hay otro nombre bajo el cielo, dado a los hombres, en el que podamos ser salvos» (Hechos 4:11,12).

No deja de ser significativo que, apenas una década después de la crucifixión, las autoridades romanas se sintieran inquietas por aquellos que predicaban la resurrección de Jesús. Así se desprende, por ejemplo, de una pieza arqueológica conocida como el Decreto de Nazaret.

En el Cabinet des Médailles de París ha estado desde 1879 una pieza inscrita de mármol que formaba parte de la colección Froehner y cuyo único dato acerca de su origen es la nota que figura en el inventario manuscrito del propio Froehmer, donde se la califica como «Dalle de marbre envoyée de Nazareth en 1878».

La primera persona que mostró interés por la pieza fue M. Rostovtzeff, unos cincuenta años después de que llegara supuestamente a París. El mencionado historiador llamó la atención de F. Cumont sobre la misma y este procedió a publicarla en 1930.[1] La inscripción está en griego, aunque cabe la posibilidad de que se escribiera en latín originalmente, y lleva el encabezamiento de «Diátagma Kaí-saros» (Decreto de César). Su texto es, traducido del griego, como sigue:[2]

> Es mi deseo que los sepulcros y las tumbas que han sido erigidos como memorial solemne de antepasados o hijos o parientes, permanezcan perpetuamente sin ser molestadas. Quede de manifiesto que, en relación con cualquiera que las haya destruido o que haya sacado de alguna forma los cuerpos que allí estaban enterrados o los haya llevado con ánimo de engañar a otro lugar, cometiendo así un crimen contra los enterrados allí, o haya quitado las losas u otras piedras, ordeno que, contra la tal persona, sea ejecutada la misma pena en relación con los solemnes memoriales de los hombres que la establecida por respeto a los dioses. Pues mucho más respeto se ha de dar a los que están enterrados. Que nadie

---

1. "Un rescrit impérial sur la violation de sépulture" en «Revue Historique», 163, 1930, p. 241 ss.
2. Hemos traducido a partir del texto en griego dado por M. P. Charlesworth, *Documents illustrating the Reigns of Claudius and Nero*, Cambridge, 1939, p. 15, n. 17. El mismo aparece también reproducido en griego en S. G. F. Brandon, *The Fall of Jerusalem and the Christian Church*, Londres, 1951, p. 123.

los moleste en forma alguna. De otra manera es mi voluntad que se condene a muerte a la tal persona por el crimen de expoliar tumbas.

El análisis paleográfico de la escritura de la inscripción revela que la misma pertenece a la primera mitad del siglo I d.c. Ahora bien, Nazaret está situado en Galilea, y esta región solo fue incorporada a la provincia de Judea —y, consecuentemente, al dominio imperial— en el 44 a.c. Del 37 al 4 a.c. había pertenecido al reino de Herodes el Grande; del 4 a.c. al 39 d.c, a la tetrarquía de Herodes Antipas, y del 39 al 44 d.c. al reino de Herodes Agripa. Por lo tanto, si la inscripción pertenece a la primera mitad del siglo I d.c., y no puede ser fechada antes del 44 d.c., el emperador al que se refiere el decreto debe ser forzosamente Claudio.

Por desgracia, no todos los detalles relacionados con el decreto resultan de tan fácil solución. Para empezar, cabría preguntarse si la misma —que fue enviada desde Nazaret a París— fue hallada en la misma Nazaret. De ser así, también sería importante determinar si estuvo fijada en Nazaret y qué motivó que así fuera. No menos problemática de determinar resulta asimismo la *ratio legis* del decreto y la explicación relativa a la severidad de la pena. Por supuesto, el saqueo de tumbas no fue algo nuevo que tuviera sus inicios durante el reinado de Claudio. Pero aquí nos encontramos con una disposición emanada directamente del emperador y que además pretende ser sancionada con el ejercicio de la pena capital.

Una de las explicaciones sugeridas hace referencia al hecho de que Claudio podría ya conocer el carácter expansivo del cristianismo. Si hubiera investigado mínimamente el tema se habría encontrado con que la base de su empuje descansaba en buena medida en la afirmación de que su fundador, un ajusticiado judío, ahora estaba vivo.[3] Por supuesto, la explicación racionalista más sencilla de la historia era afirmar que el cuerpo había sido robado por los discípulos para engañar a la gente con el relato de la resurrección de su Maestro (cf. Mateo 28:13). Considerando, pues, el emperador que la plaga espiritual que suponía el cristianismo provenía de un robo de tumba, podría haber determinado la imposición de una pena

---

3. Compárese con la actitud de Festo tal y como aparece recogida en Hechos 25:19.

durísima encaminada a evitar la repetición de tal crimen en la tierra de Israel. La orden —siguiendo esta línea de suposición— podría haber tomado la forma de un rescripto dirigido al procurador de Judea o al legado en Siria y, presumiblemente, se habrían distribuido copias en los lugares de Palestina asociados de una manera especial con el movimiento cristiano, lo que implicaría Nazaret y, posiblemente, Jerusalén y Belén.

Esta tesis fue aceptada por A. Momigliano,[4] aunque posteriormente[5] la rechazó, bien sin mencionar las razones que le habían llevado a cambiar de opinión.[6] Ciertamente, la inscripción de Nazaret no es anterior al 44 d.C., pero pudiera ser también no muy posterior. La fuente de información de Claudio podría haber sido su amigo Herodes Agripa, que se caracterizó por una especial animadversión hacia los judíos que creían en Jesús. Poco después de la muerte de este, Claudio podría haber decidido limitar sus actividades en la tierra de Israel. Con todo, Agripa podía distinguir el judeo-cristianismo del judaísmo con una facilidad de la que no gozaba Claudio. Cuando la expansión del cristianismo causó problemas dentro de la colonia judía de Roma, Claudio no se molestó en hacer disquisiciones, sino que ordenó la expulsión de todos los judíos de la ciudad. Es muy posible que decidiera hacer lo mismo en Galilea. Apenas a una década y media de la ejecución de Jesús y de las apariciones, el emperador de Roma tenía que enfrentarse con los seguidores del crucificado y su predicación de que había resucitado de entre los muertos.

Excede de los límites del presente estudio narrar la peripecia histórica de los primeros seguidores de Jesús, pero sí resulta obligado referirse a la labor de testimonio que llevaron a cabo durante las décadas inmediatamente posteriores y que se cristalizó en la redacción de los Evangelios. Como en su día señaló el erudito judío David Flusser, en contra de lo que suele afirmarse, los cuatro Evangelios son fuentes

---

4. A. Momigliano, *Claudius*, Oxford, 1934, p. 34 ss.
5. A. Momigliano, *Claudius*, Cambridge, 1961, p. IX.
6. Más opiniones sobre esta cuestión en H. J. Cadbury, *The Book of Acts in History*, Nueva York, 1955, p. 117 ss.; y E. M. Blaiklock, *Out of the Earth*, p. 32 ss. Una visión moderada del asunto —con algunas reservas sobre la interpretación indicada del decreto— en F. de Zulueta, "Violation of Sepulture in Palestine at the Beginning of the Christian Era" en «Journal of Roman Studies», 22, 1932, p. 184 ss.

históricamente fiables que lograron que nunca se perdiera el mensaje de Jesús.[7] Podemos añadir que además son muy antiguas. Por encima de todo, constituyen, finalmente, un testimonio —no pocas veces ocular— de lo que sucedió. Dedicaremos, pues, las últimas páginas de la presente obra a detenernos en las cuestiones relativas a su aparición.

La fecha de la redacción de los Evangelios (I): Lucas

En contra de lo que suele suponerse, la datación de los Evangelios ha experimentado en las últimas décadas un progresivo retroceso en lo que a su localización en el tiempo se refiere. Si durante el siglo XIX era común situar la misma en el siglo II (en el caso de Juan incluso en la segunda mitad del siglo II), hoy día existe una práctica unanimidad en colocarla durante el siglo I. Las fechas más habituales serían el año 60-65 d.C. para Marcos (en cualquier caso, antes del 70 d.C.); entre el 70 y el 90 para Mateo y Lucas, y entre el 90 y el 100 para Juan. Aunque esta postura es, hoy por hoy, mayoritaria, ha comenzado a ser desafiada de manera muy consistente desde hace unas décadas y, a nuestro juicio, exige verse revisada. Dado que el Evangelio de Marcos es por lo general aceptado como redactado antes del 70 d.C., dejaremos su discusión para el final. Empezaremos, por el contrario, por el Evangelio de Lucas, que ya fue señalado por eruditos como Lindsey y Flusser como el primer evangelio de los cuatro que han llegado a nosotros.[8]

Lucas forma parte de un interesantísimo díptico formado por este Evangelio y los Hechos de los Apóstoles. Existe una unanimidad casi total en aceptar que ambas obras pertenecen al mismo autor y que, por supuesto, el Evangelio fue escrito con anterioridad, como se indica en los primeros versículos del libro de los Hechos. Partiendo de la datación de esta obra, sin embargo, debemos situar la redacción de Lucas antes del año 70 d.C.

Al menos desde el siglo II, el Evangelio —y, por lo tanto, el libro de los Hechos— se atribuyó a un tal Lucas. Referencias a este

---

7. D. Flusser, *The Sage...*, p. 164.

8. D. Flusser, *The Sage...*, p. 4 y R. L. Lindsey, *A Hebrew Translation of the Gospel of Mark*, Jerusalén, 1973, págs. 9-84.

personaje, que se supone fue médico, aparecen ya en el Nuevo Testamento (Colosenses 4:14; Filemón 24; 2 Timoteo 4:11). La lengua y el estilo del Evangelio no permiten en sí rechazar o aceptar esta tradición de manera indiscutible. El británico Hobart[9] —y en el mismo sentido se definió A. Harnack—[10] intentó demostrar que en el vocabulario del Evangelio aparecían rasgos de los conocimientos médicos del autor, por ejemplo: 4:38; 5:18 y 31; 7:10; 13:11; 22:14, etc. Unas conclusiones similares han sido sostenidas posteriormente por A. T. Robertson.[11] Ciertamente, el texto lucano revela un mayor conocimiento médico que el de los autores de los otros tres Evangelios, aunque también es cierto, muchos de esos términos pueden hallarse en autores de alguna formación cultural como Josefo o Plutarco. Por otro lado, el especial interés del tercer Evangelio hacia los paganos sí que encajaría en el supuesto origen gentil del médico Lucas. Desde nuestro punto de vista, sostenemos la opinión de O. Cullmann de que «no tenemos razón de peso para negar que el autor pagano-cristiano sea el mismo Lucas, el compañero de Pablo».[12] Como veremos más adelante, la datación posible del texto abona aún más esta posibilidad.

Acerca de la fecha de redacción de la obra lucana, por lo general se sostiene hoy que en el caso de los Hechos estaría situada entre el 80 y el 90 d.C. De hecho, las variaciones al respecto son mínimas. Por mencionar solo algunos de los ejemplos, diremos que N. Perrin[13] ha señalado el 85 con un margen de cinco años arriba o abajo; E. Lohse[14] indica el 90 d.C.; P. Vielhauer[15] una fecha cercana al 90; y O. Cullmann[16] aboga por una entre el 80 y el 90. Con todo, este punto de vista nos parece históricamente muy cuestionable.

El «terminus ad quem» de la fecha de redacción de la obra resulta fácil de fijar, por cuanto el primer testimonio externo que tenemos de la misma se halla en la *Epistula Apostolorum*, fechada

---

9. W. K. Hobart, *The Medical Language of Saint Luke*, Dublín, 1882, págs. 34-37.

10. *Lukas der Arzt*, Leipzig, 1906.

11. A. T. Robertson, *Luke the Historian in the Light of Research*, Nashville, 1977.

12. O. Cullmann, *El Nuevo Testamento*, Madrid, 1971, p. 55.

13. *Oc*, 1975, p. 167 ss.

14. *Oc*, 1971, p. 77.

15. *Oc*, 1981, c. VII.

16. *Oc*, 1974, p. 195 ss.

en la primera mitad del siglo II. En cuanto al «terminus a quo» ha sido objeto de mayor controversia. Para algunos autores debería ser el 95 d.C., basándose en la idea de que Hechos 5:36 ss. depende de Josefo (Ant. XX, 97 ss.). Tal dependencia, señalada en su día por E. Schürer, resulta más que discutible, aunque haya sido sostenida por algun autor de talla.[17] De hecho, hoy en día puede considerarse abandonada de manera casi general.[18]

Tampoco son de más ayuda las tesis que arrancan de la no utilización de las cartas de Pablo, y más si tenemos en cuenta que llegan a conclusiones diametralmente opuestas. A la de que aún no existía una colección de las cartas de Pablo (con lo que el libro se habría escrito en el siglo I y, posiblemente, en fecha muy temprana),[19] se opone la de que el autor ignoró las cartas conscientemente (con lo que cabría fechar la obra entre el 115 y el 130 d.C.). Ahora bien, la aceptación de esta segunda tesis supondría una tendencia en el autor a minusvalorar las cartas paulinas en favor de una glorificación del apóstol, lo que, como ha señalado P. Vielhauer,[20] parece improbable y, por contra, convierte en más verosímil la primera tesis. A todo lo anterior que obliga a fijar una fecha en el siglo I (algo no discutido hoy prácticamente por nadie), hay que sumar la circunstancia de que aparecen algunos indicios internos que obligan a reconsiderar la posibilidad de que Lucas y los Hechos fueran escritos antes del año 70 d.C.

La primera de estas razones es el hecho de que Hechos concluye con la llegada de Pablo a Roma. No aparecen menciones de su proceso ni de la persecución neroniana ni, mucho menos, de su martirio. A esto se añade el hecho de que el poder romano es contemplado con aprecio (aunque no con adulación) en los Hechos, y la atmósfera que se respira en la obra no parece presagiar ni una

---

17. Ver: F. C. Burkitt, *The Gospel History and its Transmission*, Edimburgo, 1906, p. 109 ss.

18. Ver: F. J. Foakes Jackson, *The Acts of the Apostles*, Londres, 1931, XIV ss.; W. Kümmel, *O.c*, p. 186; G. W. H, Lampe, «PCB», p. 883; T. W. Manson, *Studies in the Gospels and Epistles*, Manchester, 1962, p. 64 ss. Posiblemente el develamiento de esta tesis quepa atribuirlo a A. Harnack, *Date of Acts and the Synoptic Gospels*, (TI), Londres, 1911, c. 1.

19. En este sentido, ver W. Kümmel, *O.c*, p. 186 y T. Zahn, *O.c*, III,» «p. 125 ss.

20. *Oc*, 1981, c. VII.

persecución futura por las actividades del imperio, ni tampoco el que se haya atravesado por la misma unas décadas antes. No existe, desde luego, indicio alguno de que el conflicto con el poder romano haya hecho su aparición en el horizonte antes de la redacción de la obra. Esta circustancia parece, pues, abogar más por una fecha para los Hechos situada a inicios de los 60, desde luego, más fácilmente ubicable antes que después del 70 d.C. y, por lo tanto, de Lucas en una fecha anterior. Como ha indicado B. Reicke,[21] «la única explicación razonable para el abrupto final de los Hechos es la asunción de que Lucas no sabía nada de los sucesos posteriores al año 62 cuando escribió sus dos libros».

En segundo lugar, aunque Santiago fue martirizado en el año 62 por sus compatriotas judíos, el hecho no es recogido por los Hechos. Sabida es la postura de Lucas hacia la clase sacerdotal y religiosa judía. El que se recojan en Hechos relatos como el de la muerte de Esteban, la ejecución del otro Santiago, la persecución de Pedro o las dificultades ocasionadas a Pablo por sus antiguos correligionarios convierte en extremadamente difícil el justificar la omisión de este episodio, y más si tenemos en cuenta que incluso permitiría presentar a los judíos (y no a los romanos) como enemigos del Evangelio, puesto que el asesinato se produjo en la ausencia transitoria de procurador romano que tuvo lugar a la muerte de Festo. Lo que habría cabido esperar es que la muerte de Santiago, del que los Hechos presentan una imagen conciliadora, positiva y práctica, fuera recogida por Lucas de haberse escrito el texto después del año 62 d.C. Aboga también en favor de esta tesis el hecho de que un episodio así se podría haber combinado con un claro efecto apologético. En lugar de ello, solo tenemos el silencio, algo que solo puede explicarse de manera lógica si aceptamos que Lucas escribió antes de que se produjera el mencionado hecho, es decir, con anterioridad al 62 d.C.

En tercer lugar, los Hechos no mencionan en absoluto la destrucción de Jerusalén y la subsiguiente desaparición del segundo Templo. Este hecho sirvió para corroborar buena parte de las tesis sostenidas por la primitiva iglesia y, efectivamente, fue utilizado

---

21. Ver B. Reicke, "Synoptic Prophecies on the Destruction of Jerusalem" en D. W. Aune (ed.), *Studies in the New Testament and Early Christian Literature: Essays in Honor of Allen P. Wikgren*, Leiden, 1972, p. 134.

repetidas veces por autores cristianos en su controversia con judíos. Precisamente por eso se hace muy difícil admitir que Lucas omitiera un argumento tan aprovechable desde una perspectiva apologética. Pero aún más incomprensible resulta esta omisión si tenemos en cuenta que Lucas acostumbra a mencionar el cumplimiento de las profecías cristianas para respaldar la autoridad espiritual de este movimiento espiritual. Un ejemplo de ello es la forma en que narra el caso concreto de Agabo como prueba de la veracidad de los vaticinios cristianos (Hechos 11:28).

El que pudiera citar a Agabo y silenciara el cumplimiento de una profecía de Jesús acerca de la destrucción del Templo solo puede explicarse, a nuestro juicio, por el hecho de que esta última aún no se había producido, lo que nos situa, inexcusablemente, en una fecha de redacción anterior al año 70 d.C. Añadamos a esto que la descripción de la destrucción del Templo que se encuentra en Lucas 21 tampoco parece haberse basado en un conocimiento previo de la realización de este evento. De hecho, como han puesto de manifiesto autores de diversas tendencias, el relato contiene suficientes elementos veterotestamentarios como para no necesitar ser considerado *prophetia ex eventu* ni, por tanto, posterior al año 70.

La tesis de que la profecía sobre la destrucción del templo NO es un vaticinio *ex eventu* cuenta con enormes posibilidades de ser cierta, especialmente si tenemos en cuenta:

1. los antecedentes judíos veterotestamentarios con relación a la destrucción del Templo (Ezequiel 40-48; Jeremías, etc);
2. la coincidencia con pronósticos contemporáneos en el judaísmo anterior al 70 d.C. (vg: Jesús, hijo de Ananías en Guerra, VI, 300-09);
3. la simplicidad de las descripciones en los Sinópticos que hubieran sido, presumiblemente, más prolijas de haberse escrito tras la destrucción de Jerusalén;
4. el origen terminológico de las descripciones en el Antiguo Testamento y
5. la acusación formulada contra Jesús en relación con la destrucción del Templo (Marcos 14:55 ss.).

Ya en su día, C. H. Dodd[22] señaló que el relato de los sinópticos no arrancaba de la destrucción realizada por Tito sino de la captura de Nabucodonosor en 586 a.C., y afirmaba que «no hay un solo rasgo de la predicción que no pueda ser documentado directamente a partir del Antiguo Testamento». Con anterioridad, C. C. Torrey[23] había indicado asimismo la influencia de Zacarías 14:2 y otros pasajes en el relato lucano sobre la futura destrucción del Templo. Asimismo, N. Geldenhuys[24] ha señalado la posibilidad de que Lucas utilizara una versión previamente escrita del Apocalipsis sinóptico que recibió especial actualidad, con el intento del año 40 d.C. de colocar una estatua imperial en el Templo y de la que habría ecos en 2 Tesalonicenses 2.[25] Concluyendo pues, podemos señalar que, aunque, hasta la fecha, la datación de Lucas y Hechos entre el 80 y el 90 es mayoritaria, existen poderosos argumentos de signo fundamentalmente histórico que obligan a cuestionarse este punto de vista, y a plantear seriamente la posibilidad de que la obra fuera escrita en un periodo anterior al año 62, año en el que se produce la muerte de Santiago, auténtico *terminus ad quem* de la obra. No nos parece por ello sorprendente que el mismo Harnack[26] llegara a esta conclusión al final de su estudio sobre el tema, fechando los Hechos en el año 62 y que, a través de caminos distintos, la misma tesis haya sido señalada para el Evangelio de Lucas[27] o el conjunto

---

22. C. H. Dodd, "The Fall of Jerusalem and the Abomination of Desolation" en «Journal of Roman Studies», 37, 1947, págs. 47-54

23. C. C. Torrey, *Documents of the Primitive Church*, 1941, p. 20 ss.

24. N. Geldenhuys, *The Gospel of Luke*, Londres, 1977, p. 531 ss.

25. En favor también de la veracidad de la profecía sobre la destrucción de Jerusalén y el Templo, recurriendo a otros argumentos, ver: G. Theissen, *Studien zur Sociologie des Urchristentums*, Tubinga, 1979, c. III; B. H. Young, *Jesus and His Jewish Parables*, Nueva York, 1989, p. 282 ss.; R. A. Guelich, «Destruction of Jerusalem» en «DJG», Leicester, 1992; C. Vidal, «Jesús» en «Diccionario de las tres religiones monoteístas», Madrid, 1993, e *Idem*, «El Documento Q y la fecha de redacción de los Evangelios» en *El Primer Evangelio: el Documento Q*, Barcelona, 1993.

26. A. Harnack, *Oc*, 1911, págs. 90-135.

27. No mencionamos aquí —aunque sus conclusiones son muy similares— las tesis de la escuela jerosimilitana de los sinópticos (R. L. Lindsay, D. Flusser, etc.) que apuntan a considerar el Evangelio de Lucas como el primero cronológicamente de todos, ver: R. L. Lindsay, *A Hebrew Translation of the Gospel of Mark*, Jerusalén, 1969; *Idem*, *A New Approach to the Synoptic Gospels*, Jerusalén, 1971. En nuestra opinión, la tesis dista de estar demostrada de una manera indiscutible,

de los sinópticos por otros autores.[28] A decir verdad, el conjunto de evidencias históricas obliga a ubicar el Evangelio de Lucas en algún lugar situado entre el primer año de la década de los sesenta del siglo I, como muy tarde y, más probablemente, a finales de la década de los cincuenta. La recogida de materiales históricos —en no pocos casos exclusivos y procedentes de testigos orales— pudo llevarse a cabo durante el período en que Lucas acompañó a Pablo en su prisión en Cesarea, un período que se alargó más de dos años (Hechos 24:25). Resumiendo, pues, el evangelio de Lucas es un texto meticulosamente histórico, basado en el relato de testigos oculares y redactado, más que posiblemente, a un par de décadas de la crucifixión de Jesús, si es que no antes.

La fecha de la redacción de los Evangelios (II): Juan[29]

En relación con el Evangelio de Juan, modernamente se tiende (Barret, Beasley-Murray, Brown, Snackenburg, etc.) a negar que el autor haya sido Juan, el hijo de Zebedeo. La primera identificación en este sentido es relativamente temprana (Ireneo, Adv. Haer, 3, 1, 1, citado por Eusebio en HE, 5, 8, 4), y pretende sustentarse en el testimonio del mismo Policarpo. Pese a todo, la noticia es menos segura de lo que podría parecer a primera vista. Así, ninguna otra

---

pero la sólida defensa que se ha hecho de la misma obliga a plantearse su estudio de manera ineludible. Un estudio reciente de la misma en B. H. Young, *Jesus and His Jewish Parables*, Nueva York, 1989.

28. Ver: J. B. Orchard, «Thessalonians and the Synoptic Gospels» en «Bb», 19, 1938, págs. 19-42 (fecha Mateo entre el 40 y el 50, dado que Mateo 23:31-35,46 parece ser conocido por Pablo); *Idem, Why Three Synoptic Gospels*, 1975, fecha Lucas y Marcos en los inicios de los años 60 d.C.; B. Reicke, *O.c*, p. 227 sitúa también los tres sinópticos antes del año 60. En un sentido similar, J. A. T. Robinson, *Redating the New Testament*, Filadelfia, 1976, p. 86 ss. También el autor de estas líneas ha situado la redacción de los Evangelios antes del 70 d.C., ver: C. Vidal, *El Primer Evangelio: el Documento Q*, Barcelona, 1993.

29. Para este Evangelio con bibliografía y exposición de las diferentes posturas, ver: R. Bultmann, *The Gospel of John*, Filadelfia, 1971; C. K. Barrett, *The Gospel according to St. John*, Filadelfia, 1978; R. Schnackenburg, *The Gospel According to St. John*, 3 vv. Nueva York, 1980-82; F. F. Bruce, *The Gospel of John*, Grand Rapids, 1983; G. R. Beasley-Murray, *John*, Waco, 1987.

literatura relacionada con Éfeso (vg: la Epístola de Ignacio a los Efesios) cita la supuesta relación entre el apóstol Juan y esta ciudad. Además, es posible que Ireneo haya experimentado una confusión en relación con la noticia que, supuestamente, recibió de Policarpo. Así, Ireneo señala que Papías fue oyente de Juan y compañero de Policarpo (Adv. Haer, 5, 33, 4) pero, de acuerdo al testimonio de Eusebio (HE 3, 93, 33), Papías fue, en realidad, oyente de Juan el presbítero —que aún vivía en los días de Papías (HE 3. 39. 4)— y no del apóstol. Pudiera ser, por tanto, que a ese Juan se refiriera Policarpo. Por último, otras referencias a una autoría de Juan el apóstol (Clemente de Alejandría, citado en HE 6, 14, 17 o el Canon de Muratori) revisten un carácter demasiado tardío o legendario como para resultar plenamente convincentes.

Sin embargo, a pesar de lo ya señalado, el análisis de la evidencia interna permite acceder con notable seguridad a datos relacionados con la redacción y con el personaje conocido como el «discípulo amado». Las referencias recogidas en 21:24 y 21:20 identifican al redactor con el discípulo amado, o, al menos, como la fuente principal de lo contenido en el mismo. Pese a todo, esto no nos permite aclarar sin asomo de duda si el mismo es Juan, el apóstol. En cuanto al discípulo amado se le menciona explícitamente en 13:23; 19:26,27; 20:1-10 y 21:7, 20-24; y, quizá, en 18:15,16; 19:34-37 e incluso 1:35,36. De la lectura de este material se desprende que el Evangelio nunca identifica por nombre al discípulo amado (aunque tampoco a Juan el apóstol). Ciertamente, si en la Ultima Cena solo hubieran estado presentes los Doce, obviamente el discípulo amado tendría que ser uno de ellos, pero tal circunstancia no es totalmente segura.

Pese a todo lo anterior, creemos que existen datos que apuntan en tal dirección. En primer lugar, se hallan los aspectos geográficos. Así, en el Evangelio de Juan, el ministerio de Jesús en Galilea tiene una enorme importancia, hasta el punto de que la región aparece mencionada más veces en este Evangelio que en ningún otro (ver, especialmente: 7:1-9). Dentro de esa región, Capernaum (o Cafarnaum), una zona vinculada con Juan el de Zebedeo estrechamente (1:19; 5:20), recibe un énfasis muy especial (2:12; 4:12; 6:15) en contraste con lo que otros Evangelios denominan el lugar de origen de Jesús (Mateo 13:54; Lucas 4:16). La misma sinagoga de Cafarnaum es mencionada más veces en el Evangelio de Juan que en cualquiera de los otros tres. De igual forma, este Evangelio menciona el ministerio de Jesús en Samaria (c. 4), algo explicable si recordamos la relación de Juan, el de Zebedeo, con la evangelización judeo-cristiana de Samaria (Hechos 8:14-17). Este nexo ha sido advertido por diversos autores con anterioridad[30] y reviste, en nuestra opinión, una importancia fundamental. Añadamos también dentro de este apartado que las descripciones del Jerusalén anterior al 70 d.c. que aparecen en este Evangelio, encajan con lo que sabemos de la estancia de Juan en esta ciudad después de Pentecostés. De hecho, sabemos por los datos suministrados por Hechos 1:13-8:25, y por Pablo (Gálatas 2:1-10) que Juan se encontraba todavía en la ciudad antes del año 50 d.C.

A estos aspectos geográficos habría que añadir otros más de carácter personal que encajan asimismo con lo que sabemos de Juan el de Zebedeo. Para empezar, este formaba parte del grupo de tres (Pedro, Santiago y Juan) más próximo de Jesús. Resulta un tanto extraño que un discípulo supuestamente tan cercano a Jesús como el discípulo amado, de no tratarse de Juan, no aparezca siquiera mencionado en otras fuentes. Sí tendría una enorme lógica que fuera uno de los miembros del citado trío más cercano a Jesús. Igualmente, Juan fue uno de los dirigentes judeo-cristianos que tuvo contacto con la Diáspora, al igual que Pedro y Santiago (Santiago 1:1; 1 Pedro 1:1; Juan 7:35; 1 Corintios 9:5), lo que encajaría con algunas de las noticias contenidas en fuentes cristianas posteriores en relación con el autor del cuarto Evangelio. Esta obra procede además de un testigo que se presenta como ocular, circunstancia que, una vez más, se cumple en Juan, el de Zebedeo. En cuanto al vocabulario y el estilo del cuarto Evangelio señalan a una persona cuya lengua primera era el arameo y que escribía en un griego

---

30. Este punto ha sido estudiado en profundidas por diversos autores. Al respecto, ver: J. Bowman, "Samaritan Studies: I. The Fourth Gospel and the Samaritans" en «BJRL», 40, 1957-8, págs. 298-327; W. A. Meeks, *The Prophet-King: Moses Traditions and the Johannine Christology*, Leiden, 1967; G. W. Buchanan, "The Samaritan Origin of the Gospel of John" en J. Neusner (ed.), *Religion in Antiquity: Essays in Memory of E. R. Goodenough*, Leiden, 1968, págs. 148-75; E. D. Freed, "Samaritan Influence in the Gospel of John" en «CBQ», 30, 1968, págs. 580-7; *Idem*, "Did John write his Gospel partly to win Samaritan Converts?" en «Nov Test», 12, 1970, págs. 241-6.

correcto, pero lleno de aramismos, algo que de nuevo tiene paralelos en Juan, el hijo de Zebedeo. Finalmente, el trasfondo social de este personaje armoniza perfectamente con lo que cabría esperar de un «conocido del sumo sacerdote» (Juan 18:15). De hecho, la madre de Juan era una de las mujeres que servía a Jesús «con sus posesiones» (Mateo 27:55,56; Lucas 8:3), al igual que la esposa de Juza, administrador de las finanzas de Herodes. Igualmente sabemos que contaba con asalariados a su cargo (Marcos 1:20). Quizá algunos miembros de la aristocracia sacerdotal lo podrían mirar con desprecio por ser un laico (Hechos 4:13), pero el personaje debió distar mucho de ser mediocre a juzgar por la manera tan rápida en que se convirtió en uno de los primeros dirigentes de la comunidad jerosilimitana, situado solo detrás de Pedro (Hechos 1:13; 3:1; 8:14; Gálatas 2:9; etc.).

En el caso de que Juan el de Zebedeo no fuera el autor del Evangelio —y como se puede ver las razones a favor son de consideración—, este tendría que ser algun discípulo muy cercano a Jesús (por ejemplo, como los mencionados en Hechos 1:21 ss.) que contaba con un peso considerable dentro de las comunidades judeo-cristianas de Israel, pero del que, inexplicablemente, no se ha conservado el nombre, lo que convierte la hipótesis en muy conjetural. Cuando, por lo tanto, se examinan todos los datos, su peso prácticamente obliga a reconocer a Juan el de Zebedeo en la identidad del discípulo amado.

En relación con la datación de esta obra, no puede dudarse de que el consenso ha sido casi unánime en las últimas décadas. Generalmente, los críticos conservadores la situan a finales del siglo I o inicios del siglo II, mientras que los radicales, como Baur, la ubicaban hacia el 170 d.C.[31] Uno de los argumentos utilizados como

31. J. L. Martyn, *The Gospel of John in Christian History*, Nueva York, 1979 (una primera fase redaccional por judeo-cristianos palestinos entre antes del 66 d.C. y los años 80; un período medio a finales de los 80, y un período final posterior a los 80); M.E. Boismard, *L'Evangile de Jean*, París, 1977 (una primera redacción en el 50, quizá por Juan el hijo de Zebedeo; una segunda en el 60-65 por un judeo-cristiano de Israel, quizá Juan el presbítero, al que se refiere Papías; una tercera redacción en torno al 90 d.C. por un judeo-cristiano palestino emigrado a Éfeso; redacción definitiva en Éfeso por un miembro de la escuela joánica, a inicios del s. II); W. Langbrandtner, *Weltferner Gott oder Gott der Liebe. Die Ketzerstreit in der johanneischen Kirche*, Frankfurt, 1977 (redacción inicial no antes del 80 d.C., en el seno de una comunidad que no es anterior al 66 d.C. La redacción final se situaría hacia el 100 d.C.); R. E. Brown, *The Community of the Beloved Disciple*,

justificación de esta postura era afirmar que en Juan 5:43 había una referencia a la rebelión de Bar Kojba (132-5 d.C.). El factor determinante para refutar esta datación tan tardía fue el descubrimiento en Egipto del p. 52, perteneciente a la última década del siglo I o primera del siglo II, donde aparece escrito un fragmento de Juan. Este hallazgo arqueológico obliga a situar la fecha de redacción del cuarto Evangelio como muy tarde, en torno al 90-100 d.c. Pese a todo, creemos que existen razones poderosas para situar la redacción del Evangelio en una fecha anterior.

Ya C. H. Dodd,[32] pese a seguir la corriente de datar la obra entre el 90 y el 100, atribuyéndola a un autor situado en Éfeso, reconoció que el contexto del Evangelio se halla relacionado con circunstancias «presentes en Judea antes del año 70 d.C., y no más tarde, ni en otro lugar».[33] Precisamente por ello, no dudó en afirmar que la obra resulta «difícilmente inteligible»[34] fuera de un contexto puramente judío anterior a la destrucción del Templo, e incluso a la rebelión del 66 d.C. Pese a estas conclusiones, C. H. Dodd se aferró a la tesis de que Juan 4:53 era una referencia a la misión gentil, y de que el testimonio de Juan recordaba la situación en Éfeso en Hechos 18:24-19:7. Ambos extremos, aun en el supuesto, bastante dudoso, de ser correctos, no obligan, sin embargo, a fechar Juan después del 70 d.C. De hecho, la misión entre los gentiles fue asimismo previa al 66 d.C., y, en cuanto a la noticia de Hechos 18 y 19 también va referida a sucesos acontecidos también antes del 66 d.C.

Por añadidura, existen, en nuestra opinión, circunstancias que obligan a pensar en una redacción final del Evangelio antes del 70 d.C., entre ellas habría que destacar especialmente:

1. La cristología es muy primitiva: Jesús es descrito como «profeta y rey» (6:14 ss.); «profeta y mesías» (7:40-42); «profeta» (4:19 y 9:17); «mesías» (4:25); «Hijo del Hombre» (5:27) y «maestro de Dios» (3:2). Aunque, ciertamente, Juan hace referencia a la preexistencia

---

Nueva York, 1979, Cuadros de síntesis (la comunidad joánica se origina en Palestina a mediados de los 50 y desarrolla una «cristología alta» de pre-existencia del Hijo que lleva a conflictos con otros judíos. Este periodo concluirá a finales de los años 80, redactándose el Evangelio hacia el año 90 d.C.).

32. C. H. Dodd, *O.c*, 1963.
33. C. H. Dodd, *O.c*, 1963, p. 120.
34. C. H. Dodd, *O.c*, págs. 311 ss.; 332 ss. y 412 ss.

del Verbo, tal concepto está presente en Lucas que identifica a Jesús con la Sabiduría eterna (Lucas 7:35) e incluso en pasajes del Antiguo Testamento.

2. El trasfondo: que —como ya se percató Dodd— solo encaja en el mundo judío palestino anterior al 70 d.C.

3. La ausencia de referencias a circunstancias posteriores al 70 d.C.: la única sería, aparentemente, la noticia en relación con la expulsión de las sinagogas de algunos cristianos (Juan 9:34 ss.; 16:2). Para algunos autores,[35] tal circunstancia está conectada con el *birkat ha-minim*, la orden dirigida contra los judeo-cristianos a partir del concilio rabínico de Jamnia, e indicaría una redacción posterior al 80 d.C. Lo cierto, sin embargo, es que utilizar el argumento de la persecución para otorgar una fecha tardía de redacción de los Evangelios no parece que pueda ser de recibo desde el estudio realizado al respecto por D. R. A. Hare.[36] De hecho, tal medida fue utilizada ya contra Jesús (Lucas 4:29); Esteban (Hechos 7:58); y Pablo (Hechos 13:50), con anterioridad al 66 d.C. Por otra parte, cuenta con numerosos paralelos en la historia judía posterior, desde Rabi Eliezer a los primeros jaisidim, pasando por Spinoza;

4. La práctica ausencia de referencias a los gentiles en el Evangelio: lo que obliga a datarlo en una fecha muy temprana, cuando tal posibilidad tenía poca relevancia, y lo que hace imposible que armonice con un contexto situado en Éfeso;

5. La importancia dada a los saduceos: se sigue reconociendo el papel profético del sumo sacerdote (Juan 11:47 ss.), lo que carecería de sentido tras el 70 d.C. —no digamos ya tras Jamnia— dada la forma en que este segmento de la vida religiosa judía se eclipsó totalmente con la destrucción del Templo.

6. La ausencia de referencias a la destrucción del Templo: la profecía sobre la destrucción del Templo atribuida a Jesús (2:19) no solo no se conecta con los sucesos del año 70, sino con los del 30 d.C. En un Evangelio donde la animosidad de los dirigentes de la vida cúltica está tan presente —algo con paralelos en los datos suministrados por el libro de los Hechos en relación con Juan— tal

---

35. F. Manns, *O.c*, 1988.

36. D. R. A. Hare, *The Theme of Jewish Persecution of Christians in the Gospel according to St Matthew*, Cambridge, 1967, págs. 48-56.

ausencia resulta inexplicable si es que, efectivamente, el Evangelio se escribió después del 70 d.C.

7. La descripción topográfica: la misma resulta rigurosamente exacta,[37] hasta el punto de que no solo revela un conocimiento extraordinario de la Jerusalén anterior al 70 d.C., sino que además considera que la misma no «fue» así, sino que «es» así (4:6; 11:18; 18:1; 19:41).

8. El hecho de que no se halla producido la muerte del discípulo amado, aunque habría sido lo normal: esta circustancia, indicada en el capítulo 21, ha sido utilizada para justificar una fecha tardía de la fuente, y más teniendo en cuenta que presupone la muerte de Pedro (21:18-23) en la cruz (comp. con 12:33 y 18:32). Con todo, tal aspecto nos indicaría como mucho una fecha posterior al 65 d.C. De hecho, en ese contexto cronológico, preguntarse si el discípulo amado (y más si se trataba de Juan) iba a sobrevivir hasta la venida de Jesús resultaba lógico, puesto que Santiago había muerto en el 62 d.C., Pedro en el 65 y Pablo algo después. Es asimismo lógico que muchos pensaran que la Parusía podía estar cercana y que, quizá, el discípulo amado viviría hasta la misma. Él no era de la misma opinión. De hecho, no era lo que Jesús les había dicho a él y a Pedro, sino que Pedro debía seguirlo sin importar lo que le sucediera al primero (Juan 21:21 ss.). Ahora Pedro, posiblemente, había muerto (65 d.C.) pero nada indicaba que, por ello, la Parusía estuviera cerca. Una vez más, la destrucción del Templo en el 70 d.C. no es mencionada.

A la vista de este conjunto de datos, resulta lo más aceptable suponer que la conclusión del cuarto Evangelio se escribió en una fecha situada, como muy tarde, entre el 65 y el 66 d.C., aunque el resto del libro pudo ser muy anterior y situarse en los años cuarenta del siglo I, con posterioridad a la misión samaritana de los 30 y quizá con anterioridad a las grandes misiones entre los gentiles de los 50 d.C.

---

37. En este sentido ver: J. Jeremias, *The Rediscovery of Bethesda, John 5. 2*, Louisville, 1966; W. F. Albright, *The Archaeology of Palestine*, Harmondsworth, 1949, págs. 244-8; R. D. Potter, "Topography and Archaeology in the Fourth Gospel" en «Studia Evangelica», I, 73, 1959, págs. 329-37; *Idem, The Gospels Reconsidered*, Oxford, 1960, págs. 90-8; W. H. Brownlee, "Whence the Gospel According to John?" en J. H. Charlesworth (ed.), *John and the Dead Sea Scrolls*, Nueva York, 1990.

La acumulación de todo este tipo de circunstancias explica el que un buen número de especialistas —muchos más de los que se suele suponer —haya situado la redacción del Evangelio con anterioridad al 70 d.C.,[38] así como los intentos, poco convincentes en nuestra opinión, de algunos autores encaminados a no pasar por alto la solidez de estos argumentos y, a la vez, conjugarlos con una datación tardía del Evangelio. Resumiendo, pues, se puede afirmar que el cuarto Evangelio constituye un testimonio de la vida y de la enseñanza de Jesús concluido como muy tarde en la primera mitad de la década de los años sesenta del siglo I, pero que incluso pudo ser redactado en buena medida en la de los cuarenta.

---

38. Entre ellos, cabe destacar: P. Gardner-Smith, *St John and the Synoptic Gospels*, Cambridge, 1938, págs. 93-6 (posiblemente coetáneo de Marcos); A. T. Olsmtead, *Jesus in the Light of History*, Nueva York, 1942, págs. 159-225 (poco después de la crucifixión); E. R. Goodenough, «John a Primitive Gospel» en «JBL», 64, 1945, págs. 145-82; H. E. Edwards, *The Disciple who Wrote these Things*, 1953, p. 129 ss. (escrito c. 66 por un judeo-cristiano huido a Pella); B. P. W. Stather Hunt, *Some Johannine Problems*, 1958, págs. 105-17 (justo antes del 70); K. A. Eckhardt, *Der Tod des Johannes*, Berlín, 1961, págs. 88-90 (entre el 57 y el 68); R. M. Grant, *A Historical Introduction to the New Testament*, 1963, p. 160 (escrito en torno a la guerra del 66 por judeo-cristianos de Palestina o exiliados); G. A. Turner, "The Date and Purpose of the Gospel of John" en «Bulletin of the Evangelical Theological Society», 6, 1963, págs. 82-5 (antes de la revuelta del 66); G. A. Turner y J. Mantey, *John*, Grand Rapids, 1965, p. 18 (contemporáneo de las cartas paulinas); W. Gericke, "Zur Entstehung des Johannesevangelium" en «TLZ», 90, 1965, cols. 807-20 (c. 68); E. K. Lee, "The Historicity of the Fourth Gospel" en «CQR», 167, 1966, págs. 292-302 (no necesariamente después de Marcos); L. Morris, *The Gospel According to John*, Grand Rapids, 1972, págs. 30-5 (antes del 70 con probabilidad); S. Temple, «The Core of the Fourth Gospel», 1975, VIII, (35-65, sobre la base de un bosquejo anterior de los años 25-35. S. Temple cita además a M. Barth, datándolo antes del 70 y considerándolo el Evangelio más primitivo); J. A. T. Robinson, *Redating...*, p. 307 ss. (el proto-Evangelio lo data en el 30-50 en Jerusalén y la redacción final hacia el 65) e *Idem*, *The Priority of John*, Londres, 1985 (redacción final hacia el 65 y estudio sobre su autenticidad histórica).

La fecha de redacción de los Evangelios (III): Marcos y Mateo

Si Lucas es un Evangelio escrito con toda seguridad antes del año 62 d.c. e incluso, más posiblemente, redactado en la década de los 50, y Juan encaja a la perfección con una cronología situada en los años 40-50 del siglo I, aunque quizá su forma final pudiera situarse en torno al 64-65, la fecha de redacción de los otros dos Evangelios debe ser ubicada también antes del año 70 d.c.

Marcos[39] —que, muy posiblemente, recoge la predicación petrina—[40] es un Evangelio dirigido fundamentalmente a los gentiles y, casi con toda seguridad, forjado en un medio gentil que pudo ser Roma o, menos probablemente, Alejandría. Si, como resulta probable, su redacción tuvo lugar en vísperas de una persecución y estaba dirigido —como parece obvio— a gentiles, su fecha de redacción coincidiría con la que le adjudican la mayoría de los autores en la década de los sesenta. No sería, sin embargo, el primer evangelio, como se suele afirmar, sino solo el más breve, lo que no constituye un argumento en favor de una mayor antigüedad.

Por lo que se refiere a Mateo, la datación del denominado papiro Magdalena por Carsten Peter Thiede en 1994 nos obligaría a fecharlo en alguna fecha situada entre el año 37 y el 70 d.C.[41] Thiede procedió a comparar los fragmentos del papiro Magdalena con una antigua carta comercial hallada en Egipto. Según Thiede, el documento egipcio —que estaba fechado en el año 66 d.C.— era «casi como un mellizo» al coincidir la apariencia y la forma y

---

39. Sobre este Evangelio con bibliografía y discusión de las diversas posturas, ver: V. Taylor, *The Gospel of Mark*, Nueva York, 1966; H. Anderson, *The Gospel of Mark*, 1981; E. Best, *Mark: The Gospel as Story*, Filadelfia, 1983; L. Hurtado, *Mark*, Peabody, 1983; M. Hengel, *Studies in the Gospel of Mark*, Minneapolis, 1985; D. Lührmann, *Das Markusevangelium*, Tubinga, 1987; R. A. Guelich, *Mark 1-8: 26*, Waco, 1989; J. D. Kingsbury, *Conflict in Mark*, Minneapolis, 1989.

40. Hemos abordado este tema de manera novelada en C. Vidal, *El testamento del pescador*, Barcelona, 2003. El libro obtuvo el Premio de Espiritualidad.

41. El primer texto oficial con estas afirmaciones apareció en 1995 en *Zeitschrift für Papyrologie und Epigraphik* (*Diario de papirología y epigrafía*). A ese texto especializado siguieron obras como *The Jesus Papyrus*, Londres, 1996, escrito con Mathew D´Ancona, publicado en Estado Unidos como *Eyewitness to Jesus*, Nueva York, 1996.

disposición de las letras individuales. Sin duda, este Evangelio[42] recoge una exposición judeo-cristiana de la vida y la enseñanza de Jesús. Desde luego, es muy posible que la tradición cristiana que, ya en el siglo II, lo consideraba como el primer Evangelio escrito, se corresponda con la realidad y que se trate de un texto redactado incluso en la misma década en que Jesús fue crucificado.

Resumiendo, podemos señalar que el testimonio de los primeros cristianos no se limitó a la predicación hacia los judíos, primero, y hacia los gentiles después. Incluyó —y resulta enormemente relevante— la redacción de unos Evangelios que también se dirigieron, primero, a un público eminentemente judío —Mateo y Juan— y, de manera inmediata, a un ámbito gentil —Lucas—, que con Marcos llegó a las mismas puertas de la capital del Imperio. Su fase de redacción abarcó, más que posiblemente, un arco que pudo ir de la misma década de los treinta a inicios de la de los sesenta del siglo I d.C. Esas obras —sin parangón en la historia de la humanidad— seguirían siendo testigos incluso cuando los primeros testigos oculares de la vida y la enseñanza de Jesús hubieran abandonado este mundo.

---

42. Acerca de Mateo con bibliografía y discusión de las diferentes posturas, ver: D. A. Carson, *Matthew*, Grand Rapids, 1984; R. T. France, *Matthew*, Grand Rapids, 1986; *Idem, Matthew: Evangelist and Teacher*, Grand Rapids, 1989; W. D. Davies and D. C. Allison, Jr, *A Critical and Exegetical Commentary on the Gospel According to Saint Matthew*, Edimburgo, 1988; U. Luz, *Matthew 1-7*, Minneapolis, 1989.

CONCLUSIÓN

MÁS QUE UN RABINO

A lo largo de las páginas anteriores, hemos analizado la vida y enseñanza de Jesús a partir de una metodología historiográfica basada en las fuentes históricas tanto cristianas como extracristianas —en algún caso, hasta podría decirse con justicia que anti-cristianas—, lo mismo escritas, en su mayoría, que arqueológicas. De estas fuentes históricas se desprende que si algo fue Jesús, afirmó ser Jesús y creyeron que era los que lo escuchaban no fue, precisamente, un mero rabino. Aunque en multitud de ocasiones fuera llamado Maestro por la gente que, con mejores o peores intenciones, se acercaba a Él, lo cierto es que la inmensa mayoría de los que lo trataron no lo hubiera encuadrado a secas en esa categoría. Para sus adversarios, tal y como recoge el Talmud, fue un blasfemo que no solo relativizaba intolerablemente la Torah sino que además se permitía proclamarse Mesías e igual a Dios y anunciar que volvería. No puede sorprender que, varios siglos después de su crucifixión, se jactaran de haberle dado muerte con toda justicia excluyendo por completo la acción de los romanos en la ejecución. No solo eso. Además difundían relatos injuriosos sobre su madre y las circunstancias de su nacimiento y lo describían sufriendo tormentos en la Guehenna en medio de excrementos en ebullición. Se mire como se mire, para ellos, no era un rabino sino alguien que había pretendido —injustamente, eso sí— ser mucho más.

Algo semejante, pero contemplado desde el lado opuesto, es lo que afirmaron sus seguidores. Jesús era el Mesías; era el Hijo del Hombre que vendría en poder sobre las nubes como el propio YHVH; era el Hijo de Dios igual al Padre; era el Siervo de YHVH que había ofrecido su vida en rescate por muchos; era aquel al que no había podido retener la muerte resucitando al tercer día; era, en fin, el que había de regresar para consumar su Reino y la historia.

En uno y otro caso, las conclusiones a las que habían llegado enemigos y seguidores arrancaban de las propias palabras y actos de Jesús. Lejos de ser un simple maestro de moral, un rabino más o menos sagaz, un sabio procedente de Galilea o un filósofo rural, Jesús había aparecido justo en la época en que debía aparecer el Mesías y había sido reconocido y proclamado como tal por el profeta Juan el Bautista.

Perteneciente a la estirpe del rey David, su visión de la mesianidad estaba enraizada en los Cantos sobre el Siervo de YHVH de Isaías. Ese Siervo-Mesías-Hijo del Hombre era mayor que Jonás y Salomón (Mateo 12:41,42; Lucas 11:31,32). Como tal Mesías, anunciaba que el Reino había dado alcance a sus contemporáneos (Mateo 12:28) y convocaba a todos a la *teshuvah*, al arrepentimiento. Como tal Mesías, moriría expiatoriamente por los pecados de Israel; aunque buena parte de su pueblo no lo entendiera y lo considerara castigado por Dios (Isaías 53); y aun cuando desde el siglo I no hayan sido pocos los judíos que han quedado persuadidos de que era el Mesías, y que por creerlo no han pensado perder su condición de parte de Israel. Como tal Mesías, sin embargo, su labor no quedaría limitada a los judíos, ya que debería ser luz para los gentiles (Isaías 42:1 ss.).

Sin embargo, Jesús no se limitó a presentarse como el Mesías —algo creído por sus discípulos y negado airadamente por sus enemigos—, además fue consciente de vivir en una relación especial con Dios que no tenía paralelos en ningún otro ser. A Él podía llamarlo *Abbá*, papá, no en un sentido buenista de Dios, sino como el Ser con el que tenía una intimidad incomparable (Mateo 11:25-27). Esa intimidad iba a provocar un giro radical en la historia de las religiones, porque acercó extraordinariamente al Creador hasta sus criaturas, tanto como no lo había estado antes. A la pregunta —sobrecogedora, terrible, escalofriante— de dónde se hallaba Dios en Auchswitz, el judaísmo no ha podido responder cabalmente, tanto es el horror que su simple formulación provoca. Sin embargo, para los que creen que Jesús es el Mesías, el Hijo de Dios, el Siervo de YHVH ofrecido en expiación por los pecados de la humanidad, la respuesta es que Dios estaba en la persona de Su Hijo, enviado al mundo por amor, colgando de una cruz, y que esa acción fue reivindicada al resucitarlo de entre los muertos.

Ese Jesús, que anunció el juicio de Israel, habría, sin embargo, rechazado el antisemitismo de siglos tanto en su vertiente supuestamente cristiana como en la islámica o en la científica. Al igual que los profetas, Jesús distó mucho de idealizar a Israel; pero no hubiera podido contemplar sino con horror la satanización de su pueblo, pueblo al que Él fue enviado de manera primordial.

Ese Jesús habría rechazado que en su nombre se creara un poder político-religioso semejante al del Sanhedrín o incluso mayor, y que los Doce no solo se vieran desprovistos de la misión de juzgar a las Doce tribus de Israel, sino que además se hubieran transformado en una casta que, supuestamente, se perpetuaba a lo largo de los siglos.

Ese Jesús habría rechazado que ese poder religioso pretendiera tener un monopolio de la verdad, cuando él mismo había enseñado que «el que no está contra vosotros está con vosotros», y que solo él —y no una instancia humana— era el Camino, la Verdad y la Vida (Juan 14:6).

Ese Jesús habría rechazado que ese poder religioso pretendiera garantizar una salvación mediante obras y ritos, como los dirigentes religiosos de su tiempo a los que Él había criticado sin contemplaciones. Y así habría sido porque, de manera incansable, enseñó que la salvación es un regalo gratuito de Dios para los que se confiesan humildemente pecadores ante Dios y deciden seguir a Jesús (Lucas 18:9-14)

Ese Jesús que, millares de veces en su vida, oró la Shemá que señala que hay un solo Dios, y que reprendió al diablo diciéndole que a nadie se puede dar culto religioso salvo al Señor (Lucas 4:8), habría rechazado que ese poder religioso traicionara la Torah e introdujera mediadores entre Dios y los hombres, o consintiera el culto religioso a otro ser que no fuera el único Dios.

Ese Jesús que jamás se inclinó ante una imagen siguiendo el mandato de la Torah habría rechazado que sus seguidores quebrantaran los Diez mandamientos rindiendo culto a imágenes (Éxodo 20:4-5), cuando su Padre estableció claramente que no toleraría que se dispensara culto a imágenes (Isaías 42:8), y señaló el absurdo de semejante práctica (Isaías 44:9-20).

Ese Jesús habría rechazado que ese poder religioso hubiera convertido la casa de su Padre en cueva de ladrones, traficando con lo sagrado cuando Él mismo había purificado el Templo del único Dios verdadero y además no tenía donde recostar la cabeza (Mateo 8:20-21).

Ese Jesús habría rechazado que ese poder «colara el mosquito y se tragara el camello» (Mateo 23:24), y echara pesadas cargas sobre los hombros de los demás, a la vez que olvidaba la compasión, la misericordia y los elementos esenciales de la Torah (Mateo 23:23).

Ese Jesús habría rechazado que ese poder religioso, como las autoridades del Templo que lo condenaron, antepusiera la *Realpolitik* a la cruz, olvidando el carácter diabólico de los reinos de este mundo (Lucas 4:5-8).

Y ese Jesús habría rechazado que ese poder matara, volviera la mirada hacia otro lado ante el sufrimiento de Israel, creara ghettos, estableciera normas que obligaran a los judíos a llevar una señal, privara de derechos elementales a los judíos e incluso llegara a firmar un pacto con Hitler.

Junto con todo ello, el Jesús que nos revelan las fuentes históricas habría rechazado incluso más la idea de que se procediera a reducirlo al papel de mero rabino, de simple maestro de moral. Su mensaje universal, siguiendo y superando la estela de los profetas, ha desbordado a lo largo de los siglos a Israel para convocar a todos los pueblos a Jerusalén (Isaías 2:1 ss.). A día de hoy, el mensaje de Jesús sigue prodigiosamente vivo y llama a todos los seres humanos a buscar, primero, no lo material, sino el Reino de Dios y su justicia (Lucas 12:30-31); a no dejarse llevar por el miedo y la ansiedad como los que no creen (Lucas 12:32), y a creer en el Hijo al que Dios envió por amor al mundo para que «todo el que cree en él no se pierda sino que tenga vida eterna» (Juan 3:16). Porque Jesús, al fin y a la postre, fue más, mucho más que un rabino. Precisamente por ello, a dos mil años de distancia, su figura sigue interpelando a todos los seres humanos como no lo hizo antes ni lo hizo después ningún personaje de la historia universal.

LAS FUENTES EXTRABÍBLICAS SOBRE JESÚS

E n contra de lo que se repite con frecuencia, los Evangelios no son las únicas fuentes históricas referentes a Jesús ni estas se limitan a relatos de los seguidores. A decir verdad, contamos con un conjunto de fuentes extrabíblicas que incluso son contrarias al cristianismo, pero que proporcionan datos que corroboran, desde el otro lado de la trinchera, las referencias contenidas en los Evangelios.

I. Las fuentes clásicas

El papel de las fuentes clásicas es, sin lugar a dudas, muy limitado. No se nos suministra en ellas datos de importancia, pero sí nos permiten —siquiera indirectamente— acercarnos a la visión que, todavía en el siglo II, tenían los autores romanos sobre el cristianismo primitivo.

1. Tácito

Nacido hacia el 56-57 d.C., desempeñó los cargos de pretor (88 d.C.) y cónsul (97 d.C.). No conocemos con exactitud la fecha de su muerte, pero es posible que se produjera durante el reinado de Adriano (117-138 d.C.). De sus dos obras, las *Historias* —de las que solo nos han llegado los libros I-IV y parte del V— recogen una breve historia del pueblo judío hasta la guerra con Tito, pero es en los *Anales*, escritos hacia el 115-7, donde aparece una mención explícita del cristianismo.

El texto, situado en Anales XV, 44 permite ver que, primero, se consideraba tal movimiento como originario de Judea; segundo, se pensaba que su fundador había sido un tal Cristo —resulta más

dudoso saber si Tácito consideró la mencionada palabra como título
o como nombre propio—; y tercero, se afirmaba que para el reinado
de Nerón el colectivo había llegado a Roma, donde no era precisamente popular y donde se vio sometido a una espantosa persecución.

2. Suetonio.

Aún joven, durante el reinado de Domiciano (81-96 d.C.), ejerció la
función de tribuno durante el de Trajano (98-117 d.C.) y secretario
ab epistulis en el de Adriano (117-138), cargo del que fue privado por
su mala conducta. En su *Vida de los Doce Césares* (Claudio XXV) se
refiere a una medida del emperador Claudio encaminada a expulsar
de Roma a unos judíos que causaban tumultos a causa de un tal
«Cresto».[1]

El pasaje parece concordar con lo relatado en Hechos 18:2 y
podría referirse a una expulsión que, según Orosio (VII, 6, 15) tuvo
lugar en el noveno año del reinado de Claudio (49 d.C.). En cualquier caso, no pudo ser posterior al año 52. Se discute si *Chrestus* es
una lectura asimilable a *Christus*. En ese sentido se definió Schürer[2]
junto con otros autores.[3] Graetz, por el contrario,[4] ha mantenido
que Chrestus no era Cristo sino un maestro cristiano contemporáneo del alejandrino Apolos, al que se mencionaría en 1 Corintios
1:12, donde debería leerse «*Jréstou*» en lugar de «*Jristou*». La realidad,
sin embargo, es que la idea de que Cresto fuera un Mesías judío
que hubiera acudido a Roma a sembrar la revuelta resulta bastante

---

1. «Judaeos impulsore Chresto assidue tumultuantes Roma expulit».

2. E. Schürer, *The History of the Jewish people in the Age of Jesus Christ*, Edimburgo, 1987, vol. III.1, p. 77 ss. Hemos optado por utilizar esta edición de la obra de
Schürer, ya que es la única completa y actualizada en cualquier idioma occidental.

3. Para distintas opiniones sobre el tema, ver: F. F. Bruce, *New Testament
History*, New York, 1980, p. 297 ss. (Suetonio se refería a Cristo, quizá pensando
que el mismo había estado en Roma en aquella época); A. Momigliano, *Claudius*,
Cambridge, 1961 (2), p. 30 (Claudio deseaba evitar el proselitismo judío del que
formaba parte el cristianismo); R. Graves y J. Podro, *Jesus in Rome*, Londres,
1957, p. 38 ss. (Suetonio se refiere a Jesús que en esa época estaba en Roma) y
H. W. Montefiore, "Josephus and the New Testament", en «Novum Testamentum», Leiden, 5, 1969, p. 139, n. 2 (Suetonio se refiere aquí a la influencia del
Cristo resucitado).

4. H. Graetz, *Geschichte der Juden*, III, ii, 423, n. 3; cf. p. 371, n.4, y IV (3),
p. 77, n.1, 1888.

inverosímil. Sea Cresto una deformación de Cristo o el nombre de un maestro cristiano, lo cierto es que el pasaje parece indicar que apenas unos años después de la muerte de Jesús, el nuevo fenómeno religioso había llegado a Roma y que sus componentes eran fundamental —si es que no únicamente— judíos.

II. Las fuentes judías (I): Flavio Josefo

Contamos con un número considerable de datos acerca de Flavio Josefo dado que fue autor de una *Autobiografía (Vida)*, en la que nos suministra cuantiosa información acerca de sí mismo. Nacido en Jerusalén el año primero del reinado de Calígula (37-38 d.C.), pertenecía a una distinguida familia sacerdotal cuyos antepasados —según la información que nos suministra el propio Josefo— se remontaban hasta el periodo de Juan Hircano. Insatisfecho con la educación religiosa que había recibido en su infancia, a la edad de dieciséis años comenzó a estudiar las sectas de los fariseos, saduceos y esenios, e incluso llegó a vivir tres años en el desierto con un ermitaño llamado Banno. A los diecinueve años, regresó finalmente a Jerusalén y entró a formar parte de la secta de los fariseos (Vida 2). Hacia el 64 d.C. viajó a Roma con el fin de obtener la libertad de algunos sacerdotes judíos que habían sido conducidos allí cautivos por razones de poco peso.

A través de un actor judío llamado Alitiro, conoció a Popea, la esposa del emperador Nerón, lo que le permitió lograr su objetivo y regresar a Judea colmado de regalos (Vida 3). En el 66 d.C. estalló la guerra contra Roma. Josefo sostiene que él había desaconsejado la ruptura de hostilidades (Vida 4) —cabe la posibilidad de que así fuera, dado que la aristocracia judía se beneficiaba del *statu quo* existente en la zona[5]—. y que solo intervino en la contienda obligada por presiones muy fuertes. No obstante lo anterior, Josefo acabó uniéndose al levantamiento e incluso llegó a ser general en jefe de las tropas judías en Galilea (Vida 7; Guerra XX, 4). Sus actividades militares concluyeron en el año 67 d.C. con la captura de la plaza de Jotapata o Yotapata por los romanos (Guerra III, 8, 7-8). Llevado ante Vespasiano, le predijo su futuro entronizamiento (Guerra III,

---

5. Un paralelo neotestamentario de esta actitud en Juan 11:49,50.

8, 9), lo que tuvo como resultado inmediato que el romano lo tratara con notable consideración (Vida 75; Guerra III, 8-9) y que, en el año 69, al ser proclamado emperador por las legiones de Egipto y Judea, otorgara la libertad a Josefo (Guerra IV 10, 7), acompañando a su benefactor a Alejandría (Bello IV 11, 5). Regresó de nuevo al escenario bélico con Tito y colaboró en la tarea de intimar a sus compatriotas, cercados en Jerusalén, a la rendición (Guerra V 3, 3; 6, 2; 7, 4; 9, 2-4; 13, 3; VI 2, 1-3; 2, 5; 7, 2; Vida 75). Invitado a disfrutar de parte del botín, a sugerencia del vencedor romano, cuando aconteció la toma de la ciudad, afirma haberse contentado con lograr la libertad de algunos amigos y de un hermano, así como con hacerse de algunos libros sagrados. Parece incluso que consiguió la conmutación de la pena capital de tres hombres ya crucificados de los que uno se salvó finalmente (Vida 75).

Terminada definitivamente la contienda, Josefo se trasladó a Roma, donde Vespasiano le regaló una mansión, le otorgó la ciudadanía y le asignó una pensión anual (Vida 76), así como una finca en Judea. Ni siquiera las denuncias de algunos compatriotas como Jonatán de Cirene (Vida 76; Guerra VII 11, 1-3) lograron que se tambaleara tan favorable situación. Tanto Tito como Domiciano continuaron prodigándole su favor, habiéndole concedido este último emperador la exención de impuestos de su finca judía (Vida 76). Focio (Biblioteca 33) fecha la muerte de Agripa en en el año 100 d.C. De ser esta noticia correcta, Josefo hubiera vivido hasta el siglo II puesto que la Vida se escribió con posterioridad a ese hecho (Vida 65). No obstante, el dato de Focio dista de ser seguro.

De entre las obras de este autor nos interesan especialmente la *Guerra de los judíos* y las *Antigüedades*. La *Guerra de los judíos* o *Guerra judía* se halla dividida en siete libros de acuerdo a un plan original de Josefo. Del prefacio 1 se deduce que la obra fue escrita originalmente en arameo y más tarde reelaborada por el mismo autor en griego con la ayuda de secretarios (Contra Apión I, 9).[6] No cabe duda de que para la elaboración de esta obra partió

---

6. La bibliografía sobre Josefo es realmente muy numerosa. Referencias a la misma se hallan especialmente en K. H. Rengstorf, *Complete Concordance to Flavius Josephus*, Leiden, 1973; L. H. Feldman, *Studies in Judaica: Scholarship on Philo and Josephus* (1937-62), Nueva York, 1963; A. Schalit, *Zur Josephus-Forschung*, Darmstadt, 1973; H. Schreckenberg, *Bibliographie zu Flavius Josephus. Arbeiten*

fundamentalmente de su propia experiencia (C. Ap I, 9, 49), aunque algunos autores han apuntado a una obra flaviana[7] o a los *Commentarii* de Vespasiano.[8] La obra es considerablemente tendenciosa y no puede dudarse de que constituye un intento —afortunado por otra parte— de congraciarse con el vencedor, deformando los hechos históricos en justificación de la política de este. Que satisfizo a los romanos resulta indudable.

Tito en persona recomendó la publicación de la obra (Vida 65) y Agripa —a fin de cuentas un paniaguado de Roma— escribió sesenta y dos cartas alabando su veracidad (Vida 65). Con todo, la presentación divergente del conflicto— en cuanto a sus causas y al verdadero papel de Roma en la zona— que se aprecia en las *Antigüedades*, deja de manifiesto que el mismo Josefo no estuvo nunca convencido del todo de la versión dada en la *Guerra de los judíos* y que, al final de sus días, intentó dejar a la posteridad una visión más cercana a la verdad histórica. Este factor resulta de especial interés para nosotros por cuanto permite advertir los condicionantes ideológicos del autor a la hora de redactar sus obras históricas.

Las *Antigüedades* abarcan en veinte libros toda la historia de Israel, desde el Génesis hasta el año 66 d.C. Algunos autores han visto en ello un intento de paralelo de la historia romana de Dionisio de Halicarnaso, pero no es seguro que efectivamente ese fuera el origen del plan y de la división de la obra. Es muy posible que las *Antigüedades* se escribieran a lo largo de un periodo de tiempo bastante dilatado. Parece ser que el proceso de redacción experimentó diversas interrupciones (Prol. 2) y que, finalmente, se concluyó en el año trece de Domiciano (93-94 d.C.), contando el autor unos cincuenta y seis años (Ant. XX 12, 1). La obra, de

---

zur Literatur und Geschichte des hellenistischen Judentums, Leiden, 1968; *Idem, Die Flavius Josephus Tradition in Antike und Mittelalter*, Leiden, 1972; y E. Schürer, *O.c*, v. I, p. 43 ss. En cuanto al papel de los colaboradores de Josefo ha sido objeto de opiniones realmente divergentes. H. St. J. Thackeray, *Josephus the Man and the Historian*, Nueva York, 1967, les concede un valor extraordinario. Una crítica de su postura puede hallarse en G. C. Richards, "The Composition of Josephus 'Antiquities" en «Catholic Biblical Quarterly», 33, 1939, págs. 36-40. Un análisis sobre los condicionantes que actuaron sobre la obra de Josefo en P. Vidal-Naquet, *Ensayos de historiografía*, Madrid, 1990, p. 109 ss.

7. W. Weber, *Josephus und Vespasian*, 1921.

8. Thackeray, *O.c.*, 1967, págs. 37-41.

contenido claramente apologético según propia confesión del autor
(Ant. XVI 6, 8), no iba dirigida a los judíos sino a un público com-
puesto por griegos y romanos.

En las obras de Flavio Josefo nos encontramos con dos referencias relacionadas con nuestro ámbito de estudio. La primera se halla
en Ant., XVIII 63, 64 y la segunda en XX, 200-3. Su texto en la
versión griega es como sigue:

> Vivió por esa época Jesús, un hombre sabio, si es que se le puede
> llamar hombre. Porque fue hacedor de hechos portentosos, maestro
> de hombres que aceptan con gusto la verdad. Atrajo a muchos
> judíos y a muchos de origen griego. Era el Mesías. Cuando Pilato,
> tras escuchar la acusación que contra él formularon los principales
> de entre nosotros, lo condenó a ser crucificado, aquellos que lo
> habían amado al principio no dejaron de hacerlo. Porque al tercer
> día se les manifestó vivo de nuevo, habiendo profetizado los divinos
> profetas estas y otras maravillas acerca de él. Y hasta el día de hoy
> no ha desaparecido la tribu de los cristianos (Ant. XVIII, 63-64).

El joven Anano pertenecía a la escuela de los saduceos que son,
como ya he explicado, ciertamente los más desprovistos de piedad de entre los judíos a la hora de aplicar justicia. Poseído de un
carácter así, Anano consideró que tenía una oportunidad favorable
porque Festo había muerto y Albino se encontraba aún de camino.
De manera que convenció a los jueces del Sanhedrín y condujo
ante ellos a uno llamado Santiago, hermano de Jesús el llamado
Mesías, y a algunos otros. Los acusó de haber transgredido la Ley
y ordenó que fueran lapidados. Los habitantes de la ciudad que
eran considerados de mayor moderación y que eran estrictos en la
observancia de la Ley se ofendieron por aquello. Por lo tanto enviaron un mensaje secreto al rey Agripa, dado que Anano no se había
comportado correctamente en su primera actuación, instándole a
que le ordenara desistir de similares acciones ulteriores. Algunos
de ellos incluso fueron a ver a Albino, que venía de Alejandría, y
le informaron de que Anano no tenía autoridad para convocar el
Sanhedrín sin su consentimiento. Convencido por estas palabras,
Albino, lleno de ira, escribió a Anano amenazándolo con vengarse
de él. El rey Agripa, a causa de la acción de Anano, lo depuso del

sumo sacerdocio que había ostentado durante tres meses y lo reemplazó por Jesús, el hijo de Damneo.

No vamos a referirnos aquí a los problemas de fiabilidad histórica que presentan las *Antigüedades* en su conjunto, sino a los testimonios concretos acerca de Santiago, el hermano de Jesús, y del mismo Jesús. Ninguno de los dos pasajes de las *Antigüedades* relativos al objeto de nuestro estudio es aceptado de manera unánime como auténtico.[9]

---

9. La bibliografía sobre este tema es realmente copiosa por más que, en términos generales, los argumentos argüidos sean claramente repetitivos. Señalamos pues las posturas más definidas seguidas de sus principales defensores, sin perjuicio de analizar alguna más pausadamente en el curso del texto. En favor de la autenticidad están W. E. Barnes, *The Testimony of Josephus to Jesus Christ*, 1920; C. G. Bretschneider, *Capita theologiae Iudaeorum dogmaticae e Flauii Iosephi scriptis collecta*,1812. págs. 59-66; B. Brüne, Zeugnis des Josephus über Christus en «Th St Kr», 92, 1919, págs. 139-47 (si bien con la salvedad de que un autor cristiano eliminó parte de lo contenido en el texto); F. F. Bruce, *¿Son fidedignos los documentos del Nuevo Testamento?*, Miami, 1972. p. 99 ss. (partidario de la autenticidad del texto, pero sosteniendo que un copista cristiano eliminó parte del contenido original); F.C. Burkitt, "Josephus and Christ" en «Th T», 47, 1913, págs. 135-44; A. von Harnack, *Der jüdische Geschichtsschreiber Josephus und Jesus Christus*, 1913, cols. 1037-68; R. Laqueur, *Der Jüdische Historiker Josephus*, Giessen, 1920, págs. 274-8 (el testimonio flaviano procede de la mano de Josefo, pero en una edición posterior de las *Antigüedades*); L. Van Liempt, "De testimonio flaviano" en «Mnemosyne», 55, 1927. págs. 109-116; R. H. J. Shutt, *Studies in Josephus*, 1961, p. 121. A favor de la tesis de la autenticidad, aunque con interpolaciones posteriores están C. K. Barret, *The New Testament Background*, Nueva York, 1989, p. 275 ss. (el texto aparece en todos los manuscritos de las *Antigüedades*, aunque seguramente presenta omisiones realizadas por copistas cristianos. Originalmente se asemejaría a las referencias josefianas sobre Juan el Bautista); S. G. F. Brandon, *Jesus and the Zealots*, Manchester, 1967. págs. 121, 359-68; *Idem, The Trial of Jesus of Nazareth*, Londres, 1968. págs. 52-55; 151-2; L. H. Feldman, *Josephus*, IX, Cambridge y Londres, 1965, p. 49; R. Gotz, "Die urprüngliche Fassung der Stelle Josephus Antiquit XVIII 3, 3 und ihr Verhaltnis zu Tacitus Annal. XV, 44" en «ZNW», 1913, págs. 286-97 (el texto solo tiene algunas partes auténticas que, además, son mínimas y, en su conjunto, fue reelaborado profundamente por un copista cristiano); J. Klausner, *Jesús de Nazaret*, (TE), Buenos Aires, 1971, p. 53 ss. (no hay base para suponer que todo el pasaje es espurio, pero ya estaba interpolado en la época de Eusebio de Cesarea); T. W. Manson, *Studies in the Gospel and Epistles*, Manchester, 1962. págs.18-19; H. St. J. Thackeray, *O.c.* p.148 (el pasaje procede de Josefo o un secretario; pero el censor o copista cristiano realizó en él pequeñas omisiones o alteraciones que cambiaron el sentido del mismo); G.Vermés, *Jesús el judío*, Barcelona, 1977, p. 85 (incluso considera como improbable la interpolación por un autor cristiano posterior); P. Winter, *On the Trial of Jesus*, Berlín, 1961, págs. 27, 165, n. 25

No obstante, podemos señalar que, por regla general, el referente a Santiago es prácticamente aceptado como tal por la inmensa mayoría de los estudiosos, resultando además muy común aceptar la autenticidad del segundo texto y rechazar la del primero en todo o en parte.[10]

El pasaje relativo a Santiago implica, desde luego, menos dificultad que el relacionado con Jesús. El personaje en concreto fue uno de los dirigentes principales de la comunidad de Jerusalén antes y después de la marcha de Pedro (Hechos 15:1 ss.; 21:18 ss.). De él se nos dice que era hermano de Jesús, el llamado Mesías (Cristo). El término *legoménos* (llamado) no implica en si juicio de valor afirmativo o negativo, sino sólamente una manera de identificar al tal Jesús. Que esto proceda de Josefo parece lo más natural si tenemos en cuenta que aparecen varios con este nombre en su obra y que este intenta distinguirlos siempre de alguna manera.[11] En el caso del hermano de Santiago parece lo más lógico que optara por la identificación más sencilla: le llamaban Mesías. Cuestión aparte, en la que Josefo no entra, es que lo fuera o no.

(sostiene la tesis de la interpolación, pero el conjunto de la obra es excesivamente tendencioso y cargado de prejuicios). Finalmente, en contra en absoluto de la autenticidad podemos señalar a E. Schürer, "Josephus" en «Realenzyclopadie für die protestantische Theologie und Kirche», IX, 1901, págs. 377-86; W. Bauer, *New Testament Apocrypha*, I, 1963, págs. 436-7; H. Conzelmann, "Jesus Christus" en «RGG», III, 1959, cols. 619-53 y 662 (pretende, lo que es más que discutible, que el pasaje refleja el kerigma de Lucas); F. Hahn. W. Lohff y G. Bornkamm, *Die Frage nach dem historischen Jesus*, 1966, págs. 17-40; E. Meyer, *Ursprung und Anfage des Christentums*, I,Sttutgart-Berlín, 1921. págs. 206-11

10. Excepciones al respecto serían B. Niese, *De testimonio Christiano quo est apud Josephum Ant. Iud. XVIII 63 sq. disputatio*, 1893-4; J. Juster, *Les juifs dans l'Empire romain*, II, París, 1914, págs. 139-41; G. Holscher, «RE», IX, cols. 1934-2000 y E. Schürer, *O.c*, I, p. 43 ss.

11. Josefo hace referencia a Jesús, hijo de Fabi (Ant. XV 9, 3; Jesús hijo de See (Ant. XVII 13, 1); Jesús hijo de Damneo (Ant. XX, 9, 1, 9, 4); Jesús hijo de Gamaliel (Ant. XX 9, 4, 9, 7); Jesús hijo de Gamala (Guerra IV 3, 9, 4, 3, 4, 4, 5, 2; Vita 38-193; 41-204); Jesús hijo de Safás (Bello II 20, 4); Jesús hijo de Safías (Guerra II 21, 3; III 9, 7; 9, 8; 10, 1, etc.); Jesús hijo de Tebuti, (Guerra VI 8, 3); Jesús hijo de Ananías (Guerra VI, 5, 3; Jesús, el adversario de Josefo (Vida 22-105-11); Jesús el galileo (Vida 40-200) (¿el mismo que el anterior?); Jesús el cuñado de Justo de Tiberiades (Vida 35-178 y 37-186); y, finalmente, un Jesús indeterminado (Vida 48-246). A la vista de esta pléyade de tocayos parece lógico que Josefo identificara al Jesús, hermano de Santiago.

De aceptarse la tesis de que las palabras «Jesús, llamado Mesías» fueran una interpolación, nos encontraríamos con varios problemas de nada fácil resolución. El primero es el hecho de que resulta muy difícil aceptar que un interpolador cristiano se hubiera conformado con una referencia tan modesta. En otras palabras, resulta más que dudoso que se hubiera limitado a afirmar que a Jesús lo llamaban Mesías. Lo más lógico hubiera sido esperar una afirmación más calurosa en relación con la mesianidad de Jesús, en cualquier caso algo más que una simple constatación de un dato frío. Incluso, es más que probable que hubiera optado por añadir elementos edificantes y hagiográficos a la historia, aspectos ambos que están ausentes del texto.[12] En segundo lugar, aquí «Mesías» aparece como título —lo que era efectivamente— y no como un nombre, deformación lingüística que se aprecia en los cristianos del día de hoy y que surgió pronto en el ámbito helenístico. Un interpolador cristiano, sobre todo si hubiera sido de origen gentil, jamás hubiera añadido una coletilla de tan rancio sabor judío. Finalmente, señalemos que Orígenes (184-253 d.C.) conoció este pasaje y lo cita tal cual, no disminuido, en su contenido que —como hemos señalado— encajaría a la perfección con Josefo.[13] A nuestro juicio; pues el pasaje de Ant. XX tiene todos los visos de ser auténtico. Debemos señalar además que el hecho de que Josefo hablara en Ant. XX de Santiago como «hermano de Jesús llamado Mesías», sin dar más explicaciones al respecto acerca del mencionado Jesús, da pie a suponer que había hecho referencia a este personaje concreto con anterioridad.[14] Lo cierto es que, efectivamente, tenemos una referencia anterior acerca de Jesús en Josefo, precisamente la que se halla en Ant. XVIII 3, 3.

La autenticidad del mencionado texto no fue cuestionada prácticamente hasta el siglo XIX,[15] y el hecho resulta comprensible si

12. En este mismo sentido, entre otros, cf: L. H. Feldman, *O. c*, X, Londres, 1981, p. 108; S. G. F. Brandon, *The Fall of Jerusalem and the Christian Church*, Londres, 1951 (1), 1957 (2), c. 3, y J. Klausner, *Jesús...*, p. 55 ss.

13. Orígenes cita a Josefo en Contra Celso I, 47, II, 13 y, muy especialmente en relación con el pasaje que tocamos, en Comentario sobre Mateo X, 17 (sobre Mateo 13:55). Anteriormente se habían referido a Josefo, Teófilo de Antioquía, A Autolico III, 23; Tertuliano, Apología XIX, 6; y Clemente de Alejandría, Stromata, I, 21, 147, 2.

14. En este sentido, E. Schürer, *O.c*, vol. I, p. 428 ss.

15. Una excepción notable sería la de Escaligero, cf: L. H. Feldman, *O. c.*, p. 49.

tenemos en cuenta que todos los manuscritos que han llegado hasta nosotros lo incluyen sin excepción. Cabe decir por lo tanto que la evidencia textual de los manuscritos se manifiesta unánimemente en favor de su autenticidad. Con todo, ciertas presuntas inconsistencias de tipo interno aconsejan examinar a fondo el texto y discernir lo que puede haber de josefino en el mismo. Comenzaremos por aquellas partes que, en nuestra opinión, deben ser atribuidas sin duda alguna a Josefo.

Parece bastante posible que la afirmación de que Jesús era un «hombre sabio» sea josefina. Ciertamente esa limitación de atributos en relación con Jesús encaja difícilmente con un interpolador cristiano.[16] Tanto la limitación de Jesús a una mera condición humana, como la ausencia de otros apelativos, hace prácticamente imposible que su origen sea cristiano. Añadamos a esto que la expresión, por el contrario, tiene paralelos en el mismo Josefo (Ant. XVIII 2, 7; X 11, 2) y, por lo tanto, es muy posible que proceda de este autor. También es muy probable que resulte auténtico el relato de la muerte de Jesús. Se menciona la responsabilidad de los saduceos en la misma —un argumento exculpatorio común en autores judíos hasta el siglo XXI— y se descarga la culpa inherente a la orden de ejecución sobre Pilato, algo que ningún evangelista[17] (no digamos cristianos posteriores) estaría dispuesto a afirmar de forma tan tajante, pero que sería lógico en un fariseo y más si no simpatizaba con los cristianos y se sentía inclinado a presentarlos bajo una luz desfavorable ante un público romano. Por último, otros aspectos del texto apuntan asimismo a un origen josefino. En primer lugar, está la referencia a los saduceos como «los primeros entre nosotros». Esta expresión encaja perfectamente con el estilo del Josefo de las *Antigüedades* en discrepancia con el de la *Guerra*, que nunca emplea el pronombre de primera persona. Finalmente, la referencia a los cristianos como «tribu» (algo no necesariamente peyorativo) también armoniza con las expresiones josefinas (Guerra III, 8, 3; VII, 8, 6), aunque habría sido descartado por un interpolador cristiano.

Resumiendo, pues, se puede afirmar que resulta muy posible que Josefo incluyera en las *Antigüedades* una referencia a Jesús como un

---

16. En el mismo sentido J. Klausner, *Jesús...*, p. 52 ss.
17. Ver, por ejemplo: Mateo 27:26; Marcos 15:5; Lucas 23:24; Juan 19:16.

«hombre sabio», cuya muerte, instada por los saduceos, fue ejecutada por Pilato, y cuyos seguidores seguían existiendo hasta la fecha en que Josefo escribía. Pasemos a continuación a las expresiones cuya autoría resulta más dudosa.

En primer lugar, está la clara afirmación de que Jesús «era el Mesías» (Cristo). El pasaje, tal y como nos ha llegado, pudiera tener resonancias neotestamentarias claras (Lucas 23:35; Juan 7:26; Hechos 9:22). No es imposible que Josefo conociera algunos escritos del Nuevo Testamento y, hoy por hoy, parece demostrado que conocía relativamente bien el cristianismo, y que incluso en las *Antigüedades* se recogen diversos intentos de interpretación de las Escrituras contrarias a las de este movimiento,[18] pero, con todo, aquí no nos hallamos con una declaración neutra al estilo de la de Ant. XX, sino con una evidente confesión de fe. Salvo algún caso aislado, que sostiene la conversión de Josefo,[19] existe una total unanimidad hoy en día en negar —como ya en su día lo hizo Orígenes (Contra Celso I, 47; Comentario sobre Mateo X, 17)— la posibilidad de que este autor creyera en Jesús como Mesías. Es por ello que el pasaje, tal y como nos ha llegado, no pudo salir de su pluma.

Ahora bien, no se puede descartar que, efectivamente, Josefo hiciera una referencia a las pretensiones mesiánicas de Jesús. De hecho, parece obligado considerarlo así si tenemos en cuenta que le serviría para explicar el que a sus seguidores se les denominara «cristianos». Cabe la posibilidad de que fuera una nota injuriosa[20]

---

18. La cuestión de las relaciones de Josefo con los cristianos es algo que excede considerablemente el objeto del presente estudio. No obstante, André Paul parece haber establecido no solo que Josefo conocía bien a los cristianos, sino que sentía animadversión hacia los mismos, un enfrentamiento que tiene, entre otras manifestaciones, la utilización de interpretaciones del Antiguo Testamento contrarias a los mismos. Al respecto, ver: A. Paul, *Hellenica et Judaica*, 1986, págs. 129-137; *Idem, Lectio divina*, 1975, págs. 83-104; *Idem, Ibidem*, 1979, págs. 67-82 y 105-08. El profesor F. Manns me señaló personalmente, en el curso de una visita a Jerusalén, su coincidencia con el enfoque de A. Paul.

19. Ver en este sentido, William Whiston, *Josephus*, Grand Rapids, 1978, p. 708 ss. Señalemos que su tesis es más que nada una conjetura de casi imposible verificación, que pasa por identificar a Josefo con uno de los obispos judeo-cristianos de finales del siglo I.

20. E. Schürer, *O.c*, p. 439 ss. Una ingeniosa —pero muy poco posible— reconstrucción del texto de Josefo en un sentido injurioso en R. Eisler, *Iesous Basileus ou basileusas*, 2 vv., Heidelberg, 1929-30, e *Idem, The Messiah Jesus and John*

que resultó suprimida por un copista cristiano que se sintió ofendido por la misma, aunque resulta también verosímil que Josefo se limitara a señalar que Jesús era considerado el Mesías por algunos sin que él apoyara tal pretensión.[21] De ser cierto este último supuesto, también el pasaje resultó previsiblemente alterado —por considerarlo demasiado tibio— por el copista cristiano. Seguramente, las palabras «si es que puede llamársele hombre» son una interpolación cristiana. Parecen, desde luego, presuponer la creencia en la divinidad de Cristo (algo impensable en un judío no cristiano). Ahora bien, indirectamente sirven para reforzar el carácter auténtico del «hombre sabio» josefino. Es posible que el supuesto censor cristiano no se sintiera contento con lo que consideraba un pálido elogio de Cristo y que añadiera la apostilla de que no se le podía limitar a la categoría de simple ser humano.

La expresión «maestro de gentes que aceptan la verdad con placer» posiblemente sea también auténtica en su origen, si bien en la misma podría haberse deslizado un error textual al confundir (intencionadamente o no) el copista la palabra *TAAEZE* con *TALEZE*. De hecho, el pasaje, con esta variación, presenta resonancias de Josefo por cuanto tanto las expresiones *parádodsa erga*[22] como *edoné déjeszaî*[23] cuentan con paralelos en las *Antigüedades*. Por otro lado, la lectura, que con *TALEZE* resultaba aceptable para un cristiano

---

the Baptist, Londres, 1931, p. 61. La primera obra, calificada por P. Vidal-Naquet como «enorme, densa e insana» (P. Vidal-Naquet, *Ensayos...*, p. 123, n. 12) es realmente el cañamazo de la otra, y fue rebatida desde el mismo momento de su aparición. Una refutación realmente demoledora de la misma se halla en E. Bikerman, "Sur la version vieuxrusse de Flavius Josèphe" en «Melanges Franz Cumont», Bruselas, 1936, págs. 53-84. A decir verdad, R. Eisler solo ha influido en las tesis de S. Reinach, *Orpheus*, Londres, 1931, p. 247 ss.; y S. G. F. Brandon (que lo reconoció). Igualmente, nos parece indiscutible su influencia en distintos escritos de A. Piñero y en J. Montserrat, *La sinagoga cristiana*, Barcelona, 1989, p. 305 ss., aunque este autor no se ocupa de Josefo ni tampoco somete la cuestión a un examen histórico serio.

21. En este sentido, que, personalmente, nos parece el más posible, ver: T. W. Manson, *Studies in the Gospels and Epistles*, Manchester, 1962, p.19 (Manson se basa fundamentalmente en las informaciones de Orígenes, a las que ya nos hemos referido, y en la lectura variante del De vir. ilus. de Jerónimo, donde se lee credebatur, es decir, «se creía») y F. F. Bruce, *¿Son fidedignos...*, p. 99 ss.

22. Ant. IX, 8, 6; XII, 2, 8.

23. Ant. XVII 12, 1; XVIII, 1,1; 3, 1; 3, 4; 6, 10; 9, 4; XIX 1, 16; 2, 2.

al convertir a los seguidores de Jesús en amantes de la verdad, con *TAAEZE* encajaría perfectamente en una visión farisea moderada de Jesús: Él fue un hombre sabio, pero sus seguidores, en su mayoría, eran gente que buscaban solo el elemento espectacular.

Finalmente, nos queda por discutir el grado de autenticidad que puede tener la referencia de Josefo a la resurrección de Jesús. Desde luego, tal y como nos ha llegado, no puede provenir de este autor porque —una vez más— implicaría prácticamente una confesión de fe cristiana.[24] Ahora bien, admitido este punto, caben dos posibilidades: que el texto sea una interpolación total o que presente un cercenamiento del original. Sin ningun dogmatismo, creemos que esta última posibilidad es la que más se acerca a la realidad. De ser cierta esta hipótesis, el relato adquiriría además una clara coherencia, porque señalaría la base de explicación de la permanencia del movimiento originado en Jesús: sus seguidores afirmaban que había resucitado.[25]

Resumiendo, pues, podemos decir que el cuadro acerca de Jesús que Josefo reflejó originalmente pudo ser muy similar al que señalamos a continuación. Jesús era un hombre sabio, que atrajo en pos de sí a mucha gente, si bien la misma estaba guiada más por un gusto hacia lo novedoso (o espectacular) que por una disposición profunda hacia la verdad. Se decía que era el Mesías y, presumiblemente por ello, los miembros de la clase sacerdotal decidieron deshacerse de Él, entregándolo a Pilato que lo crucificó. Ahora bien, el movimiento no terminó ahí, porque los seguidores del ejecutado, llamados cristianos en virtud de las pretensiones mesiánicas de su Maestro, *dijeron* que se les había aparecido. De hecho, en el año 62, un hermano de Jesús, llamado Santiago, fue ejecutado por Anano, si bien, en esta ocasión, la muerte no contó con el apoyo de los ocupantes sino que tuvo lugar aprovechando un vacío de poder romano en la región. Tampoco esta muerte había conseguido acabar con el

---

24. En favor de la autenticidad aunque, reconociendo otras interpolaciones en el texto, ver: A. Pelletier, "L'originalité du témoignage de Flavius Josèphe sur Jésus" en «RSR», 52, 1964, págs. 177-203.

25. Referencia a una posible utilización josefina de una crónica o anales relacionados con estos hechos en E. Schürer, *O.c*, p. 438 ss. La obra citada insiste en la imposibilidad de relacionar a Jesús con una acción violenta. En el mismo sentido, P. Vidal-Naquet, *Ensayos...*, p. 199 ss.

movimiento. Cuando Josefo escribía, seguían existiendo seguidores de Jesús.

Aparte de los textos mencionados, tenemos que hacer referencia a la existencia del Josefo eslavo y de la versión árabe del mismo. Esta última,[26] recogida por un tal Agapio en el s. X, coincide en buena medida con la lectura que de Josefo hemos realizado en las páginas anteriores. No obstante, resulta obligatorio mencionar que su autenticidad resulta cuando menos problemática, aunque no pueda descartarse sin más la posibilidad de que reproduzca algún texto de Josefo más primitivo que el que nosotros poseemos. Su traducción al castellano dice así:

> En este tiempo existió un hombre sabio de nombre Jesús. Su conducta era buena y era considerado virtuoso. Muchos judíos y gente de otras naciones se convirtieron en discípulos suyos. Los que se habían convertido en sus discípulos no lo abandonaron. Relataron que se les había aparecido tres días después de su crucifixión y que estaba vivo; según esto, fue quizá el Mesías del que los profetas habían contado maravillas.

En cuanto a la versión eslava,[27] poca duda puede haber de que no es sino un conjunto de interpolaciones no solo relativas a Jesús, sino también a los primeros cristianos. Ciertamente contó con una valoración inusitada e injustificada por parte de Robert Eisler (1929-1930), que pretendía basar en la misma algunas de sus especiales teorías sobre el carácter de Jesús y del movimiento originado en Él. Sin embargo, como señalaría uno de los autores más influidos por Eisler, «con unas pocas notables excepciones, la tesis del

---

26. Al respecto, ver: S. Pines, "An Arabic Version of the Testimonium Flavianum and its Implications" en «Proceedings of the Israel Academy of Sciences and Humanities», 2, 1966 e *Idem*, "Un texte judéo-chrétien adapté par un théologien musulman" en «Nouvelles chrétiennes d'Israël», 2-3, 1966, págs. 12-20. Ver también, S. P. Brock, «JThSt», 23, 1972, p. 491.

27. Para nuestro estudio hemos manejado la traducción alemana de la misma realizada por los doctores Berendts y Grass, *Flavius Josephus vom Jüdischen Kriege, Buch I-IV, nach der slavischen èbersetzung*, Dorpat, Parte I. 1924-26 y Parte II, 1927, así como la traducción del Dr. Berendts en *Texte und Untersuchungen. Neue Folge*, vol. XIV. 1906; y la inglesa de H. St. J. Thackeray en *Josephus*, vol. III, Londres, 1979, p. 635 ss.

Dr. Eisler ha sido vigorosamente repudiada por los eruditos de denominación cristiana, judía y agnóstica».[28]

Lo cierto es que el entusiasmo de Eisler por esta fuente y su interpretación subsiguiente de la figura de Jesús, como ya hemos señalado con anterioridad, no llegaron a prender del todo ni siquiera en sus imitadores. S. G. F. Brandon, en una obra de muy discutible metodología y conclusiones, pretendió que en el Josefo eslavo había una fuente más cercana al original que la que ha llegado hasta nosotros. Desgraciadamente, no solo no fundamentó con un mínimo de convicción su tesis sino que incluso llegó a violentar el contenido de esta fuente para hacerla encajar en presuposiciones de trabajo. En cuanto a J. W. Jack atribuyó el Josefo eslavo a una falsificación consciente que la Iglesia otodoxa habría utilizado para combatir la herejía, contradiciendo así la tesis de Eisler, que veía el origen de la difusión más bien en un grupo de judaizantes. La explicación de J. W. Jack tampoco resulta convincente y, en términos generales, parece ser un eco de tesis expresadas un año antes por J. M. Creed.[29]

Ciertamente, y en esto existe un consenso casi unánime, no parece posible determinar si existe algo en ella que pueda servirnos como fuente histórica, toda vez que los pasajes parecidos a los de *Antigüedades* aparecen en la *Guerra*, y que además se hace referencia a otros episodios adicionales. Aunque algún aspecto de la misma parece confirmar nuestra reconstrucción de Josefo (vg: son los discípulos y no Josefo quienes afirman que Jesús ha resucitado, a Jesús se le atribuyen obras milagrosas, es ejecutado por Pilato, etc.), consideramos muy arriesgado concederle ningún valor documental de relevancia.[30]

---

28. S. G. F. Brandon, 1951, p. 115.

29. Para el estudio de los mencionados puntos de vista, ver: S. G. F. Brandon, *The Fall of Jerusalem...*, p. 114 ss.; J. W. Jack, *Historic Christ*, Londres, 1933; J. M. Creed, "The Slavonic Version of Josephus History of the Jewish War" en «The Harvard Theological Review», XXV, 1932, págs. 318-9.

30. R. Eisler volvió sobre esta teoría en "Flavius Josephus on Jesus called the Christ" en «JQR», 21, 1930, págs. 1-60, si bien no puede decirse que añadiera nada sustancial a sus primeras exposiciones.

III. Las fuentes judías (II): literatura rabínica[31]

Este tipo de literatura es fruto de la actividad docente, exegética y recopiladora de los escribas y rabinos. Surgida en buena medida de un deseo de hacer accesible la Biblia en la vida cotidiana, del estudio de la misma derivan consecuencias legales (*halajáh*) e histórico-teológicas (*haggadáh*). La primera aparece conectada directamente con el texto escriturístico en forma de comentario o bien se sistematiza temáticamente. Este último modelo es el seguido por la Mishnáh, la Tosefta y los dos Talmudes, obras que pueden agruparse bajo el epígrafe de literatura talmúdica. En ellas la *haggadáh* aparece intercalada con la *halajáh*, pero en diverso grado. La segunda cristalizó fundamentalmente en forma de interpretación de la Biblia. El comentario rabínico, sea *haggádico* o *halájico*, se denomina *midrásh*. En cuanto a la exégesis popular y tradicional de la Biblia se ha transmitido en el *targum*. Su origen seguramente es precristiano, pero de las compilaciones que han llegado hasta nosotros la más temprana no resulta anterior al siglo II d.C.

Los materiales proporcionados por las fuentes rabínicas[32] relacionados con el objeto de nuestro estudio son susceptibles de agruparse en dos tipos. En primer lugar, nos hallamos con las referencias directas al judeo-cristianismo y a Jesús. Estas no resultan muy numerosas[33] y se hallan teñidas por la polémica. Así, la persona de

---

31. La bibliografía sobre literatura rabínica es extensísima. En este apartado solo haremos referencia a aspectos puntuales de la misma. Para un estudio introductorio y limitado a la Mishnáh puede recurrirse a F. Manns, *Pour lire la Mishna*, Jerusalén, 1984, y en relación al Talmud a C. Vidal, *El Talmud*, Madrid, 2019. Referencias más amplias, por temas y con mayor profundidad pueden encontrarse en H. L. Strack y G. Stemberger, *Introducción a la literatura talmúdica y midrásica*, Valencia, 1988. Los aspectos lingüísticos están siendo tratados magníficamente por M. Pérez Fernández, *La lengua de los sabios*, I, Valencia, 1992.

32. Sobre las fuentes rabínicas, véase *Guía de estudio*.

33. Naturalmente nos referimos a aquellas ediciones que no fueron expurgadas por la censura papal durante la Edad Media. Para una mayor documentación sobre este tema ver: C. Vidal, *El Talmud*, Madrid, 2019; G. Dalman, *Die Thalmudischen Texte (über Jesu)* que fue publicado como apéndice a Heinrich Laible, *Jesus Christus im Talmud*, Leipzig, 1900. Los mismos textos con una explicación más amplia pueden hallarse en R. Travers Herford, *Christianity in Talmud and Midrash*, Londres, 1905, págs. 401-436: pasajes originales; págs. 35-96: traducción

Jesús es, y no puede minimizarse este aspecto, tratada con especial
dureza en los escritos rabínicos.[34] En primer lugar, se da una clara
insistencia en considerar a Jesús como un bastardo,[35] a su madre
como una adúltera[36] y a su padre como un legionario romano llamado Pantera. J. Klausner,[37] que intentó paliar, bastante infructuosamente a nuestro juicio, la visión negativa que la literatura rabínica
presenta acerca de Jesús, ha insistido, siguiendo a otros autores, en
que el nombre «Pantera» vendría de una corrupción de «parzénos»
(virgen). El origen de esta deformación derivaría del hecho de que
los cristianos creían a Jesús el hijo de una virgen. Sin entrar a fondo
sobre la veracidad de la tesis de Klausner (a nuestro juicio siquiera
verosímil), parece de ella desprenderse, por un lado, una visión del
nacimiento de Jesús entre sus seguidores que se asemejaría (si es que
no era igual) a la de Mateo (Caps. 1-2) y a la de Lucas (Caps. 1-2),
leído a la luz de Mateo, mientras que sus detractores insistirían en
el aspecto irregular del evento, problema este, al parecer, de cierta

---

y notas; págs. 344-369: resumen y análisis histórico. Estudios de utilidad sobre
este aspecto histórico en Richard von der Alm, *Die Urteile heidnischer un jüdischer
Schriftsteller der vier ersten christlichen Jahrhundert über Jesus und die ersten Christen*,
Leipzig, 1865; Daniel Chwolsohn, *Das Letzte Passamahl Christi und der Tag seines
Todes*, Leipzig, 1908, págs. 85-125 y Samuel Krauss, *Das Leben Jesu nach jüdischen
Quellen*, Berlín, 1902, págs. 181-194.

34. No incluimos entre los textos referentes a Jesús los relacionados con «Ben
Stada». Ciertamente los amoraítas y especialmente Rab Jisda (217-309 d.C.) identifican a este personaje con Ben Pandera y Jesús (Shab. 104 b; Snah. 67 a), pero
dista mucho de estar probado que esa fuera la opinión de los tanaítas. Así Rabenu
Tam (Shabat 104b) declara expresamente que «este no era Jesús de Nazaret» e
incluso, a pesar de su carácter denigratorio, el *Toldot Ieshu*, que fue redactado en
la Edad Media, no identifica a Jesús con Ben Stada. Mantenemos el punto de
vista de que Ben Stada es para los tanaítas el falso profeta egipcio citado por Josefo
en Ant. XX, 8 y Guerra II, 12. En el mismo sentido se han definido J Deren-
bourg, *Essai sur l'histoire de la Paléstine*, París, 1867, p. 478; H. P. Chajes en su
artículo «Ben Stada» en el «Ha-Goren» de S. A Horodetski, Berdichev, 1903, IV,
págs. 33-37; y de R. T. Herford, *O.c.*, p. 345.

35. He estudiado con anterioridad el tema de la influencia de esta acusación
en la teología judeo-cristiana posterior y, más concretamente, en la mariología.
Al respecto, ver: César Vidal, "La figura de María en la literatura apócrifa judeo-
cristiana de los dos primeros siglos" en «Ephemerides Mariologicae», vol. 41,
Madrid, 1991, págs. 191-205; e *Idem*, "María" en «Diccionario de las tres religiones», Madrid, 1993.

36. Ver especialmente: Yeb. IV, 3; 49 a.

37. J. Klausner, *Jesús de Nazareth*, 1971, págs. 45 ss. y 23 ss.

antigüedad y que alguna fuente (Juan 8:41) sitúa ya como existente durante la vida de Jesús.[38]

Ciertamente, las fuentes talmúdicas apuntan a la creencia en virtudes taumatúrgicas asociadas a la persona de Jesús, pero las mismas son contempladas desde una perspectiva hostil. En Sanh 107 b y Sota 47 b se nos dice que «Ieshu practicó la hechicería y la seducción y llevaba a Israel por mal camino», datos que aparecen repetidos en Sanh. 43 a., donde además se nos informa que «La víspera de Pascua colgaron a Ieshu». La descripción talmúdica —que reconoce el poder taumatúrgico de Jesús, pero lo asocia con una fuente perversa— no solo recuerda considerablemente a datos contenidos en los Evangelios (Mateo 9:34; 12:24; Marcos 3:22), sino que concuerda con la información que al respecto hallamos en autores cristianos como Justino (Diálogo con el judío Trifón, LXIX). De manera semejante, se nos ha transmitido en la literatura rabínica una visión negativa de las pretensiones de Jesús que son condenadas explícitamente. Así, el Yalkut Shimeoni (Salónica) par. 725 sobre va-yisá meshaló (Números 23:7), de acuerdo con el Midrash Ielamdenu,[39] recoge la noticia de que «intentaba hacerse Dios a sí mismo para que el mundo entero fuera por mal camino», y se añade que no podía ser Dios puesto que este no miente, mientras que «si Él dice que es Dios es un embustero y miente; dijo que marcharía y volvería finalmente. Lo dijo y no lo hizo». Las resonancias del pasaje tienen, de nuevo, claros paralelos en el Nuevo Testamento y, más concretamente, en relación con las cuestiones de la auto-conciencia de Jesús (especialmente con su divinidad) y de la parusía. Lógicamente, y partiendo de estos presupuestos, deberíamos esperar una condena clara de Jesús, y efectivamente eso es lo que encontramos en las mismas fuentes. Así, en Guit (56b-57a) se presenta al mismo —que «se burló de las palabras de los sabios» y que fue «un transgresor de Israel»— atormentado en medio de excrementos en ebullición.

El cuadro global resulta, pues, evidente. Las fuentes rabínicas dan por ciertos muchos de los datos contenidos también en fuentes

---

38. En un sentido similar pudiera entenderse el dato referente a un bastardo que aparece en el Tratado Kalá, ed. Koronel, p. 18b; Kalá, Talmud, ed. Ram, p. 51 a; Baté Midrashot, ed. S. A. Wertheimer, Jerusalén, 1895. No obstante, creemos que lo más posible es que no se refiera realmente a Jesús.

39. Citado en Dalman, O.c, p. 1011 y Herford, O.c. p. 404.

cristianas, pero los reinterpretan con un resultado radicalmente distinto. Así nos encontramos con que ciertamente Jesús había nacido en circunstancias extrañas, pero este hecho no había sido más que consecuencia del adulterio cometido por su madre con un soldado de las fuerzas romanas de ocupación, un tal Pantera. También era verdad que Jesús había realizado curaciones y otros actos milagrosos, pero tal supuesto[40] se debía a su carácter de hechicero. Igualmente, si había atraido a un buen número de seguidores, había que atribuirlo a su capacidad de seducción y a su flexibilidad inexcusable hacia la Torah. Finalmente, si se había igualado a Dios y prometido regresar, con ello solo había conseguido poner de manifiesto que era un peligroso farsante, algo que justificaba suficientemente el que hubiera sido ejecutado y el que se hallara ahora sufriendo tormento en medio de excrementos en estado de ebullición.

---

40. Acerca de los milagros de Jesús, desde una perspectiva histórica diversa (en general todos coinciden en el hecho de que Jesús efectuó curaciones, pero sacan de ello conclusiones distintas) cf: J. Klausner, *O.c*, p. 253 ss.; M. Smith, *Jesús el mago*, Barcelona, 1988, p. 106 ss.; F. F. Bruce, *New Testament History*, New York, 1980, p. 71 ss. e *Idem*, *¿Son fidedignos los documentos del Nuevo Testamento?*, Miami, 1972, p. 59 ss.; H. C. Kee, *Miracle in the Early Christian World*, New Haven, 1983; G. Theissen, *The Miracle Stories of the Early Christian Tradition*, Filadelfia, 1983; D. Wenham y C. Blomberg (eds.), *Gospel Perspectives 6: The Miracles of Jesus*, Sheffield, 1986. Dos puntos de vista teológicos distintos sobre el tema en A. Richardson, *Las narraciones evangélicas sobre los milagros*, Madrid, 1974 y J. I. Gonzalez Faus, *Clamor del reino: estudio sobre los milagros de Jesús*, Salamanca, 1982. Análisis más sucintos en C. Vidal, "Curación", "Jesús" y "Milagros" en *Diccionario de las Tres religiones monoteístas*, Madrid, 1993, e *Idem*, "Milagros" en *Diccionario de Jesús y los Evangelios*, Estella, 1994.

ALGUNAS CUESTIONES RELACIONADAS CON EL NACIMIENTO DE JESÚS

1. La fecha del nacimiento de Jesús

El nacimiento de Jesús plantea una serie de cuestiones relativamente secundarias desde una perspectiva histórica, pero que no podemos pasar por alto. Para empezar, tenemos la del año de su nacimiento. No sabemos con exactitud la fecha en que nació Jesús. Nuestra datación, que procede de Dionisio el Exiguo, es errónea, y todo hace pensar que Jesús, realmente, nació antes del inicio de la Era Cristiana. Si aceptamos como cierto el dato de que su nacimiento se produjo cuando aún vivía Herodes el Grande (37-4 a.C.), podemos fijar como fecha hipotética del mismo alguna situada en torno al 6-7 a.C., una circunstancia que no deja de tener interés en la medida en que corresponde a un fenómeno astronómico que algunos autores han identificado con el astro de Belén.

La noche del 17 de diciembre de 1603, el astrónomo Kepler se hallaba sentado en el Hrasdchin de Praga observando la conjunción de dos planetas —Saturno y Júpiter— que se producía en la constelación de los Peces. Mientras se afanaba por calcular sus posiciones, Kepler dio con un escrito del rabino Abarbanel en el que se afirmaba que el nacimiento del Mesías debía producirse precisamente en esas circunstancias cósmicas.

Dado que era cristiano, este dato llamó la atención de Kepler, que no pudo dejar de preguntarse si el nacimiento de Jesús había tenido lugar en una fecha en que se hubiera producido un fenómeno similar. Realizando sus cálculos astronómicos, Kepler descubrió que una conjunción semejante se había dado en el 6-7 a.C., lo que le llevó a percatarse de que esa fecha encajaba a la perfección con los datos proporcionados por el Evangelio de Mateo, ya que en este texto —el primero del Nuevo Testamento— se dice efectivamente que Jesús había nacido cuando aún reinaba Herodes el Grande.

Aún más exacto que Kepler, fue en 1925 P. Schnabel. Entre otras labores, este erudito descifró unos escritos cuneiformes de la escuela de astrología de Sippar, en Babilonia. En ellos se hacía referencia a la mencionada conjunción en el 7 a.C. y se indicaba que Júpiter y Saturno habían sido visibles durante un período de cinco meses. Efectivamente, hacia el final de febrero del 7 a.C. atravesaba el firmamento la constelación mencionada. El 12 de abril ambos planetas efectuaron su orto helíaco a una distancia de 8 grados de longitud en la constelación de los Peces. El 29 de mayo se vio durante dos horas la primera aproximación. La segunda conjunción tuvo lugar el 3 de octubre, el día del Yom Kippur judío o fiesta de la Expiación. El 4 de diciembre se vio por tercera y última vez.

Fue esta conjunción la vista por los magos —que no reyes— de los que habla el Evangelio de Mateo, unos personajes que no practicaban las artes ocultas sino que pertenecían a la tribu meda del mismo nombre ya mencionada por Heródoto y que, al parecer, contaban con conocimientos astronómicos. Una vez más, los datos encajaban con el Evangelio de Mateo e incluso explicarían la manera en que los magos pudieron ver la denominada «estrella» y seguirla durante meses hasta llegar a Palestina. La misma se habría aparecido en diversas ocasiones, la primera llamando su atención, la última indicándoles donde estaba el niño. De esa manera, por lo tanto, Jesús habría nacido en mayo u octubre del 7 a.C. —más verosímilmente en la primera fecha— y, como señala el primer libro del Nuevo Testamento, su nacimiento había venido acompañado de la visión de un astro en el cielo, astro rastreado por los magos.

Más importante, con todo, que estos datos, es el hecho de que, como ya hemos indicado, Jesús nació precisamente en el tiempo en que tenía que nacer el Mesías de acuerdo con la profecía contenida en Génesis 49:10 y con la profecía de las setenta semanas de Daniel.

2. La concepción virginal de Jesús

Para muchos cristianos, la referencia al nacimiento de Jesús obliga a plantearse el dogma que enuncia que su madre lo concibió virginalmente. Semejante cuestión es muy delicada por diversas razones. Para empezar, resulta imposible en términos históricos aproximarse al tema, pero, a la vez, resulta enormemente significativo para millones de personas que se consideran seguidoras de Jesús.

¿Qué es lo que el historiador puede decir en relación con este tema? En primer lugar que, sin ningún género de dudas, semejante afirmación ha tenido una importancia muy considerable en ciertas confesiones, pero, a la vez, que no parece haber sido ni de lejos tan relevante para los primeros discípulos. De los cuatro evangelios canónicos, Juan y Marcos no contienen referencia alguna a esa creencia y lo mismo puede decirse de las cartas de Pablo, las de Pedro, las de Juan, las de Santiago y Judas o la de los Hebreos. Solo Mateo se refiere de manera expresa a ese hecho partiendo de la profecía de Isaías 7:14 y, posiblemente, también tal creencia se halle en Lucas, aunque esto solo resulta evidente cuando se lee esta fuente a la luz de lo contenido en Mateo.

Las teorías para intentar explicar esas escasas referencias —aparte de la fe en la concepción virginal— han sido diversas. El erudito judío Geza Vermes planteó, por ejemplo, que por virgen había que entender a una muchacha que no hubiera tenido la menstruación. De esa manera, el relato de Mateo no diría que Jesús había sido concebido virginalmente, sino simplemente que su madre había contraido matrimonio antes de tener su primera menstruación. La teóloga feminista Jane Schaberg[1] ha sostenido que la concepción de Jesús fue fruto de una violación o, quizá, de relaciones extraconyugales de María.[2] Así, la doctrina de la concepción virginal solo pretendería ocultar un nacimiento ilegítimo.[3]

Desde luego, es cierto que algunos de los contemporáneos de Jesús difundieron la tesis de que su nacimiento había estado rodeado por cierta irregularidad —lo que encaja bien con los datos

---

1. *The Illegitimacy of Jesus. A Feminist Theological Interpretation of the Infancy Narratives*, San Francisco, 1987.
2. *O.c*, p. 152.
3. *O.c*, p. 197.

del Evangelio en el sentido de que María quedó encinta antes de contraer matrimonio con José, pero después de desposarse con él— y que emplearon esa circunstancia para intentar infamarlo (Juan 8:41). En torno al 178 d.C., utilizando fuentes judías, Celso llegó a afirmar que Jesús era hijo de un tal Pandera, que podría ser un legionario romano. Con el paso del tiempo, los adversarios judíos de Jesús tejerían leyendas injuriosas contra Él y su madre, que aparecen reflejadas en el Talmud y en textos medievales como las Toledot Iesu, y sobre las que existe un consenso prácticamente generalizado en el sentido de que carecen de base histórica. Como ya hemos visto, el erudito judío Klausner impulsó la hipótesis de que Ben Pandera no es sino una corrupción de Ben Parzenos (el hijo de virgen), apelativo con el que, muy posiblemente, era conocido Jesús ya en el siglo II. Transformar la palabra griega *parzenos* en Pandera o Pantera y convertirlo en hijo ilegítimo era una forma fácil de insultar la memoria de Jesús, pero carente de base histórica. No debe además olvidarse que, precisamente, la tesis de un Jesús que era hijo de un legionario romano fue la defendida no solo por judíos enemigos del cristianismo, sino también oficialmente por algunos de los teóricos del nacional-socialismo alemán en la medida en que permitía convertir a Jesús el judío en un Jesús ario que se había enfrentado contra los judíos. Como en tantas ocasiones, la historia —y la teología— distaba de ser neutra y encerraba peligrosos aspectos en su interior.

En términos históricos, sí podemos dar como rigurosamente ciertos los datos que señalan que el padre legal de Jesús era un artesano —mejor que carpintero— llamado José que, posiblemente, falleció cuando Jesús todavía era niño o muy joven, y que su madre fue una joven llamada María, y también que la concepción del niño tuvo lugar antes del matrimonio, lo que dio pábulo a calumnias sobre la legitimidad de Jesús. Más allá de esos datos, el historiador riguroso no puede ir aunque, sin duda, lo hará la fe que cree en una concepción virginal o la fantasía delirante empeñada en considerar a Jesús hijo de un inexistente Pandera.

3. El censo de Cirenio (Quirino)

Suele ser relativamente habitual acusar a Lucas de haber inventado el relato del nacimiento de Jesús en Belén y de haber cometido un error de peso al relacionarlo con un censo tributario llevado a cabo por Cirenio (Quirino), que fue gobernador ya en el siglo I d.C. Lo cierto, sin embargo, es que todos los ataques contra las afirmaciones contenidas en Lucas 2:1-7 habían sido rebatidos ya en el siglo XIX a partir de los trabajos del arqueólogo e historiador William Ramsay.[4] La realidad histórica es que Lucas nos proporciona datos que son exactos y que encajan con la época. Así, primero, el censo del que habla no es el tributario al que se refieren otras fuentes sino un censo para empadronamiento. Segundo, ese censo incluyó Judea, a pesar de no estar sometida a Roma, siquiera porque los reinos tributarios siempre proporcionaban esos datos al Imperio, según nos ha informado el historiador romano Tácito. En tercer lugar, el censo se llevó a cabo de acuerdo con los usos judíos, lo que implicaba acudir a la ciudad natal. Finalmente, Cirenio no ejerció tareas de gobierno en Siria en el año 6. d.C., sino que —como muestran distintas inscripciones arqueológicas— desempeñó estas funciones, primero, del 10 al 7 a.C. en la categoría de jefe militar, y luego a partir del 6 d.C. como gobernador. De hecho, la *Lapis Tiburtinus* muestra el *Iterum Syriam* (segunda vez en Siria) de Cirenio.[5] Lejos, pues, de haberse equivocado, Lucas nos proporciona una noticia histórica de meticulosa exactitud que además permite ubicar el nacimiento de Jesús en una fecha situada en torno al 7-6 a.C., fecha que coincide con el fenómeno astronómico estudiado por Kepler.

4. Las dos genealogías de Jesús

Los Evangelios de Mateo y de Lucas presentan dos genealogías de Jesús que son diferentes. Estas discrepancias han sido explicadas de diversas maneras a lo largo de los siglos. Desde Julio Africano, se

4. W. M. Ramsay, *Was Christ Born at Bethlehem*, Grand Rapids, 1979 (primera edición en 1898) y W. M. Ramsay, *Luke the Physician and Other Studies in the History of Religions*, Grand Rapids, 1979 (primera edición 1908).
5. El texto latino aparece reproducido junto con otros semejantes en W. M. Ramsay, *Was Christ...*, p. 273 ss.

sostuvo que ambas genealogías correspondían a José, si bien presentaban diferencias por la aplicación de la ley del levirato. Según esta tesis, Elí y Jacob habrían sido medio hermanos y Jacob se habría casado con la viuda de Elí. De esta manera, Elí habría sido el verdadero padre de José, pero la descendencia se atribuiría, de acuerdo con la Torah, a Jacob. En una genealogía nos encontraríamos con la ascendencia legal de José y en la otra, con la física verdadera. Con distintas variantes y matices, esta tesis ha sido expuesta por distintos autores y no puede rechazarse su verosimilitud.

Sin embargo, desde nuestro punto de vista, existe otra hipótesis más razonable que sería la de atribuir a Mateo la genealogía de José y a Lucas, la de María. Si bien se mira, el énfasis de los sucesos en torno al nacimiento de Jesús enfatiza a uno u otro de los personajes en cada uno de los Evangelios. Es cierto que Mateo señala que el Mesías nacería de una virgen, pero es José, el personaje central del relato. Por el contrario, en Lucas, María es la que atrae la atención del autor que nos proporciona incluso detalles que no aparecen en los otros Evangelios. Es nuestra opinión que Lucas pudo tener acceso al testimonio oral de María cuando recogía materiales para su Evangelio, aprovechando la detención de no menos de dos años de Pablo en Cesarea. Así, mientras Mateo —escribiendo para judíos— recogió la ascendencia legal de Jesús, Lucas habría recogido la indiscutible, la de María.

JESÚS Y LAS PROFECÍAS MESIÁNICAS

H istóricamente no han faltado los personajes que han pretendido ser el Mesías anunciado en las Escrituras. Es cierto que no existen ejemplos antes de Jesús, pero, tras su muerte, han abundado desde el mismo siglo I hasta finales del siglo XX, cuando murió Menajem Mendel Schneerson, un personaje al que sus seguidores judíos consideran actualmente el Mesías. En total, los pretendidos mesías han rondado el medio centenar a lo largo de veinte siglos.[1] ¿Por qué creyeron los seguidores judíos de Jesús en que era el Mesías? La razón esencial fue, aparte de las apariciones de la Pascua, su convicción de que Jesús había cumplido las profecías mesiánicas contenidas en las Escrituras judías (Lucas 24:25-32). En las páginas siguientes he consignado algunos ejemplos —ni lejanamente todos los que se podrían aducir— de esas profecías, que permiten entender el grado de certeza que tenían aquellos primeros seguidores de Jesús en que Él era el Mesías.

Profecías 1-8: la estirpe del Mesías

El Mesías que debía redimir a Israel y, dicho sea de paso, a toda la humanidad, aparece delimitado con notable exactitud en las Escrituras, textos redactados entre quince y diez siglos antes del nacimiento de Jesús. En las siguientes líneas se recogen el texto de la profecía mesiánica y, en paralelo, su cumplimiento en la persona de Jesús.

1. Nacido de mujer

A diferencia de lo contemplado en otras religiones, las Escrituras de Israel no cifraban su esperanza en un ser angélico o mítico para

---

1. J. Rabow, *50 Jewish Messiahs*, Jerusalén y Nueva Cork, 2002.

su redención. Esta derivaría de un hombre, nacido de una mujer, que tendría que enfrentarse en terrible combate con la Serpiente.

Génesis 3:15

Y enemistad pondré entre ti y la mujer, y entre tu descendencia y su descendencia; ésta te herirá en la cabeza, y tú le herirás en el calcañar.

Gálatas 4:4

Mas venido el cumplimiento del tiempo, Dios envió su Hijo, hecho de mujer, hecho súbdito a la ley,

2. Nacido de Abraham

Ese salvador —que redimiría a todo el género humano— sería un descendiente de un oscuro habitante de Ur de los caldeos llamado Abraham, un personaje que había dejado a su familia y su patria para obedecer al único Dios dieciocho siglos antes del nacimiento de Jesús.

Génesis 22:18

En tu descendencia serán benditas todas las gentes de la tierra, por cuanto obedeciste mi voz.

Gálatas 3:16

A Abraham fueron hechas las promesas, y a su descendencia. No dice: Y a las descendencias, como de muchos; sino como de uno: Y a tu simiente, la cual es Cristo.

3. Nacido de Isaac

Abraham, sin embargo, tuvo un hijo de Agar —Ismael— y otro de Sara —Isaac—, además de otros posteriores de Quetura. En teoría, el Mesías podía haber descendido de cualquiera de ellos, pero las Escrituras señalan que su ascendencia sería la relacionada con Isaac, el hijo de Sara.

Génesis 21:12

Entonces dijo Dios a Abraham: No te parezca grave lo del muchacho y tu sierva; en todo lo que te diga Sara, escúchala, porque de Isaac te vendrá la descendencia.

Lucas 3:23,24

Y el mismo Jesús comenzaba a ser como de treinta años, hijo de José, como se creía; que fue hijo de Elí... Que fue de Judá, que fue de Jacob, que fue de Isaac, que fue de Abraham, que fue de Tera, que fue de Nacor...

4. Nacido de Jacob

De la misma manera que Abraham, su padre, Isaac también tuvo varios hijos. El mayor se llamaba Esaú —él procedería el reino de Edom— y el menor, Jacob. Las Escrituras señalan una vez más la línea por la que vendría el mesías. Sería la de Jacob.

Números 24:17

Lo veré, pero no ahora: Lo miraré, pero no de cerca: Saldrá ESTRELLA de Jacob, y se levantará cetro de Israel.

Lucas 3:23,24

Y el mismo Jesús comenzaba a ser como de treinta años, hijo de José, como se creía; que fue hijo de Elí...

Que fue de Judá, que fue de Jacob, que fue de Isaac, que fue de Abraham, que fue de Tera, que fue de Nacor...

5. Nacido de la tribu de Judá

Jacob, a su vez, tuvo hijos —los doce patriarcas—, y además descendientes femeninos como Dina. Sin embargo, el Mesías profetizado vendría a través de Judá.

Génesis 49:10

No será quitado el cetro de Judá y el legislador de entre sus pies hasta que venga Silo y a él se congregarán los pueblos.

Lucas 3:22,23

Y descendió el Espíritu Santo sobre él en forma corporal, como paloma, y se escuchó una voz del cielo que decía: Tú eres mi Hijo amado, en ti me he complacido. Y el mismo Jesús comenzaba a ser como de treinta años, hijo de José, como se creía; que fue hijo de Elí...

Que fue de Judá, que fue de Jacob, que fue de Isaac, que fue de Abraham, que fue de Tera, que fue de Nacor...

6. Nacido de la línea de Isaí

De entre toda la tribu de Judá, el hijo de Jacob, el Mesías tendría que venir de una familia concreta, la de Isaí o Jesé.

Isaías 11:1

Y Saldrá una vara del tronco de Isaí, y un vástago retoñará de sus raíces.

Lucas 3:23,32

Y el mismo Jesús comenzaba a ser como de treinta años, hijo de José, como se creía; que fue hijo de Elí...

Que fue de David, que fue de Isaí, que fue de Obed, que fue de Booz, que fue de Salmón, que fue de Naassón...

7. Nacido de la casa de David

Isaí tuvo distintos hijos, pero el Mesías —según las Escrituras— vendría de uno muy concreto, de David.

Jeremías 23:5

Vienen los días, dice YHVH, y despertaré a David un renuevo justo, y gobernará como Rey, que será dichoso, y ejecutará juicio y justicia en la tierra.

Lucas 3:23,31

Y el mismo Jesús comenzaba a ser como de treinta años, hijo de José, como se creía; que fue hijo de Elí...

Que fue de David, que fue de Isaí, que fue de Obed, que fue de Booz, que fue de Salmón, que fue de Naassón...

8. Los hijos de la madre del Mesías no creerían en Él

De manera bien reveladora, el Mesías verdadero no sería creído por los hijos de su madre.

Salmo 68:8,9

Extraño he sido para mis hermanos y desconocido para los hijos de mi madre. Porque me consumió el celo por tu casa.

Juan 7:3-5

Y le dijeron sus hermanos: Sal de aquí y vete a Judea, para que también tus discípulos vean las obras que haces, porque ninguno que procura darse a conocer hace algo en secreto. Si estas cosas haces, manifiéstate al mundo. Porque ni aún sus hermanos creían en él.

Juan 2:16,17

Y dijo a los que vendían palomas: Quitad esto de aquí, y no convirtáis la casa de mi Padre en casa de mercado. Entonces se acordaron sus discípulos de que estaba escrito: El celo por tu casa me consume.

PROFECÍAS 9-15: el lugar y la época del nacimiento del Mesías

Si las profecías anteriores —todas ellas cumplidas por Jesús— perfilaban de manera muy clara la estirpe a la que debería pertenecer el Mesías, las que vamos a examinar a continuación señalan el lugar dónde debería nacer y la época concreta en que debería tener lugar ese hecho.

9. Nacido en Belén

Dadas las circunstancias de su filiación, el Mesías podía haber nacido en cualquier parte del mundo. Por supuesto, Jerusalén hubiera sido un enclave ideal en la medida en que era la capital del reino de Judá, pero no hubiera resultado un disparate que el Mesías viera la primera luz en el exilio. A fin de cuentas, en el exilio había profetizado Ezequiel y se consolidaron aspectos esenciales de lo que conocemos como judaísmo del segundo Templo, el mismo en que nació Jesús. Sin embargo, las Escrituras —ocho siglos antes del nacimiento de Jesús— señalaron que el lugar donde nacería sería Belén. No solo eso. La profecía de Miqueas obliga a pensar que el Mesías es un personaje que existía antes de su encarnación.

Miqueas 5:2

Mas tú, Belén Efrata, pequeña entre los millares de Judá, de ti me saldrá el que será Señor en Israel; y sus salidas son desde el principio, desde los días de la eternidad.

Mateo 2:1

Y cuando nació Jesús en Belén de Judea en días del rey Herodes…

10. Nacido cuando no hubiera un rey judío

El nacimiento del Mesías tendría lugar en una época muy especial. A pesar de proceder de la estirpe de David, no sucedería en el trono a alguien que perteneciera a ella. A decir verdad, cuando naciera, el cetro que estaría gobernando a los judíos no se encontraría en manos de un judío. De manera verdaderamente reveladora, Jesús nació en el único período de la historia universal en que ha existido un reino judío que contaba con un monarca que no era judío. Se trataba del idumeo Herodes. Semejante circunstancia no se daría ni antes ni después en la historia.

Génesis 49:10

No será quitado el cetro de Judá, y el legislador de entre sus pies, hasta que venga Silo.

Mateo 2:1

Y cuando nació Jesús en Belén de Judea en días del rey Herodes...

11-15. Nacido cuando aún estuviera en pie el Templo

De la misma manera que el poder regio de Judá no estaría en manos de un judío cuando llegara el Mesías, el Templo sí estaría en pie. Esta circunstancia tenía una obvia relevancia porque no siempre ha existido templo en Jerusalén —en la actualidad, por ejemplo, no hay Templo—, y porque la experiencia histórica de Israel era que podía ser arrasado y permanecer así durante décadas. Por si fuera poco, el Templo volvió a ser arrasado unas cuatro décadas después de la crucifixión de Jesús y no ha sido reconstruido con posterioridad. Sin embargo, cuando el Mesías naciera debería existir, según las Escrituras.

11. Malaquías 3:1

He aquí, yo envío mi mensajero, que preparará el camino delante de mí: y luego vendrá a su templo el Señor a quien vosotros buscáis, y el ángel del pacto, a quien deseáis. He aquí viene, ha dicho YHVH de los ejércitos.

12. Salmo 118:26

Bendito el que viene en nombre de YHVH: Desde la casa de YHVH os bendecimos.

13. Daniel 9:26

Y después de las sesenta y dos semanas se quitará la vida al Mesías, y no por sí: y el pueblo de un príncipe que ha de venir, destruirá a la ciudad y el templo.

14. Hageo 2:7-9

Y haré temblar a todas las gentes, y vendrá el Deseado de todas las gentes; y llenaré esta casa (el templo) de gloria, ha dicho YHVH de los ejércitos. Mía es la plata, y mío el oro, dice YHVH de los ejércitos. La gloria de esta casa última será mayor que la de la primera, ha dicho YHVH de los ejércitos; y daré paz en este lugar, dice YHVH de los ejércitos.

15. Zacarías 11:13

Y me dijo YHVH: Échalo al tesorero, el hermoso precio con que me han apreciado. Y tomé las treinta piezas de plata, y las di al tesorero de la casa de YHVH.

No deja de ser significativo que la época del nacimiento del Mesías no escapó a los sabios de Israel anteriores y posteriores a Jesús. Por ejemplo, en Lam. Rab. 1,51, p. 36, se indica claramente que el Silo de Génesis 49:10, que nacería cuando el cetro de Israel estuviera en manos de un no-judío, es el Mesías. No menos significativo es el reconocimiento de Gen. Rab 85, 1, en el sentido de que «antes de que el último esclavizador (Tito) naciera» había nacido el Mesías; o la referencia talmúdica recogida por Martín Buber en el sentido de que «todos los plazos de la redención ya han pasado».[2] Efectivamente, de acuerdo con las Escrituras, el Mesías debía nacer en una época muy concreta. De manera bien significativa, a pesar de las docenas de pretendientes mesiánicos que han aparecido a lo largo de la historia, únicamente Jesús nació en ese tiempo.

Profecías 16-21: Las circunstancias relacionadas con el ministerio del Mesías

Aparte de la estirpe y de la época y lugar del nacimiento del Mesías, las Escrituras también señalan algunas circunstancias que caracterizarían su ministerio.

16. Sería precedido por un mensajero que predicaría en el desierto.

Isaías 40:3

Voz que clama en el desierto: preparad un camino a YHVH: haced recta una calzada en el yermo para nuestro Dios.

Mateo 3:1,2

---

2. M. Buber, *Tales of the Hasidim*, Nueva York, 1948, II, p. 72.

Y en aquellos días vino Juan el Bautista predicando en el desierto de Judea, y diciendo: Arrepentíos, que el reino de los cielos se ha acercado.

17. El ministerio del Mesías comenzaría en Galilea.

Las Escrituras señalaban que el ministerio del Mesías debía iniciarse en Galilea, una tierra especialmente castigada por la acción de potencias enemigas de Israel y también fronteriza con otros pueblos. De manera significativa, el Mesías no solo consolaría a los afligidos, sino que además estaría cerca de los que no formaban parte de Israel. Se trata de un cumplimiento de la profecía que aparece señalado en fuentes judías como el Zohar 1,119 a. En cuanto a la identificación del texto de Isaías 9:1 ss. con el Mesías, tiene un rancio abolengo judío. Así lo indica, por ejemplo, el testimonio de R. Yose, el galileo recogido en Pereq Shalom p. 101.

Isaías 8:23-9:1,6

... Zabulón y tierra de Neftalí... a la orilla del mar, más allá del Jordán, en Galilea de los gentiles, el pueblo que caminaba en la oscuridad ha visto una gran luz y sobre aquellos que moraban en la tierra de sombra de muerte ha brillado una luz... porque un niño nos ha nacido, un hijo nos ha sido dado, y el dominio descansará sobre su hombro y será llamado Admirable consejero, Dios fuerte, Padre eterno, príncipe de paz...

Mateo 4:12,13,17

Pero, al escuchar Jesús que Juan estaba preso, se volvió a Galilea; y dejando a Nazaret, vino y habitó en Cafarnaum, ciudad marítima, en los confines de Zabulón y de Neftalí. Desde entonces comenzó Jesús a predicar, y a decir: Convertíos, porque el reino de los cielos se ha acercado.

18. Realizaría milagros.

Otra de las marcas de la redención traída y anunciada por el Mesías sería la realización de milagros.

Isaías 35:5,6

Entonces los ojos de los ciegos se abrirán y lo mismo sucederá con los oídos de los sordos. Entonces el cojo saltará como un ciervo, y la lengua del mudo cantará...

Mateo 9:35

Y marchaba Jesús por todas las ciudades y aldeas, enseñando en sus sinagogas y predicando el evangelio del reino, y curando toda enfermedad y toda dolencia del pueblo.

19. Enseñaría con parábolas.

De manera bien significativa, el Mesías utilizaría el *mashal* o parábola como forma de enseñanza.

Salmo 78:2

Abriré mi boca en parábola; hablaré arcanos de antaño.

Mateo 13:34

Todo esto se lo dijo Jesús a las gentes utilizando parábolas, y sin parábolas no les hablaba.

20. Se presentaría en el templo.

El Mesías no solo vendría en una época en que el Templo estaría en pie —es decir, antes del año 70 d.C. en que fue destruido por las legiones romanas de Tito— sino que además lo visitaría.

Malaquías 3:1

He aquí, yo envío a mi mensajero, que preparará el camino delante de mí y entonces vendrá a su templo el Señor a quien vosotros buscáis, y el mensajero del pacto, a quien deseáis. Vendrá con seguridad, ha dicho YHVH de los ejércitos.

Mateo 21:12

Y entró Jesús en el templo de Dios, y echó fuera a todos los que vendían y compraban en el templo, y volcó las mesas de los cambistas, y las sillas de los que vendían palomas.

21. El Mesías entraría en Jerusalén montado en un asno.

Como rey de paz, el Mesías no realizaría su entrada en Jerusalén en una montura militar como el caballo, sino en un asno. La identificación del texto de Zacarías 9:9 con una profecía mesiánica cuenta con claros paralelos en la teología judía recogida en el Talmud y en escritos posteriores como el Zohar 3:69 a.

Zacarías 9:9

Alégrate mucho, hija de Sión; lanza voces de júbilo, hija de Jerusalén, porque tu rey vendrá a ti, justo y salvador, humilde, y cabalgando sobre un asno, sobre un pollino hijo de asna.

Lucas 19:35-37

Y lo llevaron a Jesús; y, tras echar sus vestidos sobre el pollino, montaron a Jesús encima. Y mientras se iba desplazando, tendían sus capas por el camino. Y cuando estaban acercándose a la bajada del Monte de los Olivos, toda la multitud de los discípulos, llena de alegría, comenzó a alabar a Dios a gran voz por todas las maravillas que habían visto.

Profecías 22-49. Circunstancias relacionadas con la muerte del Mesías

Como hemos tenido ocasión de ver, la idea de la muerte del Mesías estaba muy arraigada en el judaísmo anterior a Jesús. Tanto los esenios de Qumrán —de los que proceden los documentos del Mar Muerto—, como la literatura rabínica, hacen referencia a un Mesías que sufriría y daría su vida por el pueblo. Aún más. Ese Mesías es asociado con el Siervo sufriente de YHVH (Isaías 52:13-53:12). Al respecto, no deja de ser significativo que R. Patai dedique un capítulo entero de su estudio sobre el Mesías judío a este tema.[3] En 4 Esdras 7:27-30 se hace referencia a como «el Mesías» al que Dios llama «Hijo» precisamente «morirá». En Y. Suk 55b y B. Suk 52ª, se interpreta Zacarías 12:10 como una profecía referente a la muerte del Mesías. Por lo que se refiere a los textos de Isaías 53 son relacionados con el Mesías en distintas fuentes judías,incluido el Talmud (Sanh 98b). De hecho, en el Talmud los discípulos de Judá ha-Nasí todavía ven al Mesías en Isaías 53. Lo mismo puede decirse de pasajes como el *midrash* sobre Rut 2:14 y Pesiqta Rabbati 36. De manera bien significativa, la tradición judía más antigua insistía en los sufrimientos y la muerte del Mesías y en su identificación con el Siervo de Isaías 53.

22-23 Traicionado por un amigo.

---

3. R. Patai, *The Messiah Texts*, Detroit, 1979, p. 104 ss.

El Mesías sería traicionado por uno de sus amigos más cercanos.

Salmo 41:9

Incluso el hombre de mi paz, en quien yo confiaba, el que de mi pan comía, levantó contra mí el calcañar.

Salmo 55;12,14

Porque no me afrentó un enemigo, que yo lo habría soportado; ni se alzó contra mí el que me aborrecía, porque me hubiera ocultado de él, sino tú, hombre, que eras mi amigo íntimo mío...

Mateo 10:2,4

Y los nombres de los doce apóstoles son:... y Judas Iscariote, que lo entregó.

Mateo 26:49

Y cuando Judas llegó a donde estaba Jesús, dijo: Salve, Maestro. Y le besó.

24. Vendido por treinta monedas de plata.

Zacarías 11:12

Y les dije: Si os parece bien, dadme mi salario; y si no, dejadlo. Y pesaron por mi salario treinta piezas de plata.

Mateo 16:15

Y les dijo Judas: ¿Qué me queréis dar, y yo os lo entregaré? Y ellos le señalaron treinta piezas de plata.

25. El dinero de la traición sería arrojado en la casa de Dios.

Zacarías 11:13

Y me dijo YHVH: Arrójalo al tesorero, hermoso precio con que me han apreciado. Y tomé las treinta piezas de plata, y se las arrojé al tesorero, en la casa de YHVH.

Mateo 27:5

Y, tras arrojar las piezas de plata en el templo, se marchó y fue, y se ahorcó.

26. El Mesías sería abandonado por sus discípulos.

Zacarías 13:7

Levántate, oh espada, sobre el pastor, y sobre el hombre que es mi compañero, dice YHVH de los ejércitos. Hiere al pastor y las ovejas se desperdigarán...

Marcos 14:50

Entonces todos sus discípulos lo dejaron y huyeron.

27. El Mesías sería acusado por falsos testigos.
Salmo 35:11
Se levantaron contra mí testigos falsos; me interrogaron sobre cosas que no sabía.
Mateo 26:59,60
Y los príncipes de los sacerdotes, y los ancianos, y todo el consejo, buscaban falso testimonio contra Jesús para entregarle a la muerte; y no lo hallaron, aunque se presentaron muchos testigos falsos, pero, al final, llegaron dos testigos falsos.

28. El Mesías permanecería callado ante sus acusadores.
Isaías 53:7
Angustiado él, y afligido, no abrió la boca. Como cordero fue llevado al matadero; y, como una oveja que se encuentra ante sus trasquiladores, enmudeció, y no abrió la boca.
Mateo 27:12
Y cuando era acusado por los principales de los sacerdotes, y por los ancianos, no respondió nada.

29. El Mesías sería herido y golpeado.
Isaías 53:5
Pero él fue herido por nuestras rebeliones, molido por nuestros pecados. El castigo de nuestra paz vino sobre él; y por su llaga fuimos curados.
Mateo 27:26
Entonces les soltó a Barrabás, y tras azotar a Jesús, lo entregó para que fuera crucificado.
Juan 19:11
Respondió Jesús (a Pilato): «Ninguna potestad tendrías contra mí, si no te hubiese sido dada desde arriba: por tanto, el que a ti me ha entregado, tiene mayor pecado.

30. El Mesías sería escupido.
Isaías 50:6

Di mi cuerpo a los que me herían, y mis mejillas a los que me tiraban del cabello. No escondí el rostro de los insultos y de los escupitajos.

Mateo 26:67

Entonces le escupieron en el rostro, y le dieron de bofetadas; y otros le propinaban puñetazos.

31. Se atribuiría la condena del Mesías a Dios.

Aunque el Mesías sería enviado por Dios, en el momento de su rechazo y muerte muchos considerarían que era el propio Dios el que lo castigaba por mantener unas pretensiones injustificadas.

Isaías 53:4

Ciertamente llevó él nuestras enfermedades, y sufrió nuestros dolores; y nosotros lo consideramos azotado, herido por Dios y abatido.

Marcos 14:53-65

Y trajeron a Jesús al sumo sacerdote; y se reunieron con él todos los principales sacerdotes y los ancianos y los escribas. Sin embargo, Pedro le siguió de lejos hasta el interior del patio del sumo sacerdote; y se sentó con los sirvientes y se calentaba al fuego. Y los principales sacerdotes y todo el concilio buscaban un testimonio contra Jesús, para entregarlo a la muerte, pero no lo encontraban. Porque muchos decían falso testimonio contra él, pero sus testimonios no concordaban. Entonces aparecieron unos que dieron falso testimonio contra él, diciendo: Nosotros le hemos oído decir: Yo derribaré este templo que ha sido hecho por mano, y en tres días edificaré otro hecho sin mano. Pero ni siquiera de esa manera coincidía su testimonio. Entonces el sumo sacerdote, levantándose, preguntó a Jesús: «¿No respondes nada? ¿Qué atestiguan estos contra ti?» Pero él permanecía callado, y no respondía nada. El sumo sacerdote le volvió a preguntar, y le dijo: «¿Eres tú el mesías, el Hijo del Bendito? Y Jesús le dijo: «Yo soy; y veréis al Hijo del Hombre sentado a la diestra del poder de Dios, y viniendo en las nubes del cielo». Entonces el sumo sacerdote, rasgando sus vestiduras, dijo: «¿Qué más necesidad tenemos de testigos? Habéis oído la blasfemia: ¿qué os parece?» Y todos lo condenaron como reo de muerte. Y algunos comenzaron a escupirle y a cubrirle el rostro, y a darle bofetadas, y a decirle: «Profetiza». Y los sirvientes le daban de bofetadas.

32. Objeto de burlas.

El Mesías sería también un personaje sobre el que recaerían mofas y burlas.

Salmo 22:7,8

Todos los que me ven, se mofan de mí, hacen gestos con los labios, menean la cabeza, diciendo: «Que se encomiende a YHVH, que él lo libre, que lo salve puesto que en él se complacía».

Mateo 27:29

Y le pusieron en la cabeza una corona tejida de espinas, y una caña en la mano derecha; y poniéndose de rodillas delante de él, se burlaban, diciendo: «¡Salve, Rey de los Judíos!».

33. Sus manos y sus pies serían taladrados.

Las Escrituras también describen con detalle la manera en que el Mesías recibiría muerte. De hecho, sus padecimientos incluirían que le traspasaran las manos y los pies.

Salmo 22:16

Porque me han rodeado perros; me ha cercado una cuadrilla de malignos. Han horadado mis manos y mis pies.

Lucas 23:33

Y cuando llegaron al lugar que se llama de la Calavera, le crucificaron allí, y también a los malhechores, uno a la derecha, y otro a la izquierda.

34. Ejecutado con delincuentes.

El Mesías sería ejecutado como un criminal y al lado de delincuentes.

Isaías 53:12

Por tanto yo le daré parte con los grandes, y con los fuertes repartirá despojos ya que derramó su vida hasta la muerte, y fue contado con los malvados, mientras llevaba el pecado de muchos y oraba por los transgresores.

Mateo 27:38

Entonces crucificaron con él a dos ladrones, uno a la derecha, y otro a la izquierda.

35. El Mesías intercedería por sus perseguidores.

En medio de su dolor, el Mesías oraría por los que le ocasionaban sus sufrimientos.

Isaías 53:12

Por tanto yo le daré parte con los grandes, y con los fuertes repartirá despojos ya que derramó su vida hasta la muerte, y fue contado con los malvados, mientras llevaba el pecado de muchos y oraba por los transgresores.

Lucas 23:34

Y Jesús decía: «Padre, perdónalos, porque no saben lo que hacen». Y repartiendo sus vestiduras, sobre ellas echaron suertes.

36. El Mesías sería rechazado por su propio pueblo.

De manera bien significativa, y a pesar de la espera de siglos, el Mesías no sería aceptado como tal por la mayoría de Israel, su propio pueblo.

Isaías 53:3

Despreciado y desechado entre los hombres, varón de dolores, experimentado en quebranto. Escondimos el rostro de él. Fue menospreciado, y no lo apreciamos.

Juan 7:5

Porque ni aun sus hermanos creían en él.

Juan 7:47,48

Entonces los fariseos les respondieron: «¿También vosotros habéis caído en el engaño? ¿Acaso ha creído en él alguno de los príncipes, o de los fariseos?».

37. El Mesías sería odiado sin causa.

No solo sería rechazado. Además, el Mesías sería objeto de un odio que no merecería.

Salmo 69:4

Han aumentado más que los cabellos de mi cabeza los que me aborrecen sin motivo. Se han fortalecido mis enemigos, los que me destruyen sin razón alguna. Así pago lo que no he hecho.

Juan 15:25

Sino para que se cumpla la palabra que está escrita en su ley: «Sin motivo me aborrecieron».

38. Los amigos del Mesías se apartarían de él en medio de sus sufrimientos.

Salmo 38:11

Mis amigos y mis compañeros se apartaron de mí en mi dolor y la gente que era cercana se alejó.

Lucas 23:49

Pero todos sus conocidos, y las mujeres que le habían seguido desde Galilea, contemplaban todo desde lejos.

39. La gente sacudiría la cabeza al ver el suplicio del Mesías.
Salmo 109:25

Para ellos he sido objeto de oprobio. Me miraban y meneaban su cabeza.

Mateo 27:39

Y los que pasaban, le arrojaban injurias, meneando la cabeza.

40. El Mesías sufriría tormento a la vista de los demás.
Salmo 22:7

Todos los que me ven, se burlan de mí. Hacen gesto con los labios y menean la cabeza.

Lucas 23:35

Y el pueblo estaba mirando; y se burlaban de él los príncipes que estaban con ellos, diciendo: «A otros salvó: sálvese a sí mismo, si es el mesías, el elegido de Dios».

41. Las vestiduras del Mesías serían repartidas.
Salmo 22:18

Repartieron entre sí mis vestiduras y sobre mi ropa echaron suertes.

Juan 19:23-24

Y una vez que los soldados hubieron crucificado a Jesús, echaron mano de sus vestiduras, e hicieron cuatro partes (una para cada soldado); y la túnica, pero la túnica era sin costura, toda tejida desde arriba. Y se dijeron: «No la partamos, sino echemos suertes sobre ella, para determinar de quién será»; para que se cumpliese la Escritura, que dice: «Repartieron entre sí mis vestiduras, y sobre mi ropa echaron suertes». Y así se comportaron los soldados.

42. El Mesías sufriría sed durante su tormento.

Salmo 69:21
Me pusieron además hiel por comida, y cuando tenía sed me dieron vinagre para beber.

Juan 19:28
Después de esto, sabiendo Jesús que todas las cosas se habían cumplido, para que la Escritura se cumpliese, dijo: «Tengo sed».

43. En su tormento, darían al Mesías hiel y vinagre.

Salmo 69:21
Me pusieron además hiel por comida, y cuando tenía sed me dieron vinagre para beber.

Mateo 27:34
Le dieron a beber vinagre mezclado con hiel: y, tras probarlo, no lo quiso beber.

44. El Mesías se sentiría abandonado durante su agonía.

Salmo 22:1
Dios mío, Dios mío, ¿por qué me has abandonado? ¿Por qué estás lejos de mi salvación y de las palabras de mi clamor?

Mateo 27:46
Y cerca de la hora novena, Jesús exclamó a gran voz: «Elí, Elí, ¿lamá sabactaní? que significa: «Dios mío, Dios mío, ¿por qué me has abandonado?».

45. El Mesías se encomendaría a Dios en el momento de su muerte.

Salmo 31:5
En tu mano encomiendo mi espíritu. Tú me has redimido, oh YHVH, Dios de verdad.

Lucas 23:46
Entonces Jesús, clamando a gran voz, dijo: «Padre, en tus manos encomiendo mi espíritu». Y tras decir esto, expiró.

46. A pesar de padecer un horrible tormento, los huesos del Mesías no serían quebrados.

Salmo 34:20
El guarda todos sus huesos; Ni uno de ellos será quebrantado.

Juan 19:33

Pero cuando se acercaron a Jesús, al ver que ya estaba muerto, no le quebraron las piernas.

47. Traspasarían el costado del Mesías.

Zacarías 12:10

Y derramaré espíritu de gracia y oración sobre la casa de David, y sobre los habitantes de Jerusalén y me mirarán a mí, a quien traspasaron, y harán llanto sobre él, como llanto sobre unigénito, afligiéndose sobre él como quien se aflige sobre primogénito.

Juan 19:34

Pero uno de los soldados le abrió el costado con una lanza, y entonces salió sangre y agua.

48. En el momento de la muerte del Mesías se produciría oscuridad sobre la tierra.

Amós 8:9

Y acaecerá en aquel día, dice el Señor YHVH, que haré se ponga el sol al mediodía, y en medio de la claridad del día cubriré de tinieblas la tierra.

Mateo 27:45

Y desde la hora sexta hasta la nona hubo tinieblas sobre toda la tierra.

49. La muerte del Mesías tendría un carácter expiatorio.

Isaías 53:10

Con todo eso YHVH quiso quebrantarlo, sujetándolo a padecimiento. Después de que haya ofrecido su vida en expiación por el pecado, verá linaje, vivirá por largos días, y en su mano prosperará la voluntad de YHVH.

Marcos 10:42-45

Pero Jesús, llamándolos, les dijo: «Sabéis que los que son príncipes sobre las naciones, se enseñorean de ellas, y los que entre ellas son grandes, tienen sobre ellas potestad. Pero entre vosotros no será así. Por el contrario, cualquiera que quiera ser grande entre vosotros, será vuestro servidor; y cualquiera de vosotros que quiera ser el primero, será siervo de todos. Porque el Hijo del Hombre tampoco vino para ser servido, sino para servir, y dar su vida en rescate por muchos».

Profecías 50-52. Las circunstancias relacionadas con sucesos posteriores a la muerte del Mesías

Aunque suele señalarse con bastante frecuencia que la idea de la resurrección del Mesías es típicamente cristiana, tal afirmación no se corresponde con lo que encontramos en las fuentes. De hecho, ya en Isaías 53 se indica que, tras ofrecer su vida en expiación por el pecado, el Siervo-Mesías vería la vida. En el judaísmo posterior hallamos referencias a cómo el Mesías sería revelado, cómo moriría, cómo sería llevado al cielo por Dios y, después de un tiempo, regresaría (Midrash Rabbah sobre Rut 5:6; Midrash sobre Rut 2:4; 2 Baruc 30:1-5; etc.). De manera bien significativa, la resurrección tendrá lugar no con ocasión de la primera aparición del Mesías sino con la segunda (Zohar 1,139ª-b). Todos estos aspectos configuran una visión que es similar a la recogida en el Nuevo Testamento, y cuya única diferencia es la afirmación de este de que Jesús es el Mesías.

50. A pesar de haber recibido la muerte al lado de delincuentes, el Mesías sería enterrado en la tumba de un hombre rico.

Isaías 53:9

Y se dispuso con los impíos su sepultura, pero en su muerte estuvo con los ricos; porque nunca perpetró maldad, ni hubo engaño en su boca.

Mateo 27:57-60

Y cuando llegó la tarde, vino un hombre rico de Arimatea, llamado José, que también había sido discípulo de Jesús. Este llegó a Pilato, y pidió el cuerpo de Jesús. Entonces Pilato ordenó que se le entregase el cuerpo. Y tomando José el cuerpo, lo envolvió en una sábana limpia, y lo colocó en un sepulcro nuevo, que había labrado en la roca y, tras disponer una gran piedra a la entrada del sepulcro, se fue.

51. El Mesías se convertiría en piedra de tropiezo.

Salmo 118:22

La piedra que desecharon los constructores se ha convertido en piedra angular.

52. El Mesías de Israel sería luz para los gentiles.

Isaías 60:3

Y andarán los gentiles a tu luz, y los reyes al resplandor de tu nacimiento.

Hechos 13:47-48

Porque así nos ha mandado el Señor, diciendo: «Te he puesto para luz de los gentiles para que seas salvación hasta los confines de la tierra. Y los gentiles, al escucharlo, se marcharon alegres y glorificaban la palabra del Señor. Y creyeron todos los que estaban ordenados para la vida eterna.

BIBLIOGRAFIA[1]

I. Fuentes:[2]

«A. Bíblicas.»

a) AT: «Biblia Hebraica Stuttgartensia» (hebreo), Stuttgart, 1984.

b) Septuaginta: A. Rahlfs, «Septuaginta» (griego), Stuttgart, 1979.

c) NT:

   - He Kainé Diazeké, TBS, Londres, 1993.

   - E. Nestle-K. Aland, «Novum Testamentum Graece» (griego), Stuttgart, 1988.

C. Vidal, El Nuevo Testamento interlineal griego-español, Nashville, (en prensa).

B. Clásicas.

a) Suetonio: J. C. Rolfe, «Suetonius», 2 vv, (latín con traducción inglesa), Cambridge y Londres, 1989.

b) Tácito: C. H. Moore y J. Jackson, «Tacitus: Histories and Annals», 4 vv, (latín con traducción inglesa), Cambridge y Londres, 1989.

«C. Talmúdicas.»

R. T. Herford, «Christianity in Talmud and Midrash», (hebreo y arameo), Londres, 1905.

«D. Flavio Josefo.»

H. St. J. Thackeray, R. Marcus, Allen Wikgren y L. H. Feldman, «Josephus», 10 vols, (griego con traducción inglesa), Cambridge y Londres, 1989.

---

1. Aparecen consignadas en esta bibliografía solamente las obras de carácter general relacionadas con el presente estudio. Para una bibliografía más específica y detallada sobre cada aspecto concreto remitimos a la contenida en cada apartado concreto de esta obra.

2. Consignamos a continuación las ediciones de los textos originales que hemos utilizado para la realización del presente estudio.

«E. Patrísticas.»

J. P. Migne, «Patrologia Graeca», 162 vv, París, 1857-1886.
J. P. Migne, «Patrologia Latina», París, 1844-1864.

II. Obras Generales:

F. H. Agnew, "On the Origin of the term Apostolos" en «CBQ», 38, 1976, págs. 49-53.
"The origin of the NT Apostle-Concept" en «JBL», 105, 1986, págs. 75-96.
A. del Agua, «El método midrásico y la exégesis del Nuevo Testamento», Valencia, 1985.
C. Albeck, «Untersuchungen über die Redaktion der Mischna», Berlín, 1923. «Einführung in die Mischna», Berlín-Nueva York, 1971.
X. Alegre, «El concepto de salvación en las Odas de Salomón», Münster, 1977.
R. von der Alm, «Die Urteile heidnischer un jüdischer Schrifsteller der vier ersten christlichen Jahrhunderte über Jesus und die ersten Christen», Leipzig, 1865.
G. Alon, «The Jews in their Land in the Talmudic Age», Cambridge y Londres, 1989.
D. E. Aune, «Prophecy in Early Christianity», Grand Rapids, 1983.
M. Avi-Yonah, «Geschichte der Juden im Zeitalter des Talmud», Berlín, 1962.
W. Bacher, «Die Agada der Tannaiten», 2 vv., Estrasburgo, 1884-90.
F. Badia, «The Qumrán Baptism and John the Baptist's Baptism», Lanham, 1980.
B. Bagatti, «Resti cristiani in Palestina anteriori a Costantino?» en «Rivista di Archeologia cristiana», XXVI, 1950, págs. 117-131.,
«Scoperta di un cimitero giudeo-cristiano al "Dominus Flevit"» en «LA», III, 1953, págs. 149-84.;
y J. T. Milik, «Gli Scavi del "Dominus Flevit" I. La necropoli del periodo romano»; Jerusalén, 1958,
«L'Èglise de la Circoncision», Jerusalén, 1964;
«Gli scavi di Nazareth, I, Dalle origini al secolo XII», Jerusalén, 1967;
«Antichi villaggi cristiani di Galilea», Jerusalén, 1971;
«Nuove Scorpete alla Tomba della Vergine a Getsemani» en «LA», XXII, 1972, págs. 236-90;
«L'apertura della Tomba della Vergine a Getsemani» en «LA», XXIII, 1973, págs. 318-321;
W. Barclay, «The Revelation of St. John», Filadelfia, 2 vv., 1976.
D. Baron, «The Servant of Jehovah», Londres, 1922.

J. Barr, «Which language did Jesus speak?» en «BJRL», 53, 1970-1, p. 9 ss.

C. K. Barrett, «The New Testament Background», Nueva York, 1989.

G. Barth, «El bautismo en el tiempo del cristianismo primitivo», Salamanca, 1986.

M. Barth, «Rediscovering the Lord's Supper», Atlanta, 1988.

W. Bauer, «Rechtglaubigkeit und Ketzerei im altesten Christentum», Tubinga, 1934.

«Orthodoxy and Heresy in Earliest Christianity», Filadelfia, 1971.

«New Testament Apocrypha», I, Filadelfia, 1963.

G. R. Beasley-Murray, «Jesus and the Kingdom of God», Grand Rapids, 1986.

«John», Waco, 1987.

H. H. Ben-Sasson, «History of the Jewish People» (ed.), Cambridge, Mass, 1976.

E. Bikerman, «Sur la version vieux-russe de Flavius Josèphe» en «Melanges Franz Cumont», Bruselas, 1936, págs. 53-84.

W. Bousset, «Kyrios Christos», Nashville, 1970.

J. W. Bowker, «The Targums and the Rabbinic literature», Cambridge, 1969.

S. G. F. Brandon, «The Fall of Jerusalem and the Christian Church», Londres, 1951.

«Jesus and the Zealots», Manchester, 1967.

«The Trial of Jesus», Londres, 1968.

R. E. Brown, «The Community of the Beloved Disciple», Nueva York, 1979.

«The Epistles of John», Nueva York, 1982.

«The Birth of the Messiah», Nueva York, 1979 (Existe edición castellana: «El nacimiento del Mesías», Madrid, 982).

F. F. Bruce, «¿Son fidedignos los documentos del Nuevo Testamento?», Miami, 1972.

«New Testament History», Nueva York, 1980.

«Paul and Jesus», Grand Rapids, 1982.

«New Testament Development of Old Testament Themes», Grand Rapids, 1989.

«Paul: Apostle of the Heart Set Free», Grand Rapids, 1990.

B. Brüne, «Zeugnis des Josephus über Christus» en «Th St Kr», 92, 1919, págs. 139-47.

P. A. Brunt, «Procuratorial Jurisdiction» en »Latomus», 25, 1966, págs. 461-89.

A. Büchler, «Studies in Jewish History», Londres, 1956.

R. Bultmann, «Neuste Paulusforschung» en «TR», 6, 1934, págs. 229-246.

«Kerygma and Myth», Londres, 1953.

«Jesus and Paul» en «Existence and Faith», Londres, 1964, págs. 217-239.

«The Gospel of John», Filadelfia, 1971.

«Teología del Nuevo Testamento», Salamanca, 1981.

C. C. Caragounis, «The Son of Man», Tubinga, 1986.

M. Casey, «Son of Man», Londres, 1979.

C. Clermont-Ganneau, «Discovery of a Tablet from Herod's Temple» en «Palestine Exploration Quarterly», 3, 1871, págs. 132-3.

«Epigraphes hébraiques et grecques sur des ossuaires juifs inédits» en «Revue Archéologique», 3 serie, 1883, I, págs. 257-268.

F. B. Clogg, «An Introduction to the New Testament», Londres, 1940.

H. Conzelmann, «Jesus Christus» en «RGG», III, 1959, cols. 619-53.

J. M. Creed, «The Slavonic Version of Josephus History of the Jewish War» en «The Harvard Theological Review», XXV, 1932, págs. 318-9.

O. Cullmann, «Le probleme littéraire et historique du roman pseudo-clémentin», París, 1930.

«The Earliest Christian Confessions», Londres, 1949.

«Baptism in the New Testament», Londres, 1950.

«El Estado en el Nuevo Testamento», Madrid, 1966.

«El Nuevo Testamento», Madrid, 1971.

«Jesús y los revolucionarios de su tiempo», Madrid, 1971.

«Del Evangelio a la formación de la teología cristiana», Salamanca, 1972.

«Christology of the New Testament», Londres, 1975.

F. Cumont, «Un rescrit impérial sur la violation de sépulture» en «Revue Historique», 163, 1930, p. 241 ss.

II. P. Chajes, «Ben Stada» en S. A. Horodetski, «Ha-Goren», Berdichev, 1903, IV, págs. 33-37.

J. H. Charlesworth, «A Critical Examination of the Odes of Salomon», Duke, 1987.

(ed.) «John and the Dead Sea Scrolls», Nueva York, 1990.

D. Chwolsohn, «Das Letzte Passamahl Christi und der Tag seines Todes», Leipzig, 1908.

J. W. Dale, «Baptizo: an Inquiry into the Meaning of the Word as Determined by the Usage of Jewish and Patristic Writers», Filadelfia, 1991.

G. Dalman, «Die Thalmudischen Texte (über Jesu)», Leipzig, 1900.

«The Words of Jesus», Edimburgo, 1902.

«Die Worte Jesu», Leipzig, 1898 y 1930.

J. Daniélou, «La théologie du judéo-christianisme», París, 1958.

«Theology of Jewish Christianity», Chicago, 1964.

W. D. Davies, «Paul and Rabbinic Judaism», Londres, 1948.

M. Dibelius, «A Fresh Approach to the New Testament and Early Christian Literature», Londres, 1936.

A. Diez Macho, «La lengua hablada por Jesucristo», Madrid, 1976.

«Jesucristo "único"», Madrid, 1976.

G. Dix, «Jew and Greek: A Study in the Primitive Church», Londres, 1953.

D. S. Dockery, «Baptism» en «DJG».

C. H. Dodd, «The Fall of Jerusalem and the Abomination of Desolation» en «JRS», 37, 1947, págs. 47-54.

«Historical Tradition in the Fourth Gospel», Londres, 1963.

A. Edersheim, «Prophecy and History according to the Messiah», Grand Rapids, 1980.

«La vida y los tiempos de Jesús el Mesías», Tarrassa, 1988.

R. Eisler, «Iesous Basileus ou basileusas», 2 vv., Heidelberg, 1929-30.

«The Messiah Jesus and John the Baptist», Londres, 1931.

J. H. Elliott, «A Home for the Homeless», Londres, 1982.

L. E. Elliot-Binns, «Galilean Christianity», Londres, 1956.

E. E. Ellis, y E. Grasser (eds), «Jesus und Paulus», Gotinga, 1975.

L. H. Feldman, «Josephus», IX, Cambridge y Londres, 1965.

«Studies in Judaica: Scholarship on Philo and Josephus (1937-1962)», Nueva York, 1963.

«Josephus and Modern Scholarship», Berlín-Nueva York, 1984.

P. Fernández Uriel y César Vidal, «Anavim, apocalípticos y helenistas: Una introducción a la composición social de las comunidades judeo-cristianas de los años 30 a 70 del siglo I. d.C.» en «Homenaje a J. M. Blázquez», Madrid, v. IV, en prensa.

E. J. Fisher, (ed.), «The Jewish Roots of Christian Liturgy», Nueva York, 1990.

J. A. Fitzmyer, «The Languages of Palestine in the First Century AD» en «CBQ», 32, 1970, págs. 501-31.

D. Flusser, «Jesús en sus palabras y su tiempo», Madrid, 1975.

«El Hijo del Hombre» en A. Toynbee (ed.), «El crisol del cristianismo», Madrid, 1988.

F. J. Foakes-Jackson, «The Acts of the Apostles», Londres, 1931.

Z. Frankel, «Darje ha-Mishnah: Hodegetica in Mischnam», Leipzig, 1867.

A. Frova, «L'iscrizione di Ponzio Pilato a Cesarea» en «Rediconti dell'Istituto Lombardo», 95, 1961, págs. 419-34.

R. H. Fuller, «Foundations of New Testament Christology», Nueva York, 1965.

R. Furneaux, «The Roman Siege of Jerusalem», Londres, 1973.

B. Gerhardsson, «Memory and Manuscript: Oral Traditions and Written Transmission in the Rabbinic Judaism and Early Christianity», Uppsala, 1961.

S. Gero, «Apocryphal Gospels: A Survey of Textual and Literary Problems» en «ANRW», 2.25-5.3969-96.

W. H. Gloer, (ed.), «Eschatology and the New Testament», Peabody, 1988.

R. Gnuse, «Comunidad y propiedad en la tradición bíblica», Estella, 1987.

J. Gonzalez-Faus, «Clamor del reino: estudio sobre los milagros de Jesús», Salamanca, 1982.

L. Goppelt, «Christentum und Judentum im ersten und zweiten Jahrhundert», Gütersloh, 1950.

«Typos: The Typological Interpretation of the Old Testament in the New», Grand Rapids, 1982.

H. Graetz, «Geschichte der Juden von den altesten Zeiten bis zur Gegenwart», Leipzig, 1908-9.

J. Grau, «Escatología», Barcelona, 1977.

R. Graves, y J. Podro, «Jesus in Rome», Londres, 1957.

K. Grayston, «The Johannine Epistles», Londres, 1984.

R. A. Guelich, «Destruction of Jerusalem» en «DJG».

H. Guevara, «Ambiente político del pueblo judío en tiempos de Jesús», Madrid, 1985.

D. Guthrie, «New Testament Introduction», Londres, 1965.

A. Guttmann, «The Significances of Miracles for Talmudic Judaism» en «HUCA», 20, 1948, págs. 364-406.

A. von Harnack, «Chronologie der altchristlichen Litteratur bis Eusebius», Leipzig, 1893-1897.

«Lukas der Arzt», Leipzig, 1906.

A. E. Harvey, «Jesus and the Constraints of History», Filadelfia, 1982.

A. Hausrath, «Neutestamentliche Zeitgeschichte», I-IV, Leipzig, 1868-73.

G. F. Hawthorne, y O. Betz (eds.), «Tradition and Interpretation in the New Testament», Grand Rapids, 1987.

H. Hegermann, «Jesaja 53 in Hexapla, Targum und Peschitta», Gütersloh, 1954.

M. Hengel, «Property and Riches in the Early Church», Filadelfia, 1974.

«El Hijo de Dios», Salamanca, 1978.

«Acts and the History of Earliest Christianity», Londres, 1979.

«The Charismatic Leader and His Followers», Edimburgo, 1981.

«Between Jesus and Paul», Londres, 1983.

«The "Hellenization" of Judaea in the First Century after Christ», Londres y Filadelfia, 1989.

«The Zealots», Edimburgo, 1989.

«Judaism and Hellenism», Minneapolis, 1991.

R. T. Herford, «Christianity in Talmud and Midrash», Londres, 1905.

K. Hobart, «The Medical Language of Saint Luke», Dublín, 1882.

G. Hoennicke, «Das Judenchristentum im ersten um zweiten Jahrhundert», Berlín, 1908.

D. Hoffmann, «Die Antoninus-Agadot im Talmud und Midrasch» en «MGWJ», 19, 1892, págs. 33-55 y 245-55.

M. Holder, «From Yavneh to Pumbedisa», Nueva York, 1989.

C. Holsten, «Die drei ursprünglichen, noch ungeschrieben Evangelien», Berlín, 1883.

F. J. A. Hort, «Judaistic Christianity», Cambridge, 1894.

P. Humbert, «Le Messie dans le Targoum des prophètes» en «Revue de Théologie et Philosophie», 43, 1911, p. 5 ss.

L. W. Hurtado, «One God, One Lord: Early Christian Devotion and Ancient Jewish Monotheism», Filadelfia, 1988.

J. W. Jack, «Historic Christ», Londres, 1933.

J. Jeremias, «The Servant of God», Londres, 1957.

«La Ultima Cena», Madrid, 1980.

«Teología del Nuevo Testamento», I, Salamanca, 1980.

«Abba y el mensaje central del Nuevo Testamento», Salamanca, 1983.

«Jerusalén en tiempos de Jesús», Madrid, 1985.

J. Jocz, «The Jewish People and Jesus Christ: The Relationship between Church and Synagogue», Grand Rapids, 1ª ed. 1949, 3ª ed. 1979.

L. T. Johnson, «Sharing Possessions: mandate and symbol of faith», Filadelfia, 1981.

A. H. M. Jones, «Procurators and Prefects in the Early Principate» en «Studies in Roman Government and Law», Oxford, 1960.

Juel, «Messianic Exegesis: Christological Interpretation of the Old Testament in Early Christianity», Filadelfia, 1988.

E. Jüngel, «Paulus und Jesus», Tubinga, 1962.

J. Juster, «Les juifs dans l'Empire romain», París, 1914.

H. C. Kee, «Miracle in the Early Christian World», New Haven, 1983.

«Miracle and Magic in the New Testament Times», Cambridge, 1986.

S. Kim, «The Son of Man as the Son of God», Grand Rapids, 1983.

J. Klausner, «From Jesus to Paul», Londres, 1944.

«The Messianic Idea in Israel», Londres, 1956.

«Jesús de Nazaret», Buenos Aires, 1971.

S. Klein, «The Estates of R. Judah ha-Nasi» en «JQR», 2, 1911, págs. 545-56.

H. Koester, «Ancient Christian Gospels: Their History and Development», Filadelfia, 1990.

H. Koster, «Introducción al Nuevo Testamento», Salamanca, 1988.

S. Krauss, «Das Leben Jesu nach jüdischen Quellen», Berlín, 1902.

H. Küng, «Ser cristiano», Madrid, 1978.

E. Ladd, «El Evangelio del Reino», Miami, 1974.

«Crucial Questions about the Kingdom», Grand Rapids, 1974.

«Presence of the Future», Grand Rapids, 1974.

«The Resurrection of Jesus», Grand Rapids, 1975.

P. Lapide, «The Resurrection of Jesus: A Jewish Perspective», Minneapolis, 1983.

«I Accept the Resurrection of Easter Sunday» en A. W. Kac (ed.), «The Messiahship of Jesus», Grand Rapids, 1986.

R. Laqueur, «Der Jüdischer Historiker Flavius Josephus», Giessen, 1920.

J. Z. Lauterbach, «Mekilta de Rabbi Ishmael», Filadelfia, 1976.

R. Leivestad, «Jesus in his own perspective», Minneapolis, 1987.

J. P. Lémonon, «Pilate et le gouvernement de la Judée», París, 1981.

J. Le Moyne, «Les Sadducéens», París, 1972.

S. H. Levey, «The Messiah: An Aramaic Interpretation», Nueva York, 1974.

L. van Liempt, «De testimonio Flaviano» en «Mnemosyne», 55, 1927, págs. 109-116.

B. Lindars, «Jesus Son of Man», Grand Rapids, 1983.

R. L. Lindsay, «A Hebrew Translation of the Gospel of Mark», Jerusalén, 1969.

«A New Approach to the Synoptic Gospels», Jerusalén, 1971.

R. N. Longenecker, «The Christology of Early Jewish Christianity», Grand Rapids, 1970.

H. Maccoby, «Judaism in the First Century», Londres, 1989.

J. Mac Donald, «The Theology of the Samaritans», Londres, 1964.

A. J. Malherbe, «Social Aspects of Early Christianity», Filadelfia, 1983.

F. Manns, «Essais sur le Judéo-Christianisme», Jerusalén, 1977.

«Bibliographie du Judeo-Christianisme», Jerusalén, 1979.

«Pour lire la Mishna», Jerusalén, 1984.

«La prière d'Israel à l'heure de Jésus», Jerusalén, 1986.

«John and Jamnia: how the Break occured between Jews and Christians c. 80-100 A. D.», Jerusalén, 1988.

T. W. Manson, «The Servant-Messiah. A Study of public ministry of Jesus», Manchester», 1953.

«Studies in the Gospel and Epistles», Manchester, 1962.

I. H. Marshall, «Luke: Historian and Theologian», Exeter, 1970.

«Last Supper and Lord's Supper», Grand Rapids, 1980.

«Son of Man» en «DJG».

R. P. Martin, «An Early Christian Confession», Londres, 1960.

J. L. Martyn, «The Gospel of John in Christian History», Nueva York, 1979.

J. P. Meier, «Antioch and Rome», Nueva York, 1983, págs. 92 ss.

«Jesus» en «NJBC», p. 1328 ss.

A. Merx, «Der Messias oder Ta'eb der Samaritaner», Tubinga, 1909.

E. Meyer, «Ursprung und Anfage des Christentums», I, Sttutgart-Berlín, 1921.

A. Momigliano, «Claudius», Cambridge, 1961.

H. W. Montefiore, «Josephus and the New Testament», en «Novum Testamentum», Leiden, 5, 1969, p. 139.

L. Morris, «The Apostolic Preaching of the Cross», Grand Rapids, 1956.

S. Mowinckel, «El que ha de venir: mesianismo y mesías», Madrid, 1975.

Muñoz León, «Dios-Palabra: Memra en los Targumim del Pentateuco», Valencia, 1974.

F. J. Murphy, «The Religious World of Jesus», Nashville, 1991.

R. Nash, «Christianity and the Hellenistic World», Grand Rapids, 1984.

J. Neusner, «A Life of Yohanan ben Zakkai», Leiden, 1962 (2ª ed. 1970)

«Judaism in a time of Crisis: Four Responses to the Destruction of the Second Temple» en «Judaism», 21, 1972, págs. 313-327.

«Eliezer ben Hyrcanus. The Tradition and the Man», Leiden, 1973, 2 vv.

«Invitation to the Talmud», Filadelfia, 1984.

«Judaism in the Beginning of Christianity», Londres, 1984.

«Judaism in the matrix of Christianity», Filadelfia, 1986.

«Judaism and Christianity in the Age of Constantine», Chicago, 1987.

W. S. Green y E. Frerichs, «Judaisms and Their Messiahs at the Turn of the Christian Era», Cambridge, 1987.

A. Pelletier, «L'originalité du témoignage de Flavius Josèphe sur Jésus» en «RSR», 52, 1964, págs. 177-203.

G. Perelmutther, «Siblings: Rabbinic Judaism and Early Christianity at Their Beginnings», Mahwah, 1989.

M. Pérez Fernández, «Tradiciones mesiánicas en el Targum palestinense», Valencia-Jerusalén, 1981.

«La lengua de los sabios», I, Valencia, 1992.

N. Perrin, »The New Testament», Nueva York, 1974.

O. Pfeiderer, «Das Urchristenthum», Berlín, 1887.

H. G. Pflaum, «Les carrières procuratoriennes équestres sous le Haut-Empire romain», 4 vv., París, 1960-1.

S. Pines, «The Jewish-Christians of the Early Centuries of Christianity according to a New Source» en «Proceedings of the Israel Academy of Sciences and Humanities», 2, 1966, págs. 1-73.

«Un texte judéo-chrétien adapté par un théologien musulman" en »Nouvelles chrétiennes d'Isrál», 2-3, 1966, págs. 12-20.

«An Arabic Version of the Testimonium Flavianum and Its Implications» en «Proceedings of the Israel Academy of Sciences and Humanities», 2, 1966.

J. Podro, y R. Graves, «Jesus in Rome», Londres, 1957.

P. Prigent, «La fin de Jérusalem», Neuchâtel, 1969.

R. A. Pritz, «Nazarene Jewish Christianity», Jerusalén y Leiden, 1988.

B. Reicke, «The New Testament Era», Filadelfia, 1968.

«Synoptic Prophecies on the Destruction of Jerusalem» en D. W. Aune (ed.), «Studies in the New Testament and Early Christian Literature: Essays in Honor of Allen P. Wikgren», Leiden, 1972.

K. H. Rengstorf, «Complete Concordance to Flavius Josephus», Leiden, 1973.

J. Reumann, «The Supper of the Lord», Filadelfia, 1985.

D. M. Rhoads, «Israel in Revolution: 6-74 C. E.», Filadelfia, 1976.

J. Ribera Florit, «El Targum de Isaías», Valencia, 1988.

G. C. Richards, «The Composition of Josephus Antiquities» en CBQ, 33, 1939, págs. 36-40.

A. Richardson, «Las narraciones evangélicas sobre los milagros», Madrid, 1974.

H. Riesenfeld, «The Gospel Traditions and Its Beginnings», Londres, 1957.

J. A. T. Robinson, «Redating the New Testament», Filadelfia, 1976.

«The Priority of John», Londres, 1985.

J. M. Robinson, y H. Koester (eds.), «Trajectories through Early Christianity», Filadelfia, 1964.

J. J. Rothschild, «The Tombs of Sanhedria» en «Palestine Exploration Quarterly», 84, 1952, 23-38 e Ibidem, 86, 1954, págs. 16-22.

C. Rowland, «The Open Heaven», Londres, 1985.

«Christian Origins», Londres, 1989.

J. B. Russell, «Satan: The Early Christian Tradition», Ithaca, 1981.

L. Sabourin, «The Divine Miracles Discussed and Defended», Roma, 1977.

E. P. Sanders, «Jesus and Judaism», Filadelfia, 1985.

P. Schaeffer, «Studien zur Geschichte und Theologie des Rabbinischen Judentums», Leiden, 1978.

A. Schalit, «Zur Josephus-Forschung», Darmstadt, 1973.

H. J. Schoeps, «Theologie und Geschichte des Judenchristentums», Tubinga, 1949.

«Aus frühchristlicher Zeit», Tubinga, 1950.

G. Scholem, «Major Trends in Jewish Mysticism», Nueva York, 1988.

H. J. Schonfield, «The History of Jewish Christianity», Londres, 1936.

«According to the Hebrews», Londres, 1937.

«Passover Plot», Nueva York, 1965. (Existe edición española: «El Complot de Pascua», Barcelona, 1977).

«El partido de Jesús», Barcelona, 1988.

«El Nuevo Testamento original», Barcelona, 1990.

H. Schrekenberg, «Bibliographie zu Flavius Josephus. Arbeiten zur Literatur und Geschichte des hellenistischen Judentums», Leiden, 1968.

«Die Flavius Josephus Tradition in antike und Mittelal-ter», Leiden, 1972.

E. Schürer, «The History of the Jewish people in the Age of Jesus Christ», Edimburgo, 1987.

«Josephus» en «Realenzyclopadie für die protestantische Theologie und Kirche», IX, 1901, págs. 377-86.

A. N. Sherwin-White, «Roman Society and Roman Law in the New Testament», Oxford, 1963.

R. H. J. Shutt, «Studies in Josephus», Londres, 1961.

M. Simon, «Verus Israel: Ètudes sur les relations entre Chrétiens et Juifs dans l'empire romain», París, 1964.

E. M. Smallwood, «The Jews under Roman Rule», Leiden, 1976.

M. Smith, «Jesús el mago», Barcelona, 1988.

M. Sordi, «Los cristianos y el imperio romano», Madrid, 1988.

E. Stauffer, «Jesus and His Story», Londres, 1960.

G. Stemberger, y H. L. Strack, «Introducción a la literatura talmúdica y midrásica», Valencia, 1988.

D. H. Stern, «Messianic Jewish Manifesto», Jerusalén, 1991.

Stern, «The Period of the Second Temple» en H. H. Ben-Sasson (ed.), «History of the Jewish People», Cambridge, Mass, 1976.

H. L. Strack, «Jesus, die Haretiker und die Christen», Leipzig, 1910.

y P. Billerbeck, »Kommentar zum Neuen Testament aus Talmud und Midrasch», 5 vv., Munich, 1922-56.

y G. Stemberger, «Introducción a la literatura talmúdica y midrásica», Valencia, 1988.

E. L. Sukenik, «The Earliest Records of Christianity" en »American Journal of Archaeology», LI, 1947, págs. 351-365.

R. O. P. Taylor, «The Groundwork of the Gospels», Oxford, 1946.

H. St. J. Thackeray, «Josephus the Man and the Historian», Nueva York, 1967.

«Josephus», III, Londres, 1979.

G. Theissen, «The Miracle Stories of the Early Christian Tradition», Filadelfia, 1983.

«Estudios de sociología del cristianismo primitivo», Salamanca, 1985.

C. P. Thiede, «Simon Peter», Grand Rapids, 1988.

A. Toynbee, (ed.), «El crisol del cristianismo», Madrid, 1988.

G. Vermes, «Jesús el judío», Barcelona, 1977.

C. Vidal, «Angel» en «DTR».

«Apóstol» en «DTR».

«Bautismo» en «DTR».

«Belcebú» en «DTR».

«Cielo» en «DTR».

«Demonios» en «DTR».

«Dragón» en «DTR».

«Eucaristía» en «DTR».

«Hijo del Hombre» en «DTR».

«Infierno» en «DTR».

«Jesús» en «DTR».

«María» en «DTR».

«Memra» en «DTR».

«Mesías» en «DTR».

«Nombres de Dios» en «DTR».

«Pablo» en «DTR».

«Parusía» en «DTR».

«Resurrección» en «DTR».

«Siervo de Yahveh» en «DTR.

«Templo» en «DTR».

«¿Tradición versus Biblia? Una aproximación histórica al papel de la tradición en la Iglesia de los cuatro primeros siglos» en «PE», VII, Enero-Marzo, 1990, págs. 49-62.

«La figura de María en la literatura apócrifa judeo-cristiana de los dos primeros siglos» en «Ephemerides Mariologicae», 41, 1991, págs. 191-205.

«María en la arqueología judeo-cristiana de los tres primeros siglos» en *Ibidem*, 41, 1991, págs. 353-64.

«La influencia del judeo-cristianismo en la liturgia mariana» en *Ibidem*, 42, 1992, págs. 115-126.

«Los Evangelios gnósticos», Barcelona, 1991.

«Diccionario de Patrística», Estella, 1992.

«El Primer Evangelio: el Documento Q», Barcelona, 1993.

«Los esenios y los rollos del mar Muerto», Barcelona, 1993.

y Pilar Fernández Uriel, «Anavim, apocalípticos y helenistas: Una introducción a la composición social de las comunidades judeo-cristianas de los años 30 a 70 del s. I. d. de C.» en «Homenaje a J. M. Blázquez», Madrid, v. IV, en prensa.

«Diccionario de Jesús y los Evangelios», Estella, 1995.

«Jesús y los documentos del mar Muerto», Barcelona, 2006.

«Jesús y Judas», Barcelona, 2007.

D. Wenham, y C. Blomberg (eds.), «The Miracles of Jesus», Sheffield, 1986.

(ed.), «The Jesus Tradition Outside the Gospels», Sheffield, 1985.

W. Whiston, «Josephus», Grand Rapids, 1978.

R. L. Wilken, «The Christians as the Romans Saw Them», New Haven y Londres, 1984.

W. Willis, (ed.), «The Kingdom of God in 20th Century Interpretation», Peabody, 1987.

P. Winter, «On the Trial of Jesus», Berlín, 1961.

A. Wünsche, «Der jerusalemische Talmud in seinem haggadischen Bestandtheilen zum ersten Male in's Deutsche übertragen», Leipzig, 1880.

J. H. Yoder, «The Politics of Jesus», Grand Rapids, 1979.

B. H. Young, «Jesus and His Jewish Parables», Nueva York, 1989.

T. Zahn, «Introduction to the New Testament», Edimburgo, 1909.

F. de Zulueta, «Violation of Sepulture in Palestine at the Beginning of the Christian Era» en «JRS», 22, 1932, p. 184 ss.